FRIEDRICH NIETZSCHE

Der Fall Wagner
Götzen-Dämmerung
Nietzsche contra Wagner

Buch

Die drei in diesem Band vereinigten Schriften Friedrich Nietzsches sind 1888 rasch hintereinander entstanden. »Der Fall Wagner«, im Jahr der Niederschrift als »Kriegserklärung ohne Pardon an die ganze Bewegung«, den »Bayreuther Kretinismus«, veröffentlicht, berichtet von der Erkaltung und dem Ende der bis ins Jahr 1868 zurückreichenden Freundschaft, die Nietzsche mit Richard Wagner verband und endlich in erbitterte Gegnerschaft umschlug. Wagners Probleme sind für Nietzsche ausnahmslos »Hysteriker-Probleme«, Probleme »niedergehenden« Lebens, dem er die Vornehmheit, Wohlgeratenheit, überströmende Fülle, die »Herren-Moral« des »aufsteigenden« Lebens gegenüberstellte. Seine Polemik gegen Wagner verschärfte Nietzsche wenig später noch erheblich in »Nietzsche contra Wagner«, das zwar 1888 gedruckt wurde, aber erst 1895 erschien. Den Titel der 1888 veröffentlichten »Götzen-Dämmerung« erläutert Nietzsche so: Das, was Götze auf dem Titelblatt heißt, ist ganz einfach das, was bisher Wahrheit genannt wurde. Götzen-Dämmerung – auf deutsch: es geht zu Ende mit der alten Wahrheit.«

Verfasser des Anhangs

Dr. phil. Peter Pütz ist Professor für neuere deutsche Literatur an der Universität Bonn. Buchveröffentlichungen: »Friedrich Nietzsche«, »Die Zeit im Drama«, »Peter Handke«, »Die Leistung der Form: Lessings Dramen«, »Kunst und Künstlerexistenz bei Nietzsche und Thomas Mann«, »Die deutsche Aufklärung«. Daneben zahlreiche Aufsätze zur deutschen Literatur des 18.–20. Jahrhunderts.

Von Friedrich Nietzsche außerdem bei Goldmann erschienen:

Also sprach Zarathustra (7526)
Der Antichrist. Ecce Homo. Dionysos-Dithyramben (7511)
Die fröhliche Wissenschaft (7557)
Die Geburt der Tragödie aus dem Geiste der Musik (7555)
Jenseits von Gut und Böse (7530)
Menschliches, Allzumenschliches (7596)
Morgenröte (7505)
Unzeitgemäße Betrachtungen (7638)
Zur Genealogie der Moral (7556)
Gesammelte Werke. Zehn Bände im Schuber (90974)

Friedrich Nietzsche

Der Fall Wagner
Götzen-Dämmerung
Nietzsche
contra Wagner

Mit einem Nachwort,
einer Zeittafel zu Nietzsche,
Anmerkungen und bibliographischen
Hinweisen von
Peter Pütz

Goldmann

Vollständige Texte
von »Der Fall Wagner« (1888), »Götzen-Dämmerung«
(1889) und »Nietzsche contra Wagner« (1889)

Umwelthinweis:
Alle bedruckten Materialien dieses Taschenbuches
sind chlorfrei und umweltschonend.

Der Goldmann Verlag
ist ein Unternehmen der Verlagsgruppe Bertelsmann

Neuauflage 11/99
Alle Rechte vorbehalten
Umschlaggestaltung: Design Team München
Umschlagfoto: AKG, Berlin
Druck: Presse-Druck Augsburg
Titelnummer: 7650
BH · Herstellung: Sebastian Strohmaier
Made in Germany
ISBN 3-442-07650-5

3 5 7 9 10 8 6 4

INHALT

DER FALL WAGNER

Ein Musikanten-Problem

VORWORT

Ich mache mir eine kleine Erleichterung. Es ist nicht nur die reine Bosheit, wenn ich in dieser Schrift Bizet auf Kosten Wagners lobe. Ich bringe unter vielen Späßen eine Sache vor, mit der nicht zu spaßen ist. Wagner den Rücken zu kehren, war für mich ein Schicksal; irgend etwas nachher wieder gernzuhaben, ein Sieg. Niemand war vielleicht gefährlicher mit der Wagnerei verwachsen, niemand hat sich härter gegen sie gewehrt, niemand sich mehr gefreut, von ihr los zu sein. Eine lange Geschichte! – Will man ein Wort dafür? – Wenn ich Moralist wäre, wer weiß, wie ich's nennen würde! Vielleicht *Selbstüberwindung*. – Aber der Philosoph liebt die Moralisten nicht... er liebt auch die schönen Worte nicht...

Was verlangt ein Philosoph am ersten und letzten von sich? Seine Zeit in sich zu überwinden, »zeitlos« zu werden. Womit also hat er seinen härtesten Strauß zu bestehn? Mit dem, worin gerade er das Kind seiner Zeit ist. Wohlan! Ich bin so gut wie Wagner das Kind dieser Zeit, will sagen ein *décadent*: nur daß ich das begriff, nur daß ich mich dagegen wehrte. Der Philosoph in mir wehrte sich dagegen.

Was mich am tiefsten beschäftigt hat, das ist in der Tat das Problem der *décadence* – ich habe Gründe dazu gehabt. »Gut und Böse« ist nur eine Spielart jenes Problems. Hat man sich für die Abzeichen des Niedergangs ein Auge gemacht, so versteht man auch die Moral – man versteht, was sich unter ihren heiligsten Namen und Wertformeln versteckt: das *verarmte* Leben, der Wille zum Ende, die große Müdigkeit. Moral *verneint* das Leben... Zu einer solchen Aufgabe war mir eine Selbstdisziplin vonnöten – Partei zu nehmen *gegen* alles Kranke an mir, eingerechnet Wagner, eingerechnet Schopenhauer, eingerechnet die ganze moderne

»Menschlichkeit«. – Eine tiefe Entfremdung, Erkältung, Ernüchterung gegen alles Zeitliche, Zeitgemäße: und als höchsten Wunsch das Auge *Zarathustras*, ein Auge, das die ganze Tatsache Mensch aus ungeheurer Ferne übersieht – *unter* sich sieht… Einem solchen Ziele – welches Opfer wäre ihm nicht gemäß? welche »Selbst-Überwindung«! welche »Selbst-Verleugnung«!

Mein größtes Erlebnis war eine *Genesung*. Wagner gehört bloß zu meinen Krankheiten.

Nicht daß ich gegen diese Krankheit undankbar sein möchte. Wenn ich mit dieser Schrift den Satz aufrechterhalte, daß Wagner *schädlich* ist, so will ich nicht weniger aufrechthalten, *wem* er trotzdem unentbehrlich ist – dem Philosophen. Sonst kann man vielleicht ohne Wagner auskommen: dem Philosophen aber steht es nicht frei, Wagners zu entraten. Er hat das schlechte Gewissen seiner Zeit zu sein – dazu muß er deren bestes Wissen haben. Aber wo fände er für das Labyrinth der modernen Seele einen eingeweihteren Führer, einen beredteren Seelenkündiger als Wagner? Durch Wagner redet die Modernität ihre *intimste* Sprache: sie verbirgt weder ihr Gutes, noch ihr Böses, sie hat alle Scham vor sich verlernt. Und umgekehrt: man hat beinahe eine Abrechnung über den *Wert* des Modernen gemacht, wenn man über Gut und Böse bei Wagner mit sich im klaren ist. – Ich verstehe es vollkommen, wenn heut ein Musiker sagt: »ich hasse Wagner, aber ich halte keine andere Musik mehr aus«. Ich würde aber auch einen Philosophen verstehn, der erklärte: »Wagner *resümiert* die Modernität. Es hilft nichts, man muß erst Wagnerianer sein…«

DER FALL WAGNER

Turiner Brief vom Mai 1888

ridendo dicere s e v e r u m...

I

Ich hörte gestern – werden Sie es glauben? – zum zwanzigsten
Male *Bizets* Meisterstück. Ich harrte wieder mit einer sanften An-
dacht aus, ich lief wieder nicht davon. Dieser Sieg über meine Un-
geduld überrascht mich. Wie ein solches Werk vervollkommnet!
Man wird selbst dabei zum »Meisterstück«. – Und wirklich schien
ich mir jedesmal, daß ich *Carmen* hörte, mehr Philosoph, ein besserer Philosoph, als ich sonst mir scheine: so langmütig geworden,
so glücklich, so indisch, so *seßhaft*... Fünf Stunden Sitzen: erste
Etappe der Heiligkeit! – Darf ich sagen, daß Bizets Orchesterklang
fast der einzige ist, den ich noch aushalte? Jener *andere* Orchesterklang, der jetzt obenauf ist, der Wagnersche, brutal, künstlich und
»unschuldig« zugleich und damit zu den drei Sinnen der modernen Seele auf einmal redend – wie nachteilig ist mir dieser Wagnersche Orchesterklang! Ich heiße ihn Schirokko. Ein verdrießlicher
Schweiß bricht an mir aus. Mit *meinem* guten Wetter ist es vorbei.

Diese Musik scheint mir vollkommen. Sie kommt leicht, bieg-
sam, mit Höflichkeit daher. Sie ist liebenswürdig, sie *schwitzt*
nicht. »Das Gute ist leicht, alles Göttliche läuft auf zarten Füßen«:
erster Satz meiner Ästhetik. Diese Musik ist böse, raffiniert, fatalistisch: sie bleibt dabei populär – sie hat das Raffinement einer
Rasse, nicht eines einzelnen. Sie ist reich. Sie ist präzise. Sie baut,
organisiert, wird fertig: damit macht sie den Gegensatz zum Poly-
pen in der Musik, zur »unendlichen Melodie«. Hat man je
schmerzhaftere tragische Akzente auf der Bühne gehört? Und wie
werden dieselben erreicht! Ohne Grimasse! Ohne Falschmünzerei! Ohne die *Lüge* des großen Stils! – Endlich: diese Musik nimmt

den Zuhörer als intelligent, selbst als Musiker – sie ist auch *da*mit
das Gegenstück zu Wagner, der, was immer sonst, jedenfalls das
unhöflichste Genie der Welt war (Wagner nimmt uns gleichsam,
als ob – –, er sagt ein Ding so oft, bis man verzweifelt – bis man's
glaubt).

Und nochmals: ich werde ein besserer Mensch, wenn mir dieser
Bizet zuredet. Auch ein besserer Musikant, ein besserer *Zuhörer*.
Kann man überhaupt noch besser zuhören? – Ich vergrabe meine
Ohren noch *unter* diese Musik, ich höre deren Ursache. Es scheint
mir, daß ich ihre Entstehung erlebe – ich zittere vor Gefahren, die
irgendein Wagnis begleiten, ich bin entzückt über Glücksfälle, an
denen Bizet unschuldig ist. – Und seltsam! im Grunde denke ich
nicht daran, oder *weiß* es nicht, wie sehr ich daran denke. Denn
ganz andere Gedanken laufen mir währenddem durch den Kopf...
Hat man bemerkt, daß die Musik den Geist *frei macht*? dem Gedanken Flügel gibt? daß man um so mehr Philosoph wird, je mehr
man Musiker wird? – Der graue Himmel der Abstraktion wie von
Blitzen durchzuckt; das Licht stark genug für alles Filigran der
Dinge; die großen Probleme nahe zum Greifen; die Welt wie von
einem Berge aus überblickt. – Ich definierte eben das philosophische Pathos. – Und unversehens fallen mir *Antworten* in den
Schoß, ein kleiner Hagel von Eis und Weisheit, von *gelösten* Problemen... Wo bin ich? – Bizet macht mich fruchtbar. Alles Gute
macht mich fruchtbar. Ich habe keine andre Dankbarkeit, ich habe
auch keinen andern *Beweis* dafür, was gut ist.

2

Auch dies Werk erlöst; nicht Wagner allein ist ein »Erlöser«. Mit
ihm nimmt man Abschied vom *feuchten* Norden, von allem Wasserdampf des Wagnerschen Ideals. Schon die Handlung erlöst davon. Sie hat von Mérimée noch die Logik in der Passion, die kürze-
ste Linie, die *harte* Notwendigkeit; sie hat vor allem, was zur hei-
ßen Zone gehört, die Trockenheit der Luft, die *limpidezza* in der
Luft. Hier ist in jedem Betracht das Klima verändert. Hier redet

eine andere Sinnlichkeit, eine andere Sensibilität, eine andre Heiterkeit. Diese Musik ist heiter; aber nicht von einer französischen oder deutschen Heiterkeit. Ihre Heiterkeit ist afrikanisch; sie hat das Verhängnis über sich, ihr Glück ist kurz, plötzlich, ohne Pardon. Ich beneide Bizet darum, daß er den Mut zu dieser Sensibilität gehabt hat, die in der gebildeten Musik Europas bisher noch keine Sprache hatte – zu dieser südlicheren, bräuneren, verbrannteren Sensibilität... Wie die gelben Nachmittage ihres Glücks uns wohltun! Wir blicken dabei hinaus: sahen wir je das Meer *glätter*? – Und wie uns der maurische Tanz beruhigend zuredet! Wie in seiner lasziven Schwermut selbst unsre Unersättlichkeit einmal Sattheit lernt! – Endlich die Liebe, die in die *Natur* zurückübersetzte Liebe! *Nicht* die Liebe einer »höheren Jungfrau«! Keine Senta-Sentimentalität! Sondern die Liebe als Fatum, als *Fatalität*, zynisch, unschuldig, grausam – und eben darin *Natur*! Die Liebe, die in ihren Mitteln der Krieg, in ihrem Grunde der *Todhaß* der Geschlechter ist! – Ich weiß keinen Fall, wo der tragische Witz, der das Wesen der Liebe macht, so streng sich ausdrückte, so schrecklich zur Formel würde, wie im letzten Schrei Don Josés, mit dem das Werk schließt:

>»Ja! *Ich* habe sie getötet,
>*ich* – meine angebetete Carmen!«

– Eine solche Auffassung der Liebe (die einzige, die des Philosophen würdig ist –) ist selten: sie hebt ein Kunstwerk unter tausenden heraus. Denn im Durchschnitt machen es die Künstler wie alle Welt, sogar schlimmer – sie *mißverstehen* die Liebe. Auch Wagner hat sie mißverstanden. Sie glauben in ihr selbstlos zu sein, weil sie den Vorteil eines andren Wesens wollen, oft wider ihren eigenen Vorteil. Aber dafür wollen sie jenes andre Wesen *besitzen*... Sogar Gott macht hier keine Ausnahme. Er ist ferne davon zu denken »was geht dich's an, wenn ich dich liebe?« – er wird schrecklich, wenn man ihn nicht wiederliebt. *L'amour* – mit diesem Spruch behält man unter Göttern und Menschen recht –

est de tous les sentiments le plus égoïste, et par conséquent, lorsqu'il est blessé, le moins généreux. (B. Constant.)

3

Sie sehen bereits, wie sehr mich diese Musik *verbessert*? – *Il faut méditerraniser la musique:* ich habe Gründe zu dieser Formel (Jenseits von Gut und Böse: 255). Die Rückkehr zur Natur, Gesundheit, Heiterkeit, Jugend, *Tugend*! – Und doch war ich einer der korruptesten Wagnerianer... Ich war imstande, Wagner ernst zu nehmen... Ah dieser alte Zauberer! was hat er uns alles vorgemacht! Das erste, was seine Kunst uns anbietet, ist ein Vergrößerungsglas: man sieht hinein, man traut seinen Augen nicht – alles wird groß, *selbst Wagner wird groß*... Was für eine kluge Klapperschlange! Das ganze Leben hat sie uns von »Hingebung«, von »Treue«, von »Reinheit« vorgeklappert, mit einem Lobe auf die Keuschheit zog sie sich aus der *verderbten* Welt zurück! – Und wir haben's ihr geglaubt...

– Aber Sie hören mich nicht? Sie ziehen selbst das *Problem* Wagners dem Bizets vor? Auch ich unterschätze es nicht, es hat seinen Zauber. Das Problem der Erlösung ist selbst ein ehrwürdiges Problem. Wagner hat über nichts so tief wie über die Erlösung nachgedacht: seine Oper ist die Oper der Erlösung. Irgendwer will bei ihm immer erlöst sein: bald ein Männlein, bald ein Fräulein – dies ist *sein* Problem. – Und wie reich er sein Leitmotiv variiert! Welche seltenen, welche tiefsinnigen Ausweichungen! Wer lehrte es uns, wenn nicht Wagner, daß die Unschuld mit Vorliebe interessante Sünder erlöst? (der Fall im Tannhäuser). Oder daß selbst der ewige Jude erlöst wird, *seßhaft* wird, wenn er sich verheiratet? (der Fall im Fliegenden Holländer). Oder daß alte verdorbene Frauenzimmer es vorziehn, von keuschen Jünglingen erlöst zu werden? (der Fall Kundry). Oder daß schöne Mädchen am liebsten durch einen Ritter erlöst werden, der Wagnerianer ist? (der Fall in den Meistersingern). Oder daß auch verheiratete Frauen gerne durch einen Ritter erlöst werden? (der Fall Isoldens). Oder daß »der alte

Gott«, nachdem er sich moralisch in jedem Betracht komprommit-tiert hat, endlich durch einen Freigeist und Immoralisten erlöst wird? (der Fall im »Ring«). Bewundern Sie insonderheit diesen letzten Tiefsinn! Verstehn Sie ihn? Ich – hüte mich, ihn zu ver-stehn... Daß man noch andere Lehren aus den genannten Werken ziehn kann, möchte ich eher beweisen als bestreiten. Daß man durch ein Wagnersches Ballett zur Verzweiflung gebracht werden kann – *und* zur Tugend! (nochmals der Fall Tannhäusers). Daß es von den schlimmsten Folgen sein kann, wenn man nicht zur rech-ten Zeit zu Bett geht (nochmals der Fall Lohengrins). Daß man nie zu genau wissen soll, mit wem man sich eigentlich verheiratet (zum drittenmal der Fall Lohengrins). – Tristan und Isolde ver-herrlichen den vollkommnen Ehegatten, der, in einem gewissen Falle, nur eine Frage hat: »aber warum habt ihr mir das nicht eher gesagt? Nichts einfacher als das!« Antwort:

> »Das kann ich dir nicht sagen;
> und was du frägst,
> das kannst du nie erfahren.«

Der Lohengrin enthält eine feierliche In-Acht-Erklärung des For-schens und Fragens. Wagner vertritt damit den christlichen Begriff »du sollst und mußt *glauben*«. Es ist ein Verbrechen am Höchsten, am Heiligsten, wissenschaftlich zu sein... Der fliegende Hollän-der predigt die erhabne Lehre, daß das Weib auch den Unstetesten festmacht, wagnerisch geredet, »erlöst«. Hier gestatten wir uns eine Frage. Gesetzt nämlich, dies wäre wahr, wäre es damit auch schon wünschenswert? – Was wird aus dem »ewigen Juden«, den ein Weib anbetet und *festmacht*? Er hört bloß auf, ewig zu sein; er verheiratet sich, er geht uns nichts mehr an. – Ins Wirkliche über-setzt: die Gefahr der Künstler, der Genies – und das sind ja die »ewigen Juden« – liegt im Weibe: die *anbetenden* Weiber sind ihr Verderb. Fast keiner hat Charakter genug, um nicht verdorben – »erlöst« zu werden, wenn er sich als Gott behandelt fühlt – er *kon-deszendiert* alsbald zum Weibe. – Der Mann ist feige vor allem

Ewig-Weiblichen: das wissen die Weiblein. – In vielen Fällen der weiblichen Liebe, und vielleicht gerade in den berühmtesten, ist Liebe nur ein feinerer *Parasitismus,* ein Sich-Einnisten in eine fremde Seele, mitunter selbst in ein fremdes Fleisch – ach! wie sehr immer auf »des Wirtes« Unkosten! – –

Man kennt das Schicksal Goethes im moralinsauren altjungfern-haften Deutschland. Er war den Deutschen immer anstößig, er hat ehrliche Bewunderer nur unter Jüdinnen gehabt. Schiller, der »edle« Schiller, der ihnen mit großen Worten um die Ohren schlug – *der* war nach ihrem Herzen. Was warfen sie Goethe vor? Den »Berg der Venus«; und daß er venetianische Epigramme gedichtet habe. Schon Klopstock hielt ihm eine Sittenpredigt; es gab eine Zeit, wo Herder, wenn er von Goethe sprach, mit Vorliebe das Wort »Priap« gebrauchte. Selbst der »Wilhelm Meister« galt nur als Symptom des Niedergangs, als moralisches »Auf-den-Hund-Kommen«. Die »Menagerie von zahmem Vieh«, die »Nichtswür-digkeit« des Helden darin erzürnte zum Beispiel Niebuhr: der endlich in eine Klage ausbricht, welche *Biterolf* hätte absingen können: »Nichts macht leicht einen schmerzlicheren Eindruck, als wenn ein großer Geist sich seiner Flügel beraubt und seine Virtuo-sität in etwas weit Geringerem sucht, *indem er dem Höheren ent-sagt*« ... Vor allem aber war die höhere Jungfrau empört: alle klei-nen Höfe, alle Art »Wartburg« in Deutschland bekreuzte sich vor Goethe, vor dem »unsauberen Geist« in Goethe. – *Diese* Ge-schichte hat Wagner in Musik gesetzt. Er *erlöst* Goethe, das ver-steht sich von selbst; aber so, daß er, mit Klugheit, zugleich die Partei der höheren Jungfrau nimmt. Goethe wird gerettet: ein Ge-bet rettet ihn, eine höhere Jungfrau *zieht ihn hinan...*

– Was Goethe über Wagner gedacht haben würde? – Goethe hat sich einmal die Frage vorgelegt, was die Gefahr sei, die über allen Romantikern schwebe: das Romantiker-Verhängnis. Seine Ant-wort ist: »am Wiederkäuen sittlicher und religiöser Absurditäten zu ersticken«. Kürzer: *Parsifal* – – Der Philosoph macht dazu noch einen Epilog. *Heiligkeit* – das letzte vielleicht, was Volk und Weib von höheren Werten noch zu Gesicht bekommt, der Horizont des Ideals für alles, was von Natur *myops* ist. Unter Philosophen aber, wie jeder Horizont, ein bloßes Nichtverständnis, eine Art Torschluß vor dem, wo *ihre* Welt erst *beginnt* – *ihre* Gefahr, *ihr* Ideal, *ihre* Wünschbarkeit... Höflicher gesagt: *la philosophie ne suffit pas au grand nombre. Il lui faut la sainteté.* –

4

– Ich erzähle noch die Geschichte des »Rings«. Sie gehört hierher. Auch sie ist eine Erlösungsgeschichte: nur daß diesmal Wagner es ist, der erlöst wird. – Wagner hat, sein halbes Leben lang, an die *Revolution* geglaubt, wie nur irgendein Franzose an sie geglaubt hat. Er suchte nach ihr in der Runenschrift des Mythus, er glaubte in *Siegfried* den typischen Revolutionär zu finden. – »Woher stammt alles Unheil in der Welt?« fragte sich Wagner. Von »alten Verträgen«: antwortete er, gleich allen Revolutions-Ideologen. Auf deutsch: von Sitten, Gesetzen, Moralen, Institutionen, von alledem, worauf die alte Welt, die alte Gesellschaft ruht. »Wie schafft man das Unheil aus der Welt? Wie schafft man die alte Gesellschaft ab?« Nur dadurch, daß man den »Verträgen« (dem Herkommen, der Moral) den Krieg erklärt. *Das tut Siegfried.* Er beginnt früh damit, sehr früh: seine Entstehung ist bereits eine Kriegserklärung an die Moral – er kommt aus Ehebruch, aus Blutschande zur Welt... *Nicht* die Sage, sondern Wagner ist der Erfinder dieses radikalen Zugs; an diesem Punkte hat er die Sage *korrigiert*... Siegfried fährt fort, wie er begonnen hat: er folgt nur dem ersten Impulse, er wirft alles Überlieferte, alle Ehrfurcht, alle *Furcht* über den Haufen. Was ihm mißfällt, sticht er nieder. Er rennt alten Gottheiten unehrerbietig wider den Leib. Seine Hauptunternehmung aber geht dahin, *das Weib zu emanzipieren* – »Brünnhilde zu erlösen« ...Siegfried *und* Brünnhilde; das Sakrament der freien Liebe; der Aufgang des goldnen Zeitalters; die Götterdämmerung der alten Moral – *das Übel ist abgeschafft*... Wagners Schiff lief lange Zeit lustig auf *dieser* Bahn. Kein Zweifel, Wagner suchte auf ihr *sein* höchstes Ziel. – Was geschah? Ein Unglück. Das Schiff fuhr auf ein Riff; Wagner saß fest. Das Riff war die Schopenhauersche Philosophie; Wagner saß auf einer *konträren* Weltansicht fest. Was hatte er in Musik gesetzt? Den Optimismus. Wagner schämte sich. Noch dazu einen Optimismus, für den Schopenhauer ein böses Beiwort geschaffen hatte – den *ruchlosen* Optimismus. Er schämte sich noch einmal. Er besann sich lange, seine Lage schien verzweifelt... Endlich dämmerte ihm ein Ausweg: das Riff, an dem er scheiterte, wie? wenn er es als *Ziel*, als Hinterabsicht, als eigentlichen Sinn seiner Reise interpretierte? *Hier* zu scheitern – das war auch ein Ziel. *Bene navigavi, cum naufragium feci*... Und er übersetzte den »Ring« ins Schopenhauersche. Alles läuft schief, alles geht zugrunde, die neue Welt ist so schlimm wie die alte – das *Nichts*, die indische Circe winkt... Brünnhilde, die nach der ältern Absicht sich mit einem Liede zu Ehren der freien Liebe zu verabschieden hatte, die Welt auf eine sozialistische Utopie vertröstend, mit der »alles gut wird«, bekommt jetzt etwas anderes zu tun. Sie muß erst Schopenhauer studieren; sie muß das vierte Buch der »Welt als Wille und Vorstellung« in Verse bringen. *Wagner war erlöst*... Allen Ernstes, dies *war* eine Erlösung. Die Wohltat, die Wagner Schopenhauer verdankt, ist unermeßlich. Erst der *Philosoph der décadence* gab dem Künstler der *décadence sich selbst* – –

5

Dem *Künstler der décadence* – da steht das Wort. Und damit beginnt mein Ernst. Ich bin ferne davon, harmlos zuzuschauen, wenn dieser *décadent* uns die Gesundheit verdirbt – und die Musik dazu! Ist Wagner überhaupt ein Mensch? Ist er nicht eher eine Krankheit? Er macht alles krank, woran er rührt – *er hat die Musik krank gemacht* –

Ein typischer *décadent*, der sich notwendig in seinem verderbten Geschmack fühlt, der mit ihm einen höheren Geschmack in Anspruch nimmt, der seine Verderbnis als Gesetz, als Fortschritt, als Erfüllung in Geltung zu bringen weiß.

Und man wehrt sich nicht. Seine Verführungskraft steigt ins Ungeheure, es qualmt um ihn von Weihrauch, das Mißverständnis über ihn heißt sich »Evangelium« – er hat durchaus nicht bloß die *Armen des Geistes* zu sich überredet!

Ich habe Lust, ein wenig die Fenster aufzumachen. Luft! Mehr Luft! – –

Daß man sich in Deutschland über Wagner betrügt, befremdet mich nicht. Das Gegenteil würde mich befremden. Die Deutschen haben sich einen Wagner zurechtgemacht, den sie verehren können: sie waren noch nie Psychologen, sie sind damit dankbar, daß sie mißverstehn. Aber daß man sich auch in Paris über Wagner betrügt! wo man beinahe nichts andres mehr ist als Psycholog. Und in Sankt-Petersburg! wo man Dinge noch errät, die selbst in Paris nicht erraten werden. Wie verwandt muß Wagner der gesamten europäischen *décadence* sein, daß er von ihr nicht als *décadent* empfunden wird! Er gehört zu ihr: er ist ihr Protagonist, ihr größter Name... Man ehrt sich, wenn man *ihn* in die Wolken hebt. – Denn daß man nicht gegen ihn sich wehrt, das ist selbst schon ein Zeichen von *décadence*. Der Instinkt ist geschwächt. Was man zu scheuen hätte, das zieht an. Man setzt an die Lippen, was noch schneller in den Abgrund treibt. – Will man ein Beispiel? Aber man hat nur das *régime* zu beobachten, das sich Anämische oder Gichtische oder Diabetiker selbst verordnen. Definition des Vegetariers: ein Wesen, das eine korroborierende Diät nötig hat. Das Schädliche als schädlich empfinden, sich etwas Schädliches verbieten *können* ist ein Zeichen noch von Jugend, von Lebenskraft. Den Erschöpften *lockt* das Schädliche: den Vegetarier das Gemüse. Die Krankheit selbst kann ein Stimulans des Lebens sein: nur muß man gesund genug für dies Stimulans sein! – Wagner vermehrt die Erschöpfung: *deshalb* zieht er die Schwachen und Erschöpften an. Oh über das Klapperschlangen-Glück des alten Meisters, da er gerade immer »die Kindlein« zu sich kommen sah! –

Ich stelle diesen Gesichtspunkt voran: Wagners Kunst ist krank. Die Probleme, die er auf die Bühne bringt – lauter Hysteriker-Probleme –, das Konvulsivische seines Affekts, seine überreizte

Sensibilität, sein Geschmack, der nach immer schärferen Würzen verlangte, seine Instabilität, die er zu Prinzipien verkleidete, nicht am wenigsten die Wahl seiner Helden und Heldinnen, diese als physiologische Typen betrachtet (– eine Kranken-Galerie! –): alles zusammen stellt ein Krankheitsbild dar, das keinen Zweifel läßt. *Wagner est une névrose.* Nichts ist vielleicht heute besser bekannt, nichts jedenfalls besser studiert als der Proteus-Charakter der Degenereszenz, der hier sich als Kunst und Künstler verpuppt. Unsre Ärzte und Physiologen haben in Wagner ihren interessantesten Fall, zum mindesten einen sehr vollständigen. Gerade, weil nichts moderner ist als diese Gesamterkrankung, diese Spätheit und Überreiztheit der nervösen Maschinerie, ist Wagner der *moderne Künstler par excellence,* der Cagliostro der Modernität. In seiner Kunst ist auf die verführerischste Art gemischt, was heute alle Welt am nötigsten hat – die drei große Stimulantia der Erschöpften, das *Brutale,* das *Künstliche* und das *Unschuldige* (Idiotische).

Wagner ist ein großer Verderb für die Musik. Er hat in ihr das Mittel erraten, müde Nerven zu reizen – er hat die Musik damit krank gemacht. Seine Erfindungsgabe ist keine kleine in der Kunst, die Erschöpftesten wieder aufzustacheln, die Halbtoten ins Leben zu rufen. Er ist der Meister hypnotischer Griffe, er wirft die Stärksten noch wie Stiere um. Der *Erfolg* Wagners – sein Erfolg bei den Nerven und folglich bei den Frauen – hat die ganze ehrgeizige Musiker-Welt zu Jüngern seiner Geheimkunst gemacht. Und nicht nur die ehrgeizige, auch die *kluge*... Man macht heute nur Geld mit kranker Musik; unsre großen Theater leben von Wagner.

6

– Ich gestatte mir wieder eine Erheiterung. Ich setze den Fall, daß der *Erfolg* Wagners leibhaft würde, Gestalt annähme, daß er, verkleidet zum menschenfreundlichen Musikgelehrten, sich unter junge Künstler mischte. Wie meinen Sie wohl, daß er sich da verlautbarte? –

Meine Freunde, würde er sagen, reden wir fünf Worte unter

uns. Es ist leichter, schlechte Musik zu machen als gute. Wie? wenn es außerdem auch noch vorteilhafter wäre? wirkungsvoller, überredender, begeisternder, zuverlässiger? *wagnerischer*? ... *Pulchrum est paucorum hominum.* Schlimm genug! Wir verstehn Latein, wir verstehn vielleicht auch unsern Vorteil. Das Schöne hat seinen Haken: wir wissen das. Wozu also Schönheit? Warum nicht lieber das Große, das Erhabne, das Gigantische, das, was die *Massen* bewegt? – Und nochmals: es ist leichter, gigantisch zu sein als schön; wir wissen das...

Wir kennen die Massen, wir kennen das Theater. Das Beste, was darin sitzt, deutsche Jünglinge, gehörnte Siegfriede und andre Wagnerianer, bedarf des Erhabenen, des Tiefen, des Überwältigenden. So viel vermögen wir noch. Und das andre, das auch noch darin sitzt, die Bildungs-Kretins, die kleinen Blasierten, die Ewig-Weiblichen, die Glücklich-Verdauenden, kurz das *Volk* – bedarf ebenfalls des Erhabenen, des Tiefen, des Überwältigenden. Das hat alles einerlei Logik. »Wer uns umwirft, der ist stark; wer uns erhebt, der ist göttlich; wer uns ahnen macht, der ist tief.« – Entschließen wir uns, meine Herrn Musiker: wir wollen sie umwerfen, wir wollen sie erheben, wir wollen sie ahnen machen. So viel vermögen wir noch.

Was das Ahnen-machen betrifft: so nimmt hier unser Begriff »Stil« seinen Ausgangspunkt. Vor allem kein Gedanke! Nichts ist kompromittierender als ein Gedanke! Sondern der Zustand *vor* dem Gedanken, das Gedräng der noch nicht geborenen Gedanken, das Versprechen zukünftiger Gedanken, die Welt, wie sie war, bevor Gott sie schuf – eine Rekrudeszenz des Chaos... Das Chaos macht ahnen...

In der Sprache des Meisters geredet: Unendlichkeit, aber ohne Melodie.

Was, zu zweit, das Umwerfen angeht, so gehört dies zum Teil schon in die Physiologie. Studieren wir vor allem die Instrumente. Einige von ihnen überreden selbst noch die Eingeweide (– sie *öffnen* die Tore, mit Händel zu reden), andre bezaubern das Rückenmark. Die Farbe des Klangs entscheidet hier; *was* erklingt, ist beinahe gleichgültig. Raffinieren wir in *diesem* Punkte! Wozu uns sonst verschwenden? Seien wir im Klang charakteristisch bis zur Narrheit! Man rechnet es unserm Geiste zu, wenn wir mit Klängen viel zu raten geben! Agazieren wir die Nerven, schlagen wir sie tot, handhaben wir Blitz und Donner – das wirft um...

Vor allem aber wirft die *Leidenschaft* um. – Verstehen wir uns über die Leidenschaft. Nichts ist wohlfeiler als die Leidenschaft! Man kann aller Tugenden des Kontrapunktes entraten, man braucht nichts gelernt zu haben – die Leidenschaft kann man immer! Die Schönheit ist schwierig: hüten wir uns vor der Schönheit!... Und gar die *Melodie!* Verleumden wir, meine Freunde, verleumden wir, wenn anders es uns ernst ist mit dem Ideale, verleumden wir die Melodie! Nichts ist gefährlicher als eine schöne Melodie! Nichts verdirbt sicherer den Geschmack! Wir sind verloren, meine Freunde, wenn man wieder schöne Melodien liebt!...

Grundsatz: die Melodie ist unmoralisch. *Beweis:* Palestrina. *Nutzanwendung:* Parsifal. Der Mangel an Melodie heiligt selbst...

Und dies ist die Definition der Leidenschaft. Leidenschaft – oder die Gymnastik des Häßlichen auf dem Seile der Enharmonik. – Wagen wir es, meine Freunde, häßlich zu sein! Wagner hat es gewagt! Wälzen wir unverzagt den Schlamm der widrigsten Harmonien vor uns her! Schonen wir unsre Hände nicht! Erst damit werden wir *natürlich*...

Einen letzten Rat! Vielleicht faßt er alles in eins. – *Seien wir Idealisten!* – Dies ist, wenn nicht das Klügste, so doch das Weiseste, was wir tun können. Um die Menschen zu erheben, muß man selbst erhaben sein. Wandeln wir über Wolken, harangieren wir das Unendliche, stellen wir die großen Symbole um uns herum! *Sursum! Bumbum!* – es gibt keinen besseren Rat. Der »gehobene Busen« sei unser Argument, das »schöne Gefühl« unser Fürsprecher. Die Tugend behält recht noch gegen den Kontrapunkt. »Wer uns verbessert, wie sollte der nicht selbst gut sein?« so hat die Menschheit immer geschlossen. Verbessern wir also die Menschheit! – damit wird man gut (damit wird man selbst »Klassiker« –

Schiller wurde »Klassiker«). Das Haschen nach niederem Sinnes-reiz, nach der sogenannten Schönheit hat den Italiener entnervt: bleiben wir deutsch! Selbst Mozarts Verhältnis zur Musik – Wag-ner hat es *uns* zum Trost gesagt! – war im Grunde frivol... Lassen wir niemals zu, daß die Musik »zur Erholung diene«; daß sie »er-heitere«; daß sie »Vergnügen mache«. *Machen wir nie Vergnügen!* – wir sind verloren, wenn man von der Kunst wieder hedonistisch denkt... Das ist schlechtes achtzehntes Jahrhundert... Nichts da-gegen dürfte rätlicher sein, beiseite gesagt, als eine Dosis – *Muk-ker*tum, *sit venia verbo*. Das gibt Würde. – Und wählen wir die Stunde, wo es sich schickt, schwarz zu blicken, öffentlich zu seuf-zen, christlich zu seufzen, das große christliche Mitleiden zur Schau zu stellen. »Der Mensch ist verderbt: wer erlöst ihn? *was er-löst ihn?*« – Antworten wir nicht. Seien wir vorsichtig. Bekämpfen wir unsern Ehrgeiz, welcher Religionen stiften möchte. Aber nie-mand darf zweifeln, daß *wir* ihn erlösen, daß *unsre* Musik allein er-löst... (Wagners Aufsatz »Religion und Kunst«.)

7

Genug! Genug! Man wird, fürchte ich, zu deutlich nur unter mei-nen heitern Strichen die sinistre Wirklichkeit wiedererkannt haben – das Bild eines Verfalls der Kunst, eines Verfalls auch der Künst-ler. Das letztere, ein Charakter-Verfall, käme vielleicht mit dieser Formel zu einem vorläufigen Ausdruck: der Musiker wird jetzt zum Schauspieler, seine Kunst entwickelt sich immer mehr als ein Talent zu *lügen*. Ich werde eine Gelegenheit haben (in einem Kapi-tel meines Hauptwerks, das den Titel führt »Zur Physiologie der Kunst«), des näheren zu zeigen, wie diese Gesamtverwandlung der Kunst ins Schauspielerische ebenso bestimmt ein Ausdruck physiologischer Degenereszenz (genauer, eine Form des Hysteris-mus) ist, wie jede einzelne Verderbnis und Gebrechlichkeit der durch Wagner inaugurierten Kunst: zum Beispiel die Unruhe ih-rer Optik, die dazu nötigt, in jedem Augenblick die Stellung vor ihr zu wechseln. Man versteht nichts von Wagner, solange man in ihm nur ein Naturspiel, eine Willkür und Laune, eine Zufälligkeit sieht. Er war kein »lückenhaftes«, kein »verunglücktes«, kein »kontradiktorisches« Genie, wie man wohl gesagt hat. Wagner war etwas *Vollkommnes,* ein typischer *décadent,* bei dem jeder »freie Wille« fehlt, jeder Zug Notwendigkeit hat. Wenn irgend etwas interessant ist an Wagner, so ist es die Logik, mit der ein physiologischer Mißstand als Praktik und Prozedur, als Neuerung in den Prinzipien, als Krisis des Geschmacks Schluß für Schluß, Schritt für Schritt macht.

Ich halte mich diesmal nur bei der Frage des *Stils* auf. – Womit kennzeichnet sich jede *literarische décadence?* Damit, daß das Leben nicht mehr im Ganzen wohnt. Das Wort wird souverän und springt aus dem Satz hinaus, der Satz greift über und verdunkelt den Sinn der Seite, die Seite gewinnt Leben auf Unkosten des Ganzen – das Ganze ist kein Ganzes mehr. Aber das ist das Gleichnis für jeden Stil der *décadence:* jedesmal Anarchie der Atome, Disgregation des Willens, »Freiheit des Individuums«, moralisch geredet – zu einer politischen Theorie erweitert »*gleiche* Rechte für alle«. Das Leben, die *gleiche* Lebendigkeit, die Vibration und Exuberanz des Lebens in die kleinsten Gebilde zurückgedrängt, der Rest *arm* an Leben. Überall Lähmung, Mühsal, Erstarrung *oder* Feindschaft und Chaos: beides immer mehr in die Augen springend, in je höhere Formen der Organisation man aufsteigt. Das Ganze lebt überhaupt nicht mehr: es ist zusammengesetzt, gerechnet, künstlich, ein Artefakt. –

Bei Wagner steht im Anfang die Halluzination: nicht von Tönen, sondern von Gebärden. Zu ihnen sucht er erst die Ton-Semiotik. Will man ihn bewundern, so sehe man ihn hier an der Arbeit: wie er hier trennt, wie er kleine Einheiten gewinnt, wie er diese belebt, heraustreibt, sichtbar macht. Aber daran erschöpft sich seine Kraft: der Rest taugt nichts. Wie armselig, wie verlegen, wie laienhaft ist seine Art zu »entwickeln«, sein Versuch, das, was nicht auseinander gewachsen ist, wenigstens durcheinander zu stecken! Seine Manieren dabei erinnern an die auch sonst für Wagners Stil heranziehbaren *frères* de Goncourt: man hat eine Art Erbarmen mit soviel Notstand. Daß Wagner seine Unfähigkeit zum organischen Gestalten in ein Prinzip verkleidet hat, daß er einen »dramatischen Stil« statuiert, wo wir bloß sein Unvermögen zum Stil überhaupt statuieren, entspricht einer kühnen Gewohnheit, die Wagner durchs ganze Leben begleitet hat: er setzt ein Prinzip an, wo ihm ein Vermögen fehlt (– sehr verschieden hierin, anbei gesagt, vom alten Kant, der eine *andre* Kühnheit liebte: nämlich überall, wo ihm ein Prinzip fehlte, ein »Vermögen« dafür im Menschen anzusetzen...). Nochmals gesagt: bewunderungswürdig, liebenswürdig ist Wagner nur in der Erfindung des Kleinsten, in der Ausdichtung des Details – man hat alles Recht auf seiner Seite, ihn hier als einen Meister ersten Ranges zu proklamieren, als unsern größten *Miniaturisten* der Musik, der in den kleinsten Raum eine Unendlichkeit von Sinn und Süße drängt. Sein Reichtum an Farben, an Halbschatten, an Heimlichkeiten absterbenden Lichts verwöhnt dergestalt, daß einem hinterdrein fast alle andern Musiker zu robust vorkommen. – Will man mir glauben, so hat man den höchsten Begriff Wagner nicht aus dem zu entnehmen, was heute von ihm gefällt. Das ist zur Überredung von Massen erfunden, davor springt unsereins wie vor einem allzufrechen Affresko zurück. Was geht *uns* die agaçante Brutalität der Tannhäuser-Overtüre an? Oder der Zirkus Walküre? Alles, was von Wagners Musik auch abseits vom Theater populär geworden ist, ist zweifelhaften Geschmacks und verdirbt den Geschmack. Der Tannhäuser-Marsch scheint mir der Biedermännerei verdächtig; die Ouvertüre zum Fliegenden Holländer ist ein Lärm um nichts; das Lohengrin-Vorspiel gab das erste, nur zu verfängliche, nur zu gut geratene Beispiel dafür, wie man auch mit Musik hypnotisiert (– ich mag alle Musik nicht, deren Ehrgeiz nicht weiter geht, als die Nerven zu überreden). Aber vom Magnetiseur und Affresko-Maler Wagner abgesehn gibt es noch einen Wagner, der kleine Kostbarkeiten beiseite legt: unsern größten Melancholiker der Musik, voll von Blikken, Zärtlichkeiten und Trostworten, die ihm keiner vorweggenommen hat, den Meister in Tönen eines schwermütigen und schläfrigen Glücks... Ein Lexikon der intimsten Worte Wagners, lauter kurze Sachen von fünf bis fünfzehn Takten, lauter Musik, die *niemand kennt*... Wagner hatte die Tugend, der *décadents*, das Mitleiden – – –

8

– »Sehr gut! Aber wie *kann* man seinen Geschmack an diesem *dé-cadent* verlieren, wenn man nicht zufällig selbst ein *décadent* ist?« – Umgekehrt! Wie kann man's *nicht*! Versuchen Sie's doch! – Sie wissen nicht, wer Wagner ist: ein ganz großer Schauspieler! Gibt es überhaupt eine tiefere, eine *schwerere* Wirkung im Theater? Sehen Sie doch diese Jünglinge – erstarrt, blaß, atemlos! Das sind Wagnerianer: das versteht nichts von Musik – und trotzdem wird Wagner über sie Herr... Wagners Kunst drückt mit hundert Atmosphären: bücken Sie sich nur, man kann nicht anders... Der Schauspieler Wagner ist ein Tyrann, sein Pathos wirft jeden Geschmack, jeden Widerstand über den Haufen. – Wer hat diese Überzeugungskraft der Gebärde, wer sieht so bestimmt, so zuallererst die Gebärde! Dies Atem-Anhalten des Wagnerschen Pathos, dies Nicht-mehr-loslassen-Wollen eines extremen Gefühls, diese Schrecken einflößende *Länge* in Zuständen, wo der Augenblick schon erwürgen will! – –

Krieg Wagner überhaupt ein Musiker? Jedenfalls war er etwas anderes *mehr*: nämlich ein unvergleichlicher *histrio*, der größte Mime, das erstaunlichste Theater-Genie, das die Deutschen gehabt haben, unser *Szeniker par excellence*. Er gehört woandershin als in die Geschichte der Musik: mit deren großen Echten soll man ihn nicht verwechseln. Wagner *und* Beethoven – das ist eine Blasphemie – und zuletzt ein Unrecht selbst gegen Wagner... Er war auch als Musiker nur das, was er überhaupt war: er *wurde* Musiker, er *wurde* Dichter, weil der Tyrann in ihm, sein Schauspiel-Genie ihn dazu zwang. Man errät nichts von Wagner, solange man nicht seinen dominierenden Instinkt erriet.

Wagner war *nicht* Musiker von Instinkt. Dies bewies er damit, daß er alle Gesetzlichkeit und, bestimmter geredet, allen Stil in der

Musik preisgab, um aus ihr zu machen, was er nötig hatte, eine Theater-Rhetorik, ein Mittel des Ausdrucks, der Gebärden-Verstärkung, der Suggestion, des Psychologisch-Pittoresken. Wagner dürfte uns hier als Erfinder und Neuerer ersten Ranges gelten – *er hat das Sprachvermögen der Musik ins Unermeßliche vermehrt* –: er ist der Victor Hugo der Musik als Sprache. Immer vorausgesetzt, daß man zuerst gelten läßt, Musik *dürfe* unter Umständen nicht Musik, sondern Sprache, sondern Werkzeug, sondern *ancilla dramaturgica* sein. Wagners Musik, *nicht* vom Theater-Geschmacke, einem sehr toleranten Geschmacke, in Schutz genommen, ist einfach schlechte Musik, die schlechteste überhaupt, die vielleicht gemacht worden ist. Wenn ein Musiker nicht mehr bis drei zählen kann, wird er »dramatisch«, wird er »Wagnerisch«...

Wagner hat beinahe entdeckt, welche Magie selbst noch mit einer aufgelösten und gleichsam *elementarisch* gemachten Musik ausgeübt werden kann. Sein Bewußtsein davon geht bis ins Unheimliche, wie sein Instinkt, die höhere Gesetzlichkeit, den *Stil* gar nicht nötig zu haben. Das Elementarische *genügt* – Klang, Bewegung, Farbe, kurz die Sinnlichkeit der Musik. Wagner rechnet nie als Musiker, von irgendeinem Musiker-Gewissen aus: er will die Wirkung, er will nichts als die Wirkung. Und er kennt das, worauf er zu wirken hat! – Er hat darin die Unbedenklichkeit, die Schiller hatte, die jeder Theatermensch hat, er hat auch dessen Verachtung der Welt, die er sich zu Füßen legt!... Man ist Schauspieler damit, daß man *eine* Einsicht vor dem Rest der Menschen voraus hat: was als wahr wirken soll, darf nicht wahr sein. Der Satz ist von Talma formuliert: er enthält die ganze Psychologie des Schauspielers, er enthält – zweifeln wir nicht daran! – auch dessen Moral. Wagners Musik ist niemals wahr.

– Aber *man hält sie dafür*: und so ist es in Ordnung. –

Solang man noch kindlich ist und Wagnerianer dazu, hält man Wagner selbst für reich, selbst für einen Ausbund von Verschwender, selbst für einen Großgrundbesitzer im Reich des Klangs. Man bewundert an ihm, was junge Franzosen an Victor Hugo bewundern, die »königliche Freigebigkeit«. Später bewundert man den

einen wie den andern aus umgekehrten Gründen: als Meister und
Muster der Ökonomie, als *kluge* Gastgeber. Niemand kommt ihnen darin gleich, mit bescheidenem Aufwand eine fürstliche Tafel
zu repräsentieren. – Der Wagnerianer, mit seinem gläubigen Magen, wird sogar satt bei der Kost, die ihm sein Meister vorzaubert.
Wir anderen, die wir in Büchern wie in Musik vor allem *Substanz*
verlangen, und denen mit bloß »repräsentierten« Tafeln kaum ge-
dient ist, sind viel schlimmer dran. Auf deutsch: Wagner gibt uns
nicht genug zu beißen. Sein *recitativo* – wenig Fleisch, schon mehr
Knochen und sehr viel Brühe – ist von mir *»alla genovese«* getauft:
womit ich durchaus den Genuesen nicht geschmeichelt haben will,
wohl aber dem *älteren recitativo,* dem *recitativo secco.* Was gar das
Wagnersche »Leitmotiv« betrifft, so fehlt mir dafür alles kulinari-
sche Verständnis. Ich würde es, wenn man mich drängt, vielleicht
als idealen Zahnstocher gelten lassen, als Gelegenheit, *Reste* von
Speisen loszuwerden. Bleiben die »Arien« Wagners. – Und nun
sage ich kein Wort mehr.

9

Auch im Entwerfen der Handlung ist Wagner vor allem Schauspieler. Was zuerst ihm aufgeht, ist eine Szene von unbedingt sich-
rer Wirkung, eine wirkliche *actio** mit einem *hautrelief* der Gebärde, eine Szene, die *umwirft* – diese denkt er in die Tiefe, aus ihr
zieht er erst die Charaktere. Der ganze Rest folgt daraus, einer
technischen Ökonomik gemäß, die keine Gründe hat, subtil zu

---

* *Anmerkung.* Es ist ein wahres Unglück für die Ästhetik gewesen, daß man
das Wort Drama immer mit »Handlung« übersetzt hat. Nicht Wagner allein
irrt hierin; alle Welt ist noch im Irrtum; die Philologen sogar, die es besser wissen sollten. Das antike Drama hatte große *Pathosszenen* im Auge – es schloß
gerade die Handlung aus (verlegte sie *vor* den Anfang oder *hinter* die Szene).
Das Wort Drama ist dorischer Herkunft: und nach dorischem Sprachgebrauch
bedeutet es »Ereignis«, »Geschichte«, beide Worte in hieratischem Sinne. Das
älteste Drama stellte die Ortslegende dar, die »heilige Geschichte«, auf der die
Gründung des Kultus ruhte (– also kein Tun, sondern ein Geschehen: δρᾶν
heißt im Dorischen gar nicht »tun«).

sein. Es ist *nicht* das Publikum Corneilles, das Wagner zu schonen hat: bloßes neunzehntes Jahrhundert. Wagner würde über »das eine, was not tut« ungefähr urteilen, wie jeder andre Schauspieler heute urteilt: eine Reihe starker Szenen, eine stärker als die andre – und, dazwischen, viel *kluge* Stupidität. Er sucht sich selbst zuerst die Wirkung seines Werkes zu garantieren, er beginnt mit dem dritten Akte, er *beweist* sich sein Werk mit dessen letzter Wirkung. Mit einem solchen Theaterverstande als Führer ist man nicht in Gefahr, unversehens ein Drama zu schaffen. Das Drama verlangt die *harte* Logik: aber was lag Wagner überhaupt an der Logik! Nochmals gesagt: es ist *nicht* das Publikum Corneilles, das er zu schonen hatte: bloße Deutsche! Man weiß, bei welchem technischen Problem der Dramatiker alle seine Kraft ansetzt und oft Blut schwitzt: dem Knoten *Notwendigkeit* zu geben und ebenso der Lösung, so daß beide nur auf eine einzige Art möglich sind, beide den Eindruck der Freiheit machen (Prinzip des kleinsten Aufwandes von Kraft). Nun, dabei schwitzt Wagner am wenigsten Blut; gewiß ist, daß er für Knoten und Lösung den kleinsten Aufwand von Kraft macht. Man nehme irgendeinen »Knoten« Wagners unter das Mikroskop – man wird dabei zu lachen haben, das verspreche ich. Nichts erheiternder als der Knoten des Tristan, es müßte denn der Knoten der Meistersinger sein. Wagner ist *kein* Dramatiker, man lasse sich nichts vormachen. Er liebte das Wort »Drama«: das ist alles – er hat immer die schönen Worte geliebt. Das Wort »Drama« in seinen Schriften ist trotzdem bloß ein Mißverständnis (– *und* eine Klugheit: Wagner tat immer vornehm gegen das Wort »Oper« –); ungefähr wie das Wort »Geist« im Neuen Testament bloß ein Mißverständnis ist. – Er war schon nicht Psychologe genug zum Drama; er wich instinktiv der psychologischen Motivierung aus – womit? damit, daß er immer die Idiosynkrasie an deren Stelle rückte... Sehr modern, nicht wahr? sehr pariserisch! sehr *décadent*!... Die *Knoten*, anbei gesagt, die tatsächlich Wagner mit Hilfe dramatischer Erfindungen zu lösen weiß, sind ganz andrer Art. Ich gebe ein Beispiel. Nehmen wir den Fall, daß Wagner eine Weiberstimme nötig hat. Ein ganzer Akt *ohne* Weiberstimme –

das geht nicht! Aber die »Heldinnen« sind im Augenblick alle nicht frei. Was tut Wagner? Er emanzipiert das älteste Weib der Welt, die Erda: »Herauf, alte Großmutter! Sie müssen singen!« Erda singt. Wagners Absicht ist erreicht. Sofort schafft er die alte Dame wieder ab. »Wozu kamen Sie eigentlich? Ziehn Sie ab! Schlafen Sie gefälligst weiter!« – *In summa:* eine Szene voller mythologischer Schauder, bei der der Wagnerianer *ahnt*...

– »Aber der *Gehalt* der Wagnerschen Texte! ihr mythischer Gehalt! ihr ewiger Gehalt!« – Frage: wie prüft man diesen Gehalt, diesen ewigen Gehalt? – Der Chemiker antwortet: man übersetzt Wagner ins Reale, ins Moderne – seien wir noch grausamer! ins Bürgerliche! Was wird dabei aus Wagner? – Unter uns, ich habe es versucht. Nichts unterhaltender, nichts für Spaziergänge mehr zu empfehlen, als sich Wagner in *verjüngten* Proportionen zu erzählen: zum Beispiel Parsifal als Kandidaten der Theologie, mit Gymnasialbildung (– letztere als unentbehrlich zur *reinen Torheit*). Welche Überraschungen man dabei erlebt! Würden Sie es glauben, daß die Wagnerschen Heroinen samt und sonders, sobald man nur erst den heroischen Balg abgestreift hat, zum Verwechseln Madame Bovary ähnlich sehn! – wie man umgekehrt auch begreift, daß es Flaubert *freistand,* seine Heldin ins Skandinavische oder Karthagische zu übersetzen und sie dann, mythologisiert, Wagner als Textbuch anzubieten. Ja, ins Große gerechnet, scheint Wagner sich für keine andern Probleme interessiert zu haben, als die, welche heute die kleinen Pariser *décadents* interessieren. Immer fünf Schritte weit vom Hospital! Lauter ganz moderne, lauter ganz *großstädtische* Probleme! zweifeln Sie nicht daran!... Haben Sie bemerkt (es gehört in diese Ideen-Assoziation), daß die Wagnerschen Heldinnen keine Kinder bekommen? – Sie *können's* nicht... Die Verzweiflung, mit der Wagner das Problem angegriffen hat, Siegfried überhaupt geboren werden zu lassen, verrät, *wie* modern er in diesem Punkte fühlte. – Siegfried »emanzipiert das Weib« – doch ohne Hoffnung auf Nachkommenschaft. – Eine Tatsache endlich, die uns fassungslos läßt: Parsifal ist der Vater Lohengrins!

Wie hat er das gemacht? – Muß man sich hier daran erinnern, daß »die Keuschheit *Wunder* tut«?...

Wagnerus dixit princeps in castitate auctoritas.

10

Anbei noch ein Wort über die Schriften Wagners: sie sind, unter anderem, eine Schule der *Klugheit*. Das System von Prozeduren, das Wagner handhabt, ist auf hundert andre Fälle anzuwenden – wer Ohren hat, der höre. Vielleicht habe ich einen Anspruch auf öffentliche Erkenntlichkeit, wenn ich den drei wertvollsten Prozeduren einen präzisen Ausdruck gebe.

Alles, was Wagner *nicht* kann, ist verwerflich.

Wagner könnte noch vieles: aber er will es nicht, aus Rigorosität im Prinzip.

Alles, was Wagner *kann,* wird ihm niemand nachmachen, hat ihm keiner vorgemacht, *soll* ihm keiner nachmachen... Wagner ist göttlich...

Diese drei Sätze sind die Quintessenz von Wagners Literatur; der Rest ist – »Literatur«.

– Nicht jede Musik hat bisher Literatur nötig gehabt: man tut gut, hier nach dem zureichenden Grund zu suchen. Ist es, daß Wagners Musik zu schwer verständlich ist? Oder fürchtete er das Umgekehrte, daß man sie zu leicht versteht – daß man sie *nicht schwer genug* versteht? – Tatsächlich hat er sein ganzes Leben *einen* Satz wiederholt: daß seine Musik nicht nur Musik bedeute! Sondern mehr! Sondern unendlich viel mehr!... »*Nicht nur* Musik« – so redet kein Musiker. Nochmals gesagt, Wagner konnte nicht aus dem Ganzen schaffen, er hatte gar keine Wahl, er mußte Stückwerk machen, »Motive«, Gebärden, Formeln, Verdopplungen und Verhundertfachungen, er blieb Rhetor als Musiker – er *mußte* grundsätzlich deshalb das »es bedeutet« in den Vordergrund bringen. »Die Musik ist immer nur ein Mittel«: das war seine Theorie, das war vor allem die einzige ihm überhaupt mögliche *Praxis.* Aber so denkt kein Musiker. – Wagner hatte Literatur nötig, um alle Welt zu überreden, seine Musik ernst zu nehmen, tief zu nehmen, »weil sie Unendliches *bedeute*«; er war zeitlebens der Kommentator der »Idee«. – Was bedeutet Elsa? Aber kein Zweifel: Elsa ist »der unbewußte *Geist des Volks*« (– »mit dieser Erkenntnis wurde ich notwendig zum vollkommnen Revolutionär« –).

Erinnern wir uns, daß Wagner in der Zeit, wo Hegel und Schelling die Geister verführten, jung war; daß er erriet, daß er mit Händen griff, was allein der Deutsche ernst nimmt – »die Idee«, will sagen etwas, das dunkel, ungewiß, ahnungsvoll ist; daß Klarheit unter Deutschen ein Einwand, Logik eine Widerlegung ist. Schopenhauer hat, mit Härte, die Epoche Hegels und Schellings der Unredlichkeit geziehn – mit Härte, auch mit Unrecht: er selbst, der alte pessimistische Falschmünzer, hat es in nichts »redlicher« getrieben als seine berühmteren Zeitgenossen. Lassen wir die Moral aus dem Spiele: Hegel ist ein *Geschmack*... Und nicht nur ein deutscher, sondern ein europäischer Geschmack! – Ein Geschmack, den Wagner begriff! – dem er sich gewachsen fühlte! den er verewigt hat! – Er machte bloß die Nutzanwendung auf die Musik – er erfand sich einen Stil, der »Unendliches bedeutet«, – er wurde der *Erbe Hegels*... Die Musik als »Idee« – –

Und wie man Wagner verstand! – Dieselbe Art Mensch, die für Hegel geschwärmt, schwärmt heute für Wagner; in seiner Schule *schreibt* man sogar Hegelisch! – Vor allen verstand ihn der deutsche Jüngling. Die zwei Worte »unendlich« und »Bedeutung« genügten bereits: ihm wurde dabei auf eine unvergleichliche Weise wohl. Es ist *nicht* die Musik, mit der Wagner sich die Jünglinge erobert hat, es ist die »Idee« – es ist das Rätselreiche seiner Kunst, ihr Versteckspielen unter hundert Symbolen, ihre Polychromie des Ideals, was diese Jünglinge zu Wagner führt und lockt; es ist Wagners Genie der Wolkenbildung, sein Greifen, Schweifen und Streifen durch die Lüfte, sein Überall und Nirgendswo, genau dasselbe, womit sie seinerzeit Hegel verführt und verlockt hat! – Inmitten von Wagners Vielheit, Fülle und Willkür sind sie wie bei sich selbst gerechtfertigt – »erlöst« –. Sie hören mit Zittern, wie in seiner Kunst die *großen Symbole* aus vernebelter Ferne mit sanftem Donner laut werden; sie sind nicht ungehalten, wenn es zeitweilig grau, gräßlich und kalt in ihr zugeht. Sind sie doch samt und sonders, gleich Wagner selbst, *verwandt* mit dem schlechten Wetter, dem deutschen Wetter! Wotan ist ihr Gott: aber Wotan ist der Gott des schlechten Wetters... Sie haben recht, diese deutschen Jünglinge, so wie sie nun einmal sind: wie *könnten* sie vermissen, was wir andern, was *wir Halkyonier* bei Wagner vermissen – *la gaya scienza;* die leichten Füße; Witz, Feuer, Anmut; die große Logik; den Tanz der Sterne; die übermütige Geistigkeit; die Lichtschauder des Südens; das *glatte* Meer – Vollkommenheit...

11

– Ich habe erklärt, wohin Wagner gehört – *nicht* in die Geschichte der Musik. Was bedeutet er trotzdem in deren Geschichte? *Die Heraufkunft des Schauspielers in der Musik:* ein kapitales Ereignis, das zu denken, das vielleicht auch zu fürchten gibt. In Formel: »Wagner und Liszt«. – Noch nie wurde die Rechtschaffenheit der Musiker, ihre »Echtheit« gleich gefährlich auf die Probe gestellt. Man greift es mit Händen: der große Erfolg, der Massen-Erfolg ist nicht mehr auf Seite der Echten – man muß Schauspieler sein, ihn zu haben! – Victor Hugo und Richard Wagner – sie bedeuten ein und dasselbe: daß in Niedergangs-Kulturen, daß überall, wo den Massen die Entscheidung in die Hände fällt, die Echtheit überflüssig, nachteilig, zurücksetzend wird. Nur der Schauspieler weckt noch die *große* Begeisterung. – Damit kommt für den Schauspieler das *goldene Zeitalter* herauf – für ihn und für alles, was seiner Art verwandt ist. Wagner marschiert mit Trommeln und Pfeifen an der Spitze aller Künstler des Vortrags, der Darstellung, des Virtuosentums; er hat zuerst die Kapellmeister, die Maschinisten und Theatersänger überzeugt. Nicht zu vergessen die Orchestermusiker – er »erlöste« diese von der Langeweile... Die Bewegung, die Wagner schuf, greift selbst in das Gebiet der Erkenntnis über: ganze zugehörige Wissenschaften tauchen langsam aus jahrhundertealter

Scholastik empor. Ich hebe, um ein Beispiel zu geben, mit Auszeichnung die Verdienste *Riemanns* um die Rhythmik hervor, des ersten, der den Hauptbegriff der Interpunktion auch für die Musik geltend gemacht hat (leider vermittelst eines häßlichen Wortes: er nennt's »Phrasierung«). – Dies alles sind, ich sage es mit Dankbarkeit, die Besten unter den Verehrern Wagners, die Achtungswürdigsten – sie haben einfach recht, Wagner zu verehren. Der gleiche Instinkt verbindet sie miteinander, sie sehen in ihm ihren höchsten Typus, sie fühlen sich zur Macht, zur Großmacht selbst umgewandelt, seit er sie mit seiner eignen Glut entzündet hat. Hier nämlich, wenn irgendwo, ist der Einfluß Wagners wirklich *wohltätig* gewesen. Noch nie ist in dieser Sphäre so viel gedacht, gewollt, gearbeitet worden. Wagner hat allen diesen Künstlern ein neues Gewissen eingegeben: was sie jetzt von sich fordern, von sich *erlangen,* das haben sie nie vor Wagner von sich gefordert – sie waren früher zu bescheiden dazu. Es herrscht ein andrer Geist am Theater, seit Wagners Geist daselbst herrscht: man verlangt das Schwerste, man tadelt hart, man lobt selten – das Gute, das Ausgezeichnete gilt als Regel. Geschmack tut nicht mehr not; nicht einmal Stimme. Man singt Wagner nur mit ruinierter Stimme: das wirkt »dramatisch«. Selbst Begabung ist ausgeschlossen. Das *espressivo* um jeden Preis, wie es das Wagnersche Ideal, das *décadence*-Ideal verlangt, verträgt sich schlecht mit Begabung. Dazu gehört bloß *Tugend* – will sagen Dressur, Automatismus, »Selbstverleugnung«. Weder Geschmack, noch Stimme, noch Begabung: die Bühne Wagners hat nur eins nötig – *Germanen!*… Definition des Germanen: Gehorsam und lange Beine… Es ist voll tiefer Bedeutung, daß die Heraufkunft Wagners zeitlich mit der Heraufkunft des »Reichs« zusammenfällt: beide Tatsachen beweisen ein und dasselbe – Gehorsam und lange Beine. – Nie ist besser gehorcht, nie besser befohlen worden. Die Wagnerschen Kapellmeister insonderheit sind eines Zeitalters würdig, das die Nachwelt einmal mit scheuer Ehrfurcht *das klassische Zeitalter des Kriegs* nennen wird. Wagner verstand zu kommandieren; er war auch damit der große Lehrer. Er kommandierte als der unerbittliche Wille

zu sich, als die lebenslängliche Zucht an sich: Wagner, der vielleicht das größte Beispiel der Selbstvergewaltigung abgibt, das die
Geschichte der Künste hat (– selbst Alfieri, sonst sein Nächstver-
wandter, ist noch überboten. Anmerkung eines Turiners).

12

Mit dieser Einsicht, daß unsre Schauspieler verehrungswürdiger
als je sind, ist ihre Gefährlichkeit nicht als geringer begriffen...
Aber wer zweifelt noch daran, *was* ich will – was die *drei Forderungen* sind, zu denen mir diesmal mein Ingrimm, meine Sorge,
meine Liebe zur Kunst den Mund geöffnet hat?

Daß das Theater nicht Herr über die Künste wird.
Daß der Schauspieler nicht zum Verführer der Echten wird.
Daß die Musik nicht zu einer Kunst zu lügen wird.

Friedrich Nietzsche

NACHSCHRIFT

– Der Ernst der letzten Worte erlaubt mir, an dieser Stelle noch einige Sätze aus einer ungedruckten Abhandlung mitzuteilen, welche zum mindesten über meinen Ernst in dieser Sache keinen Zweifel lassen. Jene Abhandlung ist betitelt: *Was Wagner uns kostet.*

Die Anhängerschaft an Wagner zahlt sich teuer. Ein dunkles Gefühl hierüber ist auch heute noch vorhanden. Auch der Erfolg Wagners, sein *Sieg,* riß dies Gefühl nicht in der Wurzel aus. Aber ehemals war es stark, war es furchtbar, war es wie ein düsterer Haß – fast drei Vierteile von Wagners Leben hindurch. Jener Widerstand, den er bei uns Deutschen fand, kann nicht hoch genug geschätzt und zu Ehren gebracht werden. Man wehrte sich gegen ihn wie gegen eine Krankheit, – *nicht* mit Gründen – man widerlegt keine Krankheit –, sondern mit Hemmung, Mißtrauen, Verdrossenheit, Ekel, mit einem finsteren Ernste, als ob in ihm eine große Gefahr herumschliche. Die Herren Ästhetiker haben sich bloßgestellt, als sie, aus drei Schulen der deutschen Philosophie heraus, Wagners Prinzipien mit »wenn« und »denn« einen absurden Krieg machten – was lag ihm an Prinzipien, selbst den eigenen! – Die Deutschen selbst haben genug Vernunft im Instinkt gehabt, um hier sich jedes »wenn« und »denn« zu verbieten. Ein Instinkt ist geschwächt, wenn er sich rationalisiert: denn damit, *daß* er sich rationalisiert, schwächt er sich. Wenn es Anzeichen dafür gibt, daß, trotz dem Gesamt-Charakter der europäischen *décadence,* noch ein Grad Gesundheit, noch eine Instinkt-Witterung für Schädliches und Gefahrdrohendes im deutschen Wesen wohnt, so möchte ich unter ihnen am wenigsten diesen *dumpfen* Widerstand gegen Wagner unterschätzt wissen. Er macht uns Ehre, er erlaubt selbst

zu hoffen: so viel Gesundheit hätte Frankreich nicht mehr aufzu-
wenden. Die Deutschen, die *Verzögerer par excellence* in der Geschichte, sind heute das zurückgebliebenste Kulturvolk Europas:
dies hat seinen Vorteil – eben damit sind sie relativ das *jüngste*.

Die Anhängerschaft an Wagner zahlt sich teuer. Die Deutschen
haben eine Art Furcht vor ihm vor ganz kurzem erst verlernt – die
Lust, *ihn loszusein*, kam ihnen bei jeder Gelegenheit.* Erinnert
man sich eines kuriosen Umstandes noch, bei dem, ganz zuletzt,
ganz unerwartet, jenes alte Gefühl wieder zum Vorschein kam? Es
geschah beim Begräbnisse Wagners, daß der erste deutsche Wagner-Verein, der Münchener, an seinem Grabe einen Kranz nieder-
legte, dessen *Inschrift* sofort berühmt wurde. »Erlösung dem Erlöser!« – lautete sie. Jedermann bewunderte die hohe Inspiration,
die diese Inschrift diktiert hatte, jedermann einen Geschmack, auf
den die Anhänger Wagners ein Vorrecht haben; viele aber auch (es
war seltsam genug!) machten an ihr dieselbe kleine Korrektur:
»Erlösung *vom* Erlöser!« – Man atmete auf. –

Die Anhängerschaft an Wagner zahlt sich teuer. Messen wir sie
an ihrer Wirkung auf die Kultur. Wen hat eigentlich seine Bewegung in den Vordergrund gebracht? Was hat sie immer mehr ins
Große gezüchtet? – Vor allem die Anmaßung des Laien, des
Kunst-Idioten. Das organisiert jetzt Vereine, das will seinen »Geschmack« durchsetzen, das möchte selbst in *rebus musicis et musicantibus* den Richter machen. Zu zweit: eine immer größere
Gleichgültigkeit gegen jede strenge, vornehme, gewissenhafte

---

* *Anmerkung.* War Wagner überhaupt ein Deutscher? Man hat einige
Gründe, so zu fragen. Es ist schwer, in ihm irgendeinen deutschen Zug ausfin-
dig zu machen. Er hat, als der große Lerner, der er war, viel Deutsches nachmachen gelernt – das ist alles. Sein Wesen selbst *widerspricht* dem, was bisher als
deutsch empfunden wurde: nicht zu reden vom deutschen Musiker! – Sein Vater war ein Schauspieler namens Geyer. Ein Geyer ist beinahe schon ein Adler... Das, was bisher als »Leben Wagners« in Umlauf gebracht ist, ist *fable
convenue*, wenn nicht Schlimmeres. Ich bekenne mein Mißtrauen gegen jeden
Punkt, der bloß durch Wagner selbst bezeugt ist. Er hatte nicht Stolz genug zu
irgendeiner Wahrheit über sich, niemand war weniger stolz; er blieb, ganz wie
Victor Hugo, auch im Biographischen sich treu – er blieb Schauspieler.

Schulung im Dienste der Kunst; an ihre Stelle gerückt den Glauben an das Genie, auf deutsch: den frechen Dilettantismus (– die Formel dafür steht in den Meistersingern). Zu dritt und zu schlimmst: die *Theatrokratie* –, den Aberwitz eines Glaubens an den *Vorrang* des Theaters, an ein Recht auf *Herrschaft* des Theaters über die Künste, über die Kunst... Aber man soll es den Wagnerianern hundertmal ins Gesicht sagen, *was* das Theater ist: immer nur ein *Unterhalb* der Kunst, immer nur etwas Zweites, etwas Vergröbertes, etwas für die Massen Zurechtgebogenes, Zurechtgelogenes! Daran hat auch Wagner nichts verändert: Bayreuth ist große Oper – und nicht einmal *gute* Oper... Das Theater ist eine Form der Demolatrie in Sachen des Geschmacks, das Theater ist ein Massen-Aufstand, ein Plebiszit *gegen* den guten Geschmack... *Dies eben beweist der Fall Wagner:* er gewann die Menge – er verdarb den Geschmack, er verdarb selbst für die Oper unsren Geschmack! –

Die Anhängerschaft an Wagner zahlt sich teuer. Was macht sie aus dem Geist? *befreit Wagner den Geist?* – Ihm eignet jede Zweideutigkeit, jeder Doppelsinn, alles überhaupt, was die Ungewissen überredet, ohne ihnen zum Bewußtsein zu bringen, *wofür* sie überredet sind. Damit ist Wagner ein Verführer großen Stils. Es gibt nichts Müdes, nichts Abgelebtes, nichts Lebensgefährliches und Weltverleumderisches in Dingen des Geistes, das von seiner Kunst nicht heimlich in Schutz genommen würde – es ist der schwärzeste Obskurantismus, den er in die Lichthüllen des Ideals verbirgt. Er schmeichelt jedem nihilistischen (– buddhistischen) Instinkte und verkleidet ihn in Musik, er schmeichelt jeder Christlichkeit, jeder religiösen Ausdrucksform der *décadence*. Man mache seine Ohren auf: alles, was je auf dem Boden des *verarmten* Lebens aufgewachsen ist, die ganze Falschmünzerei der Transzendenz und des Jenseits, hat in Wagners Kunst ihren sublimsten Fürsprecher – *nicht* in Formeln: Wagner ist zu klug für Formeln – sondern in einer Überredung der Sinnlichkeit, die ihrerseits wieder den Geist mürbe und müde macht. Die Musik als Circe... Sein letztes Werk ist hierin sein größtes Meisterstück. Der Parsifal wird in der Kunst der Verführung ewig seinen Rang behalten, als *der Geniestreich* der Verführung... Ich bewundere dies Werk, ich möchte es selbst gemacht haben; in Ermangelung davon *verstehe ich es*... Wagner war nie besser inspiriert als am Ende. Das Raffinement im Bündnis von Schönheit und Krankheit geht hier so weit, daß es über Wagners frühere Kunst gleichsam Schatten legt – sie erscheint zu hell, zu gesund. Versteht ihr das? Die Gesundheit, die Helligkeit als Schatten wirkend? als *Einwand* beinahe?... So weit sind wir schon *reine Toren*... Niemals gab es einen größeren Meister in dumpfen hieratischen Wohlgerüchen – nie lebte ein gleicher Kenner alles *kleinen* Unendlichen, alles Zitternden und Überschwänglichen, aller Feminismen aus dem Idiotikon des Glücks! – Trinkt nur, meine Freunde, die Philtren dieser Kunst! Ihr findet nirgends eine angenehmere Art, euren Geist zu entnerven, eure Männlichkeit unter einem Rosengebüsche zu vergessen... Ah dieser alte Zauberer! Dieser Klingsor aller Klingsore! Wie er *uns* damit den Krieg macht! uns, den freien Geistern! Wie er jeder Feigheit der modernen Seele mit Zaubermädchen-Tönen zu Willen redet! – Es gab nie einen solchen *Todhaß* auf die Erkenntnis! – Man muß Zyniker sein, um hier nicht verführt zu werden, man muß beißen können, um hier nicht anzubeten. Wohlan, alter Verführer! Der Zyniker warnt dich – *cave canem*...

Die Anhängerschaft an Wagner zahlt sich teuer. Ich beobachte die Jünglinge, die lange seiner Infektion ausgesetzt waren. Die nächste, relativ unschuldige Wirkung ist die Verderbnis des Geschmacks. Wagner wirkt wie ein fortgesetzter Gebrauch von Alkohol. Er stumpft ab, er verschleimt den Magen. Spezifische Wirkung: Entartung des rhythmischen Gefühls. Der Wagnerianer nennt zuletzt rhythmisch, was ich selbst, mit einem griechischen Sprichwort, »den Sumpf bewegen« nenne. Schon viel gefährlicher ist die Verderbnis der Begriffe. Der Jüngling wird zum Mondkalb – zum »Idealisten«. Er ist über die Wissenschaft hinaus; darin steht er auf der Höhe des Meisters. Dagegen macht er den Philosophen; er schreibt Bayreuther Blätter; er löst alle Probleme im Namen des Vaters, des Sohnes und des heiligen Meisters. Am unheimlichsten freilich bleibt die Verderbnis der Nerven. Man gehe nachts durch eine größere Stadt: überall hört man, daß mit feierlicher Wut Instrumente genotzüchtigt werden – ein wildes Geheul mischt sich dazwischen. Was geht da vor? – Die Jünglinge beten Wagner an... Bayreuth reimt sich auf Kaltwasserheilanstalt. – Typisches Telegramm aus Bayreuth: *bereits bereut.* – Wagner ist schlimm für die Jünglinge; er ist verhängnisvoll für das Weib. Was ist, ärztlich gefragt, eine Wagnerianerin? – Es scheint mir, daß ein Arzt jungen Frauen nicht ernst genug diese Gewissens-Alternative stellen könnte: eins *oder* das andere. – Aber sie haben bereits gewählt. Man kann nicht zween Herrn dienen, wenn der eine Wagner heißt. Wagner hat das Weib erlöst; das Weib hat ihm dafür Bayreuth gebaut. Ganz Opfer, ganz Hingebung: man hat nichts, was man ihm nicht geben würde. Das Weib verarmt sich zugunsten des Meisters, es wird rührend, es steht nackt vor ihm. – Die Wagnerianerin – die anmutigste Zweideutigkeit, die es heute gibt; sie *verkörpert* die Sache Wagners – in ihrem Zeichen *siegt* seine Sache... Ah, dieser alte Räuber! Er raubt uns die Jünglinge, er raubt selbst noch unsre Frauen und schleppt sie in seine Höhle... Ah, dieser alte Minotaurus! Was er uns schon gekostet hat! Alljährlich führt man ihm Züge der schönsten Mädchen und Jünglinge in sein Labyrinth, damit er sie verschlinge – alljährlich intoniert ganz Europa »auf nach Kreta! auf nach Kreta!...«

ZWEITE NACHSCHRIFT

– Mein Brief, scheint es, ist einem Mißverständnisse ausgesetzt. Auf gewissen Gesichtern zeigen sich die Falten der Dankbarkeit; ich höre selbst ein bescheidenes Frohlocken. Ich zöge vor, hier wie in vielen Dingen, verstanden zu werden. – Seitdem aber in den Weinbergen des deutschen Geistes ein neues Tier haust, der Reichswurm, die berühmte *Rhinoxera,* wird kein Wort von mir mehr verstanden. Die Kreuzzeitung selbst bezeugt es mir, nicht zu reden vom literarischen Zentralblatt. – Ich habe den Deutschen die tiefsten Bücher gegeben, die sie überhaupt besitzen – Grund genug, daß die Deutschen kein Wort davon verstehn... Wenn ich in *dieser* Schrift Wagner den Krieg mache – und, nebenbei, einem deutschen »Geschmack« –, wenn ich für den Bayreuther Kretinismus harte Worte habe, so möchte ich am allerwenigsten irgendwelchen *andern* Musikern damit ein Fest machen. *Andre* Musiker kommen gegen Wagner nicht in Betracht. Es steht schlimm überhaupt. Der Verfall ist allgemein. Die Krankheit liegt in der Tiefe. Wenn Wagner der Name bleibt für den *Ruin der Musik,* wie Bernini für den Ruin der Skulptur, so ist er doch nicht dessen Ursache. Er hat nur dessen *tempo* beschleunigt – freilich in einer Weise, daß man mit Entsetzen vor diesem fast plötzlichen Abwärts, Abgrundwärts steht. Er hatte die Naivität der *décadence:* dies war seine Überlegenheit. Er glaubte an sie, er blieb vor keiner Logik der *décadence* stehn. Die andern *zögern* – das unterscheidet sie. Sonst nichts!... Das Gemeinsame zwischen Wagner und »den andern« – ich zähle es auf: der Niedergang der organisierenden Kraft; der Mißbrauch überlieferter Mittel, ohne das *rechtfertigende* Vermögen, das zum-Zweck; die Falschmünzerei in der Nachbildung großer Formen, für die heute niemand stark, stolz, selbstgewiß, *gesund* genug ist; die Überlebendigkeit im kleinsten; der Affekt um jeden Preis; das Raffinement als Ausdruck des *verarmten* Lebens; immer mehr Nerven an Stelle des Fleisches. – Ich kenne nur einen Musiker, der heute noch imstande ist, eine Ouvertüre aus *ganzem Holze* zu schnitzen: und niemand kennt ihn... Was heute berühmt ist, macht, im Vergleich mit Wagner, nicht »bessere« Musik, sondern nur unentschiednere, sondern nur gleichgültigere – gleichgültigere, weil das Halbe damit abgetan ist, *daß das Ganze da ist*. Aber Wagner war ganz; aber Wagner war die ganze Verderbnis; aber Wagner war der Mut, der Wille, die *Überzeugung* in der Verderbnis – was liegt noch an Johannes Brahms!... Sein Glück war ein deutsches Mißverständnis: man nahm ihn als Antagonisten Wagners – man *brauchte* einen Antagonisten! – Das macht keine *notwendige* Musik, das macht vor allem zu viel Musik! – Wenn man nicht reich ist, soll man stolz genug sein zur Armut!... Die Sympathie, die Brahms unleugbar hier und da einflößt, ganz abgesehen von jenem Partei-Interesse, Partei-Mißverständnisse, war mir lange ein Rätsel: bis ich endlich, durch einen Zufall beinahe, dahinterkam, daß er auf einen bestimmten Typus von Menschen wirkt. Er hat die Melancholie des Unvermögens; er schafft *nicht* aus der Fülle, er *durstet* nach der Fülle. Rechnet man ab, was er nachmacht, was er großen alten oder exotisch-modernen Stilformen entlehnt – er ist Meister in der Kopie –, so bleibt als sein Eigenstes die *Sehnsucht*... Das erraten die Sehnsüchtigen, die Unbefriedigten aller Art. Er ist zu wenig Person, zu wenig Mittelpunkt... Das verstehen die »Unpersönlichen«, die Peripherischen, – sie lieben ihn dafür. Insonderheit ist er der Musiker einer Art unbefriedigter Frauen. Fünfzig Schritt weiter: und man hat die Wagnerianerin – ganz wie man fünfzig Schritt über Brahms hinaus Wagner findet –, die Wagnerianerin, einen ausgeprägteren, interessanteren, vor allem *anmutigeren* Typus. Brahms ist rührend, solange er heimlich schwärmt oder über sich trauert – darin ist er »modern« –; er wird kalt, er geht uns nichts mehr an, sobald er die Klassiker *beerbt*... Man nennt Brahms gern den *Erben* Beethovens: ich kenne keinen vorsichtigeren Euphemismus. – Alles, was heute in der Musik auf »großen Stil« Anspruch macht, ist damit *entweder* falsch gegen uns *oder* falsch gegen sich. Diese Alternative ist nachdenklich genug: sie schließt nämlich eine Kasuistik über den Wert der zwei Fälle in sich ein. »Falsch gegen *uns*«: dagegen protestiert der Instinkt der meisten – sie wollen nicht betrogen werden –; ich selbst freilich würde diesen Typus immer noch dem anderen (»falsch gegen *sich*«) vorziehn. Dies ist *mein* Geschmack. – Faßlicher, für die »Armen im Geiste« ausgedrückt: Brahms – *oder* Wagner... Brahms ist *kein* Schauspieler. – Man kann einen guten Teil der *andren* Musiker in den Begriff Brahms subsumieren. – Ich sage kein Wort von den klugen Affen Wagners, zum Beispiel von Goldmark: mit der »Königin von Saba« gehört man in die Menagerie – man kann sich sehen lassen. – Was heute gut gemacht, meisterhaft gemacht werden kann, ist nur das Kleine. Hier allein ist noch Rechtschaffenheit möglich. – Nichts kann aber die Musik *in* der Hauptsache *von* der Hauptsache kurieren, von der Fatalität, Ausdruck des physiologischen Widerspruchs zu sein – *modern* zu sein. Der beste Unterricht, die gewissenhafteste Schulung, die grundsätzliche Intimität, ja selbst Isolation in der Gesellschaft der alten Meister – das bleibt alles nur palliativisch, strenger geredet, *illusorisch,* weil man die Voraussetzung dazu nicht mehr im Leibe hat: sei dies nun die starke Rasse eines Händel, sei es die überströmende Animalität eines Rossini. – Nicht jeder hat das *Recht* zu jedem Lehrer: das gilt von ganzen Zeitaltern. – An sich ist die Möglichkeit nicht ausgeschlossen, daß es noch *Reste* stärkerer Geschlechter, typisch unzeitgemäßer Menschen irgendwo in Europa gibt: von da aus wäre eine *verspätete* Schönheit und Vollkommenheit auch für die Musik noch zu erhoffen. Was wir, bestenfalls, noch erleben können, sind Ausnahmen. Von der *Regel,* daß die Verderbnis obenauf, daß die Verderbnis fatalistisch ist, rettet die Musik kein Gott. –

EPILOG

– Entziehen wir uns zuletzt, um aufzuatmen, für einen Augenblick der engen Welt, zu der jede Frage nach dem Wert von *Personen* den Geist verurteilt. Ein Philosoph hat das Bedürfnis, sich die Hände zu waschen, nachdem er sich so lange mit dem »Fall Wagner« befaßt hat. – Ich gebe meinen Begriff des *Modernen*. – Jede Zeit hat in ihrem Maß von Kraft ein Maß auch dafür, welche Tugenden ihr erlaubt, welche ihr verboten sind. Entweder hat sie die Tugenden des *aufsteigenden* Lebens: dann widerstrebt sie aus unterstem Grunde den Tugenden des niedergehenden Lebens. Oder sie ist selbst ein niedergehendes Leben – dann bedarf sie auch der Niedergangs-Tugenden, dann haßt sie alles, was aus der Fülle, was aus dem Überreichtum an Kräften allein sich rechtfertigt. Die Ästhetik ist unablöslich an diese biologischen Voraussetzungen gebunden: es gibt eine *décadence*-Ästhetik, es gibt eine *klassische* Ästhetik – ein »Schönes an sich« ist ein Hirngespinst, wie der ganze Idealismus. – In der engeren Sphäre der sogenannten moralischen Werte ist kein größerer Gegensatz aufzufinden als der einer *Herren-Moral* und der Moral der *christlichen* Wertbegriffe: letztere, auf einem durch und durch morbiden Boden gewachsen (– die Evangelien führen uns genau dieselben physiologischen Typen vor, welche die Romane Dostojewskis schildern), die Herren-Moral (»römisch«, »heidnisch«, »klassisch«, »Renaissance«) umgekehrt als die Zeichensprache der Wohlgeratenheit, des *aufsteigenden* Lebens, des Willens zur Macht als Prinzips des Lebens. Die Herren-Moral *bejaht* ebenso instinktiv, wie die christliche *verneint* (»Gott«, »Jenseits«, »Entselbstung« lauter Negationen). Die erstere gibt aus ihrer Fülle an die Dinge ab – sie verklärt, sie verschönt, sie *vernünftigt* die Welt –, die letztere verarmt, verblaßt, verhäßlicht den Wert der Dinge, sie *verneint* die Welt. »Welt« ein christliches Schimpfwort. – Diese Gegensatzformen in der Optik der Werte sind *beide* notwendig: es sind Arten zu sehen, denen man mit Gründen und Widerlegungen nicht beikommt. Man widerlegt das Christentum nicht, man widerlegt eine Krankheit des Auges nicht. Daß man den Pessimismus wie eine Philosophie bekämpft hat, war der Gipfelpunkt des gelehrten Idiotentums. Die Begriffe »wahr« und »unwahr« haben, wie mir scheint, in der Optik keinen Sinn. – Wogegen man sich allein zu wehren hat, das ist die Falschheit, die Instinkt-Doppelzüngigkeit, welche diese Gegensätze nicht als Gegensätze empfinden *will*: wie es zum Beispiel Wagners Wille war, der in solchen Falschheiten keine kleine Meisterschaft hatte. Nach der Herren-Moral, der *vornehmen* Moral hinschielen (– die isländische Sage ist beinahe deren wichtigste Urkunde –) und dabei die Gegenlehre, die vom »Evangelium der Niedrigen«, vom *Bedürfnis* der Erlösung, im Munde führen!... Ich bewundere, anbei gesagt, die Bescheidenheit der Christen, die nach Bayreuth gehn. Ich selbst würde gewisse Worte nicht aus dem Munde eines Wagner aushalten. Es gibt Begriffe, die *nicht* nach Bayreuth gehören... Wie? ein Christentum, zurechtgemacht für Wagnerianerinnen, vielleicht *von* Wagnerianerinnen – denn Wagner war in alten Tagen durchaus *feminini generis* –? Nochmals gesagt, die Christen von heute sind mir zu bescheiden... Wenn Wagner ein Christ war, nun dann war vielleicht Liszt ein Kirchenvater! – Das Bedürfnis nach *Erlösung,* der Inbegriff aller christlichen Bedürfnisse hat mit solchen Hanswursten nichts zu tun: es ist die ehrlichste Ausdrucksform der *décadence,* es ist das überzeugteste, schmerzhafteste Ja-sagen zu ihr in sublimen Symbolen und Praktiken. Der Christ will von sich *loskommen. Le moi est toujours haïssable.* – Die vornehme Moral, die Herren-Moral, hat umgekehrt ihre Wurzel in einem triumphierenden Ja-sagen zu *sich* – sie ist Selbstbejahung, Selbstverherrlichung des Lebens, sie braucht gleichfalls sublime Symbole und Praktiken, aber nur »weil ihr das Herz zu voll« ist. Die ganze *schöne,* die ganze *große* Kunst gehört hierher: beider Wesen ist Dankbarkeit.

Andrerseits kann man von ihr nicht einen Instinkt-Widerwillen *gegen* die *décadents,* einen Hohn, ein Grauen selbst vor deren Symbolik abrechnen: dergleichen ist beinahe ihr Beweis. Der vornehme Römer empfand das Christentum als *foeda superstitio:* ich erinnere daran, wie der letzte Deutsche vornehmen Geschmacks, wie Goethe das Kreuz empfand. Man sucht umsonst nach wertvolleren, nach *notwendigeren* Gegensätzen…*

– Aber eine solche Falschheit, wie die der Bayreuther, ist heute keine Ausnahme. Wir kennen alle den unästhetischen Begriff des christlichen Junkers. Diese *Unschuld* zwischen Gegensätzen, dies »gute Gewissen« in der Lüge ist vielmehr *modern par excellence,* man definiert beinahe damit die Modernität. Der moderne Mensch stellt, biologisch, einen *Widerspruch der Werte* dar, er sitzt zwischen zwei Stühlen, er sagt in einem Atem Ja und Nein. Was Wunder, daß gerade in unsern Zeiten die Falschheit selber Fleisch und sogar Genie wurde? daß *Wagner* »unter uns wohnte«? Nicht ohne Grund nannte ich Wagner den Cagliostro der Modernität… Aber wir alle haben wider Wissen, wider Willen, Werte, Worte, Formeln, Moralen *entgegengesetzter* Abkunft im Leibe – wir sind, physiologisch betrachtet, *falsch…* Eine *Diagnostik der modernen Seele* – womit begänne sie? Mit einem resoluten Einschnitt in diese Instinkt-Widersprüchlichkeit, mit der Herauslösung ihrer Gegensatz-Werte, mit der Vivisektion vollzogen an ihrem *lehrreichsten* Fall. – Der Fall Wagner ist für den Philosophen ein *Glücksfall,* – diese Schrift ist, man hört es, von der Dankbarkeit inspiriert…

* *Anmerkung.* Über den Gegensatz »*vornehme* Moral« und »christliche Moral« unterrichtete zuerst meine »*Genealogie der Moral*«: es gibt vielleicht keine entscheidendere Wendung in der Geschichte der religiösen und moralischen Erkenntnis. Dies Buch, mein Prüfstein für das, was zu mir gehört, hat das Glück, nur den höchstgesinnten und strengsten Geistern zugänglich zu sein: dem *Reste* fehlen die Ohren dafür. Man muß seine Leidenschaft in Dingen haben, wo sie heute niemand hat…

GÖTZEN-DÄMMERUNG

oder

Wie man mit dem Hammer philosophiert

VORWORT

Inmitten einer düstern und über die Maßen verantwortlichen Sache seine Heiterkeit aufrechterhalten ist nichts Kleines von Kunststück: und doch, was wäre nötiger als Heiterkeit? Kein Ding gerät, an dem nicht der Übermut seinen Teil hat. Das Zuviel von Kraft erst ist der Beweis der Kraft. – Eine *Umwertung aller Werte*, dies Fragezeichen so schwarz, so ungeheuer, daß es Schatten auf den wirft, der es setzt – ein solches Schicksal von Aufgabe zwingt jeden Augenblick, in die Sonne zu laufen, einen schweren, allzuschwer gewordenen Ernst von sich zu schütteln. Jedes Mittel ist dazu recht, jeder »Fall« ein Glücksfall. Vor allem der *Krieg*. Der Krieg war immer die große Klugheit aller zu innerlich, zu tief gewordnen Geister; selbst in der Verwundung liegt noch Heilkraft. Ein Spruch, dessen Herkunft ich der gelehrten Neugierde vorenthalte, war seit langem mein Wahlspruch:

increscunt animi, virescit volnere virtus.

Eine andre Genesung, unter Umständen mir noch erwünschter, ist *Götzen aushorchen*... Es gibt mehr Götzen als Realitäten in der Welt: das ist *mein* »böser Blick« für diese Welt, das ist auch mein »böses *Ohr*«... Hier einmal mit dem *Hammer* Fragen stellen und, vielleicht, als Antwort jenen berühmten hohlen Ton hören, der von geblähten Eingeweiden redet – welches Entzücken für einen, der Ohren noch hinter den Ohren hat – für mich alten Psychologen und Rattenfänger, vor dem gerade das, was still bleiben möchte, *laut werden muß*...

Auch diese Schrift – der Titel verrät es – ist vor allem eine Erholung, ein Sonnenfleck, ein Seitensprung in den Müßiggang eines

Psychologen. Vielleicht auch ein neuer Krieg? Und werden neue Götzen ausgehorcht?... Diese kleine Schrift ist eine *große Kriegserklärung;* und was das Aushorchen von Götzen anbetrifft, so sind es diesmal keine Zeitgötzen, sondern *ewige* Götzen, an die hier mit dem Hammer wie mit einer Stimmgabel gerührt wird – es gibt überhaupt keine älteren, keine überzeugteren, keine aufgeblaseneren Götzen... Auch keine hohleren... Das hindert nicht, daß sie die *geglaubtesten* sind; auch sagt man, zumal im vornehmsten Falle, durchaus nicht Götze...

Turin, am 30. September 1888,

am Tage, da das erste Buch der *Umwertung aller Werte* zu Ende kam.

Friedrich Nietzsche

SPRÜCHE UND PFEILE

1

Müßiggang ist aller Psychologie Anfang. Wie? wäre Psychologie – ein Laster?

2

Auch der Mutigste von uns hat nur selten den Mut zu dem, was er eigentlich *weiß* ...

3

Um allein zu leben, muß man ein Tier oder ein Gott sein – sagt Aristoteles. Fehlt der dritte Fall: man muß beides sein – *Philosoph*.

4

»Alle Wahrheit ist einfach.« – Ist das nicht zwiefach eine Lüge? –

5

Ich will, ein für allemal, vieles *nicht* wissen. – Die Wahrheit zieht auch der Erkenntnis Grenzen.

6

Man erholt sich in seiner wilden Natur am besten von seiner Unnatur, von seiner Geistigkeit ...

7

Wie? ist der Mensch nur ein Fehlgriff Gottes? Oder Gott nur ein Fehlgriff des Menschen? –

8

Aus der Kriegsschule des Lebens. – Was mich nicht umbringt, macht mich stärker.

9

Hilf dir selber: dann hilft dir noch jedermann. Prinzip der Nächstenliebe.

10

Daß man gegen seine Handlungen keine Feigheit begeht! daß man sie nicht hinterdrein im Stiche läßt! – Der Gewissensbiß ist unanständig.

11

Kann ein *Esel* tragisch sein? – Daß man unter einer Last zugrunde geht, die man weder tragen, noch abwerfen kann?... Der Fall des Philosophen.

12

Hat man sein *warum?* des Lebens, so verträgt man sich fast mit jedem *wie?* – Der Mensch strebt *nicht* nach Glück; nur der Engländer tut das.

13

Der Mann hat das Weib geschaffen – woraus doch? Aus einer Rippe seines Gottes – seines »Ideals«...

14

Was? du suchst? du möchtest dich verzehnfachen, verhundertfachen? du suchst Anhänger? – Suche *Nullen*! –

15

Posthume Menschen – ich zum Beispiel – werden schlechter verstanden als zeitgemäße, aber besser *gehört*. Strenger: wir werden nie verstanden – und *daher* unsre Autorität...

16

Unter Frauen. – »Die Wahrheit? O Sie kennen die Wahrheit nicht! Ist sie nicht ein Attentat auf alle unsre *pudeurs*?« –

17

Das ist ein Künstler, wie ich Künstler liebe, bescheiden in seinen Bedürfnissen: er will eigentlich nur zweierlei, sein Brot und seine Kunst – *panem et Circen*...

18

Wer seinen Willen nicht in die Dinge zu legen weiß, der legt wenigstens einen *Sinn* noch hinein: das heißt, er glaubt, daß ein Wille bereits darin sei (Prinzip des »Glaubens«).

19

Wie? ihr wähltet die Tugend und den gehobenen Busen und seht zugleich scheel nach den Vorteilen der Unbedenklichen? – Aber mit der Tugend *verzichtet* man auf »Vorteile...« (einem Antisemiten an die Haustür).

20

Das vollkommene Weib begeht Literatur, wie es eine kleine Sünde begeht: zum Versuch, im Vorübergehn, sich umblickend, ob es jemand bemerkt und *daß* es jemand bemerkt...

21

Sich in lauter Lagen begeben, wo man keine Scheintugenden haben darf, wo man vielmehr, wie der Seiltänzer auf seinem Seile, entweder stürzt oder steht – oder davon kommt...

22

»Böse Menschen haben keine Lieder.« – Wie kommt es, daß die Russen Lieder haben?

23

»Deutscher Geist«: seit achtzehn Jahren eine *contradictio in adjecto*.

24

Damit, daß man nach den Anfängen sucht, wird man Krebs. Der Historiker sieht rückwärts; endlich *glaubt* er auch rückwärts.

25

Zufriedenheit schützt selbst vor Erkältung. Hat je sich ein Weib, das sich gut bekleidet wußte, erkältet? – Ich setze den Fall, daß es kaum bekleidet war.

26

Ich mißtraue allen Systematikern und gehe ihnen aus dem Weg. Der Wille zum System ist ein Mangel an Rechtschaffenheit.

27

Man hält das Weib für tief – warum? weil man nie bei ihm auf den Grund kommt. Das Weib ist noch nicht einmal flach.

28

Wenn das Weib männliche Tugenden hat, so ist es zum Davonlaufen, und wenn es keine männlichen Tugenden hat, so läuft es selbst davon.

29

»Wie viel hatte ehemals das Gewissen zu beißen! welche guten Zähne hatte es! – Und heute? woran fehlt es?« – Frage eines Zahnarztes.

30

Man begeht selten eine Übereilung allein. In der ersten Übereilung tut man immer zu viel. Eben darum begeht man gewöhnlich noch eine zweite – und nunmehr tut man zu wenig...

31

Der getretene Wurm krümmt sich. So ist es klug. Er verringert damit die Wahrscheinlichkeit, von neuem getreten zu werden. In der Sprache der Moral: *Demut*. –

32

Es gibt einen Haß auf Lüge und Verstellung aus einem reizbaren Ehrbegriff; es gibt einen ebensolchen Haß aus Feigheit, insofern die Lüge, durch ein göttliches Gebot, *verboten* ist. Zu feige, um zu lügen ...

33

Wie wenig gehört zum Glücke! Der Ton eines Dudelsacks. – Ohne Musik wäre das Leben ein Irrtum. Der Deutsche denkt sich selbst Gott liedersingend.

34

On ne peut penser et écrire qu'assis (G. Flaubert). – Damit habe ich dich, Nihilist! Das Sitzfleisch ist gerade die *Sünde* wider den heiligen Geist. Nur die *ergangenen* Gedanken haben Wert.

35

Es gibt Fälle, wo wir wie Pferde sind, wir Psychologen, und in Unruhe geraten: wir sehen unsern eignen Schatten vor uns auf- und niederschwanken. Der Psychologe muß von *sich* absehn, um überhaupt zu sehn.

36

Ob wir Immoralisten der Tugend *Schaden* tun? – Ebensowenig, als die Anarchisten den Fürsten. Erst seitdem diese angeschossen werden, sitzen sie wieder fest auf ihrem Throne. Moral: *man muß die Moral anschießen.*

37

Du läufst *voran*? – Tust du das als Hirt? oder als Ausnahme? Ein dritter Fall wäre der Entlaufene... *Erste* Gewissensfrage.

38

Bist du echt? oder nur ein Schauspieler? Ein Vertreter? oder das Vertretene selbst? – Zuletzt bist du gar bloß ein nachgemachter Schauspieler... *Zweite* Gewissensfrage.

39

Der Enttäuschte spricht. – Ich suchte nach großen Menschen, ich fand immer nur die *Affen* ihres Ideals.

40

Bist du einer, der zusieht? oder der Hand anlegt? – oder der wegsieht, beiseite geht... *Dritte* Gewissensfrage.

41

Willst du mitgehn? oder vorangehn? oder für dich gehn?... Man muß wissen, *was* man will und *daß* man will. – *Vierte* Gewissensfrage.

42

Das waren Stufen für mich, ich bin über sie hinaufgestiegen – dazu mußte ich über sie hinweg. Aber sie meinten, ich wollte mich auf ihnen zur Ruhe setzen...

43

Was liegt daran, daß *ich* recht behalte! Ich *habe* zu viel recht. – Und wer heute am besten lacht, lacht auch zuletzt.

44

Formel meines Glücks: ein Ja, ein Nein, eine gerade Linie, ein *Ziel*...

DAS PROBLEM DES SOKRATES

1

Über das Leben haben zu allen Zeiten die Weisesten gleich geurteilt: *es taugt nichts*... Immer und überall hat man aus ihrem Munde denselben Klang gehört – einen Klang voll Zweifel, voll Schwermut, voll Müdigkeit am Leben, voll Widerstand gegen das Leben. Selbst Sokrates sagte, als er starb: »leben – das heißt lange krank sein: ich bin dem Heilande Asklepios einen Hahn schuldig«. Selbst Sokrates hatte es satt. – Was *beweist* das? Worauf *weist* das? – Ehemals hätte man gesagt (– oh, man hat es gesagt und laut genug und unsre Pessimisten voran!): »Hier muß jedenfalls etwas wahr sein! Der *consensus sapientium* beweist die Wahrheit.« – Werden wir heute noch so reden? *dürfen* wir das? »Hier muß jedenfalls etwas *krank* sein« – geben *wir* zur Antwort: diese Weisesten aller Zeiten, man sollte sie sich erst aus der Nähe ansehn! Waren sie vielleicht allesamt auf den Beinen nicht mehr fest? spät? wackelig? *décadents*? Erschiene die Weisheit vielleicht auf Erden als Rabe, den ein kleiner Geruch von Aas begeistert?...

2

Mir selbst ist diese Unehrerbietigkeit, daß die großen Weisen *Niedergangs-Typen* sind, zuerst gerade in einem Falle aufgegangen, wo ihr am stärksten das gelehrte und ungelehrte Vorurteil entgegensteht: ich erkannte Sokrates und Plato als Verfalls-Symptome, als Werkzeuge der griechischen Auflösung, als pseudogriechisch, als antigriechisch (»Geburt der Tragödie« 1872). Jener *consensus sapientium* – das begriff ich immer besser – beweist am wenigsten,

daß sie recht mit dem hatten, worüber sie übereinstimmten: er beweist vielmehr, daß sie selbst, diese Weisesten, irgendworin *physiologisch* übereinstimmten, um auf gleiche Weise negativ zum Leben zu stehn – stehn zu *müssen*. Urteile, Werturteile über das Leben, für oder wider, können zuletzt niemals wahr sein: sie haben
nur Wert als Symptome, sie kommen nur als Symptome in Betracht – an sich sind solche Urteile Dummheiten. Man muß durchaus seine Finger danach ausstrecken und den Versuch machen,
diese erstaunliche *finesse* zu fassen, *daß der Wert des Lebens nicht
abgeschätzt werden kann.* Von einem Lebenden nicht, weil ein
solcher Partei, ja sogar Streitobjekt ist und nicht Richter; von einem Toten nicht, aus einem andren Grunde. – Von seiten eines
Philosophen im *Wert* des Lebens ein Problem sehn, bleibt dergestalt sogar ein Einwurf gegen ihn, ein Fragezeichen an seiner Weisheit, eine Unweisheit. – Wie? und alle diese großen Weisen – sie
wären nicht nur *décadents,* sie wären nicht einmal weise gewesen?
– Aber ich komme auf das Problem des Sokrates zurück.

3

Sokrates gehörte, seiner Herkunft nach, zum niedersten Volk: Sokrates war Pöbel. Man weiß, man sieht es selbst noch, wie häßlich
er war. Aber Häßlichkeit, an sich ein Einwand, ist unter Griechen
beinahe eine Widerlegung. War Sokrates überhaupt ein Grieche?
Die Häßlichkeit ist häufig genug der Ausdruck einer gekreuzten,
durch Kreuzung *gehemmten* Entwicklung. Im andern Falle erscheint sie als *niedergehende* Entwicklung. Die Anthropologen
unter den Kriminalisten sagen uns, daß der typische Verbrecher
häßlich ist: *monstrum in fronte, monstrum in animo.* Aber der
Verbrecher ist ein *décadent.* War Sokrates ein typischer Verbrecher? – Zum mindesten widerspräche dem jenes berühmte Physio-
gnomen-Urteil nicht, das den Freunden des Sokrates so anstößig
klang. Ein Ausländer, der sich auf Gesichter verstand, sagte, als er
durch Athen kam, dem Sokrates ins Gesicht, er *sei* ein *monstrum –*
er berge alle schlimmen Laster und Begierden in sich. Und Sokrates antwortete bloß: »Sie kennen mich, mein Herr!« –

4

Auf *décadence* bei Sokrates deutet nicht nur die zugestandne
Wüstheit und Anarchie in den Instinkten: eben dahin deutet auch
die Superfötation des Logischen und jene *Rhachitiker-Bosheit,* die
ihn auszeichnet. Vergessen wir auch jene Gehörs-Halluzinationen
nicht, die als »Dämonion des Sokrates« ins Religiöse interpretiert
worden sind. Alles ist übertrieben, *buffo,* Karikatur an ihm, alles
ist zugleich versteckt, hintergedanklich, unterirdisch. – Ich suche
zu begreifen, aus welcher Idiosynkrasie jene sokratische Gleichsetzung von Vernunft = Tugend = Glück stammt: jene bizarrste
Gleichsetzung, die es gibt und die insonderheit alle Instinkte des
älteren Hellenen gegen sich hat.

5

Mit Sokrates schlägt der griechische Geschmack zugunsten der
Dialektik um: was geschieht da eigentlich? Vor allem wird damit
ein *vornehmer* Geschmack besiegt; der Pöbel kommt mit der Dialektik obenauf. Vor Sokrates lehnte man in der guten Gesellschaft
die dialektischen Manieren ab: sie galten als schlechte Manieren,
sie stellten bloß. Man warnte die Jugend vor ihnen. Auch miß-
traute man allem solchen Präsentieren seiner Gründe. Honette
Dinge tragen, wie honette Menschen, ihre Gründe nicht so in der
Hand. Es ist unanständig, alle fünf Finger zu zeigen. Was sich erst
beweisen lassen muß, ist wenig wert. Überall, wo noch die Autorität zur guten Sitte gehört, wo man nicht »begründet«, sondern be-
fiehlt, ist der Dialektiker eine Art Hanswurst: man lacht über ihn,
man nimmt ihn nicht ernst. – Sokrates war der Hanswurst, der sich
ernstnehmen machte: was geschah da eigentlich? –

6

Man wählt die Dialektik nur, wenn man kein andres Mittel hat. Man weiß, daß man Mißtrauen mit ihr erregt, daß sie wenig überredet. Nichts ist leichter wegzuwischen als ein Dialektiker-Effekt: die Erfahrung jeder Versammlung, wo geredet wird, beweist das. Sie kann nur *Notwehr* sein, in den Händen solcher, die keine andern Waffen mehr haben. Man muß sein Recht zu *erzwingen* haben: eher macht man keinen Gebrauch von ihr. Die Juden waren deshalb Dialektiker; Reineke Fuchs war es: wie? und Sokrates war es auch? –

7

– Ist die Ironie des Sokrates ein Ausdruck von Revolte? von Pöbel-Ressentiment? genießt er als Unterdrückter seine eigne Ferozität in den Messerstichen des Syllogismus? *rächt* er sich an den Vornehmen, die er fasziniert? – Man hat, als Dialektiker, ein schonungsloses Werkzeug in der Hand; man kann mit ihm den Tyrannen machen; man stellt bloß, indem man siegt. Der Dialektiker überläßt seinem Gegner den Nachweis, kein Idiot zu sein: er macht wütend, er macht zugleich hilflos. Der Dialektiker *depotenziert* den Intellekt seines Gegners. – Wie? ist Dialektik nur eine Form der *Rache* bei Sokrates?

8

Ich habe zu verstehn gegeben, womit Sokrates abstoßen konnte: es bleibt um so mehr zu erklären, *daß* er faszinierte. – Daß er eine neue Art *Agon* entdeckte, daß er der erste Fechtmeister davon für die vornehmen Kreise Athens war, ist das eine. Er faszinierte, indem er an den agonalen Trieb der Hellenen rührte – er brachte eine Variante in den Ringkampf zwischen jungen Männern und Jünglingen. Sokrates war auch ein großer *Erotiker*.

9

Aber Sokrates erriet noch mehr. Er sah *hinter* seine vornehmen Athener; er begriff, daß *sein* Fall, seine Idiosynkrasie von Fall bereits kein Ausnahmefall war. Die gleiche Art von Degenereszenz bereitete sich überall im Stillen vor: das alte Athen ging zu Ende. – Und Sokrates verstand, daß alle Welt ihn *nötig* hatte – sein Mittel, seine Kur, seinen Personal-Kunstgriff der Selbst-Erhaltung... Überall waren die Instinkte in Anarchie; überall war man fünf Schritt weit vom Exzeß: das *monstrum in animo* war die allgemeine Gefahr. »Die Triebe wollen den Tyrannen machen; man muß einen *Gegentyrannen* erfinden, der stärker ist«... Als jener Physiognomiker dem Sokrates enthüllt hatte, wer er war, eine Höhle aller schlimmen Begierden, ließ der große Ironiker noch ein Wort verlauten, das den Schlüssel zu ihm gibt. »Dies ist wahr«, sagte er, »aber ich wurde über alle Herr.« *Wie* wurde Sokrates über *sich* Herr? – Sein Fall war im Grunde nur der extreme Fall, nur der in die Augen springendste von dem, was damals die allgemeine Not zu werden anfing: daß niemand mehr über sich Herr war, daß die Instinkte sich *gegen*einander wendeten. Er faszinierte als dieser extreme Fall – seine furchteinflößende Häßlichkeit sprach ihn für jedes Auge aus: er faszinierte, wie sich von selbst versteht, noch stärker als Antwort, als Lösung, als Anschein der *Kur* dieses Falls. –

10

Wenn man nötig hat, aus der *Vernunft* einen Tyrannen zu machen, wie Sokrates es tat, so muß die Gefahr nicht klein sein, daß etwas andres den Tyrannen macht. Die Vernünftigkeit wurde damals erraten als *Retterin;* es stand weder Sokrates noch seinen »Kranken« frei, vernünftig zu sein – es war *de rigueur,* es war ihr *letztes* Mittel. Der Fanatismus, mit dem sich das ganze griechische Nachdenken auf die Vernünftigkeit wirft, verrät eine Notlage: man war in Gefahr, man hatte nur *eine* Wahl: entweder zugrunde zu gehn oder – *absurd-vernünftig* zu sein... Der Moralismus der griechischen Philosophen von Plato ab ist pathologisch bedingt: ebenso ihre Schätzung der Dialektik. Vernunft = Tugend = Glück heißt bloß: man muß es dem Sokrates nachmachen und gegen die dunklen Begehrungen ein *Tageslicht* in Permanenz herstellen – das Tageslicht der Vernunft. Man muß klug, klar, hell um jeden Preis sein: jedes Nachgeben an die Instinkte, ans Unbewußte führt *hinab*...

1 1

Ich habe zu verstehn gegeben, womit Sokrates faszinierte: er schien ein Arzt, ein Heiland zu sein. Ist es nötig, noch den Irrtum aufzuzeigen, der in seinem Glauben an die »Vernünftigkeit um jeden Preis« lag? – Es ist ein Selbstbetrug seitens der Philosophen und Moralisten, damit schon aus der *décadence* herauszutreten, daß sie gegen dieselbe Krieg machen. Das Heraustreten steht außerhalb ihrer Kraft: was sie als Mittel, als Rettung wählen, ist selbst nur wieder ein Ausdruck der *décadence* – sie *verändern* deren Ausdruck, sie schaffen sie selbst nicht weg. Sokrates war ein Mißverständnis; *die ganze Besserungs-Moral, auch die christliche, war ein Mißverständnis*... Das grellste Tageslicht, die Vernünftigkeit um jeden Preis, das Leben hell, kalt, vorsichtig, bewußt, ohne Instinkt, im Widerstand gegen Instinkte war selbst nur eine Krankheit, eine andre Krankheit – und durchaus kein Rückweg zur »Tugend«, zur »Gesundheit«, zum Glück... Die Instinkte bekämpfen *müssen* – das ist die Formel für *décadence:* so lange das Leben *aufsteigt,* ist Glück gleich Instinkt. –

1 2

– Hat er das selbst noch begriffen, dieser Klügste aller Selbst-Überlister? Sagte er sich das zuletzt, in der *Weisheit* seines Mutes zum Tode?... Sokrates *wollte* sterben – nicht Athen, *er* gab sich den Giftbecher, er zwang Athen zum Giftbecher... »Sokrates ist kein Arzt«, sprach er leise zu sich: »der Tod allein ist hier Arzt... Sokrates selbst war nur lange krank...«

DIE »VERNUNFT« IN DER PHILOSOPHIE

I

Sie fragen mich, was alles Idiosynkrasie bei den Philosophen ist?... Zum Beispiel ihr Mangel an historischem Sinn, ihr Haß gegen die Vorstellung selbst des Werdens, ihr Ägyptizismus. Sie glauben einer Sache eine *Ehre* anzutun, wenn sie dieselbe enthistorisieren, *sub specie aeterni* – wenn sie aus ihr eine Mumie machen. Alles, was Philosophen seit Jahrtausenden gehandhabt haben, waren Begriffs-Mumien; es kam nichts Wirkliches lebendig aus ihren Händen. Sie töten, sie stopfen aus, diese Herren Begriffs-Götzendiener, wenn sie anbeten – sie werden allem lebensgefährlich, wenn sie anbeten. Der Tod, der Wandel, das Alter ebensogut als Zeugung und Wachstum sind für sie Einwände – Widerlegungen sogar. Was ist, *wird* nicht; was wird, *ist* nicht... Nun glauben sie alle, mit Verzweiflung sogar, ans Seiende. Da sie aber dessen nicht habhaft werden, suchen sie nach Gründen, weshalb man's ihnen vorenthält. »Es muß ein Schein, eine Betrügerei dabei sein, daß wir das Seiende nicht wahrnehmen: wo steckt der Betrüger?« – »Wir haben ihn«, schreien sie glückselig, »die Sinnlichkeit ist's! Diese Sinne, *die auch sonst so unmoralisch sind,* sie betrügen uns über die *wahre* Welt. Moral: loskommen von dem Sinnentrug, vom Werden, von der Historie, von der Lüge – Historie ist nichts als Glaube an die Sinne, Glaube an die Lüge. Moral: Neinsagen zu allem, was den Sinnen Glauben schenkt, zum ganzen Rest der Menschheit: das ist alles ›Volk‹. Philosoph sein, Mumie sein, den Monotono-Theismus durch eine Totengräber-Mimik darstellen! – Und weg vor allem mit dem *Leibe,* dieser erbarmungswürdigen *idée fixe* der Sinne! behaftet mit allen Fehlern der Logik, die es gibt, widerlegt, unmöglich sogar, ob er schon frech genug ist, sich als wirklich zu gebärden!...«

2

Ich nehme, mit hoher Ehrerbietung, den Namen *Heraklits* beiseite. Wenn das andre Philosophen-Volk das Zeugnis der Sinne verwarf, weil dieselben Vielheit und Veränderung zeigten, verwarf er deren Zeugnis, weil sie die Dinge zeigten, als ob sie Dauer und Einheit hätten. Auch Heraklit tat den Sinnen unrecht. Dieselben lügen weder in der Art, wie die Eleaten es glauben, noch wie er es glaubte – sie lügen überhaupt nicht. Was wir aus ihrem Zeugnis *machen*, das legt erst die Lüge hinein, zum Beispiel die Lüge der Einheit, die Lüge der Dinglichkeit, der Substanz, der Dauer... Die »Vernunft« ist die Ursache, daß wir das Zeugnis der Sinne fälschen. Sofern die Sinne das Werden, das Vergehn, den Wechsel zeigen, lügen sie nicht... Aber damit wird Heraklit ewig recht behalten, daß das Sein eine leere Fiktion ist. Die »scheinbare« Welt ist die einzige: die »wahre Welt« ist nur *hinzugelogen*...

3

– Und was für feine Werkzeuge der Beobachtung haben wir an unsern Sinnen! Diese Nase zum Beispiel, von der noch kein Philosoph mit Verehrung und Dankbarkeit gesprochen hat, ist sogar einstweilen das delikateste Instrument, das uns zu Gebote steht: es vermag noch Minimaldifferenzen der Bewegung zu konstatieren, die selbst das Spektroskop nicht konstatiert. Wir besitzen heute genau so weit Wissenschaft, als wir uns entschlossen haben, das Zeugnis der Sinne *anzunehmen* – als wir sie noch schärfen, bewaffnen, zu Ende denken lernten. Der Rest ist Mißgeburt und Nochnicht-Wissenschaft: will sagen Metaphysik, Theologie, Psychologie, Erkenntnistheorie. *Oder* Formal-Wissenschaft, Zeichen-Lehre: wie die Logik und jene angewandte Logik, die Mathematik. In ihnen kommt die Wirklichkeit gar nicht vor, nicht einmal als

Problem; ebensowenig als die Frage, welchen Wert überhaupt eine
solche Zeichen-Konvention, wie die Logik ist, hat. –

4

Die *andre* Idiosynkrasie der Philosophen ist nicht weniger gefährlich: sie besteht darin, das Letzte und das Erste zu verwechseln. Sie
setzen das, was am Ende kommt – leider! denn es sollte gar nicht
kommen! – die »höchsten Begriffe«, das heißt die allgemeinsten,
die leersten Begriffe, den letzten Rauch der verdunstenden Realität
an den Anfang *als* Anfang. Es ist dies wieder nur der Ausdruck ihrer Art zu verehren: das Höhere *darf* nicht aus dem Niederen
wachsen, *darf* überhaupt nicht gewachsen sein... Moral: alles, was
ersten Ranges ist, muß *causa sui* sein. Die Herkunft aus etwas anderem gilt als Einwand, als Wert-Anzweiflung. Alle obersten
Werte sind ersten Ranges, alle höchsten Begriffe, das Seiende, das
Unbedingte, das Gute, das Wahre, das Vollkommne – das alles
kann nicht geworden sein, *muß* folglich *causa sui* sein. Das alles
aber kann auch nicht einander ungleich, kann nicht mit sich im Widerspruch sein... Damit haben sie ihren stupenden Begriff
»Gott«... Das Letzte, Dünnste, Leerste wird als Erstes gesetzt, als
Ursache an sich, als *ens realissimum*... Daß die Menschheit die
Gehirnleiden kranker Spinneweber hat ernst nehmen müssen! –
Und sie hat teuer dafür gezahlt!...

5

– Stellen wir endlich dagegen, auf welche verschiedne Art *wir* (–
ich sage höflicherweise wir...) das Problem des Irrtums und der
Scheinbarkeit ins Auge fassen. Ehemals nahm man die Veränderung, den Wechsel, das Werden überhaupt als Beweis für Scheinbarkeit, als Zeichen dafür, daß etwas da sein müsse, das uns irre
führe. Heute umgekehrt sehen wir, genau so weit als das Vernunft-
Vorurteil uns zwingt, Einheit, Identität, Dauer, Substanz, Ursache, Dinglichkeit, Sein anzusetzen, uns gewissermaßen verstrickt

in den Irrtum, *nezessitiert* zum Irrtum; so sicher wir auf Grund einer strengen Nachrechnung bei uns darüber sind, *daß* hier der Irrtum ist. Es steht damit nicht anders als mit den Bewegungen des großen Gestirns: bei ihnen hat der Irrtum unser Auge, hier hat er unsre *Sprache* zum beständigen Anwalt. Die Sprache gehört ihrer Entstehung nach in die Zeit der rudimentärsten Form von Psychologie: wir kommen in ein grobes Fetischwesen hinein, wenn wir uns die Grundvoraussetzungen der Sprach-Metaphysik, auf deutsch: der *Vernunft,* zum Bewußtsein bringen. *Das* sieht überall Täter und Tun: das glaubt an Willen als Ursache überhaupt; das glaubt ans »Ich«, ans Ich als Sein, ans Ich als Substanz und *projiziert* den Glauben an die Ich-Substanz auf alle Dinge – es *schafft* erst damit den Begriff »Ding«... Das Sein wird überall als Ursache hineingedacht, *untergeschoben;* aus der Konzeption »Ich« folgt erst, als abgeleitet, der Begriff »Sein«... Am Anfang steht das große Verhängnis von Irrtum, daß der Wille etwas ist, das *wirkt* – daß Wille ein *Vermögen* ist... Heute wissen wir, daß er bloß ein Wort ist... Sehr viel später, in einer tausendfach aufgeklärteren Welt kam die *Sicherheit,* die subjektive *Gewißheit* in der Handhabung der Vernunft-Kategorien den Philosophen mit Überraschung zum Bewußtsein: sie schlossen, daß dieselben nicht aus der Empirie stammen könnten – die ganze Empirie stehe ja zu ihnen in Widerspruch. *Woher also stammen sie?* – Und in Indien wie in Griechenland hat man den gleichen Fehlgriff gemacht: »wir müssen schon einmal in einer höheren Welt heimisch gewesen sein (– statt *in einer sehr viel niederen:* was die Wahrheit gewesen wäre!), wir müssen göttlich gewesen sein, *denn* wir haben die Vernunft!«... In der Tat, nichts hat bisher eine naivere Überredungskraft gehabt als der Irrtum vom Sein, wie er zum Beispiel von den Eleaten formuliert wurde: er hat ja jedes Wort für sich, jeden Satz für sich, den wir sprechen! – Auch die Gegner der Eleaten unterlagen noch der Verführung ihres Seins-Begriffs: Demokrit unter anderen, als er sein *Atom* erfand... Die »Vernunft« in der Sprache: o was für eine alte betrügerische Weibsperson! Ich fürchte, wir werden Gott nicht los, weil wir noch an die Grammatik glauben...

6

Man wird mir dankbar sein, wenn ich eine so wesentliche, so neue Einsicht in vier Thesen zusammendränge: ich erleichtere damit das Verstehen, ich fordere damit den Widerspruch heraus.

Erster Satz. Die Gründe, daraufhin »diese« Welt als scheinbar bezeichnet worden ist, begründen vielmehr deren Realität – eine *andre* Art Realität ist absolut unnachweisbar.

Zweiter Satz. Die Kennzeichen, welche man dem »wahren Sein« der Dinge gegeben hat, sind die Kennzeichen des Nicht-Seins, des *Nichts* – man hat die »wahre Welt« aus dem Widerspruch zur wirklichen Welt aufgebaut: eine scheinbare Welt in der Tat, insofern sie bloß eine *moralisch-optische* Täuschung ist.

Dritter Satz. Von einer »andren« Welt als dieser zu fabeln hat gar keinen Sinn, vorausgesetzt, daß nicht ein Instinkt der Verleumdung, Verkleinerung, Verdächtigung des Lebens in uns mächtig ist: im letzteren Falle *rächen* wir uns am Leben mit der Phantasmagorie eines »anderen«, eines »besseren« Lebens.

Vierter Satz. Die Welt scheiden in eine »wahre« und eine »scheinbare«, sei es in der Art des Christentums, sei es in der Art Kants (eines *hinterlistigen* Christen zu guter Letzt –) ist nur eine Suggestion der *décadence* – ein Symptom *niedergehenden* Lebens... Daß der Künstler den Schein höher schätzt als die Realität, ist kein Einwand gegen diesen Satz. Denn »der Schein« bedeutet hier die Realität *noch einmal,* nur in einer Auswahl, Verstärkung, Korrektur... Der tragische Künstler ist *kein* Pessimist – er sagt gerade *Ja* zu allem Fragwürdigen und Furchtbaren selbst, er ist *dionysisch*...

WIE DIE »WAHRE WELT« ENDLICH ZUR FABEL WURDE

Geschichte eines Irrtums

1. Die wahre Welt, erreichbar für den Weisen, den Frommen, den Tugendhaften, – er lebt in ihr, *er ist sie.*

   (Älteste Form der Idee, relativ klug, simpel, überzeugend. Umschreibung des Satzes »Ich, Plato, *bin* die Wahrheit«.)

2. Die wahre Welt, unerreichbar für jetzt, aber versprochen für den Weisen, den Frommen, den Tugendhaften (»für den Sünder, der Buße tut«).

   (Fortschritt der Idee: sie wird feiner, verfänglicher, unfaßlicher – *sie wird Weib*, sie wird christlich...)

3. Die wahre Welt, unerreichbar, unbeweisbar, unversprechbar, aber schon als gedacht ein Trost, eine Verpflichtung, ein Imperativ.

   (Die alte Sonne im Grunde, aber durch Nebel und Skepsis hindurch; die Idee sublim geworden, bleich, nordisch, königsbergisch.)

4. Die wahre Welt – unerreichbar? Jedenfalls unerreicht. Und als unerreicht auch *unbekannt.* Folglich auch nicht tröstend, erlösend, verpflichtend: wozu könnte uns etwas Unbekanntes verpflichten?...

   (Grauer Morgen. Erstes Gähnen der Vernunft. Hahnenschrei des Positivismus.)

5. Die »wahre Welt« – eine Idee, die zu nichts mehr nütz ist, nicht einmal mehr verpflichtend – eine unnütz, eine überflüssig gewordene Idee, *folglich* eine widerlegte Idee: schaffen wir sie ab!

   (Heller Tag; Frühstück; Rückkehr des *bon sens* und der Heiterkeit; Schamröte Platos; Teufelslärm aller freien Geister.)

6. Die wahre Welt haben wir abgeschafft: welche Welt blieb üb-
rig? die scheinbare vielleicht?... Aber nein! *mit der wahren
Welt haben wir auch die scheinbare abgeschafft!*
(Mittag; Augenblick des kürzesten Schattens; Ende des läng-
sten Irrtums; Höhepunkt der Menschheit; INCIPIT ZARA-
THUSTRA.)

MORAL ALS WIDERNATUR

I

Alle Passionen haben eine Zeit, wo sie bloß verhängnisvoll sind, wo sie mit der Schwere der Dummheit ihr Opfer hinunterziehn – und eine spätere, sehr viel spätere, wo sie sich mit dem Geist verheiraten, sich »vergeistigen«. Ehemals machte man, wegen der Dummheit in der Passion, der Passion selbst den Krieg: man verschwor sich zu deren Vernichtung – alle alten Moral-Untiere sind einmütig darüber »*il faut tuer les passions*«. Die berühmteste Formel dafür steht im Neuen Testament, in jener Bergpredigt, wo, anbei gesagt, die Dinge durchaus nicht *aus der Höhe* betrachtet werden. Es wird daselbst zum Beispiel mit Nutzanwendung auf die Geschlechtlichkeit gesagt »wenn dich dein Auge ärgert, so reiße es aus«: zum Glück handelt kein Christ nach dieser Vorschrift. Die Leidenschaften und Begierden *vernichten*, bloß um ihrer Dummheit und den unangenehmen Folgen ihrer Dummheit vorzubeugen, erscheint uns heute selbst bloß als eine akute Form der Dummheit. Wir bewundern die Zahnärzte nicht mehr, welche die Zähne *ausreißen*, damit sie nicht mehr weh tun… Mit einiger Billigkeit werde andrerseits zugestanden, daß auf dem Boden, aus dem das Christentum gewachsen ist, der Begriff »*Vergeistigung* der Passion« gar nicht konzipiert werden konnte. Die erste Kirche kämpfte ja, wie bekannt, *gegen* die »Intelligenten« zugunsten der »Armen des Geistes«: wie dürfte man von ihr einen intelligenten Krieg gegen die Passion erwarten? – Die Kirche bekämpft die Leidenschaft mit Ausschneidung in jedem Sinne: ihre Praktik, ihre »Kur« ist der *Kastratismus*. Sie fragt nie: »wie vergeistigt, verschönt, vergöttlicht man eine Begierde?« – sie hat zu allen Zeiten den Nachdruck der Disziplin auf die Ausrottung (der Sinnlichkeit, des Stolzes, der Herrschsucht, der Habsucht, der Rachsucht) gelegt. – Aber die Leidenschaften an der Wurzel angreifen heißt das Leben an der Wurzel angreifen: die Praxis der Kirche ist *lebensfeindlich*...

2

Dasselbe Mittel, Verschneidung, Ausrottung, wird instinktiv im Kampfe mit einer Begierde von denen gewählt, welche zu willensschwach, zu degeneriert sind, um sich ein Maß in ihr auflegen zu können: von jenen Naturen, die la Trappe nötig haben, im Gleichnis gesprochen (und ohne Gleichnis –), irgendeine endgültige Feindschafts-Erklärung, eine *Kluft* zwischen sich und einer Passion. Die radikalen Mittel sind nur den Degenerierten unentbehrlich; die Schwäche des Willens, bestimmter geredet die Unfähigkeit, auf einen Reiz *nicht* zu reagieren, ist selbst bloß eine andre Form der Degenereszenz. Die radikale Feindschaft, die Todfeindschaft gegen die Sinnlichkeit bleibt ein nachdenkliches Symptom: man ist damit zu Vermutungen über den Gesamt-Zustand eines dergestalt Exzessiven berechtigt. – Jene Feindschaft, jener Haß kommt übrigens erst auf seine Spitze, wenn solche Naturen selbst zur Radikal-Kur, zur Absage von ihrem »Teufel« nicht mehr Festigkeit genug haben. Man überschaue die ganze Geschichte der Priester und Philosophen, der Künstler hinzugenommen: das Giftigste gegen die Sinne ist *nicht* von den Impotenten gesagt, auch *nicht* von den Asketen, sondern von den unmöglichen Asketen, von solchen, die es nötig gehabt hätten, Asketen zu sein...

3

Die Vergeistigung der Sinnlichkeit heißt *Liebe:* sie ist ein großer Triumph über das Christentum. Ein andrer Triumph ist unsre Vergeistigung der *Feindschaft.* Sie besteht darin, daß man tief den Wert begreift, den es hat, Feinde zu haben: kurz, daß man umge-

kehrt tut und schließt, als man ehedem tat und schloß. Die Kirche
wollte zu allen Zeiten die Vernichtung ihrer Feinde: wir, wir Immoralisten und Antichristen, sehen unsern Vorteil darin, daß die
Kirche besteht… Auch im Politischen ist die Feindschaft jetzt geistiger geworden – viel klüger, viel nachdenklicher, viel *schonender*.
Fast jede Partei begreift ihr Selbsterhaltungs-Interesse darin, daß
die Gegenpartei nicht von Kräften kommt; dasselbe gilt von der
großen Politik. Eine neue Schöpfung zumal, etwa das neue Reich,
hat Feinde nötiger als Freunde: im Gegensatz erst fühlt es sich notwendig, im Gegensatz *wird* es erst notwendig… Nicht anders verhalten wir uns gegen den »inneren Feind«: auch da haben wir die
Feindschaft vergeistigt, auch da haben wir ihren *Wert* begriffen.
Man ist nur *fruchtbar* um den Preis, an Gegensätzen reich zu sein;
man bleibt nur *jung* unter der Voraussetzung, daß die Seele nicht
sich streckt, nicht nach Frieden begehrt… Nichts ist uns fremder
geworden als jene Wünschbarkeit von ehedem, die vom »Frieden
der Seele«, die *christliche* Wünschbarkeit; nichts macht uns weniger Neid als die Moral-Kuh und das fette Glück des guten Gewis-
sens. Man hat auf das *große* Leben verzichtet, wenn man auf den
Krieg verzichtet… In vielen Fällen freilich ist der »Frieden der
Seele« bloß ein Mißverständnis – etwas *anderes*, das sich nur nicht
ehrlicher zu benennen weiß. Ohne Umschweif und Vorurteil ein
paar Fälle. »Frieden der Seele« kann zum Beispiel die sanfte Aus-
strahlung einer reichen Animalität ins Moralische (oder Religiöse)
sein. Oder der Anfang der Müdigkeit, der erste Schatten, den der
Abend, jede Art Abend wirft. Oder ein Zeichen davon, daß die
Luft feucht ist, daß Südwinde herankommen. Oder die Dankbarkeit wider Wissen für eine glückliche Verdauung (»Menschenliebe« mitunter genannt). Oder das Stille-werden des Genesenden,
dem alle Dinge neu schmecken und der wartet… Oder der Zustand, der einer starken Befriedigung unsrer herrschenden Leidenschaft folgt, das Wohlgefühl einer seltnen Sattheit. Oder die Al-
tersschwäche unsres Willens, unsrer Begehrungen, unsrer Laster.
Oder die Faulheit, von der Eitelkeit überredet, sich moralisch auf-
zuputzen. Oder der Eintritt einer Gewißheit, selbst furchtbaren

Gewißheit, nach einer langen Spannung und Marterung durch die Ungewißheit. Oder der Ausdruck der Reife und Meisterschaft mitten im Tun, Schaffen, Wirken, Wollen, das ruhige Atmen, die *erreichte* »Freiheit des Willens«... *Götzen-Dämmerung*: wer weiß? vielleicht auch nur eine Art »Frieden der Seele«...

4

– Ich bringe ein Prinzip in Formel. Jeder Naturalismus in der Moral, das heißt jede *gesunde* Moral, ist von einem Instinkte des Lebens beherrscht – irgendein Gebot des Lebens wird mit einem bestimmten Kanon von »Soll« und »Soll nicht« erfüllt, irgendeine Hemmung und Feindseligkeit auf dem Wege des Lebens wird damit beiseite geschafft. Die *widernatürliche* Moral, das heißt fast jede Moral, die bisher gelehrt, verehrt und gepredigt worden ist, wendet sich umgekehrt gerade *gegen* die Instinkte des Lebens – sie ist eine bald heimliche, bald laute und freche *Verurteilung* dieser Instinkte. Indem sie sagt »Gott sieht das Herz an«, sagt sie nein zu den untersten und obersten Begehrungen des Lebens und nimmt Gott als *Feind des Lebens*... Der Heilige, an dem Gott sein Wohlgefallen hat, ist der ideale Kastrat... Das Leben ist zu Ende, wo das »Reich Gottes« *anfängt*...

5

Gesetzt, daß man das Frevelhafte einer solchen Auflehnung gegen das Leben begriffen hat, wie sie in der christlichen Moral beinahe sakrosankt geworden ist, so hat man damit, zum Glück, auch etwas andres begriffen: das Nutzlose, Scheinbare, Absurde, *Lügnerische* einer solchen Auflehnung. Eine Verurteilung des Lebens von seiten des Lebenden bleibt zuletzt doch nur das Symptom einer bestimmten Art von Leben: die Frage, ob mit Recht, ob mit Unrecht, ist gar nicht damit aufgeworfen. Man müßte eine Stellung *außerhalb* des Lebens haben, und andrerseits es so gut kennen, wie einer, wie viele, wie alle, die es gelebt haben, um das Problem vom *Wert* des Lebens überhaupt anrühren zu dürfen: Gründe genug, um zu begreifen, daß dies Problem ein für uns unzugängliches Problem ist. Wenn wir von Werten reden, reden wir unter der Inspiration, unter der Optik des Lebens: das Leben selbst zwingt uns, Werte anzusetzen, das Leben selbst wertet durch uns, *wenn* wir Werte ansetzen... Daraus folgt, daß auch jene *Widernatur von Moral*, welche Gott als Gegenbegriff und Verurteilung des Lebens faßt, nur ein Werturteil des Lebens ist – *welches* Lebens? *welcher* Art von Leben? – Aber ich gab schon die Antwort: des niedergehenden, des geschwächten, des müden, des verurteilten Lebens. Moral, wie sie bisher verstanden worden ist – wie sie zuletzt noch von Schopenhauer formuliert wurde als »Verneinung des Willens zum Leben« – ist der *décadence-Instinkt* selbst, der aus sich einen Imperativ macht: sie sagt: »*geh zugrunde!*« – sie ist das Urteil Verurteilter...

6

Erwägen wir endlich noch, welche Naivität es überhaupt ist, zu sagen »so oder so *sollte* der Mensch sein!« Die Wirklichkeit zeigt uns einen entzückenden Reichtum der Typen, die Üppigkeit eines verschwenderischen Formenspiels und -Wechsels: und irgendein armseliger Eckensteher von Moralist sagt dazu: »nein! der Mensch sollte *anders* sein«?... Er weiß es sogar, *wie* er sein sollte, dieser Schlucker und Mucker; er malt sich an die Wand und sagt dazu »*ecce homo!*«... Aber selbst wenn der Moralist sich bloß an den einzelnen wendet und zu ihm sagt: »so und so solltest *du* sein!«, hört er nicht auf, sich lächerlich zu machen. Der einzelne ist ein Stück Fatum von vorne und von hinten, ein Gesetz mehr, eine Notwendigkeit mehr für alles, was kommt und sein wird. Zu ihm sagen »ändere dich« heißt verlangen, daß alles sich ändert, sogar rückwärts noch... Und wirklich, es gab konsequente Moralisten, sie wollten den Menschen anders, nämlich tugendhaft, sie wollten ihn nach ihrem Bilde, nämlich als Mucker: dazu *verneinten* sie die Welt! Keine kleine Tollheit! Keine bescheidne Art der Unbescheidenheit!... Die Moral, insofern sie *verurteilt,* an sich, *nicht* aus Hinsichten, Rücksichten, Absichten des Lebens, ist ein spezifischer Irrtum, mit dem man kein Mitleiden haben soll, eine *Degenerierten-Idiosynkrasie,* die unsäglich viel Schaden gestiftet hat!... Wir anderen, wir Immoralisten, haben umgekehrt unser Herz weit gemacht für alle Art Verstehn, Begreifen, *Gutheißen.* Wir verneinen nicht leicht, wir suchen unsre Ehre darin, *Bejahende* zu sein. Immer mehr ist uns das Auge für jene Ökonomie aufgegangen, welche alles das noch braucht und auszunützen weiß, was der heilige Aberwitz des Priesters, der *kranken* Vernunft im Priester verwirft, für jene Ökonomie im Gesetz des Lebens, die selbst aus der widerlichen Spezies des Muckers, des Priesters, des Tugendhaften ihren Vorteil zieht – *welchen* Vorteil? – Aber wir selbst, wir Immoralisten sind hier die Antwort...

DIE VIER GROSSEN IRRTÜMER

Irrtum der Verwechslung von Ursache und Folge. – Es gibt keinen gefährlicheren Irrtum, als die *Folge mit der Ursache zu verwechseln:* ich heiße ihn die eigentliche Verderbnis der Vernunft. Trotzdem gehört dieser Irrtum zu den ältesten und jüngsten Gewohnheiten der Menschheit: er ist selbst unter uns geheiligt, er trägt den Namen »Religion«-»Moral«. *Jeder* Satz, den die Religion und die Moral formuliert, enthält ihn; Priester und Moral-Gesetzgeber sind die Urheber jener Verderbnis der Vernunft. – Ich nehme ein Beispiel. Jedermann kennt das Buch des berühmten Cornaro, in dem er seine schmale Diät als Rezept zu einem langen und glücklichen Leben – auch tugendhaften – anrät. Wenige Bücher sind so viel gelesen worden, noch jetzt wird es in England jährlich in vielen Tausenden von Exemplaren gedruckt. Ich zweifle nicht daran, daß kaum ein Buch (die Bibel, wie billig, ausgenommen) so viel Unheil gestiftet, so viele Leben *verkürzt* hat wie dies so wohlgemeinte Kuriosum. Grund dafür: die Verwechslung der Folgen mit der Ursache. Der biedere Italiener sah in seiner Diät die *Ursache* seines langen Lebens: während die Vorbedingung zum langen Leben, die außerordentliche Langsamkeit des Stoffwechsels, der geringe Verbrauch, die Ursache seiner schmalen Diät war. Es stand ihm nicht frei, wenig *oder* viel zu essen, seine Frugalität war *nicht* ein »freier Wille«: er wurde krank, wenn er mehr aß. Wer aber kein Karpfen ist, tut nicht nur gut, sondern hat es nötig, *ordentlich* zu essen. Ein Gelehrter *unsrer* Tage, mit seinem rapiden Verbrauch an Nervenkraft, würde sich mit dem *régime* Cornaros zugrunde richten. *Crede experto.* –

2

Die allgemeinste Formel, die jeder Religion und Moral zugrunde liegt, heißt: »Tue das und das, laß das und das – so wirst du glücklich! Im andern Falle...« Jede Moral, jede Religion *ist* dieser Imperativ – ich nenne ihn die große Erbsünde der Vernunft, die *unsterbliche Unvernunft*. In meinem Munde verwandelt sich jene Formel in ihre Umkehrung – *erstes* Beispiel meiner »Umwertung aller Werte«: ein wohlgeratner Mensch, ein »Glücklicher«, *muß* gewisse Handlungen tun und scheut sich instinktiv vor andren Handlungen, er trägt die Ordnung, die er physiologisch darstellt, in seine Beziehungen zu Menschen und Dingen hinein. In Formel: seine Tugend ist die *Folge* seines Glücks... Langes Leben, eine reiche Nachkommenschaft ist *nicht* der Lohn der Tugend, die Tugend selbst ist vielmehr selbst jene Verlangsamung des Stoffwechsels, die, unter anderem, auch ein langes Leben, eine reiche Nachkommenschaft, kurz den *Cornarismus* im Gefolge hat. – Die Kirche und die Moral sagen: »ein Geschlecht, ein Volk wird durch Laster und Luxus zugrunde gerichtet«. Meine *wiederhergestellte* Vernunft sagt: wenn ein Volk zugrunde geht, physiologisch degeneriert, so *folgen* daraus Laster und Luxus (das heißt das Bedürfnis nach immer stärkeren und häufigeren Reizen, wie sie jede erschöpfte Natur kennt). Dieser junge Mann wird frühzeitig blaß und welk. Seine Freunde sagen: daran ist die und die Krankheit schuld. Ich sage: *daß* er krank wurde, *daß* er der Krankheit nicht widerstand, war bereits die Folge eines verarmten Lebens, einer hereditären Erschöpfung. Der Zeitungsleser sagt: diese Partei richtet sich mit einem solchen Fehler zugrunde. Meine *höhere* Politik sagt: eine Partei, die solche Fehler macht, ist am Ende – sie hat ihre Instinkt-Sicherheit nicht mehr. Jeder Fehler in jedem Sinne ist die Folge von Instinkt-Entartung, von Disgregation des Willens: man definiert beinahe damit das *Schlechte*. Alles *Gute* ist Instinkt – und folglich leicht, notwendig, frei. Die Mühsal ist ein Einwand, der *Gott* ist typisch vom Helden unterschieden (in meiner Sprache: die *leichten* Füße das erste Attribut der Göttlichkeit).

3

Irrtum einer falschen Ursächlichkeit. – Man hat zu allen Zeiten geglaubt, zu wissen, was eine Ursache ist: aber woher nahmen wir
unser Wissen, genauer, unsern Glauben, hier zu wissen? Aus dem
Bereich der berühmten »inneren Tatsachen«, von denen bisher
keine sich als tatsächlich erwiesen hat. Wir glaubten uns selbst im
Akt des Willens ursächlich; wir meinten da wenigstens die Ursächlichkeit *auf der Tat zu ertappen.* Man zweifelte insgleichen
nicht daran, daß alle *antecedentia* einer Handlung, ihre Ursachen,
im Bewußtsein zu suchen seien und darin sich wiederfänden, wenn
man sie suche – als »Motive«: man wäre ja sonst *zu* ihr nicht frei,
für sie nicht verantwortlich gewesen. Endlich, wer hätte bestritten,
daß ein Gedanke verursacht wird? daß das Ich den Gedanken verursacht?... Von diesen drei »inneren Tatsachen«, mit denen sich
die Ursächlichkeit zu verbürgen schien, ist die erste und überzeu-
gendste die vom *Willen als Ursache;* die Konzeption eines Bewußtseins (»Geistes«) als Ursache und später noch die des Ich (des
»Subjekts«) als Ursache sind bloß nachgeboren, nachdem vom
Willen die Ursächlichkeit als gegeben feststand, als *Empirie...* Inzwischen haben wir uns besser besonnen. Wir glauben heute kein
Wort mehr von dem allen. Die »innere Welt« ist voller Trugbilder
und Irrlichter: der Wille ist eins von ihnen. Der Wille bewegt
nichts mehr, erklärt folglich auch nichts mehr – er begleitet bloß
Vorgänge, er kann auch fehlen. Das sogenannte »Motiv«: ein andrer Irrtum. Bloß ein Oberflächenphänomen des Bewußtseins, ein
Nebenher der Tat, das eher noch die *antecedentia* einer Tat verdeckt, als daß es sie darstellt. Und gar das Ich! Das ist zur Fabel geworden, zur Fiktion, zum Wortspiel: das hat ganz und gar aufge-
hört, zu denken, zu fühlen und zu wollen!... Was folgt daraus? Es
gibt gar keine geistigen Ursachen! Die ganze angebliche Empirie
dafür ging zum Teufel! *Das* folgt daraus! – Und wir hatten einen
artigen Mißbrauch mit jener »Empirie« getrieben, wir hatten die
Welt daraufhin *geschaffen* als eine Ursachen-Welt, als eine Wil-
lens-Welt, als eine Geister-Welt. Die älteste und längste Psycholo-

gie war hier am Werk, sie hat gar nichts andres getan: alles Geschehen war ihr ein Tun, alles Tun Folge eines Willens, die Welt wurde ihr eine Vielheit von Tätern, ein Täter (ein »Subjekt«) schob sich allem Geschehen unter. Der Mensch hat seine drei »inneren Tatsachen«, das, woran er am festesten glaubte, den Willen, den Geist, das Ich, aus sich herausprojiziert — er nahm erst den Begriff Sein aus dem Begriff Ich heraus, er hat die »Dinge« als seiend gesetzt nach seinem Bilde, nach seinem Begriff des Ichs als Ursache. Was Wunder, daß er später in den Dingen immer nur wiederfand, *was er in sie gesteckt hatte*? — Das Ding selbst, nochmals gesagt, der Begriff Ding ein Reflex bloß vom Glauben ans Ich als Ursache... Und selbst noch Ihr Atom, meine Herren Mechanisten und Physiker, wie viel Irrtum, wie viel rudimentäre Psychologie ist noch in Ihrem Atom rückständig! — Gar nicht zu reden vom »Ding an sich«, vom *horrendum pudendum* der Metaphysiker! Der Irrtum vom Geist als Ursache mit der Realität verwechselt! Und zum Maß der Realität gemacht! Und *Gott* genannt! —

4

Irrtum der imaginären Ursachen. — Vom Traume auszugehn: einer bestimmten Empfindung, zum Beispiel infolge eines fernen Kanonenschusses, wird nachträglich eine Ursache untergeschoben (oft ein ganzer kleiner Roman, in dem gerade der Träumende die Hauptperson ist). Die Empfindung dauert inzwischen fort, in einer Art von Resonanz: sie wartet gleichsam, bis der Ursachentrieb ihr erlaubt, in den Vordergrund zu treten — nunmehr nicht mehr als Zufall, sondern als »Sinn«. Der Kanonenschuß tritt in einer *kausalen* Weise auf, in einer anscheinenden Umkehrung der Zeit. Das Spätere, die Motivierung, wird zuerst erlebt, oft mit hundert Einzelheiten, die wie im Blitz vorübergehn, der Schuß *folgt*... Was ist geschehen? Die Vorstellungen, welche ein gewisses Befinden *erzeugte,* wurden als Ursache desselben mißverstanden. — Tatsächlich machen wir es im Wachen ebenso. Unsre meisten Allgemeingefühle — jede Art Hemmung, Druck, Spannung, Explosion im Spiel und Gegenspiel der Organe, wie insonderheit der Zustand des *nervus sympathicus* – erregen unsern Ursachentrieb: wir wollen einen *Grund* haben, uns *so und so* zu befinden – uns schlecht zu befinden oder gut zu befinden. Es genügt uns niemals, einfach bloß die Tatsache, *daß* wir uns so und so befinden, festzustellen: wir lassen diese Tatsache erst zu – werden ihrer *bewußt* –, *wenn* wir ihr eine Art Motivierung gegeben haben. – Die Erinnerung, die in solchem Falle, ohne unser Wissen, in Tätigkeit tritt, führt frühere Zustände gleicher Art und die damit verwachsenen Kausal-Interpretationen herauf – *nicht* deren Ursächlichkeit. Der Glaube freilich, daß die Vorstellungen, die begleitenden Bewußtseins-Vorgänge die Ursachen gewesen seien, wird durch die Erinnerung auch mit heraufgebracht. So entsteht eine *Gewöhnung* an eine bestimmte Ursachen-Interpretation, die in Wahrheit eine *Erforschung* der Ursache hemmt und selbst ausschließt.

5

Psychologische Erklärung dazu. – Etwas Unbekanntes auf etwas Bekanntes zurückführen, erleichtert, beruhigt, befriedigt, gibt außerdem ein Gefühl von Macht. Mit dem Unbekannten ist die Gefahr, die Unruhe, die Sorge gegeben, – der erste Instinkt geht dahin, diese peinlichen Zustände *wegzuschaffen*. Erster Grundsatz: irgendeine Erklärung ist besser als keine. Weil es sich im Grunde nur um ein Loswerdenwollen drückender Vorstellungen handelt, nimmt man es nicht gerade streng mit den Mitteln, sie loszuwerden: die erste Vorstellung, mit der sich das Unbekannte als bekannt erklärt, tut so wohl, daß man sie »für wahr hält«. Beweis der *Lust* (»der Kraft«) als Kriterium der Wahrheit. – Der Ursachen-Trieb ist also bedingt und erregt durch das Furchtgefühl. Das »Warum?« soll, wenn irgend möglich, nicht sowohl die Ursache um ihrer selber willen geben, als vielmehr eine *Art von Ursache* – eine beruhigende, befreiende, erleichternde Ursache. Daß etwas schon *Bekanntes,* Erlebtes, in die Erinnerung Eingeschriebenes als Ursache angesetzt wird, ist die erste Folge dieses Bedürfnisses.

Das Neue, das Unerlebte, das Fremde wird als Ursache ausgeschlossen. – Es wird also nicht nur eine Art von Erklärungen als Ursache gesucht, sondern eine *ausgesuchte* und *bevorzugte* Art von Erklärungen, die, bei denen am schnellsten, am häufigsten das Gefühl des Fremden, Neuen, Unerlebten weggeschafft worden ist – die *gewöhnlichsten* Erklärungen. – Folge: eine Art von Ursachen-Setzung überwiegt immer mehr, konzentriert sich zum System und tritt endlich *dominierend* hervor, das heißt *andre* Ursachen und Erklärungen einfach ausschließend. – Der Bankier denkt sofort ans »Geschäft«, der Christ an die »Sünde«, das Mädchen an seine Liebe.

6

Der ganze Bereich der Moral und Religion gehört unter diesen Begriff der imaginären Ursachen. – »Erklärung« der *unangenehmen* Allgemeingefühle. Dieselben sind bedingt durch Wesen, die uns feind sind (böse Geister: berühmtester Fall – Mißverständnis der Hysterischen als Hexen). Dieselben sind bedingt durch Handlungen, die nicht zu billigen sind (das Gefühl der »Sünde«, der »Sündhaftigkeit« einem physiologischen Mißbehagen untergeschoben – man findet immer Gründe, mit sich unzufrieden zu sein). Dieselben sind bedingt als Strafen, als eine Abzahlung für etwas, das wir nicht hätten tun, das wir nicht hätten *sein* sollen (in impudenter Form von Schopenhauer zu einem Satze verallgemeinert, in dem die Moral als das erscheint, was sie ist, als eigentliche Giftmischerin und Verleumderin des Lebens: »jeder große Schmerz, sei er leiblich, sei er geistig, sagt aus, was wir verdienen; denn er könnte nicht an uns kommen, wenn wir ihn nicht verdienten«. Welt als Wille und Vorstellung II, 666). Dieselben sind bedingt als Folgen unbedachter, schlimm auslaufender Handlungen (– die Affekte, die Sinne als Ursache, als »schuld« angesetzt; physiologische Notstände mit Hilfe *andrer* Notstände als »verdient« ausgelegt). – »Erklärung« der *angenehmen* Allgemeingefühle. Dieselben sind bedingt durch Gottvertrauen. Dieselben sind bedingt durch das

Bewußtsein guter Handlungen (das sogenannte »gute Gewissen«, ein physiologischer Zustand, der mitunter einer glücklichen Verdauung zum Verwechseln ähnlich sieht). Dieselben sind bedingt durch den glücklichen Ausgang von Unternehmungen (– naiver Fehlschluß: der glückliche Ausgang einer Unternehmung schafft einem Hypochonder oder einem Pascal durchaus keine angenehmen Allgemeingefühle). Dieselben sind bedingt durch Glaube, Liebe, Hoffnung – die christlichen Tugenden. – In Wahrheit sind alle diese vermeintlichen Erklärungen *Folge*zustände und gleichsam Übersetzungen von Lust- oder Unlust-Gefühlen in einen falschen Dialekt: man ist im Zustande zu hoffen, *weil* das physiologische Grundgefühl wieder stark und reich ist; man vertraut Gott, *weil* das Gefühl der Fülle und Stärke einem Ruhe gibt. – Die Moral und Religion gehört ganz und gar unter die *Psychologie des Irrtums:* in jedem einzelnen Falle wird Ursache und Wirkung verwechselt; oder die Wahrheit mit der Wirkung des als wahr *Geglaubten* verwechselt; oder ein Zustand des Bewußtseins mit der Ursächlichkeit dieses Zustands verwechselt.

7

Irrtum vom freien Willen. – Wir haben heute kein Mitleid mehr mit dem Begriff »freier Wille«: wir wissen nur zu gut, was er ist – das anrüchigste Theologen-Kunststück, das es gibt, zum Zweck, die Menschheit in ihrem Sinne »verantwortlich« zu machen, das heißt *sie von sich abhängig zu machen* ... Ich gebe hier nur die Psychologie alles Verantwortlichmachens. – Überall, wo Verantwortlichkeiten gesucht werden, pflegt es der Instinkt des *Strafen- und Richten-Wollens* zu sein, der da sucht. Man hat das Werden seiner Unschuld entkleidet, wenn irgendein So-und-so-Sein auf Wille, auf Absichten, auf Akte der Verantwortlichkeit zurückgeführt wird: die Lehre vom Willen ist wesentlich erfunden zum Zweck der Strafe, das heißt des *Schuldig-finden-wollens.* Die ganze alte Psychologie, die Willens-Psychologie hat ihre Voraussetzung darin, daß deren Urheber, die Priester an der Spitze alter Gemeinwesen, sich ein *Recht* schaffen wollten, Strafen zu verhängen – oder Gott dazu ein Recht schaffen wollten... Die Menschen wurden »frei« gedacht, um gerichtet, um gestraft werden zu können – um *schuldig* werden zu können: folglich *mußte* jede Handlung als gewollt, der Ursprung jeder Handlung im Bewußtsein liegend gedacht werden (– womit die *grundsätzlichste* Falschmünzerei *in psychologicis* zum Prinzip der Psychologie selbst gemacht war...). Heute, wo wir in die *umgekehrte* Bewegung eingetreten sind, wo wir Immoralisten zumal mit aller Kraft den Schuldbegriff und den Strafbegriff aus der Welt wieder herausnehmen und Psychologie, Geschichte, Natur, die gesellschaftlichen Institutionen und Sanktionen von ihnen zu reinigen suchen, gibt es in unsern Augen keine radikalere Gegnerschaft als die der Theologen, welche fortfahren, mit dem Begriff der »sittlichen Weltordnung« die Unschuld des Werdens durch »Strafe« und »Schuld« zu durchseuchen. Das Christentum ist eine Metaphysik des Henkers...

8

Was kann allein *unsre* Lehre sein? – Daß niemand dem Menschen seine Eigenschaften *gibt,* weder Gott, noch die Gesellschaft, noch seine Eltern und Vorfahren, noch *er selbst* (– der Unsinn der hier zuletzt abgelehnten Vorstellung ist als »intelligible Freiheit« von Kant, vielleicht auch schon von Plato gelehrt worden). *Niemand* ist dafür verantwortlich, daß er überhaupt da ist, daß er so und so beschaffen ist, daß er unter diesen Umständen, in dieser Umgebung ist. Die Fatalität seines Wesens ist nicht herauszulösen aus der Fatalität alles dessen, was war und was sein wird. Er ist *nicht* die Folge einer eignen Absicht, eines Willens, eines Zwecks, mit ihm wird *nicht* der Versuch gemacht, ein »Ideal von Mensch« oder ein »Ideal von Glück« oder ein »Ideal von Moralität« zu erreichen – es ist absurd, sein Wesen in irgendeinen Zweck hin *abwälzen* zu wollen. *Wir* haben den Begriff »Zweck« erfunden: in der Realität *fehlt* der Zweck... Man ist notwendig, man ist ein Stück Verhängnis, man gehört zum Ganzen, man *ist* im Ganzen, – es gibt nichts,

was unser Sein richten, messen, vergleichen, verurteilen könnte,
denn das hieße das Ganze richten, messen, vergleichen, verurteilen... *Aber es gibt nichts außer dem Ganzen!* – Daß niemand mehr
verantwortlich gemacht wird, daß die Art des Seins nicht auf eine
causa prima zurückgeführt werden darf, daß die Welt weder als
Sensorium, noch als »Geist« eine Einheit ist, *dies erst ist die große
Befreiung* – damit erst ist die *Unschuld* des Werdens wieder hergestellt... Der Begriff »Gott« war bisher der größte *Einwand* gegen
das Dasein... Wir leugnen Gott, wir leugnen die Verantwortlichkeit in Gott: *damit* erst erlösen wir die Welt. –

DIE »VERBESSERER« DER MENSCHHEIT

1

Man kennt meine Forderung an den Philosophen, sich *jenseits* von Gut und Böse zu stellen – die Illusion des moralischen Urteils *unter* sich zu haben. Diese Forderung folgt aus einer Einsicht, die von mir zum ersten Male formuliert worden ist: *daß es gar keine moralischen Tatsachen gibt.* Das moralische Urteil hat das mit dem religiösen gemein, daß es an Realitäten glaubt, die keine sind. Moral ist nur eine Ausdeutung gewisser Phänomene, bestimmter geredet, eine *Miß*deutung. Das moralische Urteil gehört, wie das religiöse, einer Stufe der Unwissenheit zu, auf der selbst der Begriff des Realen, die Unterscheidung des Realen und Imaginären noch fehlt: so daß »Wahrheit« auf solcher Stufe lauter Dinge bezeichnet, die wir heute »Einbildungen« nennen. Das moralische Urteil ist insofern nie wörtlich zu nehmen: als solches enthält es immer nur Widersinn. Aber es bleibt als *Semiotik* unschätzbar: es offenbart, für den Wissenden wenigstens, die wertvollsten Realitäten von Kulturen und Innerlichkeiten, die nicht genug *wußten*, um sich selbst zu »verstehn«. Moral ist bloß Zeichenrede, bloß Symptomatologie: man muß bereits wissen, *worum* es sich handelt, um von ihr Nutzen zu ziehn.

2

Ein erstes Beispiel und ganz vorläufig. Zu allen Zeiten hat man die Menschen »verbessern« wollen: dies vor allem hieß Moral. Aber unter dem gleichen Wort ist das Allerverschiedenste von Tendenz versteckt. Sowohl die *Zähmung* der Bestie Mensch, als die *Züch-*

tung einer bestimmten Gattung Mensch ist »Besserung« genannt worden: erst diese zoologischen *termini* drücken Realitäten aus – Realitäten freilich, von denen der typische »Verbesserer«, der Priester, nichts weiß – nichts wissen *will*... Die Zähmung eines Tieres seine »Besserung« nennen ist in unsern Ohren beinahe ein Scherz. Wer weiß, was in Menagerien geschieht, zweifelt daran, daß die Bestie daselbst »verbessert« wird. Sie wird geschwächt, sie wird weniger schädlich gemacht, sie wird durch den depressiven Affekt der Furcht, durch Schmerz, durch Wunden, durch Hunger zur *krankhaften* Bestie. – Nicht anders steht es mit dem gezähmten Menschen, den der Priester »verbessert« hat. Im frühen Mittelalter, wo in der Tat die Kirche vor allem eine Menagerie war, machte man allerwärts auf die schönsten Exemplare der »blonden Bestie« Jagd – man »verbesserte« zum Beispiel die vornehmen Germanen. Aber wie sah hinterdrein ein solcher »verbesserter«, ins Kloster verführter Germane aus? Wie eine Karikatur des Menschen, wie eine Mißgeburt: er war zum »Sünder« geworden, er stak im Käfig, man hatte ihn zwischen lauter schreckliche Begriffe eingesperrt... Da lag er nun, krank, kümmerlich, gegen sich selbst böswillig; voller Haß gegen die Antriebe zum Leben, voller Verdacht gegen alles, was noch stark und glücklich war. Kurz, ein »Christ«... Physiologisch geredet: im Kampf mit der Bestie *kann* Krankmachen das einzige Mittel sein, sie schwach zu machen. Das verstand die Kirche: sie *verdarb* den Menschen, sie schwächte ihn – aber sie nahm in Anspruch, ihn »verbessert« zu haben...

3

Nehmen wir den andern Fall der sogenannten Moral, den Fall der *Züchtung* einer bestimmten Rasse und Art. Das großartigste Beispiel dafür gibt die indische Moral, als »Gesetz des Manu« zur Religion sanktioniert. Hier ist die Aufgabe gestellt, nicht weniger als vier Rassen auf einmal zu züchten: eine priesterliche, ein kriegerische, eine händler- und ackerbauerische, endlich eine Dienstboten-Rasse, die Sudras. Ersichtlich sind wir hier nicht mehr unter

Tierbändigern: eine hundertmal mildere und vernünftigere Art
Mensch ist die Voraussetzung, um auch nur den Plan einer solchen
Züchtung zu konzipieren. Man atmet auf, aus der christlichen
Kranken- und Kerkerluft in diese gesündere, höhere, *weitere* Welt
einzutreten. Wie armselig ist das »Neue Testament« gegen Manu,
wie schlecht riecht es! – Aber auch diese Organisation hatte nötig,
furchtbar zu sein – nicht diesmal im Kampf mit der Bestie, sondern
mit *ihrem* Gegensatz-Begriff, dem Nicht-Zucht-Menschen, dem
Mischmasch-Menschen, dem Tschandala. Und wieder hatte sie
kein andres Mittel, ihn ungefährlich, ihn schwach zu machen, als
ihn *krank* zu machen – es war der Kampf mit der »großen Zahl«.
Vielleicht gibt es nichts unserm Gefühle Widersprechenderes als
diese Schutzmaßregeln der indischen Moral. Das dritte Edikt zum
Beispiel (Avadana-Sastra I), das »von den unreinen Gemüsen«,
ordnet an, daß die einzige Nahrung, die den Tschandala erlaubt ist,
Knoblauch und Zwiebeln sein sollen, in Anbetracht, daß die heilige Schrift verbietet, ihnen Korn oder Früchte, die Körner tragen,
oder *Wasser* oder Feuer zu geben. Dasselbe Edikt setzt fest, daß
das Wasser, welches sie nötig haben, weder aus den Flüssen, noch
aus den Quellen, noch aus den Teichen genommen werden dürfe,
sondern nur aus den Zugängen zu Sümpfen und aus Löchern, welche durch die Fußtapfen der Tiere entstanden sind. Insgleichen
wird ihnen verboten, ihre Wäsche zu waschen und *sich selbst zu
waschen,* da das Wasser, das ihnen aus Gnade zugestanden wird,
nur benutzt werden darf, den Durst zu löschen. Endlich ein Verbot an die Sudra-Frauen, den Tschandala-Frauen bei der Geburt
beizustehn, insgleichen noch eins für die letzteren, *einander dabei
beizustehn...* – Der Erfolg einer solchen Sanitäts-Polizei blieb
nicht aus: mörderische Seuchen, scheußliche Geschlechtskrank-
heiten und daraufhin wieder »das Gesetz des Messers«, die Be-
schneidung für die männlichen, die Abtragung der kleinen Scham-
lippen für die weiblichen Kinder anordnend. – Manu selbst sagt:
»die Tschandala sind die Frucht von Ehebruch, Inzest und Verbrechen (– dies die *notwendige* Konsequenz des Begriffs Züchtung).
Sie sollen zu Kleidern nur die Lumpen von Leichnamen haben,

zum Geschirr zerbrochne Töpfe, zum Schmuck altes Eisen, zum
Gottesdienst nur die bösen Geister; sie sollen ohne Ruhe von einem Ort zum andern schweifen. Es ist ihnen verboten, von links
nach rechts zu schreiben und sich der rechten Hand zum Schreiben zu bedienen: der Gebrauch der rechten Hand und des Von-
links-nach-rechts ist bloß den *Tugendhaften* vorbehalten, den
Leuten von *Rasse*.« –

4

Diese Verfügungen sind lehrreich genug: in ihnen haben wir einmal die *arische* Humanität, ganz rein, ganz ursprünglich – wir lernen, daß der Begriff »reines Blut« der Gegensatz eines harmlosen
Begriffs ist. Andrerseits wird klar, in *welchem* Volk sich der Haß,
der Tschandala-Haß gegen diese »Humanität« verewigt hat, wo er
Religion, wo er *Genie* geworden ist... Unter diesem Gesichts-
punkte sind die Evangelien eine Urkunde ersten Ranges; noch
mehr das Buch Henoch. – Das Christentum, aus jüdischer Wurzel
und nur verständlich als Gewächs dieses Bodens, stellt die *Gegenbewegung* gegen jede Moral der Züchtung, der Rasse, des Privile-
giums dar – es ist die *antiarische* Religion *par excellence:* das Christentum die Umwertung aller arischen Werte, der Sieg der Tschan-
dala-Werte, das Evangelium den Armen, den Niedrigen gepredigt,
der Gesamt-Aufstand alles Niedergetretenen, Elenden, Mißrate-
nen, Schlechtweggekommenen gegen die »Rasse« – die unsterbliche Tschandala-Rache als *Religion der Liebe*...

5

Die Moral der *Züchtung* und die Moral der *Zähmung* sind in den
Mitteln, sich durchzusetzen, vollkommen einander würdig: wir
dürfen als obersten Satz hinstellen, daß, um Moral zu *machen,*
man den unbedingten Willen zum Gegenteil haben muß. Dies ist
das große, das *unheimliche* Problem, dem ich am längsten nachge-
gangen bin: die Psychologie der »Verbesserer« der Menschheit.

Eine kleine und im Grunde bescheidne Tatsache, die der sogenannten *pia fraus,* gab mir den ersten Zugang zu diesem Problem:
die *pia fraus,* das Erbgut aller Philosophen und Priester, die die
Menschheit »verbesserten«. Weder Manu, noch Plato, noch Kon-
fuzius, noch die jüdischen und christlichen Lehrer haben je an ihrem *Recht* zur Lüge gezweifelt. Sie haben *an ganz andren Rechten*
nicht gezweifelt... In Formel ausgedrückt dürfte man sagen: *alle*
Mittel, wodurch bisher die Menschheit moralisch gemacht werden
sollte, waren von Grund aus *unmoralisch.* –

WAS DEN DEUTSCHEN ABGEHT

I

Unter Deutschen ist es heute nicht genug, Geist zu haben: man muß ihn noch sich nehmen, sich Geist *herausnehmen*...

Vielleicht kenne ich die Deutschen, vielleicht darf ich selbst ihnen ein paar Wahrheiten sagen. Das neue Deutschland stellt ein großes Quantum vererbter und angeschulter Tüchtigkeit dar, so daß es den aufgehäuften Schatz von Kraft eine Zeitlang selbst verschwenderisch ausgeben darf. Es ist *nicht* eine hohe Kultur, die mit ihm Herr geworden, noch weniger ein delikater Geschmack, eine vornehme »Schönheit« der Instinkte; aber *männlichere* Tugenden, als sonst ein Land Europas aufweisen kann. Viel guter Mut und Achtung vor sich selber, viel Sicherheit im Verkehr, in der Gegenseitigkeit der Pflichten, viel Arbeitsamkeit, viel Ausdauer – und eine angeerbte Mäßigung, welche eher des Stachels als des Hemmschuhs bedarf. Ich füge hinzu, daß hier noch gehorcht wird, ohne daß das Gehorchen demütigt... Und niemand verachtet seinen Gegner...

Man sieht, es ist mein Wunsch, den Deutschen gerecht zu sein: ich möchte mir darin nicht untreu werden – ich muß ihnen also auch meinen Einwand machen. Es zahlt sich teuer, zur Macht zu kommen: die Macht *verdummt*... Die Deutschen – man hieß sie einst das Volk der Denker: denken sie heute überhaupt noch? Die Deutschen langweilen sich jetzt am Geiste, die Deutschen mißtrauen jetzt dem Geiste, die Politik verschlingt allen Ernst für wirklich geistige Dinge – »Deutschland, Deutschland über alles«, ich fürchte, das war das Ende der deutschen Philosophie... »Gibt es deutsche Philosophen? gibt es deutsche Dichter? gibt es *gute*

deutsche Bücher?« – fragt man mich im Ausland. Ich erröte; aber
mit der Tapferkeit, die mir auch in verzweifelten Fällen zu eigen
ist, antworte ich: »Ja, *Bismarck*!« – Dürfte ich auch nur einge-
stehn, welche Bücher man heute liest?... Vermaledeiter Instinkt
der Mittelmäßigkeit! –

2

– Was der deutsche Geist sein *könnte*, wer hätte nicht schon darüber seine schwermütigen Gedanken gehabt! Aber dies Volk hat
sich willkürlich verdummt, seit einem Jahrtausend beinahe: nirgendswo sind die zwei großen europäischen Narkotika, Alkohol
und Christentum, lasterhafter gemißbraucht worden. Neuerdings
kam sogar noch ein drittes hinzu, mit dem allein schon aller feinen
und kühnen Beweglichkeit des Geistes der Garaus gemacht werden kann, die Musik, unsre verstopfte verstopfende deutsche Musik. – Wie viel verdrießliche Schwere, Lahmheit, Feuchtigkeit,
Schlafrock, wie viel *Bier* ist in der deutschen Intelligenz! Wie ist es
eigentlich möglich, daß junge Männer, die den geistigsten Zielen
ihr Dasein weihn, nicht den ersten Instinkt der Geistigkeit, *den
Selbsterhaltungs-Instinkt des Geistes* in sich fühlen – und Bier trin-
ken?... Der Alkoholismus der gelehrten Jugend ist vielleicht noch
kein Fragezeichen in Absicht ihrer Gelehrsamkeit – man kann
ohne Geist sogar ein großer Gelehrter sein –, aber in jedem andern
Betracht bleibt er ein Problem. – Wo fände man sie nicht, die sanfte
Entartung, die das Bier im Geiste hervorbringt! Ich habe einmal in
einem beinahe berühmt gewordnen Fall den Finger auf eine solche
Entartung gelegt – die Entartung unsres ersten deutschen Freigei-
stes, des *klugen* David Strauß, zum Verfasser eines Bierbank-
Evangeliums und »neuen Glaubens«... Nicht umsonst hatte er der
»holden Braunen« sein Gelöbnis in Versen gemacht – Treue bis
zum Tod...

3

– Ich sprach vom deutschen Geiste: daß er gröber wird, daß er sich
verflacht. Ist das genug? – Im Grunde ist es etwas ganz anderes, das
mich erschreckt: wie es immer mehr mit dem deutschen Ernste,
der deutschen Tiefe, der deutschen *Leidenschaft* in geistigen Dingen abwärts geht. Das Pathos hat sich verändert, nicht bloß die Intellektualität. – Ich berühre hier und da deutsche Universitäten:
was für eine Luft herrscht unter deren Gelehrten, welche öde, welche genügsam und lau gewordne Geistigkeit! Es wäre ein tiefes
Mißverständnis, wenn man mir hier die deutsche Wissenschaft
einwenden wollte – und außerdem ein Beweis dafür, daß man
nicht ein Wort von mir gelesen hat. Ich bin seit siebzehn Jahren
nicht müde geworden, den *entgeistigenden* Einfluß unsres jetzigen
Wissenschafts-Betriebs ans Licht zu stellen. Das harte Helotentum, zu dem der ungeheure Umfang der Wissenschaften heute jeden einzelnen verurteilt, ist ein Hauptgrund dafür, daß voller, reicher, *tiefer* angelegte Naturen keine ihnen gemäße Erziehung *und
Erzieher* mehr vorfinden. Unsre Kultur leidet an nichts *mehr,* als
an dem Überfluß anmaßlicher Eckensteher und Bruchstück-Hu-
manitäten; unsre Universitäten sind, *wider* Willen, die eigentlichen Treibhäuser für diese Art Instinkt-Verkümmerung des Geistes. Und ganz Europa hat bereits einen Begriff davon – die große
Politik täuscht niemanden... Deutschland gilt immer mehr als Europas *Flachland.* – Ich *suche* noch nach einem Deutschen, mit dem
ich auf meine Weise ernst sein könnte – um wieviel mehr nach einem, mit dem ich heiter sein dürfte! – *Götzen-Dämmerung:* ah
wer begriffe es heute, *von was für einem Ernste* sich hier ein Ein-
siedler erholt! – Die Heiterkeit ist an uns das Unverständlichste...

4

Man mache einen Überschlag: es liegt nicht nur auf der Hand, daß
die deutsche Kultur niedergeht, es fehlt auch nicht am zureichenden Grund dafür. Niemand kann zuletzt mehr ausgeben, als er hat

– das gilt von einzelnen, das gilt von Völkern. Gibt man sich für Macht, für große Politik, für Wirtschaft, Weltverkehr, Parlamentarismus, Militär-Interessen aus – gibt man das Quantum Verstand, Ernst, Wille, Selbstüberwindung, das man ist, nach *dieser* Seite weg, so fehlt es auf der andern Seite. Die Kultur und der Staat – man betrüge sich hierüber nicht – sind Antagonisten: »Kultur-Staat« ist bloß eine moderne Idee. Das eine lebt vom andern, das eine gedeiht auf Unkosten des andern. Alle großen Zeiten der Kultur sind politische Niedergangs-Zeiten: was groß ist im Sinn der Kultur, war unpolitisch, selbst *antipolitisch*... Goethe ging das Herz auf bei dem Phänomen Napoleon – es ging ihm *zu* bei den »Freiheits-Kriegen«... In demselben Augenblick, wo Deutschland als Großmacht heraufkommt, gewinnt Frankreich als *Kulturmacht* eine veränderte Wichtigkeit. Schon heute ist viel neuer Ernst, viel neue *Leidenschaft* des Geistes nach Paris übergesiedelt; die Frage des Pessimismus zum Beispiel, die Frage Wagner, fast alle psychologischen und artistischen Fragen werden dort unvergleichlich feiner und gründlicher erwogen als in Deutschland – die Deutschen sind selbst *unfähig* zu dieser Art Ernst. – In der Geschichte der europäischen Kultur bedeutet die Heraufkunft des »Reichs« vor allem eins: eine *Verlegung des Schwergewichts*. Man weiß es überall bereits: in der Hauptsache – und das bleibt die Kultur – kommen die Deutschen nicht mehr in Betracht. Man fragt: habt ihr auch nur einen für Europa *mitzählenden* Geist aufzuweisen? wie euer Goethe, euer Hegel, euer Heinrich Heine, euer Schopenhauer mitzählte? – Daß es nicht einen einzigen deutschen Philosophen mehr gibt, darüber ist des Erstaunens kein Ende. –

5

Dem ganzen höheren Erziehungswesen in Deutschland ist die Hauptsache abhanden gekommen: *Zweck* sowohl als *Mittel* zum Zweck. Daß Erziehung, *Bildung* selbst Zweck ist – und *nicht* »das Reich« –, daß es zu diesem Zweck der *Erzieher* bedarf – und *nicht* der Gymnasiallehrer und Universitäts-Gelehrten – man vergaß das... Erzieher tun not, *die selbst erzogen* sind, überlegne, vornehme Geister, in jedem Augenblick bewiesen, durch Wort und Schweigen bewiesen, reife, *süß* gewordene Kulturen – *nicht* die gelehrten Rüpel, welche Gymnasium und Universität der Jugend heute als »höhere Ammen« entgegenbringt. Die Erzieher *fehlen,* die Ausnahmen der Ausnahmen abgerechnet, die *erste* Vorbedingung der Erziehung: *daher* der Niedergang der deutschen Kultur. – Eine jener allerseltensten Ausnahmen ist mein verehrungswürdiger Freund Jacob Burckhardt in Basel: ihm zuerst verdankt Basel seinen Vorrang von Humanität. – Was die »höheren Schulen« Deutschlands tatsächlich erreichen, das ist eine brutale Abrichtung, um, mit möglichst geringem Zeitverlust, eine Unzahl junger Männer für den Staatsdienst nutzbar, *ausnutzbar* zu machen. »Höhere Erziehung« und *Unzahl* – das widerspricht sich von vornherein. Jede höhere Erziehung gehört nur der Ausnahme: man muß privilegiert sein, um ein Recht auf ein so hohes Privilegium zu haben. Alle großen, alle schönen Dinge können nie Gemeingut sein: *pulchrum est paucorum hominum.* – Was *bedingt* den Niedergang der deutschen Kultur? Daß »höhere Erziehung« kein *Vorrecht* mehr ist – der Demokratismus der »allgemeinen«, der *gemein* gewordnen »Bildung«... Nicht zu vergessen, daß militärische Privilegien den *Zu-viel-Besuch* der höheren Schulen, das heißt ihren Untergang, förmlich erzwingen. – Es steht niemandem mehr frei, im jetzigen Deutschland seinen Kindern eine vornehme Erziehung zu geben: unsre »höheren« Schulen sind allesamt auf die zweideutigste Mittelmäßigkeit eingerichtet, mit Lehrern, mit Lehrplänen, mit Lehrzielen. Und überall herrscht eine unanständige Hast, wie als ob etwas versäumt wäre, wenn der junge Mann mit 23 Jahren noch nicht »fertig« ist, noch nicht Antwort weiß auf die »Hauptfrage«: *welchen* Beruf? – Eine höhere Art Mensch, mit Verlaub gesagt, liebt nicht »Berufe«, genau deshalb, weil sie sich berufen weiß... Sie hat Zeit, sie nimmt sich Zeit, sie denkt gar nicht daran, »fertig« zu werden – mit dreißig Jahren ist man, im Sinne hoher Kultur, ein Anfänger, ein Kind. – Unsre überfüllten Gymnasien, unsre überhäuften, stupid gemachten Gymnasiallehrer sind ein Skandal: um diese Zustände in Schutz zu nehmen, wie es jüngst die Professoren von Heidelberg getan haben, dazu hat man vielleicht *Ursachen* – Gründe dafür gibt es nicht.

6

– Ich stelle, um nicht aus meiner Art zu fallen, die *jasagend* ist und mit Widerspruch und Kritik nur mittelbar, nur unfreiwillig zu tun hat, sofort die drei Aufgaben hin, derentwegen man Erzieher braucht. Man hat *sehen* zu lernen, man hat *denken* zu lernen, man hat *sprechen* und *schreiben* zu lernen: das Ziel in allen dreien ist eine vornehme Kultur. – *Sehen* lernen – dem Auge die Ruhe, die Geduld, das An-sich-herankommen-lassen angewöhnen; das Urteil hinausschieben, den Einzelfall von allen Seiten umgehn und umfassen lernen. Das ist die *erste* Vorschulung zur Geistigkeit: auf einen Reiz *nicht* sofort reagieren, sondern die hemmenden, die abschließenden Instinkte in die Hand bekommen. *Sehen* lernen, so wie ich es verstehe, ist beinahe das, was die unphilosophische Sprechweise den starken Willen nennt: das Wesentliche daran ist gerade, *nicht* »wollen«, die Entscheidung aussetzen *können*. Alle Ungeistigkeit, alle Gemeinheit beruht auf dem Unvermögen, einem Reize Widerstand zu leisten – man *muß* reagieren, man folgt jedem Impulse. In vielen Fällen ist ein solches Müssen bereits Krankhaftigkeit, Niedergang, Symptom der Erschöpfung, – fast alles, was die unphilosophische Roheit mit dem Namen »Laster« bezeichnet, ist bloß jenes physiologische Unvermögen, *nicht* zu reagieren. – Eine Nutzanwendung vom Sehen-gelernt-haben: man wird als *Lernender* überhaupt langsam, mißtrauisch, widerstrebend geworden sein. Man wird Fremdes, *Neues* jeder Art zunächst mit feindseliger Ruhe herankommen lassen – man wird seine Hand davor zurückziehn. Das Offenstehn mit allen Türen, das untertänige Auf-dem-Bauch-Liegen vor jeder kleinen Tatsache, das allzeit sprungbereite Sich-hinein-Setzen, Sich-hinein-*Stürzen* in andere und anderes, kurz die berühmte moderne »Objektivität« ist schlechter Geschmack, ist *unvornehm par excellence*. –

7

Denken lernen: man hat auf unsern Schulen keinen Begriff mehr davon. Selbst auf den Universitäten, sogar unter den eigentlichen Gelehrten der Philosophie beginnt Logik als Theorie, als Praktik, als *Handwerk*, auszusterben. Man lese deutsche Bücher: nicht mehr die entfernteste Erinnerung daran, daß es zum Denken einer Technik, eines Lehrplans, eines Willens zur Meisterschaft bedarf – daß Denken gelernt sein will, wie Tanzen gelernt sein will, *als* eine Art Tanzen... Wer kennt unter Deutschen jenen feinen Schauder aus Erfahrung noch, den die *leichten Füße* im Geistigen in alle Muskeln überströmen! – Die steife Tölpelei der geistigen Gebärde, die *plumpe* Hand beim Fassen – das ist in dem Grade deutsch, daß man es im Auslande mit dem deutschen Wesen überhaupt verwechselt. Der Deutsche hat keine *Finger* für *nuances*... Daß die Deutschen ihre Philosophen auch nur ausgehalten haben, vor allem jenen verwachsensten Begriffs-Krüppel, den es je gegeben hat, den *großen* Kant, gibt keinen kleinen Begriff von der deutschen Anmut. – Man kann nämlich das *Tanzen* in jeder Form nicht von der *vornehmen Erziehung* abrechnen, Tanzen-können mit den Füßen, mit den Begriffen, mit den Worten: habe ich noch zu sagen, daß man es auch mit der *Feder* können muß – daß man *schreiben* lernen muß? – Aber an dieser Stelle würde ich deutschen Lesern vollkommen zum Rätsel werden...

STREIFZÜGE EINES UNZEITGEMÄSSEN

1

Meine Unmöglichen. – Seneca: oder der Toreador der Tugend. – *Rousseau:* oder die Rückkehr zur Natur *in impuris naturalibus.* – *Schiller:* oder der Moral-Trompeter von Säckingen. – *Dante:* oder die Hyäne, die in Gräbern *dichtet.* – *Kant:* oder *cant* als intelligibler Charakter. – *Victor Hugo:* oder der Pharus am Meere des Unsinns. – *Liszt:* oder die Schule der Geläufigkeit – nach Weibern. – *George Sand:* oder *lactea ubertas,* auf deutsch: die Milchkuh mit »schönem Stil«. – *Michelet:* oder die Begeisterung, die den Rock auszieht. – *Carlyle:* oder Pessimismus als zurückgetretenes Mittagessen. – *John Stuart Mill:* oder die beleidigende Klarheit. – *Les frères de Goncourt:* oder die beiden Ajaxe im Kampf mit Homer. Musik von Offenbach. – *Zola:* oder »die Freude zu stinken«. –

2

Renan. – Theologie, oder die Verderbnis der Vernunft durch die »Erbsünde« (das Christentum). Zeugnis Renan, der, sobald er einmal ein Ja oder Nein allgemeinerer Art riskiert, mit peinlicher Regelmäßigkeit danebengreift. Er möchte zum Beispiel *la science* und *la noblesse* in eins verknüpfen; aber *la science* gehört zur Demokratie, das greift sich doch mit Händen. Er wünscht, mit keinem kleinen Ehrgeize, einen Aristokratismus des Geistes darzustellen: aber zugleich liegt er vor dessen Gegenlehre, dem *évangile des humbles* auf den Knien und nicht nur auf den Knien... was hilft alle Freigeisterei, Modernität, Spötterei und Wendehals-Geschmeidigkeit, wenn man mit seinen Eingeweiden Christ, Katholik und sogar Priester geblieben ist! Renan hat seine Erfindsamkeit, ganz wie ein Jesuit und Beichtvater, in der Verführung; seiner Geistigkeit fehlt das breite Pfaffen-Geschmunzel nicht – er wird, wie alle Priester, gefährlich erst, wenn er liebt. Niemand kommt ihm darin gleich, auf eine lebensgefährliche Weise anzubeten... Dieser Geist Renans, ein Geist, der *entnervt,* ist ein Verhängnis mehr für das arme, kranke, willenskranke Frankreich. –

3

Sainte-Beuve. – Nichts von Mann; voll eines kleinen Ingrimms gegen alle Mannsgeister. Schweift umher, fein, neugierig, gelangweilt, aushorcherisch – eine Weibsperson im Grunde, mit einer Weibs-Rachsucht und Weibs-Sinnlichkeit. Als Psychologe ein Genie der *médisance;* unerschöpflich reich an Mitteln dazu; niemand versteht besser, mit einem Lob Gift zu mischen. Plebejisch in den untersten Instinkten und mit dem Ressentiment Rousseaus verwandt: *folglich* Romantiker, – denn unter allem *romantisme* grunzt und giert der Instinkt Rousseaus nach Rache. Revolutionär, aber durch die Furcht leidlich noch im Zaum gehalten. Ohne Freiheit vor allem, was Stärke hat (öffentliche Meinung, Akademie, Hof, selbst Port-Royal). Erbittert gegen alles Große an Mensch und Ding, gegen alles, was an sich glaubt. Dichter und Halbweib genug, um das Große noch als Macht zu fühlen; gekrümmt beständig, wie jener berühmte Wurm, weil er sich beständig getreten fühlt. Als Kritiker ohne Maßstab, Halt und Rückgrat, mit der Zunge des kosmopolitischen *libertin* für vielerlei; aber ohne den Mut selbst zum Eingeständnis der *libertinage.* Als Historiker ohne Philosophie, ohne die *Macht* des philosophischen Blicks – deshalb die Aufgabe des Richtens in allen Hauptsachen ablehnend, die »Objektivität« als Maske vorhaltend. Anders verhält er sich zu allen Dingen, wo ein feiner, vernutzter Geschmack die höchste Instanz ist: da hat er wirklich den Mut zu sich, die Lust an sich – da ist er *Meister.* – Nach einigen Seiten eine Vorform Baudelaires. –

4

Die *imitatio Christi* gehört zu den Büchern, die ich nicht ohne einen physiologischen Widerstand in den Händen halte: sie haucht einen *parfum* des Ewig-Weiblichen aus, zu dem man bereits Franzose sein muß – oder Wagnerianer... Dieser Heilige hat eine Art, von der Liebe zu reden, daß sogar die Pariserinnen neugierig werden. – Man sagt mir, daß jener *klügste* Jesuit, A. Comte, der seine Franzosen auf dem *Umweg* der Wissenschaft nach Rom führen wollte, sich an diesem Buche inspiriert habe. Ich glaube es: »die Religion des Herzens«...

5

G. Eliot. – Sie sind den christlichen Gott los und glauben nun um so mehr die christliche Moral festhalten zu müssen: das ist eine *englische* Folgerichtigkeit, wir wollen sie den Moral-Weiblein *à la* Eliot nicht verübeln. In England muß man sich für jede kleine Emanzipation von der Theologie in furchteinflößender Weise als Moral-Fanatiker wieder zu Ehren bringen. Das ist dort die *Buße*, die man zahlt. – Für uns andre steht es anders. Wenn man den christlichen Glauben aufgibt, zieht man sich damit das *Recht* zur christlichen Moral unter den Füßen weg. Diese versteht sich schlechterdings *nicht* von selbst: man muß diesen Punkt, den englischen Flachköpfen zum Trotz, immer wieder ans Licht stellen. Das Christentum ist ein System, eine zusammengedachte und *ganze* Ansicht der Dinge. Bricht man aus ihm einen Hauptbegriff, den Glauben an Gott, heraus, so zerbricht man damit auch das Ganze: man hat nichts Notwendiges mehr zwischen den Fingern. Das Christentum setzt voraus, daß der Mensch nicht wisse, nicht wissen *könne,* was für ihn gut, was böse ist: er glaubt an Gott, der allein es weiß. Die christliche Moral ist ein Befehl; ihr Ursprung ist transzendent; sie ist jenseits aller Kritik, alles Rechts auf Kritik; sie hat nur Wahrheit, falls Gott die Wahrheit ist – sie steht und fällt mit dem Glauben an Gott. – Wenn tatsächlich die Engländer glauben, sie wüßten von sich aus, »intuitiv«, was gut und böse ist, wenn sie folglich vermeinen, das Christentum als Garantie der Moral nicht mehr nötig zu haben, so ist dies selbst bloß die *Folge* der Herrschaft des christlichen Werturteils und ein Ausdruck von der *Stärke* und *Tiefe* dieser Herrschaft: so daß der Ursprung der englischen Moral vergessen worden ist, so daß das Sehr-Bedingte ihres Rechts auf Dasein nicht mehr empfunden wird. Für den Engländer ist die Moral noch kein Problem...

6

George Sand. – Ich las die ersten *lettres d'un voyageur:* wie alles, was von Rousseau stammt, falsch, gemacht, Blasebalg, übertrieben. Ich halte diesen bunten Tapeten-Stil nicht aus; ebensowenig als die Pöbel-Ambition nach generösen Gefühlen. Das Schlimmste freilich bleibt die Weibskoketterie mit Männlichkeiten, mit Manieren ungezogner Jungen. – Wie kalt muß sie bei alledem gewesen sein, diese unausstehliche Künstlerin! Sie zog sich auf wie eine Uhr – und schrieb... Kalt, wie Hugo, wie Balzac, wie alle Romantiker, sobald sie dichteten! Und wie selbstgefällig sie dabei dagelegen haben mag, diese fruchtbare Schreibe-Kuh, die etwas Deutsches im schlimmen Sinne an sich hatte, gleich Rousseau selbst, ihrem Meister, und jedenfalls erst beim Niedergang des französischen Geschmacks möglich war! – Aber Renan verehrt sie...

7

Moral für Psychologen. – Keine Kolportage-Psychologie treiben! Nie beobachten, *um* zu beobachten! Das gibt eine falsche Optik, ein Schielen, etwas Erzwungenes und Übertreibendes. Erleben als Erleben-*Wollen* – das gerät nicht. Man *darf* nicht im Erlebnis nach sich hinblicken, jeder Blick wird da zum »bösen Blick«. Ein geborner Psycholog hütet sich aus Instinkt, zu sehn, um zu sehn; dasselbe gilt vom gebornen Maler. Er arbeitet nie »nach der Natur« –

er überläßt seinem Instinkte, seiner *camera obscura* das Durchsieben und Ausdrücken des »Falls«, der »Natur«, des »Erlebten«...
Das *Allgemeine* erst kommt ihm zum Bewußtsein, der Schluß, das
Ergebnis: er kennt jenes willkürliche Abstrahieren vom einzelnen
Falle nicht. – Was wird daraus, wenn man es anders macht? Zum
Beispiel nach Art der Pariser *romanciers* groß und klein Kolportage-Psychologie treibt? *Das* lauert gleichsam der Wirklichkeit auf,
das bringt jeden Abend eine Handvoll Kuriositäten mit nach
Hause... Aber man sehe nur, was zuletzt herauskommt – ein Haufen von Klecksen, ein Mosaik bestenfalls, in jedem Falle etwas
Zusammen-Addiertes,   Unruhiges,   Farbenschreiendes.   Das
Schlimmste darin erreichen die Goncourts: sie setzen nicht drei
Sätze zusammen, die nicht dem Auge, dem *Psychologen*-Auge einfach weh tun. – Die Natur, künstlerisch abgeschätzt, ist kein Modell. Sie übertreibt, sie verzerrt, sie läßt Lücken. Die Natur ist der
Zufall. Das Studium »nach der Natur« scheint mir ein schlechtes
Zeichen: es verrät Unterwerfung, Schwäche, Fatalismus, – dies
Im-Staube-liegen vor *petits faits* ist eines *ganzen* Künstlers unwürdig. Sehen, *was ist* – das gehört einer andern Gattung von Geistern
zu, den *antiartistischen,* den Tatsächlichen. Man muß wissen, *wer*
man ist...

8

Zur Psychologie des Künstlers. – Damit es Kunst gibt, damit es irgendein ästhetisches Tun und Schauen gibt, dazu ist eine physiologische Vorbedingung unumgänglich: der *Rausch.* Der Rausch
muß erst die Erregbarkeit der ganzen Maschine gesteigert haben:
eher kommt es zu keiner Kunst. Alle noch so verschieden bedingten Arten des Rausches haben dazu die Kraft: vor allem der Rausch
der Geschlechtserregung, diese älteste und ursprünglichste Form
des Rausches. Insgleichen der Rausch, der im Gefolge aller großen
Begierden, aller starken Affekte kommt; der Rausch des Festes,
des Wettkampfs, des Bravourstücks, des Siegs, aller extremen Bewegung; der Rausch der Grausamkeit; der Rausch in der Zerstö-

rung; der Rausch unter gewissen meteorologischen Einflüssen, zum Beispiel der Frühlingsrausch; oder unter dem Einfluß der Narkotika; endlich der Rausch des Willens, der Rausch eines überhäuften und geschwellten Willens. – Das Wesentliche am Rausch ist das Gefühl der Kraftsteigerung und Fülle. Aus diesem Gefühle gibt man an die Dinge ab, man *zwingt* sie, von uns zu nehmen, man vergewaltigt sie – man heißt diesen Vorgang *idealisieren*. Machen wir uns hier von einem Vorurteil los: das Idealisieren besteht *nicht*, wie gemeinhin geglaubt wird, in einem Abziehn oder Abrechnen des Kleinen, des Nebensächlichen. Ein ungeheures *Heraustreiben* der Hauptzüge ist vielmehr das Entscheidende, so daß die andern darüber verschwinden.

9

Man bereichert in diesem Zustande alles aus seiner eignen Fülle: was man sieht, was man will, man sieht es geschwellt, gedrängt, stark, überladen mit Kraft. Der Mensch dieses Zustandes verwandelt die Dinge, bis sie seine Macht widerspiegeln – bis sie Reflexe seiner Vollkommenheit sind. Dies Verwandeln-*müssen* ins Vollkommne ist – Kunst. Alles selbst, was er nicht ist, wird trotzdem ihm zur Lust an sich; in der Kunst genießt sich der Mensch als Vollkommenheit. – Es wäre erlaubt, sich einen gegensätzlichen Zustand auszudenken, ein spezifisches Antikünstlertum des Instinkts – eine Art zu sein, welche alle Dinge verarmte, verdünnte, schwindsüchtig machte. Und in der Tat, die Geschichte ist reich an solchen Anti-Artisten, an solchen Ausgehungerten des Lebens: welche mit Notwendigkeit die Dinge noch an sich nehmen, sie auszehren, sie *magerer* machen müssen. Dies ist zum Beispiel der Fall des echten Christen, Pascals zum Beispiel: ein Christ, der zugleich Künstler wäre, *kommt nicht vor*... Man sei nicht kindlich und wende mir Raffael ein oder irgendwelche homöopathische Christen des neunzehnten Jahrhunderts: Raffael sagte ja, Raffael *machte* ja, folglich war Raffael kein Christ...

10

Was bedeutet der von mir in die Ästhetik eingeführte Gegensatz-Begriff *apollinisch* und *dionysisch*, beide als Arten des Rausches begriffen? – Der apollinische Rausch hält vor allem das Auge erregt, so daß es die Kraft der Vision bekommt. Der Maler, der Plastiker, der Epiker sind Visionäre *par excellence*. Im dionysischen Zustande ist dagegen das gesamte Affekt-System erregt und gesteigert: so daß es alle seine Mittel des Ausdrucks mit einem Male entladet und die Kraft des Darstellens, Nachbildens, Transfigurierens, Verwandelns, alle Art Mimik und Schauspielerei zugleich heraustreibt. Das Wesentliche bleibt die Leichtigkeit der Metamorphose, die Unfähigkeit, *nicht* zu reagieren (– ähnlich wie bei gewissen Hysterischen, die auch auf jeden Wink hin in *jede* Rolle eintreten). Es ist dem dionysischen Menschen unmöglich, irgendeine Suggestion nicht zu verstehn, er übersieht kein Zeichen des Affekts, er hat den höchsten Grad des verstehenden und erratenden Instinkts, wie er den höchsten Grad von Mitteilungs-Kunst besitzt. Er geht in jede Haut, in jeden Affekt ein: er verwandelt sich beständig. – Musik, wie wir sie heute verstehn, ist gleichfalls eine Gesamt-Erregung und -Entladung der Affekte, aber dennoch nur das Überbleibsel von einer viel volleren Ausdrucks-Welt des Affekts, ein bloßes *Residuum* des dionysischen Histrionismus. Man hat, zur Ermöglichung der Musik als Sonderkunst, eine Anzahl Sinne, vor allem den Muskelsinn stillgestellt (relativ wenigstens: denn in einem gewissen Grade redet noch aller Rhythmus zu unsern Muskeln): so daß der Mensch nicht mehr alles, was er fühlt, sofort leibhaft nachahmt und darstellt. Trotzdem ist *das* der eigentlich dionysische Normalzustand, jedenfalls der Urzustand; die Musik ist die langsam erreichte Spezifikation desselben auf Unkosten der nächstverwandten Vermögen.

11

Der Schauspieler, der Mime, der Tänzer, der Musiker, der Lyriker sind in ihren Instinkten grundverwandt und an sich eins, aber allmählich spezialisiert und voneinander abgetrennt – bis selbst zum Widerspruch. Der Lyriker blieb am längsten mit dem Musiker geeint; der Schauspieler mit dem Tänzer. – Der *Architekt* stellt weder einen dionysischen, noch einen apollinischen Zustand dar: hier ist es der große Willensakt, der Wille, der Berge versetzt, der Rausch des großen Willens, der zur Kunst verlangt. Die mächtigsten Menschen haben immer die Architekten inspiriert; der Architekt war stets unter der Suggestion der Macht. Im Bauwerk soll sich der Stolz, der Sieg über die Schwere, der Wille zur Macht versichtbaren; Architektur ist eine Art Macht-Beredsamkeit in Formen, bald überredend, selbst schmeichelnd, bald bloß befehlend. Das höchste Gefühl von Macht und Sicherheit kommt in dem zum Ausdruck, was *großen Stil* hat. Die Macht, die keinen Beweis mehr nötig hat; die es verschmäht, zu gefallen; die schwer antwortet; die keinen Zeugen um sich fühlt; die ohne Bewußtsein davon lebt, daß es Widerspruch gegen sie gibt; die in *sich* ruht, fatalistisch, ein Gesetz unter Gesetzen: *Das* redet als großer Stil von sich. –

12

Ich las das Leben *Thomas Carlyles,* diese Farce wider Wissen und Willen, diese heroisch-moralische Interpretation dyspeptischer Zustände. – Carlyle, ein Mann der starken Worte und Attitüden, ein Rhetor aus *Not,* den beständig das Verlangen nach einem starken Glauben agaziert *und* das Gefühl der Unfähigkeit dazu (– darin ein typischer Romantiker!). Das Verlangen nach einem starken Glauben ist *nicht* der Beweis eines starken Glaubens, vielmehr das Gegenteil. *Hat man ihn,* so darf man sich den schönen Luxus der Skepsis gestatten: man ist sicher genug, fest genug, gebunden genug dazu. Carlyle betäubt etwas in sich durch das *fortissimo* seiner Verehrung für Menschen starken Glaubens und durch seine

Wut gegen die weniger Einfältigen: er *bedarf* des Lärms. Eine beständige leidenschaftliche *Unredlichkeit* gegen sich – das ist sein
proprium, damit ist und bleibt er interessant. – Freilich, in England
wird er gerade wegen seiner Redlichkeit bewundert... Nun, das ist
englisch; und in Anbetracht, daß die Engländer das Volk des vollkommnen *cant* sind, sogar billig und nicht nur begreiflich. Im
Grunde ist Carlyle ein englischer Atheist, der seine Ehre darin
sucht, es *nicht* zu sein.

13

Emerson. – Viel aufgeklärter, schweifender, vielfacher, raffinierter
als Carlyle, vor allem glücklicher... Ein solcher, der sich instinktiv
bloß von Ambrosia nährt, der das Unverdauliche in den Dingen
zurückläßt. Gegen Carlyle gehalten ein Mann des Geschmacks. –
Carlyle, der ihn sehr liebte, sagte trotzdem von ihm: »er gibt *uns*
nicht genug zu beißen«: was mit Recht gesagt sein mag, aber nicht
zu Ungunsten Emersons. – Emerson hat jene gütige und geistrei-
che Heiterkeit, welche allen Ernst entmutigt; er weiß es schlechterdings nicht, wie alt er schon ist und wie jung er noch sein wird –
er könnte von sich mit einem Wort Lope de Vegas sagen: »*yo me
sucedo a mi mismo*«. Sein Geist findet immer Gründe, zufrieden
und selbst dankbar zu sein; und bisweilen streift er die heitere
Transzendenz jenes Biedermanns, der von einem verliebten Stell-
dichein *tamquam re bene gesta* zurückkam. »*Ut desint vires*«,
sprach er dankbar, »*tamen est laudanda voluptas.*« –

14

Anti-Darwin. – Was den berühmten »Kampf ums *Leben*« betrifft,
so scheint er mir einstweilen mehr behauptet als bewiesen. Er
kommt vor, aber als Ausnahme; der Gesamt-Aspekt des Lebens
ist *nicht* die Notlage, die Hungerlage, vielmehr der Reichtum, die
Üppigkeit, selbst die absurde Verschwendung – wo gekämpft
wird, kämpft man um *Macht*... Man soll nicht Malthus mit der

Natur verwechseln. – Gesetzt aber, es gibt diesen Kampf – und in der Tat, er kommt vor –, so läuft er leider umgekehrt aus, als die Schule Darwins wünscht, als man vielleicht mit ihr wünschen *dürfte*: nämlich zu Ungunsten der Starken, der Bevorrechtigten, der glücklichen Ausnahmen. Die Gattungen wachsen *nicht* in der Vollkommenheit: die Schwachen werden immer wieder über die Starken Herr – das macht, sie sind die große Zahl, sie sind auch *klüger*... Darwin hat den Geist vergessen (– das ist englisch!), *die Schwachen haben mehr Geist*... Man muß Geist nötig haben, um Geist zu bekommen – man verliert ihn, wenn man ihn nicht mehr nötig hat. Wer die Stärke hat, entschlägt sich des Geistes (– »laß fahren dahin!« denkt man heute in Deutschland »– das *Reich* muß uns doch bleiben«...). Ich verstehe unter Geist, wie man sieht, die Vorsicht, die Geduld, die List, die Verstellung, die große Selbstbeherrschung und alles, was *mimicry* ist (zu letzterem gehört ein großer Teil der sogenannten Tugend).

15

Psychologen-Kasuistik. – Das ist ein Menschenkenner: wozu studiert er eigentlich die Menschen? Er will kleine Vorteile über sie erschnappen, oder auch große – er ist ein Politikus!... Jener da ist auch ein Menschenkenner: und ihr sagt, der wolle nichts damit für sich, das sei ein großer »Unpersönlicher«. Seht schärfer zu! Vielleicht will er sogar noch einen *schlimmeren* Vorteil: sich den Menschen überlegen fühlen, auf sie herabsehn dürfen, sich nicht mehr mit ihnen verwechseln. Dieser »Unpersönliche« ist ein Menschen-*Verächter*: und jener erstere ist die humanere Spezies, was auch der Augenschein sagen mag. Er stellt sich wenigstens gleich, er stellt sich *hinein*...

16

Der *psychologische Takt* der Deutschen scheint mir durch eine ganze Reihe von Fällen in Frage gestellt, deren Verzeichnis vorzulegen mich meine Bescheidenheit hindert. In einem Falle wird es mir nicht an einem großen Anlasse fehlen, meine These zu begründen: ich trage es den Deutschen nach, sich über *Kant* und seine »Philosophie der Hintertüren«, wie ich sie nenne, vergriffen zu haben – das war *nicht* der Typus der intellektuellen Rechtschaffenheit. – Das andre, was ich nicht hören mag, ist ein berüchtigtes »und«: die Deutschen sagen »Goethe *und* Schiller«, – ich fürchte, sie sagen »Schiller und Goethe« ... *Kennt* man noch nicht diesen Schiller? – Es gibt noch schlimmere »und«; ich habe mit meinen eigenen Ohren, allerdings nur unter Universitäts-Professoren, gehört »Schopenhauer *und* Hartmann« ...

17

Die geistigsten Menschen, vorausgesetzt, daß sie die mutigsten sind, erleben auch bei weitem die schmerzhaftesten Tragödien: aber eben deshalb ehren sie das Leben, weil es ihnen seine größte Gegnerschaft entgegenstellt.

18

Zum »intellektuellen Gewissen«. – Nichts scheint mir heute seltner als die echte Heuchelei. Mein Verdacht ist groß, daß diesem Gewächs die sanfte Luft unsrer Kultur nicht zuträglich ist. Die Heuchelei gehört in die Zeitalter des starken Glaubens: wo man selbst nicht bei der *Nötigung,* einen andern Glauben zur Schau zu tragen, von dem Glauben losließ, den man hatte. Heute läßt man ihn los; oder, was noch gewöhnlicher, man legt sich noch einen zweiten Glauben zu – *ehrlich* bleibt man in jedem Falle. Ohne Zweifel ist heute eine sehr viel größere Anzahl von Überzeugungen möglich als ehemals: möglich, das heißt erlaubt, das heißt *un-*

schädlich. Daraus entsteht die Toleranz gegen sich selbst. – Die Toleranz gegen sich selbst gestattet mehrere Überzeugungen: diese selbst leben verträglich beisammen – sie hüten sich, wie alle Welt heute, sich zu kompromittieren. Womit kompromittiert man sich heute? Wenn man Konsequenz hat. Wenn man in gerader Linie geht. Wenn man weniger als fünfdeutig ist. Wenn man echt ist... Meine Furcht ist groß, daß der moderne Mensch für einige Laster einfach zu bequem ist: so daß diese geradezu aussterben. Alles Böse, das vom starken Willen bedingt ist – und vielleicht gibt es nichts Böses ohne Willensstärke – entartet, in unsrer lauen Luft, zur Tugend... Die wenigen Heuchler, die ich kennenlernte, machten die Heuchelei nach: sie waren, wie heutzutage fast jeder zehnte Mensch, Schauspieler. –

19

Schön und häßlich. – Nichts ist bedingter, sagen wir *beschränkter,* als unser Gefühl des Schönen. Wer es losgelöst von der Lust des Menschen am Menschen denken wollte, verlöre sofort Grund und Boden unter den Füßen. Das »Schöne an sich« ist bloß ein Wort, nicht einmal ein Begriff. Im Schönen setzt sich der Mensch als Maß der Vollkommenheit; in ausgesuchten Fällen betet er sich darin an. Eine Gattung *kann* gar nicht anders als dergestalt zu sich allein ja sagen. Ihr *unterster* Instinkt, der der Selbsterhaltung und Selbsterweiterung, strahlt noch in solchen Sublimitäten aus. Der Mensch glaubt die Welt selbst mit Schönheit überhäuft – er *vergißt* sich als deren Ursache. Er allein hat sie mit Schönheit beschenkt, ach! nur mit einer sehr menschlich-allzumenschlichen Schönheit... Im Grunde spiegelt sich der Mensch in den Dingen, er hält alles für schön, was ihm sein Bild zurückwirft: das Urteil »schön« ist seine *Gattungs-Eitelkeit*... Dem Skeptiker nämlich darf ein kleiner Argwohn die Frage ins Ohr flüstern: ist wirklich damit die Welt verschönt, daß gerade der Mensch sie für schön nimmt? Er hat sie *vermenschlicht:* das ist alles. Aber nichts, gar nichts verbürgt uns, daß gerade der Mensch das Modell des Schönen abgäbe. Wer weiß,

wie er sich in den Augen eines höheren Geschmacksrichters aus-
nimmt? Vielleicht gewagt? vielleicht selbst erheiternd? vielleicht
ein wenig arbiträr?... »O Dionysos, Göttlicher, warum ziehst du
mich an den Ohren?« fragte Ariadne einmal bei einem jener berühmten Zwiegespräche auf Naxos ihren philosophischen Liebha-
ber. »Ich finde eine Art Humor in deinen Ohren, Ariadne: warum
sind sie nicht noch länger?«

20

Nichts ist schön, nur der Mensch ist schön: auf dieser Naivität
ruht alle Ästhetik, sie ist deren *erste* Wahrheit. Fügen wir sofort
noch deren zweite hinzu: nichts ist häßlich als der *entartende*
Mensch – damit ist das Reich des ästhetischen Urteils umgrenzt. –
Physiologisch nachgerechnet, schwächt und betrübt alles Häßli-
che den Menschen. Es erinnert ihn an Verfall, Gefahr, Ohnmacht;
er büßt tatsächlich dabei Kraft ein. Man kann die Wirkung des
Häßlichen mit dem Dynamometer messen. Wo der Mensch überhaupt niedergedrückt wird, da wittert er die Nähe von etwas
»Häßlichem«. Sein Gefühl der Macht, sein Wille zur Macht, sein
Mut, sein Stolz – das fällt mit dem Häßlichen, das steigt mit dem
Schönen... Im einen wie im andern Falle *machen wir einen
Schluß:* die Prämissen dazu sind in ungeheurer Fülle im Instinkte
aufgehäuft. Das Häßliche wird verstanden als ein Wink und
Symptom der Degenereszenz: was im Entferntesten an Degenereszenz erinnert, das wirkt in uns das Urteil »häßlich«. Jedes Anzeichen von Erschöpfung, von Schwere, von Alter, von Müdigkeit, jede Art Unfreiheit, als Krampf, als Lähmung, vor allem der
Geruch, die Farbe, die Form der Auflösung, der Verwesung, und
sei es auch in der letzten Verdünnung zum Symbol – das alles ruft
die gleiche Reaktion hervor, das Werturteil »häßlich«. Ein *Haß*
springt da hervor: wen haßt da der Mensch? Aber es ist kein Zweifel: den *Niedergang seines Typus.* Er haßt da aus dem tiefsten Instinkte der Gattung heraus; in diesem Haß ist Schauder, Vorsicht,
Tiefe, Fernblick – es ist der tiefste Haß, den es gibt. Um seinetwillen ist die Kunst *tief...*

21

Schopenhauer. – Schopenhauer, der letzte Deutsche, der in Betracht kommt (– der ein *europäisches* Ereignis gleich Goethe, gleich Hegel, gleich Heinrich Heine ist, und *nicht bloß* ein lokales, ein »nationales«), ist für einen Psychologen ein Fall ersten Ranges: nämlich als bösartig genialer Versuch, zugunsten einer nihilistischen Gesamt-Abwertung des Lebens gerade die Gegen-Instanzen, die großen Selbstbejahungen des »Willens zum Leben«, die Exuberanz-Formen des Lebens ins Feld zu führen. Er hat, der Reihe nach, die *Kunst,* den Heroismus, das Genie, die Schönheit, das große Mitgefühl, die Erkenntnis, den Willen zur Wahrheit, die Tragödie als Folgeerscheinungen der »Verneinung« oder der Verneinungs-Bedürftigkeit des »Willens« interpretiert – die größte psychologische Falschmünzerei, die es, das Christentum abgerechnet, in der Geschichte gibt. Genauer zugesehen ist er darin bloß der Erbe der christlichen Interpretation: nur daß er auch das vom Christentum *Abgelehnte,* die großen Kultur-Tatsachen der Menschheit noch in einem christlichen, das heißt nihilistischen Sinne *gutzuheißen* wußte (– nämlich als Wege zur »Erlösung«, als Vorformen der »Erlösung«, als Stimulantia des Bedürfnisses nach »Erlösung«...).

22

Ich nehme einen einzelnen Fall. Schopenhauer spricht von der *Schönheit* mit einer schwermütigen Glut – warum letzten Grundes? Weil er in ihr eine *Brücke* sieht, auf der man weitergelangt, oder Durst bekommt weiterzugelangen... Sie ist ihm die Erlösung vom »Willen« auf Augenblicke – sie lockt zur Erlösung für immer... Insbesondere preist er sie als Erlöserin vom »Brennpunkte des Willens«, von der Geschlechtlichkeit – in der Schönheit sieht er den Zeugetrieb *verneint*... Wunderlicher Heiliger! Irgend jemand widerspricht dir, ich fürchte, es ist die Natur. *Wozu* gibt es überhaupt Schönheit in Ton, Farbe, Duft, rhythmischer Bewegung in der Natur? was *treibt* die Schönheit *heraus*? – Glücklicherweise widerspricht ihm auch ein Philosoph. Keine geringere Autorität als die des göttlichen Plato (– so nennt ihn Schopenhauer selbst) hält einen andern Satz aufrecht: daß alle Schönheit zur Zeugung reize – daß dies gerade das *proprium* ihrer Wirkung sei, vom Sinnlichsten bis hinauf ins Geistigste…

23

Plato geht weiter. Er sagt mit einer Unschuld, zu der man Grieche sein muß und nicht »Christ«, daß es gar keine platonische Philosophie geben würde, wenn es nicht so schöne Jünglinge in Athen gäbe: deren Anblick sei es erst, was die Seele des Philosophen in einen erotischen Taumel versetze und ihr keine Ruhe lasse, bis sie den Samen aller hohen Dinge in ein so schönes Erdreich hinabgesenkt habe. Auch ein wunderlicher Heiliger! – man traut seinen Ohren nicht, gesetzt selbst, daß man Plato traut. Zum mindesten errät man, daß in Athen *anders* philosophiert wurde, vor allem öffentlich. Nichts ist weniger griechisch als die Begriffs-Spinneweberei eines Einsiedlers, *amor intellectualis dei* nach Art des Spinoza. Philosophie nach Art des Plato wäre eher als ein erotischer Wettbewerb zu definieren, als eine Fortbildung und Verinnerlichung der alten agonalen Gymnastik und deren *Voraussetzungen*… Was wuchs zuletzt aus dieser philosophischen Erotik Platos heraus? Eine neue Kunstform des griechischen Agon, die Dialektik. – Ich erinnere noch, *gegen* Schopenhauer und zu Ehren Platos, daran, daß auch die ganze höhere Kultur und Literatur des *klassischen* Frankreichs auf dem Boden des geschlechtlichen Interesses aufgewachsen ist. Man darf überall bei ihr die Galanterie, die Sinne, den Geschlechts-Wettbewerb, »das Weib« suchen – man wird nie umsonst suchen…

24

L'art pour l'art. – Der Kampf gegen den Zweck in der Kunst ist immer der Kampf gegen die *moralisierende* Tendenz in der Kunst, gegen ihre Unterordnung unter die Moral. *L'art pour l'art* heißt: »der Teufel hole die Moral!« – Aber selbst noch diese Feindschaft verrät die Übergewalt des Vorurteils. Wenn man den Zweck des Moralpredigens und Menschen-Verbesserns von der Kunst ausgeschlossen hat, so folgt daraus noch lange nicht, daß die Kunst überhaupt zwecklos, ziellos, sinnlos, kurz *l'art pour l'art* – ein Wurm, der sich in den Schwanz beißt – ist. »Lieber gar keinen Zweck als einen moralischen Zweck!« – so redet die bloße Leidenschaft. Ein Psycholog fragt dagegen: was tut alle Kunst? lobt sie nicht? verherrlicht sie nicht? wählt sie nicht aus? zieht sie nicht hervor? Mit dem allem *stärkt* oder *schwächt* sie gewisse Wertschätzungen... Ist dies nur ein Nebenbei? ein Zufall? Etwas, bei dem der Instinkt des Künstlers gar nicht beteiligt wäre? Oder aber: ist es nicht die Voraussetzung dazu, daß der Künstler *kann*?... Geht dessen unterster Instinkt auf die Kunst oder nicht vielmehr auf den Sinn der Kunst, das *Leben*? auf eine *Wünschbarkeit von Leben*? – Die Kunst ist das große Stimulans zum Leben: wie könnte man sie als zwecklos, als ziellos, als *l'art pour l'art* verstehn? – Eine Frage bleibt zurück: die Kunst bringt auch vieles Häßliche, Harte, Fragwürdige des Lebens zur Erscheinung, – scheint sie nicht damit vom Leben zu entleiden? – Und in der Tat, es gab Philosophen, die ihr diesen Sinn liehn: »loskommen vom Willen« lehrte Schopenhauer als Gesamt-Absicht der Kunst, »zur Resignation stimmen« verehrte er als die große Nützlichkeit der Tragödie. – Aber dies – ich gab es schon zu verstehn – ist Pessimisten-Optik und »böser Blick« –: man muß an die Künstler selbst appellieren. *Was teilt der tragische Künstler von sich mit?* Ist es nicht gerade der Zustand *ohne* Furcht vor dem Furchtbaren und Fragwürdigen, das er zeigt? – Dieser Zustand selbst ist eine hohe Wünschbarkeit; wer ihn kennt, ehrt ihn mit den höchsten Ehren. Er teilt ihn mit, er *muß* ihn mitteilen, vorausgesetzt, daß er ein

Künstler ist, ein Genie der Mitteilung. Die Tapferkeit und Freiheit des Gefühls vor einem mächtigen Feinde, vor einem erhabnen Ungemach, vor einem Problem, das Grauen erweckt – dieser *siegreiche* Zustand ist es, den der tragische Künstler auswählt, den er verherrlicht. Vor der Tragödie feiert das Kriegerische in unsrer Seele seine Saturnalien; wer Leid gewohnt ist, wer Leid aufsucht, der *heroische* Mensch preist mit der Tragödie sein Dasein – ihm allein kredenzt der Tragiker den Trunk dieser süßesten Grausamkeit. –

25

Mit Menschen fürlieb nehmen, mit seinem Herzen offen haushalten, das ist liberal, das ist aber bloß liberal. Man erkennt die Herzen, die der *vornehmen* Gastfreundschaft fähig sind, an den vielen verhängten Fenstern und geschlossenen Läden: ihre besten Räume halten sie leer. Warum doch? – Weil sie Gäste erwarten, mit denen man *nicht* »fürlieb nimmt«...

26

Wir schätzen uns nicht genug mehr, wenn wir uns mitteilen. Unsre eigentlichen Erlebnisse sind ganz und gar nicht geschwätzig. Sie könnten sich selbst nicht mitteilen, wenn sie wollten. Das macht, es fehlt ihnen das Wort. Wofür wir Worte haben, darüber sind wir auch schon hinaus. In allem Reden liegt ein Gran Verachtung. Die Sprache, scheint es, ist nur für Durchschnittliches, Mittleres, Mitteilsames erfunden. Mit der Sprache *vulgarisiert* sich bereits der Sprechende. – Aus einer Moral für Taubstumme und andre Philosophen.

27

»Dies Bildnis ist bezaubernd schön!«... Das Literatur-Weib, unbefriedigt, aufgeregt, öde in Herz und Eingeweide, mit schmerzhafter Neugierde jederzeit auf den Imperativ hinhorchend, der aus den Tiefen seiner Organisation »*aut liberi aut libri*« flüstert: das Literatur-Weib, gebildet genug, die Stimme der Natur zu verstehn, selbst wenn sie Latein redet, und andrerseits eitel und Gans genug, um im geheimen auch noch französisch mit sich zu sprechen »*je me verrai, je me lirai, je m'extasierai et je dirai: Possible, que j'aie eu tant d'esprit?*«...

28

Die »Unpersönlichen« kommen zu Wort. – »Nichts fällt uns leichter, als weise, geduldig, überlegen zu sein. Wir triefen vom Öl der Nachsicht und des Mitgefühls, wir sind auf eine absurde Weise gerecht, wir verzeihen alles. Eben darum sollten wir uns etwas strenger halten; eben darum sollten wir uns, von Zeit zu Zeit, einen kleinen Affekt, ein kleines Laster von Affekt *züchten*. Es mag uns sauer angehn; und unter uns lachen wir vielleicht über den Aspekt, den wir damit geben. Aber was hilft es! Wir haben keine andre Art mehr übrig von Selbstüberwindung: dies ist *unsre* Asketik, *unser* Büßertum«... *Persönlich werden* – die Tugend des »Unpersönlichen«...

29

Aus einer Doktor-Promotion. – »Was ist die Aufgabe alles höheren Schulwesens?« – Aus dem Menschen eine Maschine zu machen. – »Was ist das Mittel dazu?« – Er muß lernen, sich langweilen. – »Wie erreicht man das?« – Durch den Begriff der Pflicht. – »Wer ist sein Vorbild dafür?« – Der Philolog: der lehrt *ochsen*. – »Wer ist der vollkommene Mensch?« – Der Staats-Beamte. – »Welche Philosophie gibt die höchste Formel für den Staats-Beamten?« – Die Kants: der Staats-Beamte als Ding an sich zum Richter gesetzt über den Staats-Beamten als Erscheinung. –

30

Das Recht auf Dummheit. – Der ermüdete und langsam atmende Arbeiter, der gutmütig blickt, der die Dinge gehen läßt, wie sie gehn: diese typische Figur, der man jetzt, im Zeitalter der Arbeit (*und* des »Reichs! –) in allen Klassen der Gesellschaft begegnet, nimmt heute gerade die *Kunst* für sich in Anspruch, eingerechnet das Buch, vor allem das Journal – um wie viel mehr die schöne Natur, Italien… Der Mensch des Abends, mit den »entschlafnen wilden Trieben«, von denen Faust redet, bedarf der Sommerfrische, des Seebads, der Gletscher, Bayreuths… In solchen Zeitaltern hat die Kunst ein Recht auf *reine Torheit* – als eine Art Ferien für Geist, Witz und Gemüt. Das verstand Wagner. Die *reine Torheit* stellt wieder her…

31

Noch ein Problem der Diät. – Die Mittel, mit denen Julius Cäsar sich gegen Kränklichkeit und Kopfschmerz verteidigte: ungeheure Märsche, einfachste Lebensweise, ununterbrochner Aufenthalt im Freien, beständige Strapazen – und das sind, ins Große gerechnet, die Erhaltungs- und Schutz-Maßregeln überhaupt gegen die extreme Verletzlichkeit jener subtilen und unter höchstem Druck arbeitenden Maschine, welche Genie heißt. –

32

Der Immoralist redet. – Einem Philosophen geht nichts *mehr* wider den Geschmack als der Mensch, *sofern er wünscht…* Sieht er den Menschen nur in seinem Tun, sieht er dieses tapferste, listigste, ausdauerndste Tier verirrt selbst in labyrinthische Notlagen, wie bewunderungswürdig erscheint ihm der Mensch! Er spricht ihm noch zu… Aber der Philosoph verachtet den wünschenden Menschen, auch den »wünschbaren« Menschen – und überhaupt alle Wünschbarkeiten, alle *Ideale* des Menschen. Wenn ein Philosoph

Nihilist sein könnte, so würde er es sein, weil er das Nichts hinter allen Idealen des Menschen findet. Oder noch nicht einmal das Nichts – sondern nur das Nichtswürdige, das Absurde, das Kranke, das Feige, das Müde, alle Art Hefen aus dem *ausgetrunkenen* Becher seines Lebens ... Der Mensch, der als Realität so verehrungswürdig ist, wie kommt es, daß er keine Achtung verdient, sofern er wünscht? Muß er es büßen, so tüchtig als Realität zu sein? Muß er sein Tun, die Kopf- und Willensanspannung in allem Tun, mit einem Gliederstrecken im Imaginären und Absurden ausgleichen? – Die Geschichte seiner Wünschbarkeiten war bisher die *partie honteuse* des Menschen: man soll sich hüten, zu lange in ihr zu lesen. Was den Menschen rechtfertigt, ist seine Realität – sie wird ihn ewig rechtfertigen. Um wie viel mehr wert ist der wirkliche Mensch, verglichen mit irgendeinem bloß gewünschten, erträumten, erstunkenen und erlogenen Menschen? mit irgendeinem *idealen* Menschen? ... Und nur der ideale Mensch geht dem Philosophen wider den Geschmack.

33

Naturwert des Egoismus. – Die Selbstsucht ist so viel wert, als *der* physiologisch wert ist, der sie hat: sie kann sehr viel wert sein, sie kann nichtswürdig und verächtlich sein. Jeder einzelne darf daraufhin angesehn werden, ob er die aufsteigende oder die absteigende Linie des Lebens darstellt. Mit einer Entscheidung darüber hat man auch einen Kanon dafür, was seine Selbstsucht wert ist. Stellt er das Aufsteigen der Linie dar, so ist in der Tat sein Wert außerordentlich – und um des Gesamt-Lebens willen, das mit ihm einen Schritt *weiter*tut, darf die Sorge um Erhaltung, um Schaffung seines *optimum* von Bedingungen selbst extrem sein. Der einzelne, das »Individuum«, wie Volk und Philosoph das bisher verstand, ist ja ein Irrtum: er ist nichts für sich, kein Atom, kein »Ring der Kette«, nichts bloß Vererbtes von ehedem – er ist die ganze *eine* Linie Mensch bis zu ihm hin selber noch ... Stellt er die absteigende Entwicklung, den Verfall, die chronische Entartung, Erkrankung dar (– Krankheiten sind, ins Große gerechnet, bereits Folgeerscheinungen des Verfalls, *nicht* dessen Ursachen), so kommt ihm wenig Wert zu, und die erste Billigkeit will, daß er den Wohlgeratnen so wenig als möglich *wegnimmt*. Er ist bloß noch deren Parasit...

34

Christ und Anarchist. – Wenn der Anarchist, als Mundstück *niedergehender* Schichten der Gesellschaft, mit einer schönen Entrüstung »Recht«, »Gerechtigkeit«, »gleiche Rechte« verlangt, so steht er damit nur unter dem Drucke seiner Unkultur, welche nicht zu begreifen weiß, *warum* er eigentlich leidet – *woran* er arm ist, an Leben... Ein Ursachen-Trieb ist in ihm mächtig: jemand muß schuld daran sein, daß er sich schlecht befindet... Auch tut ihm die »schöne Entrüstung« selber schon wohl, es ist ein Vergnügen für alle armen Teufel, zu schimpfen – es gibt einen kleinen Rausch von Macht. Schon die Klage, das Sich-Beklagen kann dem Leben einen Reiz geben, um dessentwillen man es aushält: eine feinere Dosis *Rache* ist in jeder Klage, man wirft sein Schlechtbefinden, unter Umständen selbst seine Schlechtigkeit denen, die anders sind, wie ein Unrecht, wie ein *unerlaubtes* Vorrecht vor. »Bin ich eine Kanaille, so solltest du es auch sein«: auf diese Logik hin macht man Revolution. – Das Sich-Beklagen taugt in keinem Falle etwas: es stammt aus der Schwäche. Ob man sein Schlecht-Befinden andern oder *sich selber* zumißt – ersteres tut der Sozialist, letzteres zum Beispiel der Christ –, macht keinen eigentlichen Unterschied. Das Gemeinsame, sagen wir auch das *Unwürdige* daran ist, daß jemand *schuld* daran sein soll, daß man leidet – kurz, daß der Leidende sich gegen sein Leiden den Honig der Rache verordnet. Die Objekte dieses Rach-Bedürfnisses als eines *Lust*-Bedürfnisses sind Gelegenheits-Ursachen: der Leidende findet überall Ursachen, seine kleine Rache zu kühlen, – ist er Christ, nochmals gesagt, so findet er sie in *sich*... Der Christ und der Anarchist – beide sind *décadents*. – Aber auch wenn der Christ die »*Welt*« verurteilt, verleumdet, beschmutzt, so tut er es aus dem gleichen Instinkte, aus dem der sozialistische Arbeiter die *Gesellschaft* verurteilt, verleumdet, beschmutzt: das »Jüngste Gericht« selbst ist noch der süße Trost der Rache – die Revolution, wie sie auch der sozialistische Arbeiter erwartet, nur etwas ferner gedacht... Das »Jenseits« selbst – wozu ein Jenseits, wenn es nicht ein Mittel wäre, das Diesseits zu beschmutzen?...

35

Kritik der décadence-Moral. – Eine »altruistische« Moral, eine Moral, bei der die Selbstsucht *verkümmert* –, bleibt unter allen Umständen ein schlechtes Anzeichen. Dies gilt vom einzelnen, dies gilt namentlich von Völkern. Es fehlt am Besten, wenn es an der Selbstsucht zu fehlen beginnt. Instinktiv das *Sich*-Schädliche wählen, *Gelockt*-werden durch »uninteressierte« Motive gibt beinahe die Formel ab für *décadence.* »Nicht *seinen* Nutzen suchen« – das ist bloß das moralische Feigenblatt für eine ganz andere, nämlich physiologische Tatsächlichkeit: »ich weiß meinen Nutzen nicht mehr zu *finden*«... Disgregation der Instinkte! – Es ist zu Ende mit ihm, wenn der Mensch altruistisch wird. – Statt naiv zu sagen »*ich* bin nichts mehr wert«, sagt die Moral-Lüge im Munde des *décadent:* »Nichts ist etwas wert, – das *Leben* ist nichts wert«... Ein solches Urteil bleibt zuletzt eine große Gefahr, es wirkt ansteckend – auf dem ganzen morbiden Boden der Gesellschaft wuchert es bald zu tropischer Begriffs-Vegetation empor, bald als Religion (Christentum), bald als Philosophie (Schopenhauerei). Unter Umständen vergiftet eine solche aus Fäulnis gewachsene Giftbaum-Vegetation mit ihrem Dunste weithin, auf Jahrtausende hin *das Leben*...

36

Moral für Ärzte. – Der Kranke ist ein Parasit der Gesellschaft. In einem gewissen Zustande ist es unanständig, noch länger zu leben. Das Fortvegetieren in feiger Abhängigkeit von Ärzten und Praktiken, nachdem der Sinn vom Leben, das *Recht* zum Leben verloren gegangen ist, sollte bei der Gesellschaft eine tiefe Verachtung nach sich ziehn. Die Ärzte wiederum hätten die Vermittler dieser Verachtung zu sein – nicht Rezepte, sondern jeden Tag eine neue Dosis *Ekel* vor ihrem Patienten... Eine neue Verantwortlichkeit schaffen, die des Arztes, für alle Fälle, wo das höchste Interesse des Lebens, des *aufsteigenden* Lebens, das rücksichtsloseste Nieder- und Beiseite-Drängen des *entarteten* Lebens verlangt – zum Beispiel für das Recht auf Zeugung, für das Recht, geboren zu werden, für das Recht, zu leben... Auf eine stolze Art sterben, wenn es nicht mehr möglich ist, auf eine stolze Art zu leben. Der Tod, aus freien Stücken gewählt, der Tod zur rechten Zeit, mit Helle und Freudigkeit, inmitten von Kindern und Zeugen vollzogen: so daß ein wirkliches Abschiednehmen noch möglich ist, wo der *noch da ist,* der sich verabschiedet, insgleichen ein wirkliches Abschätzen des Erreichten und Gewollten, eine *Summierung* des Lebens – alles im Gegensatz zu der erbärmlichen und schauderhaften Komödie, die das Christentum mit der Sterbestunde getrieben hat. Man soll es dem Christentume nie vergessen, daß es die Schwäche des Sterbenden zu Gewissens-Notzucht, daß es die Art des Todes selbst zu Wert-Urteilen über Mensch und Vergangenheit gemißbraucht hat! – Hier gilt es, allen Feigheiten des Vorurteils zum Trotz, vor allem die richtige, das heißt physiologische Würdigung des sogenannten *natürlichen* Todes herzustellen: der zuletzt auch nur ein »unnatürlicher«, ein Selbstmord ist. Man geht nie durch jemand anderes zugrunde, als durch sich selbst. Nur ist es der Tod unter den verächtlichsten Bedingungen, ein unfreier Tod, ein Tod zur *unrechten* Zeit, ein Feiglings-Tod. Man sollte, aus Liebe zum *Leben* –, den Tod anders wollen, frei, bewußt, ohne Zufall, ohne Überfall... Endlich ein Rat für die Herrn Pessimisten und andre *décadents.* Wir haben es nicht in der Hand zu verhindern, geboren zu werden: aber wir können diesen Fehler – denn bisweilen ist es ein Fehler – wieder gutmachen. Wenn man sich *abschafft*, tut man die achtungswürdigste Sache, die es gibt: man verdient beinahe damit, zu leben... Die Gesellschaft, was sage ich! das *Leben* hat mehr Vorteil davon als durch irgendwelches »Leben« in Entsagung, Bleichsucht und andrer Tugend – man hat die andern von seinem Anblick befreit, man hat das Leben von einem *Einwand* befreit... Der Pessimismus, *pur, vert, beweist sich erst* durch die Selbst-Widerlegung der Herrn Pessimisten: man muß einen Schritt weiter gehn in seiner Logik, nicht bloß mit »Wille und Vorstellung«, wie Schopenhauer es tat, das Leben verneinen –, man muß *Schopenhauer zuerst verneinen*... Der Pessimismus, anbei gesagt, so ansteckend er ist, vermehrt trotzdem nicht die Krankhaftigkeit einer Zeit, eines Geschlechts im ganzen: er ist deren Ausdruck. Man verfällt ihm, wie man der Cholera verfällt: man muß morbid genug dazu schon angelegt sein. Der Pessimismus selbst macht keinen einzigen *décadent* mehr; ich erinnere an das Ergebnis der Statistik, daß die Jahre, in denen die Cholera wütet, sich in der Gesamt-Ziffer der Sterbefälle nicht von andern Jahrgängen unterscheiden.

37

Ob wir moralischer geworden sind. – Gegen meinen Begriff »jenseits von Gut und Böse« hat sich, wie zu erwarten stand, die ganze *Ferozität* der moralischen Verdummung, die bekanntlich in Deutschland als die Moral selber gilt – ins Zeug geworfen: ich hätte artige Geschichten davon zu erzählen. Vor allem gab man mir die »unleugbare Überlegenheit« unsrer Zeit im sittlichen Urteil zu überdenken, unsern wirklich hier gemachten *Fortschritt*: ein Cesare Borgia sei, im Vergleich mit *uns*, durchaus nicht als ein »höherer Mensch«, als eine Art *Übermensch*, wie ich es tue, aufzustellen... Ein Schweizer Redakteur, vom »Bund«, ging so weit, nicht ohne seine Achtung vor dem Mut zu solchem Wagnis auszudrücken, den Sinn meines Werks dahin zu »verstehn«, daß ich mit demselben die Abschaffung aller anständigen Gefühle beantragte. Sehr verbunden! – ich erlaube mir, als Antwort, die Frage aufzuwerfen, *ob wir wirklich moralischer geworden sind.* Daß alle Welt das glaubt, ist bereits ein Einwand dagegen... Wir modernen Menschen, sehr zart, sehr verletzlich und hundert Rücksichten gebend und nehmend, bilden uns in der Tat ein, diese zärtliche Menschlichkeit, die wir darstellen, diese *erreichte* Einmütigkeit in der Schonung, in der Hilfsbereitschaft, im gegenseitigen Vertrauen, sei ein positiver Fortschritt, damit seien wir weit über die Menschen der Renaissance hinaus. Aber so denkt jede Zeit, so *muß* sie denken. Gewiß ist, daß wir uns nicht in Renaissance-Zustände hineinstellen dürften, nicht einmal hineindenken: unsre Nerven hielten jene Wirklichkeit nicht aus, nicht zu reden von unsern Muskeln. Mit diesem Unvermögen ist aber kein Fortschritt bewiesen, sondern nur eine andre, eine spätere Beschaffenheit, eine schwächere, zärtlichere, verletzlichere, aus der sich notwendig eine *rücksichtenreiche* Moral erzeugt. Denken wir unsre Zartheit und Spätheit, unsre physiologische Alterung weg, so verlöre auch unsre Moral der »Vermenschlichung« sofort ihren Wert – an sich hat keine Moral Wert –: sie würde uns selbst Geringschätzung machen. Zweifeln wir andrerseits nicht daran, daß wir Modernen mit unsrer dick wattierten Humanität, die durchaus an keinen Stein sich stoßen will, den Zeitgenossen Cesare Borgias eine Komödie zum Totlachen abgeben würden. In der Tat, wir sind über die Maßen unfreiwillig, spaßhaft, mit unsren modernen »Tugenden«... Die Abnahme der feindseligen und mißtrauen-weckenden Instinkte – und das wäre ja unser »Fortschritt« – stellt nur eine der Folgen in der allgemeinen Abnahme der *Vitalität* dar: es kostet hundertmal mehr Mühe, mehr Vorsicht, ein so bedingtes, so spätes Dasein durchzusetzen. Da hilft man sich gegenseitig, da ist jeder bis zu einem gewissen Grade Kranker und jeder Krankenwärter. Das heißt dann »Tugend« –: unter Menschen, die das Leben noch anders kannten, voller, verschwenderischer, überströmender, hätte man's anders genannt, »Feigheit« vielleicht, »Erbärmlichkeit«, »Altweiber-Moral«... Unsre Milderung der Sitten – das ist mein Satz, das ist, wenn man will, meine *Neuerung* – ist eine Folge des Niedergangs; die Härte und Schrecklichkeit der Sitte kann umgekehrt eine Folge des Überschusses von Leben sein. Dann nämlich darf auch viel gewagt, viel herausgefordert, viel auch *vergeudet* werden. Was Würze ehedem des Lebens war, für uns wäre es *Gift*... Indifferent zu sein – auch das ist eine Form der Stärke – dazu sind wir gleichfalls zu alt, zu spät: unsre Mitgefühls-Moral, vor der ich als der erste gewarnt habe, das, was man *l'impressionisme moral* nennen könnte, ist ein Ausdruck mehr der physiologischen Überreizbarkeit, die allem, was *décadent* ist, eignet. Jene Bewegung, die mit der *Mitleids-Moral* Schopenhauers versucht hat, sich wissenschaftlich vorzuführen – ein sehr unglücklicher Versuch! – ist die eigentliche *décadence*-Bewegung in der Moral, sie ist als solche tief verwandt mit der christlichen Moral. Die starken Zeiten, die *vornehmen* Kulturen sehen im Mitleiden, in der »Nächstenliebe«, im Mangel an Selbst und Selbstgefühl etwas Verächtliches. – Die Zeiten sind zu messen nach ihren *positiven Kräften* – und dabei ergibt sich jene so verschwenderische und verhängnisreiche Zeit der Renaissance als die letzte *große* Zeit, und wir, wir Modernen mit unsrer ängstlichen Selbst-Fürsorge und Nächstenliebe, mit unsern Tugenden der Arbeit, der Anspruchslosigkeit, der Rechtlichkeit, der Wissenschaftlichkeit – sammelnd, ökonomisch, machinal – als eine *schwache* Zeit... Unsre Tugenden sind bedingt, sind *herausgefordert* durch unsre Schwäche... Die »Gleichheit«, eine gewisse tatsächliche Anähnlichung, die sich in der Theorie von »gleichen Rechten« nur zum Ausdruck bringt, gehört wesentlich zum Niedergang: die Kluft zwischen Mensch und Mensch, Stand und Stand, die Vielheit der Typen, der Wille, selbst zu sein, sich abzuheben –, das, was ich *Pathos der Distanz* nenne, ist jeder *starken* Zeit zu eigen. Die Spannkraft, die Spannweite zwischen den Extremen wird heute immer kleiner – die Extreme selbst verwischen sich endlich bis zur Ähnlichkeit... Alle unsre politischen Theorien *und* Staats-Verfassungen, das »Deutsche Reich« durchaus nicht ausgenommen, sind Folgerungen, Folge-Notwendigkeiten des Niedergangs; die unbewußte Wirkung der *décadence* ist bis in die Ideale einzelner Wissenschaften hinein Herr geworden. Mein Einwand gegen die ganze Soziologie in England und Frankreich bleibt, daß sie nur die *Verfalls-Gebilde* der Sozietät aus Erfahrung kennt und vollkommen unschuldig die eignen Verfalls-Instinkte als *Norm* des soziologischen Werturteils nimmt. Das *niedergehende* Leben, die Abnahme aller organisierenden, das heißt trennenden, Klüfte aufreißenden, unter- und überordnenden Kraft formuliert sich in der Soziologie von heute zum *Ideal*... Unsre Sozialisten sind *décadents,* aber auch Herr Herbert Spencer ist ein *décadent* – er sieht im Sieg des Altruismus etwas Wünschenswertes!...

38

Mein Begriff von Freiheit. – Der Wert einer Sache liegt mitunter nicht in dem, was man mit ihr erreicht, sondern in dem, was man für sie bezahlt – was sie uns *kostet.* Ich gebe ein Beispiel. Die liberalen Institutionen hören alsbald auf, liberal zu sein, sobald sie erreicht sind: es gibt später keine ärgeren und gründlicheren Schädiger der Freiheit, als liberale Institutionen. Man weiß ja, *was* sie zuwege bringen: sie unterminieren den Willen zur Macht, sie sind die zur Moral erhobene Nivellierung von Berg und Tal, sie machen klein, feige und genüßlich – mit ihnen triumphiert jedesmal das Herdentier. Liberalismus: auf deutsch *Herden-Vertierung*... Dieselben Institutionen bringen, so lange sie noch erkämpft werden, ganz andre Wirkungen hervor; sie fördern dann in der Tat die Freiheit auf eine mächtige Weise. Genauer zugesehn, ist es der Krieg, der diese Wirkungen hervorbringt, der Krieg *um* liberale Institutionen, der als Krieg die *illiberalen* Instinkte dauern läßt. Und der Krieg erzieht zur Freiheit. Denn was ist Freiheit? Daß man den Willen zur Selbstverantwortlichkeit hat. Daß man die Distanz, die uns abtrennt, festhält. Daß man gegen Mühsal, Härte, Entbehrung, selbst gegen das Leben gleichgültiger wird. Daß man bereit ist, seiner Sache Menschen zu opfern, sich selber nicht abgerechnet. Freiheit bedeutet, daß die männlichen, die kriegs- und siegsfrohen Instinkte die Herrschaft haben über andre Instinkte, zum Beispiel über die des »Glücks«. Der *freigewordne* Mensch, um wie viel mehr der freigewordne *Geist,* tritt mit Füßen auf die verächtliche Art von Wohlbefinden, von dem Krämer, Christen, Kühe, Weiber, Engländer und andre Demokraten träumen. Der freie Mensch ist *Krieger.* – Wonach mißt sich die Freiheit, bei einzelnen wie bei Völkern? Nach dem Widerstand, der überwunden werden muß, nach der Mühe, die es kostet, *oben* zu bleiben. Den höchsten Typus freier Menschen hätte man dort zu suchen, wo beständig der höchste Widerstand überwunden wird: fünf Schritte weit von der Tyrannei, dicht an der Schwelle der Gefahr der Knechtschaft. Dies ist psychologisch wahr, wenn man hier unter den »Tyrannen« unerbittliche und furchtbare Instinkte begreift, die das Maximum von Autorität und Zucht gegen sich herausfordern – schönster Typus Julius Cäsar –; dies ist auch politisch wahr, man mache nur seinen Gang durch die Geschichte. Die Völker, die etwas wert waren, wert *wurden,* wurden dies nie unter liberalen Institutionen: die *große Gefahr* machte etwas aus ihnen, das Ehrfurcht verdient, die Gefahr, die uns unsre Hilfsmittel, unsre Tugenden, unsre Wehr und Waffen, unsern *Geist* erst kennen lehrt – die uns *zwingt,* stark zu sein... *Erster* Grundsatz: man muß es nötig haben, stark zu sein: sonst wird man's nie. – Jene großen Treibhäuser für starke, für die stärkste Art Mensch, die es bisher gegeben hat, die aristokratischen Gemeinwesen in der Art von Rom und Venedig verstanden Freiheit genau in dem Sinne, wie ich das Wort Freiheit verstehe: als etwas, das man hat und *nicht* hat, das man *will,* das man *erobert...*

39

Kritik der Modernität. – Unsre Institutionen taugen nichts mehr: darüber ist man einmütig. Aber das liegt nicht an ihnen, sondern an *uns.* Nachdem uns alle Instinkte abhanden gekommen sind, aus denen Institutionen wachsen, kommen uns Institutionen überhaupt abhanden, weil *wir* nicht mehr zu ihnen taugen. Demokratismus war jederzeit die Niedergangs-Form der organisierenden Kraft: ich habe schon in »Menschliches, Allzumenschliches« die moderne Demokratie samt ihren Halbheiten, wie »Deutsches Reich«, als *Verfallsform des Staats* gekennzeichnet. Damit es Institutionen gibt, muß es eine Art Wille, Instinkt, Imperativ geben, antiliberal bis zur Bosheit: den Willen zur Tradition, zur Autorität, zur Verantwortlichkeit auf Jahrhunderte hinaus, zur *Solidarität* von Geschlechter-Ketten vorwärts und rückwärts *in infinitum.* Ist dieser Wille da, so gründet sich etwas wie das *imperium Romanum:* oder wie Rußland, die *einzige* Macht, die heute Dauer im Leibe hat, die warten kann, die etwas noch versprechen kann – Rußland, der Gegensatz-Begriff zu der erbärmlichen europäischen Kleinstaaterei und Nervosität, die mit der Gründung des deutschen Reichs in einen kritischen Zustand eingetreten ist... Der ganze Westen hat jene Instinkte nicht mehr, aus denen Institutionen wachsen, aus denen *Zukunft* wächst: seinem »modernen Geiste« geht vielleicht nichts so sehr wider den Strich. Man lebt für heute, man lebt sehr geschwind – man lebt sehr unverantwortlich: dies gerade nennt man »Freiheit«. Was aus Institutionen Institutionen *macht,* wird verachtet, gehaßt, abgelehnt: man glaubt sich in der Gefahr einer neuen Sklaverei, wo das Wort »Autorität« auch nur laut wird. Soweit geht die *décadence* im Wert-Instinkte unsrer Politiker, unsrer politischen Parteien: *sie ziehn instinktiv vor,* was auflöst, was das Ende beschleunigt... Zeugnis die *moderne Ehe.* Aus der modernen Ehe ist ersichtlich alle Vernunft abhanden gekommen: das gibt aber keinen Einwand gegen die Ehe ab, sondern gegen die Modernität. Die Vernunft der Ehe – sie lag in der juristischen Alleinverantwortlichkeit des Mannes: damit hatte die Ehe Schwergewicht, während sie heute auf beiden Beinen hinkt. Die Vernunft der Ehe – sie lag in ihrer prinzipiellen Unlösbarkeit: damit bekam sie einen Akzent, der, dem Zufall von Gefühl, Leidenschaft und Augenblick gegenüber, *sich Gehör zu schaffen* wußte. Sie lag insgleichen in der Verantwortlichkeit der Familien für die Auswahl der Gatten. Man hat mit der wachsenden Indulgenz zugunsten der *Liebes-*Heirat geradezu die Grundlage der Ehe, das, was erst aus ihr eine Institution *macht,* eliminiert. Man gründet eine Institution nie und nimmermehr auf eine Idiosynkrasie, man gründet die Ehe *nicht,* wie gesagt, auf die »Liebe« – man gründet sie auf den Geschlechtstrieb, auf den Eigentumstrieb (Weib und Kind als Eigentum), auf den *Herrschafts-Trieb,* der sich beständig das kleinste Gebilde der Herrschaft, die Familie, organisiert, der Kinder und Erben *braucht,* um ein erreichtes Maß von Macht, Einfluß, Reichtum auch physiologisch festzuhalten, um lange Aufgaben, um Instinkt-Solidarität zwischen Jahrhunderten vorzubereiten. Die Ehe als Institution begreift bereits die Bejahung der größten, der dauerhaftesten Organisationsform in sich: wenn die Gesellschaft selbst nicht als Ganzes für sich *gutsagen* kann bis in die fernsten Geschlechter hinaus, so hat die Ehe überhaupt keinen Sinn. – Die moderne Ehe *verlor* ihren Sinn – folglich schafft man sie ab. –

40

Die Arbeiter-Frage. – Die Dummheit, im Grunde die Instinkt-Entartung, welche heute die Ursache *aller* Dummheiten ist, liegt darin, daß es eine Arbeiter-Frage gibt. Über gewisse Dinge *fragt man nicht*: erster Imperativ des Instinkts. – Ich sehe durchaus nicht ab, was man mit dem europäischen Arbeiter machen will, nachdem man erst eine Frage aus ihm gemacht hat. Er befindet sich viel zu gut, um nicht Schritt für Schritt mehr zu fragen, unbescheidner zu fragen. Er hat zuletzt die große Zahl für sich. Die Hoffnung ist vollkommen vorüber, daß hier sich eine bescheidene und selbstgenügsame Art Mensch, ein Typus Chinese zum Stande herausbilde: und dies hätte Vernunft gehabt, dies wäre geradezu eine Notwendigkeit gewesen. Was hat man getan? – Alles, um auch die Voraussetzung dazu im Keime zu vernichten – man hat die Instinkte, vermöge deren ein Arbeiter als Stand möglich, *sich selber* möglich wird, durch die unverantwortlichste Gedankenlosigkeit in Grund und Boden zerstört. Man hat den Arbeiter militärtüchtig gemacht, man hat ihm das Koalitions-Recht, das politische Stimmrecht gegeben: was Wunder, wenn der Arbeiter seine Existenz heute bereits als Notstand (moralisch ausgedrückt als *Unrecht –*) empfindet? Aber was *will* man? nochmals gefragt. Will man einen Zweck, muß man auch die Mittel wollen: will man Sklaven, so ist man ein Narr, wenn man sie zu Herrn erzieht. –

41

»Freiheit, die ich *nicht* meine…« – In solchen Zeiten, wie heute, seinen Instinkten überlassen sein, ist ein Verhängnis mehr. Diese Instinkte widersprechen, stören sich, zerstören sich untereinander; ich definierte das *Moderne* bereits als den physiologischen Selbst-Widerspruch. Die Vernunft der Erziehung würde wollen, daß unter einem eisernen Drucke wenigstens eins dieser Instinkt-Systeme *paralysiert* würde, um einem andern zu erlauben, zu Kräften zu kommen, stark zu werden, Herr zu werden. Heute müßte man das Individuum erst möglich machen, indem man dasselbe *beschneidet:* möglich, das heißt *ganz*… Das Umgekehrte geschieht: der Anspruch auf Unabhängigkeit, auf freie Entwicklung, auf *laisser aller* wird gerade von denen am hitzigsten gemacht, für die kein Zügel *zu streng wäre* – dies gilt *in politicis,* dies gilt in der Kunst. Aber das ist ein Symptom der *décadence:* unser moderner Begriff »Freiheit« ist ein Beweis von Instinkt-Entartung mehr. –

42

Wo Glaube not tut. – Nichts ist seltner unter Moralisten und Heiligen als Rechtschaffenheit; vielleicht sagen sie das Gegenteil, vielleicht *glauben* sie es selbst. Wenn nämlich ein Glaube nützlicher, wirkungsvoller, überzeugender ist, als die *bewußte* Heuchelei, so wird, aus Instinkt, die Heuchelei alsbald zur *Unschuld:* erster Satz zum Verständnis großer Heiliger. Auch bei den Philosophen, einer andern Art von Heiligen, bringt es das ganze Handwerk mit sich, daß sie nur gewisse Wahrheiten zulassen: nämlich solche, auf die hin ihr Handwerk die *öffentliche* Sanktion hat – Kantisch gere-

det, Wahrheiten der *praktischen* Vernunft. Sie wissen, was sie beweisen *müssen*, darin sind sie praktisch – sie erkennen sich untereinander daran, daß sie über die »Wahrheiten« übereinstimmen. –
»Du sollst nicht lügen« – auf deutsch: *hüten Sie sich,* mein Herr
Philosoph, die Wahrheit zu sagen...

43

Den Konservativen ins Ohr gesagt. – Was man früher nicht wußte,
was man heute weiß, wissen könnte –, eine *Rückbildung,* eine Umkehr in irgendwelchem Sinn und Grade ist gar nicht möglich. Wir
Physiologen wenigstens wissen das. Aber alle Priester und Moralisten haben daran geglaubt – sie *wollten* die Menschheit auf ein *frü-
heres* Maß von Tugend zurückbringen, zurück*schrauben.* Moral
war immer ein Prokrustes-Bett. Selbst die Politiker haben es darin
den Tugendpredigern nachgemacht: es gibt auch heute noch Parteien, die als Ziel den *Krebsgang* aller Dinge träumen. Aber es steht
niemandem frei, Krebs zu sein. Es hilft nichts: man *muß* vorwärts,
will sagen *Schritt für Schritt weiter in der décadence* (– dies *meine*
Definition des modernen »Fortschritts«...). Man kann diese Entwicklung *hemmen* und, durch Hemmung, die Entartung selber
stauen, aufsammeln, vehementer und *plötzlicher* machen: mehr
kann man nicht. –

44

Mein Begriff vom Genie. – Große Männer sind wie große Zeiten
Explosiv-Stoffe, in denen eine ungeheure Kraft aufgehäuft ist; ihre
Voraussetzung ist immer, historisch und physiologisch, daß lange
auf sie hin gesammelt, gehäuft, gespart und bewahrt worden ist –
daß lange keine Explosion stattfand. Ist die Spannung in der Masse
zu groß geworden, so genügt der zufälligste Reiz, das »Genie«, die
»Tat«, das große Schicksal in die Welt zu rufen. Was liegt dann an
Umgebung, an Zeitalter, an »Zeitgeist«, an »öffentlicher Meinung«! – Man nehme den Fall Napoleons. Das Frankreich der Re-

volution, und noch mehr das der Vor-Revolution, würde aus sich den entgegengesetzten Typus, als der Napoleons ist, hervorgebracht haben: es *hat* ihn auch hervorgebracht. Und weil Napoleon *anders* war, Erbe einer stärkeren, längeren, älteren Zivilisation als die, welche in Frankreich in Dampf und Stücke ging, wurde er hier Herr, *war* er allein hier Herr. Die großen Menschen sind notwendig, die Zeit, in der sie erscheinen, ist zufällig; daß sie fast immer über dieselbe Herr werden, liegt nur darin, daß sie stärker, daß sie älter sind, daß länger auf sie hin gesammelt worden ist. Zwischen einem Genie und seiner Zeit besteht ein Verhältnis, wie zwischen stark und schwach, auch wie zwischen alt und jung: die Zeit ist relativ immer viel jünger, dünner, unmündiger, unsicherer, kindischer. – Daß man hierüber in Frankreich heute *sehr anders* denkt (in Deutschland auch: aber daran liegt nichts), daß dort die Theorie vom Milieu, eine wahre Neurotiker-Theorie, sakrosankt und beinahe wissenschaftlich geworden ist und bis unter die Physiologen Glauben findet, das »riecht nicht gut«, das macht einem traurige Gedanken. – Man versteht es auch in England nicht anders, doch darüber wird sich kein Mensch betrüben. Dem Engländer stehen nur zwei Wege offen, sich mit dem Genie und »großen Manne« abzufinden: entweder *demokratisch* in der Art Buckles oder *religiös* in der Art Carlyles. – Die *Gefahr,* die in großen Menschen und Zeiten liegt, ist außerordentlich; die Erschöpfung jeder Art, die Sterilität folgt ihnen auf dem Fuße. Der große Mensch ist ein Ende; die große Zeit, die Renaissance zum Beispiel, ist ein Ende. Das Genie – in Werk, in Tat – ist notwendig ein Verschwender: *daß es sich ausgibt,* ist seine Größe... Der Instinkt der Selbsterhaltung ist gleichsam ausgehängt; der übergewaltige Druck der ausströmenden Kräfte verbietet ihm jede solche Obhut und Vorsicht. Man nennt das »Aufopferung«; man rühmt seinen »Heroismus« darin, seine Gleichgültigkeit gegen das eigne Wohl, seine Hingebung für eine Idee, eine große Sache, ein Vaterland: Alles Mißverständnisse... Er strömt aus, er strömt über, er verbraucht sich, er schont sich nicht – mit Fatalität, verhängnisvoll, unfreiwillig, wie das Ausbrechen eines Flusses über seine Ufer unfreiwillig ist. Aber weil man solchen Explosiven viel verdankt, hat man ihnen auch viel dagegen geschenkt, zum Beispiel eine Art *höherer Moral*... Das ist ja die Art der menschlichen Dankbarkeit: sie *mißversteht* ihre Wohltäter. –

45

Der Verbrecher und was ihm verwandt ist. – Der Verbrecher-Typus, das ist der Typus des starken Menschen unter ungünstigen Bedingungen, ein krankgemachter starker Mensch. Ihm fehlt die Wildnis, eine gewisse freiere und gefährlichere Natur und Daseinsform, in der alles, was Waffe und Wehr im Instinkt des starken Menschen ist, *zu Recht besteht.* Seine *Tugenden* sind von der Gesellschaft in Bann getan; seine lebhaftesten Triebe, die er mitgebracht hat, verwachsen alsbald mit den niederdrückenden Affekten, mit dem Verdacht, der Furcht, der Unehre. Aber dies ist beinahe das *Rezept* zur physiologischen Entartung. Wer das, was er am besten kann, am liebsten täte, heimlich tun muß, mit langer Spannung, Vorsicht, Schlauheit, wird anämisch; und weil er immer nur Gefahr, Verfolgung, Verhängnis von seinen Instinkten her erntet, verkehrt sich auch sein Gefühl gegen diese Instinkte – er fühlte sie fatalistisch. Die Gesellschaft ist es, unsre zahme, mittelmäßige, verschnittene Gesellschaft, in der ein naturwüchsiger Mensch, der vom Gebirge her oder aus den Abenteuern des Meeres kommt, notwendig zum Verbrecher entartet. Oder beinahe notwendig: denn es gibt Fälle, wo ein solcher Mensch sich stärker erweist als die Gesellschaft: der Korse Napoleon ist der berühmteste Fall. Für das Problem, das hier vorliegt, ist das Zeugnis Dostojewskis von Belang – Dostojewskis, des einzigen Psychologen, anbei gesagt, von dem ich etwas zu lernen hatte: er gehört zu den schönsten Glücksfällen meines Lebens, mehr selbst noch als die Entdeckung Stendhals. Dieser *tiefe* Mensch, der zehnmal recht hatte, die oberflächlichen Deutschen gering zu schätzen, hat die sibirischen Zuchthäusler, in deren Mitte er lange lebte, lauter schwere Verbrecher, für die es keinen Rückweg zur Gesellschaft mehr gab, sehr anders empfunden, als er selbst erwartete – ungefähr als aus dem besten, härtesten und wertvollsten Holze geschnitzt, das auf russischer Erde überhaupt wächst. Verallgemeinern wir den Fall des Verbrechers: denken wir uns Naturen, denen, aus irgendeinem Grunde, die öffentliche Zustimmung fehlt, die wissen, daß sie nicht als wohltätig, als nützlich empfunden werden, jenes Tschandala-Gefühl, daß man nicht als gleich gilt, sondern als ausgestoßen, unwürdig, verunreinigend. Alle solche Naturen haben die Farbe des Unterirdischen auf Gedanken und Handlungen; an ihnen wird jegliches bleicher als an solchen, auf deren Dasein das Tageslicht ruht. Aber fast alle Existenzformen, die wir heute auszeichnen, haben ehemals unter dieser halben Grabesluft gelebt: der wissenschaftliche Charakter, der Artist, das Genie, der freie Geist, der Schauspieler, der Kaufmann, der große Entdecker... So lange der *Priester* als oberster Typus galt, war *jede* wertvolle Art Mensch entwertet... Die Zeit kommt – ich verspreche das – wo er als der *niedrigste* gelten wird, als *unser* Tschandala, als die verlogenste, als die unanständigste Art Mensch... Ich richte die Aufmerksamkeit darauf, wie noch jetzt, unter dem mildesten Regiment der Sitte, das je auf Erden, zum mindesten in Europa, geherrscht hat, jede Abseitigkeit, jedes lange, allzulange *Unterhalb,* jede ungewöhnliche, undurchsichtige Daseinsform jenem Typus nahe bringt, den der Verbrecher vollendet. Alle Neuerer des Geistes haben eine Zeit das fahle und fatalistische Zeichen des Tschandala auf der Stirn: *nicht,* weil sie so empfunden würden, sondern weil sie selbst die furchtbare Kluft fühlen, die sie von allem Herkömmlichen und in Ehren Stehenden trennt. Fast jedes Genie kennt als eine seiner Entwicklungen die »catilinarische Existenz«, ein Haß-, Rache- und Aufstands-Gefühl gegen alles, was schon *ist,* was nicht mehr *wird*... Catilina – die Präexistenz-Form *jedes* Cäsar. –

46

Hier ist die Aussicht frei. – Es kann Höhe der Seele sein, wenn ein Philosoph schweigt; es kann Liebe sein, wenn er sich widerspricht; es ist eine Höflichkeit des Erkennenden möglich, welche lügt. Man hat nicht ohne Feinheit gesagt: *il est indigne des grands cœurs de répandre le trouble qu'ils ressentent:* nur muß man hinzufügen, daß *vor dem Unwürdigsten* sich nicht zu fürchten ebenfalls Größe der Seele sein kann. Ein Weib, das liebt, opfert seine Ehre; ein Erkennender, welcher »liebt«, opfert vielleicht seine Menschlichkeit; ein Gott, welcher liebte, ward Jude...

47

Die Schönheit kein Zufall. – Auch die Schönheit einer Rasse oder Familie, ihre Anmut und Güte in allen Gebärden wird erarbeitet: sie ist, gleich dem Genie, das Schlußergebnis der akkumulierten Arbeit von Geschlechtern. Man muß dem guten Geschmacke große Opfer gebracht haben, man muß um seinetwillen vieles getan, vieles gelassen haben – das siebzehnte Jahrhundert Frankreichs ist bewunderungswürdig in beidem –, man muß in ihm ein Prinzip der Wahl für Gesellschaft, Ort, Kleidung, Geschlechtsbefriedigung gehabt haben, man muß Schönheit dem Vorteil, der Gewohnheit, der Meinung, der Trägheit vorgezogen haben. Oberste Richtschnur: man muß sich auch vor sich selber nicht »gehen lassen«. – Die guten Dinge sind über die Maßen kostspielig: und immer gilt das Gesetz, daß, wer sie *hat,* ein andrer ist, als wer sie *erwirbt.* Alles Gute ist Erbschaft: was nicht ererbt ist, ist unvollkommen, ist Anfang... In Athen waren zur Zeit Ciceros, der darüber seine Überraschung ausdrückt, die Männer und Jünglinge bei weitem den Frauen an Schönheit überlegen: aber welche Arbeit und Anstrengung im Dienste der Schönheit hatte daselbst das männliche Geschlecht seit Jahrhunderten von sich verlangt! – Man soll sich nämlich über die Methodik hier nicht vergreifen: eine bloße Zucht von Gefühlen und Gedanken ist beinahe Null (– hier liegt das große Mißverständnis der deutschen Bildung, die ganz illusorisch ist): man muß den *Leib* zuerst überreden. Die strenge Aufrechterhaltung bedeutender und gewählter Gebärden, eine Verbindlichkeit, nur mit Menschen zu leben, die sich nicht »gehen lassen«, genügt vollkommen, um bedeutend und gewählt zu werden: in zwei, drei Geschlechtern ist bereits alles *verinnerlicht.* Es ist entscheidend über das Los von Volk und Menschheit, daß man die Kultur an der *rechten Stelle* beginnt – *nicht* an der »Seele« (wie es der verhängnisvolle Aberglaube der Priester und Halb-Priester war): die rechte Stelle ist der Leib, die Gebärde, die Diät, die Physiologie, der *Rest* folgt daraus … Die Griechen bleiben deshalb das *erste Kultur-Ereignis* der Geschichte – sie wußten, sie *taten,* was not tat; das Christentum, das den Leib verachtete, war bisher das größte Unglück der Menschheit. –

48

Fortschritt in meinem Sinne. – Auch ich rede von »Rückkehr zur Natur«, obwohl es eigentlich nicht ein Zurückgehn, sondern ein *Hinaufkommen* ist – hinauf in die hohe, freie, selbst furchtbare Natur und Natürlichkeit, eine solche, die mit großen Aufgaben spielt, spielen *darf* … Um es im *Gleichnis* zu sagen: Napoleon war ein Stück »Rückkehr zur Natur«, so wie ich sie verstehe (zum Beispiel *in rebus tacticis,* noch mehr, wie die Militärs wissen, im Strategischen). – Aber Rousseau – wohin wollte *der* eigentlich zurück? Rousseau, dieser erste moderne Mensch, Idealist und Kanaille in *einer* Person; der die moralische »Würde« nötig hatte, um seinen eignen Aspekt auszuhalten; krank vor zügelloser Eitelkeit und zügelloser Selbstverachtung. Auch diese Mißgeburt, welche sich an die Schwelle der neuen Zeit gelagert hat, wollte »Rückkehr zur Natur« – wohin, nochmals gefragt, wollte Rousseau zurück? – Ich hasse Rousseau noch *in* der Revolution: sie ist der welthistorische Ausdruck für diese Doppelheit von Idealist und Kanaille. Die blutige Farce, mit der sich diese Revolution abspielte, ihre »Immoralität«, geht mich wenig an; was ich hasse, ist ihre Rousseausche

Moralität – die sogenannten »Wahrheiten« der Revolution, mit denen sie immer noch wirkt und alles Flache und Mittelmäßige zu sich überredet. Die Lehre von der Gleichheit!... Aber es gibt gar kein giftigeres Gift: denn sie *scheint* von der Gerechtigkeit selbst gepredigt, während sie das *Ende* der Gerechtigkeit ist... »Den Gleichen Gleiches, den Ungleichen Ungleiches« – *das* wäre die wahre Rede der Gerechtigkeit: und, was daraus folgt, »Ungleiches niemals gleich machen.« – Daß es um jene Lehre von der Gleichheit herum so schauerlich und blutig zuging, hat dieser »modernen Idee« *par excellence* eine Art Glorie und Feuerschein gegeben, so daß die Revolution als *Schauspiel* auch die edelsten Geister verführt hat. Das ist zuletzt kein Grund, sie mehr zu achten. – Ich sehe nur einen, der sie empfand, wie sie empfunden werden muß, mit *Ekel* – Goethe...

49

Goethe – kein deutsches Ereignis, sondern ein europäisches: ein großartiger Versuch, das achtzehnte Jahrhundert zu überwinden durch eine Rückkehr zur Natur, durch ein *Hinauf*kommen zur Natürlichkeit der Renaissance, eine Art Selbstüberwindung von seiten dieses Jahrhunderts. – Er trug dessen stärkste Instinkte in sich: die Gefühlsamkeit, die Natur-Idolatrie, das Antihistorische, das Idealistische, das Unreale und Revolutionäre (– letzteres ist nur eine Form des Unrealen). Er nahm die Historie, die Naturwissenschaft, die Antike, insgleichen Spinoza zu Hilfe, vor allem die praktische Tätigkeit; er umstellte sich mit lauter geschlossenen Horizonten; er löste sich nicht vom Leben ab, er stellte sich hinein; er war nicht verzagt und nahm so viel als möglich auf sich, über sich, in sich. Was er wollte, das war *Totalität*; er bekämpfte das Auseinander von Vernunft, Sinnlichkeit, Gefühl, Wille (– in abschreckendster Scholastik durch *Kant* gepredigt, den Antipoden Goethes); er disziplinierte sich zur Ganzheit, er *schuf* sich... Goethe war, inmitten eines unreal gesinnten Zeitalters, ein überzeugter Realist: er sagte Ja zu allem, was ihm hierin verwandt war –

er hatte kein größeres Erlebnis als jenes *ens realissimum,* genannt Napoleon. Goethe konzipierte einen starken, hochgebildeten, in allen Leiblichkeiten geschickten, sich selbst im Zaume habenden, vor sich selber ehrfürchtigen Menschen, der sich den ganzen Umfang und Reichtum der Natürlichkeit zu gönnen wagen darf, der stark genug zu dieser Freiheit ist; den Menschen der Toleranz, nicht aus Schwäche, sondern aus Stärke, weil er das, woran die durchschnittliche Natur zugrunde gehn würde, noch zu seinem Vorteil zu brauchen weiß; den Menschen, für den es nichts Verbotenes mehr gibt, es sei denn die *Schwäche,* heiße sie nun Laster oder Tugend... Ein solcher *freigewordner* Geist steht mit einem freudigen und vertrauenden Fatalismus mitten im All, im *Glauben,* daß nur das Einzelne verwerflich ist, daß im Ganzen sich alles erlöst und bejaht – *er verneint nicht mehr*... Aber ein solcher Glaube ist der höchste aller möglichen Glauben: ich habe ihn auf den Namen des *Dionysos* getauft. –

50

Man könnte sagen, daß in gewissem Sinne das neunzehnte Jahrhundert das alles *auch* erstrebt hat, was Goethe als Person erstrebte: eine Universalität im Verstehn, im Gutheißen, ein Ansich-heran-kommen-lassen von jedwedem, einen verwegnen Realismus, eine Ehrfurcht vor allem Tatsächlichen. Wie kommt es, daß das Gesamt-Ergebnis kein Goethe, sondern ein Chaos ist, ein nihilistisches Seufzen, ein Nicht-wissen-wo-aus-noch-ein, ein Instinkt von Ermüdung, der *in praxi* fortwährend dazu treibt, *zum achtzehnten Jahrhundert zurückzugreifen?* (– zum Beispiel als Gefühls-Romantik, als Altruismus und Hyper-Sentimentalität, als Feminismus im Geschmack, als Sozialismus in der Politik). Ist nicht das neunzehnte Jahrhundert, zumal in seinem Ausgange, bloß ein verstärktes *verrohtes* achtzehntes Jahrhundert, das heißt ein *décadence*-Jahrhundert? So daß Goethe nicht bloß für Deutschland, sondern für ganz Europa bloß ein Zwischenfall, ein schönes Umsonst gewesen wäre? – Aber man mißversteht große

Menschen, wenn man sie aus der armseligen Perspektive eines öffentlichen Nutzens ansieht. Daß man keinen Nutzen aus ihnen zu ziehen weiß, *das gehört selbst vielleicht zur Größe*...

51

Goethe ist der letzte Deutsche, vor dem ich Ehrfurcht habe: er hätte drei Dinge empfunden, die ich empfinde, – auch verstehen wir uns über das »Kreuz«... Man fragt mich öfter, wozu ich eigentlich *deutsch* schriebe: nirgendswo würde ich schlechter gelesen, als im Vaterlande. Aber wer weiß zuletzt, ob ich auch nur *wünsche*, heute gelesen zu werden? – Dinge schaffen, an denen umsonst die Zeit ihre Zähne versucht; der Form nach, *der Substanz nach* um eine kleine Unsterblichkeit bemüht sein – ich war noch nie bescheiden genug, weniger von mir zu verlangen. Der Aphorismus, die Sentenz, in denen ich als der erste unter Deutschen Meister bin, sind die Formen der »Ewigkeit«; mein Ehrgeiz ist, in zehn Sätzen zu sagen, was jeder andre in einem Buche sagt – was jeder andre in einem Buche *nicht* sagt...

Ich habe der Menschheit das tiefste Buch gegeben, das sie besitzt, meinen *Zarathustra*: ich gebe ihr über kurzem das unabhängigste. –

WAS ICH DEN ALTEN VERDANKE

Zum Schluß ein Wort über jene Welt, zu der ich Zugänge gesucht, zu der ich vielleicht einen neuen Zugang gefunden habe – die alte Welt. Mein Geschmack, der der Gegensatz eines duldsamen Geschmacks sein mag, ist auch hier fern davon, in Bausch und Bogen Ja zu sagen: er sagt überhaupt nicht gern Ja, lieber noch Nein, am allerliebsten gar nichts... Das gilt von ganzen Kulturen, das gilt von Büchern – es gilt auch von Orten und Landschaften. Im Grunde ist es eine ganz kleine Anzahl antiker Bücher, die in meinem Leben mitzählen; die berühmtesten sind nicht darunter. Mein Sinn für Stil, für das Epigramm als Stil erwachte fast augenblicklich bei der Berührung mit Sallust. Ich habe das Erstaunen meines verehrten Lehrers Corssen nicht vergessen, als er seinem schlechtesten Lateiner die allererste Zensur geben mußte – ich war mit einem Schlage fertig. Gedrängt, streng, mit so viel Substanz als möglich auf dem Grunde, eine kalte Bosheit gegen das »schöne Wort«, auch das »schöne Gefühl« – daran erriet ich mich. Man wird, bis in meinen Zarathustra hinein, eine sehr ernsthafte Ambition nach *römischem* Stil, nach dem *»aere perennius«* im Stil bei mir wiedererkennen. – Nicht anders erging es mir bei der ersten Berührung mit Horaz. Bis heute habe ich an keinem Dichter dasselbe artistische Entzücken gehabt, das mir von Anfang an eine Horazische Ode gab. In gewissen Sprachen ist das, was hier erreicht ist, nicht einmal zu *wollen.* Dies Mosaik von Worten, wo jedes Wort als Klang, als Ort, als Begriff, nach rechts und links und über das Ganze hin seine Kraft ausströmt, dies Minimum in Umfang und Zahl der Zeichen, dies damit erzielte Maximum in der Energie der Zeichen –

das alles ist römisch und, wenn man mir glauben will, *vornehm par excellence*. Der ganze Rest von Poesie wird dagegen etwas zu Populäres – eine bloße Gefühls-Geschwätzigkeit...

2

Den Griechen verdanke ich durchaus keine verwandt starken Eindrücke; und, um es geradezu herauszusagen, sie *können* uns nicht sein, was die Römer sind. Man *lernt* nicht von den Griechen – ihre Art ist zu fremd, sie ist auch zu flüssig, um imperativisch, um »klassisch« zu wirken. Wer hätte je an einem Griechen schreiben gelernt! Wer hätte es je *ohne* die Römer gelernt!... Man wende mir ja nicht Plato ein. Im Verhältnis zu Plato bin ich ein gründlicher Skeptiker und war stets außerstande, in die Bewunderung des *Artisten* Plato, die unter Gelehrten herkömmlich ist, einzustimmen. Zuletzt habe ich hier die raffiniertesten Geschmacksrichter unter den Alten selbst auf meiner Seite. Plato wirft, wie mir scheint, alle Formen des Stils durcheinander, er ist damit ein *erster décadent* des Stils: er hat etwas Ähnliches auf dem Gewissen, wie die Zyniker, die die *satura Menippea* erfanden. Daß der Platonische Dialog, diese entsetzlich selbstgefällige und kindliche Art Dialektik, als Reiz wirken könne, dazu muß man nie gute Franzosen gelesen haben – Fontenelle zum Beispiel. Plato ist langweilig. – Zuletzt geht mein Mißtrauen bei Plato in die Tiefe: ich finde ihn so abgeirrt von allen Grundinstinkten der Hellenen, so vermoralisiert, so präexistent-christlich – er hat bereits den Begriff »gut« als obersten Begriff –, daß ich von dem ganzen Phänomen Plato eher das harte Wort »höherer Schwindel« oder, wenn man's lieber hört, Idealismus – als irgendein andres gebrauchen möchte. Man hat teuer dafür bezahlt, daß dieser Athener bei den Ägyptern in die Schule ging (– oder bei den Juden in Ägypten?...). Im großen Verhängnis des Christentums ist Plato jene »Ideal« genannte Zweideutigkeit und Faszination, die den edleren Naturen des Altertums es möglich machte, sich selbst mißzuverstehn und die *Brücke* zu betreten, die zum »Kreuz« führte... Und wie viel Plato ist noch im Begriff

»Kirche«, in Bau, System, Praxis der Kirche! – Meine Erholung, meine Vorliebe, meine *Kur* von allem Platonismus war zu jeder Zeit *Thukydides*. Thukydides und, vielleicht, der Principe Macchiavells sind mir selber am meisten verwandt durch den unbedingten Willen, sich nichts vorzumachen und die Vernunft in der *Realität* zu sehn – *nicht* in der »Vernunft«, noch weniger in der »Moral«... Von der jämmerlichen Schönfärberei der Griechen ins Ideal, die der »klassisch gebildete« Jüngling als Lohn für seine Gymnasial-Dressur ins Leben davonträgt, kuriert nichts so gründlich als Thukydides. Man muß ihn Zeile für Zeile umwenden und seine Hintergedanken so deutlich ablesen wie seine Worte: es gibt wenige so hintergedankenreiche Denker. In ihm kommt die *Sophisten-Kultur,* will sagen die *Realisten-Kultur,* zu ihrem vollendeten Ausdruck: diese unschätzbare Bewegung inmitten des eben allerwärts losbrechenden Moral- und Ideal-Schwindels der sokratischen Schulen. Die griechische Philosophie als die *décadence* des griechischen Instinkts; Thukydides als die große Summe, die letzte Offenbarung jener starken, strengen, harten Tatsächlichkeit, die dem älteren Hellenen im Instinkte lag. Der *Mut* zur Realität unterscheidet zuletzt solche Naturen wie Thukydides und Plato: Plato ist ein Feigling vor der Realität – *folglich* flüchtet er ins Ideal; Thukydides hat *sich* in der Gewalt – folglich behält er auch die Dinge in der Gewalt...

3

In den Griechen »schöne Seelen«, »goldene Mitten« und andre Vollkommenheiten auszuwittern, etwa an ihnen die Ruhe in der Größe, die ideale Gesinnung, die hohe Einfalt bewundern – vor dieser »hohen Einfalt«, einer *niaiserie allemande* zu guter Letzt, war ich durch den Psychologen behütet, den ich in mir trug. Ich sah ihren stärksten Instinkt, den Willen zur Macht, ich sah sie zittern vor der unbändigen Gewalt dieses Triebs – ich sah alle ihre Institutionen wachsen aus Schutzmaßregeln, um sich voreinander gegen ihren inwendigen *Explosivstoff* sicher zu stellen. Die ungeheure Spannung im Innern entlud sich dann in furchtbarer und rücksichtsloser Feindschaft nach außen: die Stadtgemeinden zerfleischten sich untereinander, damit die Stadtbürger jeder einzelnen vor sich selber Ruhe fänden. Man hatte es nötig, stark zu sein: die Gefahr war in der Nähe –, sie lauerte überall. Die prachtvoll geschmeidige Leiblichkeit, der verwegene Realismus und Immoralismus, der dem Hellenen eignet, ist eine *Not,* nicht eine »Natur« gewesen. Er folgte erst, er war nicht von Anfang an da. Und mit Festen und Künsten wollte man auch nichts andres als sich *obenauf* fühlen, sich obenauf *zeigen*: es sind Mittel, sich selber zu verherrlichen, unter Umständen vor sich Furcht zu machen... Die Griechen auf deutsche Manier nach ihren Philosophen beurteilen, etwa die Biedermännerei der sokratischen Schulen zu Aufschlüssen darüber benutzen, *was* im Grunde hellenisch sei!... Die Philosophen sind ja die *décadents* des Griechentums, die Gegenbewegung gegen den alten, den vornehmen Geschmack (– gegen den agonalen Instinkt, gegen die Polis, gegen den Wert der Rasse, gegen die Autorität des Herkommens). Die sokratischen Tugenden wurden gepredigt, *weil* sie den Griechen abhanden gekommen waren: reizbar, furchtsam, unbeständig, Komödianten allesamt, hatten sie ein paar Gründe zu viel, sich Moral predigen zu lassen. Nicht, daß es etwas geholfen hätte: aber große Worte und Attitüden stehen *décadents* so gut...

4

Ich war der erste, der, zum Verständnis des älteren, des noch reichen und selbst überströmenden hellenischen Instinkts, jenes wundervolle Phänomen ernst nahm, das den Namen des Dionysos trägt: es ist einzig erklärbar aus einem *Zuviel* von Kraft. Wer den Griechen nachgeht, wie jener tiefste Kenner ihrer Kultur, der heute lebt, wie Jacob Burckhardt in Basel, der wußte sofort, daß damit etwas getan sei: Burckhardt fügte seiner »Kultur der Griechen« einen eignen Abschnitt über das genannte Phänomen ein. Will man den Gegensatz, so sehe man die beinahe erheiternde Instinkt-Armut der deutschen Philologen, wenn sie in die Nähe des Dionysischen kommen. Der berühmte Lobeck zumal, der mit der ehrwürdigen Sicherheit eines zwischen Büchern ausgetrockneten Wurms in diese Welt geheimnisvoller Zustände hineinkroch und sich überredete, damit wissenschaftlich zu sein, daß er bis zum Ekel leichtfertig und kindisch war, – Lobeck hat mit allem Aufwande von Gelehrsamkeit zu verstehn gegeben, eigentlich habe es mit allen diesen Kuriositäten nichts auf sich. In der Tat möchten die Priester den Teilhabern an solchen Orgien einiges nicht Wertlose mitgeteilt haben, zum Beispiel, daß der Wein zur Lust anrege, daß der Mensch unter Umständen von Früchten lebe, daß die Pflanzen im Frühjahr aufblühn, im Herbst verwelken. Was jenen so befremdlichen Reichtum an Riten, Symbolen und Mythen orgiastischen Ursprungs angeht, von dem die antike Welt ganz wörtlich überwuchert ist, so findet Lobeck an ihm einen Anlaß, noch um einen Grad geistreicher zu werden. »Die Griechen«, sagt er Aglaophamus I, 672, »hatten sie nichts anderes zu tun, so lachten, sprangen, rasten sie umher, oder, da der Mensch mitunter auch dazu Lust hat, so saßen sie nieder, weinten und jammerten. *Andere* kamen dann später hinzu und suchten doch irgendeinen Grund für dies auffallende Wesen; und so entstanden zur Erklärung jener Gebräuche jene zahllosen Festsagen und Mythen. Auf der andern Seite glaubte man, jenes *possierliche Treiben*, welches nun einmal an den Festtagen stattfand, gehöre auch notwendig zur Festfeier, und hielt es als einen unentbehrlichen Teil des Gottesdienstes fest«. – Das ist verächtliches Geschwätz, man wird einen Lobeck nicht einen Augenblick ernst nehmen. Ganz anders berührt es uns, wenn wir den Begriff »griechisch« prüfen, den Winckelmann und Goethe sich gebildet haben, und ihn unverträglich mit jenem Elemente finden, aus dem die dionysische Kunst wächst – mit dem Orgiasmus. Ich zweifle in der Tat nicht daran, daß Goethe etwas Derartiges grundsätzlich aus den Möglichkeiten der griechischen Seele ausgeschlossen hätte. *Folglich verstand Goethe die Griechen nicht.* Denn erst in den dionysischen Mysterien, in der Psychologie des dionysischen Zustands spricht sich die *Grundtatsache* des hellenischen Instinkts aus – sein »Wille zum Leben«. *Was* verbürgte sich der Hellene mit diesen Mysterien? Das *ewige* Leben, die ewige Wiederkehr des Lebens; die Zukunft in der Vergangenheit verheißen und geweiht; das triumphierende Ja zum Leben über Tod und Wandel hinaus; das *wahre* Leben als das Gesamt-Fortleben durch die Zeugung, durch die Mysterien der Geschlechtlichkeit. Den Griechen war deshalb das *geschlechtliche* Symbol das ehrwürdige Symbol an sich, der eigentliche Tiefsinn innerhalb der ganzen antiken Frömmigkeit. Alles einzelne im Akte der Zeugung, der Schwangerschaft, der Geburt erweckte die höchsten und feierlichsten Gefühle. In der Mysterienlehre ist der *Schmerz* heilig gesprochen: die »Wehen der Gebärerin« heiligen den Schmerz überhaupt, – alles Werden und Wachsen, alles Zukunft-Verbürgende *bedingt* den Schmerz... Damit es die ewige Lust des Schaffens gibt, damit der Wille zum Leben sich ewig selbst bejaht, *muß* es auch ewig die »Qual der Gebärerin« geben... Dies alles bedeutet das Wort Dionysos: ich kenne keine höhere Symbolik als diese *griechische* Symbolik, die der Dionysien. In ihnen ist der tiefste Instinkt des Lebens, der zur Zukunft des Lebens, zur Ewigkeit des Lebens, religiös empfunden, – der Weg selbst zum Leben, die Zeugung, als der *heilige Weg*... Erst das Christentum, mit seinem Ressentiment *gegen* das Leben auf dem Grunde, hat aus der Geschlechtlichkeit etwas Unreines gemacht: es warf *Kot* auf den Anfang, auf die Voraussetzung unsres Lebens...

5

Die Psychologie des Orgiasmus als eines überströmenden Lebens- und Kraftgefühls, innerhalb dessen selbst der Schmerz noch als Stimulans wirkt, gab mir den Schlüssel zum Begriff des *tragischen* Gefühls, das sowohl von Aristoteles als in Sonderheit von unsern Pessimisten mißverstanden worden ist. Die Tragödie ist so fern davon, etwas für den Pessimismus der Hellenen im Sinne Schopenhauers zu beweisen, daß sie vielmehr als dessen entscheidende Ablehnung und *Gegen-Instanz* zu gelten hat. Das Jasagen zum

Leben selbst noch in seinen fremdesten und härtesten Problemen, der Wille zum Leben, im *Opfer* seiner höchsten Typen der eignen Unerschöpflichkeit frohwerdend – *das* nannte ich dionysisch, *das* erriet ich als die Brücke zur Psychologie des *tragischen* Dichters. *Nicht* um von Schrecken und Mitleiden loszukommen, nicht um sich von einem gefährlichen Affekt durch dessen vehemente Entladung zu reinigen – so verstand es Aristoteles –: sondern um, über Schrecken und Mitleid hinaus, die ewige Lust des Werdens *selbst zu sein* – jene Lust, die auch noch die *Lust am Vernichten* in sich schließt... Und damit berühre ich wieder die Stelle, von der ich einstmals ausging – die »Geburt der Tragödie« war meine erste Umwertung aller Werte: damit stelle ich mich wieder auf den Boden zurück, aus dem mein Wollen, mein *Können* wächst – ich, der letzte Jünger des Philosophen Dionysos – ich, der Lehrer der ewigen Wiederkunft...

DER HAMMER REDET

Also sprach Zarathustra

»Warum so hart! –« sprach zum Diamanten einst die Küchen-Kohle: »sind wir denn nicht Nah-Verwandte?«

Warum so weich? O meine Brüder, also frage ich euch: seid ihr denn nicht – meine Brüder?

Warum so weich, so weichend und nachgebend? Warum ist so viel Leugnung, Verleugnung in eurem Herzen? so wenig Schicksal in eurem Blicke?

Und wollt ihr nicht Schicksale sein und Unerbittliche: wie könntet ihr einst mit mir – siegen?

Und wenn eure Härte nicht blitzen und schneiden und zerschneiden will: wie könntet ihr einst mit mir – schaffen?

Alle Schaffenden nämlich sind hart. Und Seligkeit muß es euch dünken, eure Hand auf Jahrtausende zu drücken wie auf Wachs, –

– Seligkeit, auf dem Willen von Jahrtausenden zu schreiben wie auf Erz, – härter als Erz, edler als Erz. Ganz hart allein ist das Edelste.

Diese neue Tafel, o meine Brüder, stelle ich über euch: Werdet hart! – –

NIETZSCHE CONTRA WAGNER

Aktenstücke eines Psychologen

VORWORT

Die folgenden Kapitel sind sämtlich aus meinen älteren Schriften nicht ohne Vorsicht ausgewählt – einige gehn bis auf 1877 zurück –, verdeutlicht vielleicht hier und da, vor allem verkürzt. Sie werden, hintereinander gelesen, weder über Richard Wagner noch über mich einen Zweifel lassen: wir sind Antipoden. Man wird auch noch andres dabei begreifen, zum Beispiel, daß dies ein Essay für Psychologen ist, aber *nicht* für Deutsche... Ich habe meine Leser überall, in Wien, in St. Petersburg, in Kopenhagen und Stockholm, in Paris, in New York – ich habe sie *nicht* in Europas Flachland Deutschland... Und ich hätte vielleicht auch den Herrn Italienern ein Wort ins Ohr zu sagen, die ich *liebe*, ebensosehr als ich... *Quousque tandem, Crispi... Triple alliance:* mit dem »Reich« macht ein intelligentes Volk immer nur eine *mésalliance*...

Turin, Weihnachten 1888

Friedrich Nietzsche

WO ICH BEWUNDERE

Ich glaube, daß die Künstler oft nicht wissen, was sie am besten können: sie sind zu eitel dazu. Ihr Sinn ist auf etwas Stolzeres gerichtet als diese kleinen Pflanzen zu sein scheinen, welche neu, seltsam und schön, in wirklicher Vollkommenheit auf ihrem Boden zu wachsen wissen. Das letzthin Gute ihres eignen Gartens und Weinbergs wird von ihnen obenhin abgeschätzt, und ihre Liebe und ihre Einsicht sind nicht gleichen Ranges. Da ist ein Musiker, der mehr als irgendein Musiker seine Meisterschaft darin hat, die Töne aus dem Reich leidender, gedrückter, gemarterter Seelen zu finden und auch noch dem stummen Elend Sprache zu geben. Niemand kommt ihm gleich in den Farben des späten Herbstes, dem unbeschreiblich rührenden Glück eines letzten, allerletzten, allerkürzesten Genießens, er kennt einen Klang für jene heimlich-unheimlichen Mitternächte der Seele, wo Ursache und Wirkung aus den Fugen gekommen zu sein scheinen und jeden Augenblick etwas »aus dem Nichts« entstehen kann. Er schöpft am glücklichsten von allen aus dem untersten Grunde des menschlichen Glücks und gleichsam aus dessen ausgetrunkenem Becher, wo die herbsten und widrigsten Tropfen zu guter und böser Letzt mit den süßesten zusammengelaufen sind. Er kennt jenes müde Sichschieben der Seele, die nicht mehr springen und fliegen, ja nicht mehr gehen kann; er hat den scheuen Blick des verhehlten Schmerzes, des Verstehens ohne Trost, des Abschiednehmens ohne Geständnis; ja als Orpheus alles heimlichen Elends ist er größer als irgendeiner, und manches ist durch ihn überhaupt erst der Kunst hinzugefügt worden, was bisher unausdrücklich und selbst der Kunst unwürdig erschien – die zynischen Revolten zum Beispiel, deren nur der Leidendste fähig ist, insgleichen manches ganz

Kleine und Mikroskopische der Seele, gleichsam die Schuppen ihrer amphibischen Natur –, ja er ist der *Meister* des ganz Kleinen. Aber er will es nicht sein! Sein Charakter liebt vielmehr die großen Wände und die verwegene Wandmalerei!... Es entgeht ihm, daß sein Geist einen andren Geschmack und Hang – eine entgegengesetzte *Optik* – hat und am liebsten still in den Winkeln zusammengestürzter Häuser sitzt: da, verborgen, sich selber verborgen, malt er seine eigentlichen Meisterstücke, welche alle sehr kurz sind, oft nur einen Takt lang – da erst wird er ganz gut, groß und vollkommen, da vielleicht allein. – Wagner ist einer, der tief gelitten hat – sein *Vorrang*, vor den übrigen Musikern. Ich bewundere Wagner in allem, worin er *sich* in Musik setzt. –

Damit ist nicht gesagt, daß ich diese Musik für gesund halte, am wenigsten gerade da, wo sie von Wagner redet. Meine Einwände gegen die Musik Wagners sind physiologische Einwände: wozu dieselben erst noch unter ästhetische Formeln verkleiden? Ästhetik ist ja nichts als eine angewandte Physiologie. – Meine »Tatsache«, mein *»petit fait vrai«* ist, daß ich nicht mehr leicht atme, wenn diese Musik erst auf mich wirkt; daß alsbald mein Fuß gegen sie böse wird und revoltiert: er hat das Bedürfnis nach Takt, Tanz, Marsch – nach Wagners Kaisermarsch kann nicht einmal der junge deutsche Kaiser marschieren –, er verlangt von der Musik vorerst die Entzückungen, welche in *gutem* Gehn, Schreiten, Tanzen liegen. Protestiert aber nicht auch mein Magen? mein Herz? mein Blutlauf? betrübt sich nicht mein Eingeweide? Werde ich nicht unversehens heiser dabei... Um Wagner zu hören, brauche ich *pastilles* Gérandel... Und so frage ich mich: was *will* eigentlich mein ganzer Leib von der Musik überhaupt? *Denn* es gibt keine Seele... Ich glaube, seine *Erleichterung:* wie als ob alle animalischen Funktionen durch leichte, kühne, ausgelaßne, selbstgewisse Rhythmen beschleunigt werden sollten; wie als ob das eherne, das bleierne Leben durch goldne zärtliche ölgleiche Melodien seine Schwere verlieren sollte. Meine Schwermut will in den Verstecken und Abgründen der *Vollkommenheit* ausruhn: dazu brauche ich Musik. Aber Wagner macht krank. – Was geht *mich* das Theater an? Was die Krämpfe seiner »sittlichen« Ekstasen, an denen das Volk – und wer ist nicht »Volk«! – seine Genugtuung hat! Was der ganze Gebärden-Hokuspokus des Schauspielers! – Man sieht, ich bin wesentlich antitheatralisch geartet, ich habe gegen das Theater, diese *Massen-Kunst par excellence*, den tiefen Hohn auf dem Grunde meiner Seele, den jeder Artist heute hat. *Erfolg* auf dem Theater – damit sinkt man in meiner Achtung bis auf Nimmer-wieder-sehn; *Mißerfolg* – da spitze ich die Ohren und fange an zu achten… Aber Wagner war umgekehrt, *neben* dem Wagner, der die einsamste Musik gemacht hat, die es gibt, wesentlich noch Theatermensch und Schauspieler, der begeistertste Mimomane, den es vielleicht gegeben hat, *auch noch als Musiker*… Und, beiläufig gesagt, wenn es Wagners Theorie gewesen ist »das Drama ist der Zweck, die Musik ist immer nur das Mittel« –, seine *Praxis* dagegen war, von Anfang bis zu Ende, »die Attitüde ist der Zweck; das Drama, auch die Musik, ist immer nur ihr Mittel«. Die Musik als Mittel zur Verdeutlichung, Verstärkung, Verinnerlichung der dramatischen Gebärde und Schauspieler-Sinnenfälligkeit; und das Wagnersche Drama nur eine Gelegenheit zu vielen interessanten Attitüden! – Er hatte, neben allen andren Instinkten, die *kommandierenden* Instinkte eines großen Schauspielers in allem und jedem: und, wie gesagt, auch als Musiker. – Dies machte ich einmal, nicht ohne Mühe, einem Wagnerianer *pur sang* klar – Klarheit und Wagnerianer! ich sage kein Wort mehr. Es gab Gründe, noch hinzuzufügen »seien Sie doch ein wenig ehrlicher gegen sich selbst! wir sind ja nicht in Bayreuth. In Bayreuth ist man nur als Masse ehrlich, als Einzelner lügt man, belügt man sich. Man läßt sich selbst zu Hause, wenn man nach Bayreuth geht, man verzichtet auf das Recht der eignen Zunge und Wahl, auf seinen Geschmack, selbst auf seine Tapferkeit, wie man sie zwischen den eignen vier Wänden gegen Gott und Welt hat und übt. In das Theater bringt niemand die feinsten Sinne seiner Kunst mit, am wenigsten der Künstler, der für das Theater arbeitet – es fehlt die Einsamkeit, alles Vollkommne verträgt keine Zeugen… Im Theater wird man Volk, Herde, Weib, Pharisäer, Stimmvieh, Patronatsherr, Idiot – *Wagnerianer:* da unterliegt auch noch das persönlichste Gewissen dem nivellierenden Zauber der großen Zahl, da regiert der Nachbar, da *wird* man Nachbar…«

– Ich sage noch ein Wort für die ausgesuchtesten Ohren: was ich eigentlich von der Musik will. Daß sie heiter und tief ist, wie ein Nachmittag im Oktober. Daß sie eigen, ausgelassen, zärtlich, ein kleines süßes Weib von Niedertracht und Anmut ist... Ich werde nie zulassen, daß ein Deutscher wissen *könne*, was Musik ist. Was man deutsche Musiker nennt, die größten voran, sind *Ausländer,* Slaven, Kroaten, Italiener, Niederländer – oder Juden: im andern Falle Deutsche der starken Rasse, *ausgestorbene* Deutsche, wie Heinrich Schütz, Bach und Händel. Ich selbst bin immer noch Pole genug, um gegen Chopin den Rest der Musik hinzugeben; ich nehme, aus drei Gründen, Wagners Siegfried-Idyll aus, vielleicht auch einiges von Liszt, der die vornehmen Orchester-Akzente vor allen Musikern voraushat; zuletzt noch alles, was jenseits der Alpen gewachsen ist – *diesseits*... Ich würde Rossini nicht zu missen wissen, noch weniger *meinen* Süden in der Musik, die Musik meines Venediger *maestro Pietro Gasti*. Und wenn ich jenseits der Alpen sage, sage ich eigentlich nur Venedig. Wenn ich ein andres Wort für Musik suche, so finde ich immer nur das Wort Venedig. Ich weiß keinen Unterschied zwischen Tränen und Musik zu machen – ich weiß das Glück, den *Süden* nicht ohne Schauder von Furchtsamkeit zu denken.

> An der Brücke stand
> jüngst ich in brauner Nacht.
> Fernher kam Gesang;
> goldener Tropfen quoll's
> über die zitternde Fläche weg.
> Gondeln, Lichter, Musik –
> trunken schwamm's in die Dämmrung hinaus...

Meine Seele, ein Saitenspiel,
sang sich, unsichtbar berührt,
heimlich ein Gondellied dazu,
zitternd vor bunter Seligkeit.
– Hörte jemand ihr zu?

WAGNER ALS GEFAHR

I

Die Absicht, welche die neuere Musik in dem verfolgt, was jetzt, sehr stark, aber undeutlich, »unendliche Melodie« genannt wird, kann man sich dadurch klar machen, daß man ins Meer geht, allmählich den sicheren Schritt auf dem Grunde verliert und sich endlich dem Elemente auf Gnade und Ungnade übergibt: man soll *schwimmen.* In der älteren Musik mußte man, im zierlichen oder feierlichen oder feurigen Hin und Wider, Schneller und Langsamer, etwas ganz anderes, nämlich *tanzen.* Das hierzu nötige Maß, das Einhalten bestimmter gleich wiegender Zeit- und Kraftgrade erzwang von der Seele des Hörers eine fortwährende *Besonnenheit* – auf dem Widerspiele dieses kühleren Luftzuges, welcher von der Besonnenheit herkam, und des durchwärmten Atems der Begeisterung ruhte der Zauber aller *guten* Musik. – Richard Wagner wollte eine andre Art Bewegung – er warf die physiologische Voraussetzung der bisherigen Musik um. Schwimmen, Schweben – nicht mehr Gehn, Tanzen... Vielleicht ist damit das Entscheidende gesagt. Die »unendliche Melodie« *will* eben alle Zeit- und Kraft-Ebenmäßigkeit brechen, sie verhöhnt sie selbst mitunter – sie hat ihren Reichtum der Erfindung gerade in dem, was einem älteren Ohre als rhythmische Paradoxie und Lästerung klingt. Aus einer Nachahmung, aus einer Herrschaft eines solchen Geschmacks entstünde eine Gefahr für die Musik, wie sie größer gar nicht gedacht werden kann – die vollkommne Entartung des rhythmischen Gefühls, das *Chaos* an Stelle des Rhythmus... Die Gefahr kommt auf die Spitze, wenn sich eine solche Musik immer enger an eine ganz naturalistische, durch kein Gesetz der Plastik beherrschte Schauspielerei und Gebärdenkunst anlehnt, die *Wirkung* will, nichts mehr... Das *espressivo* um jeden Preis und die Musik im Dienste, in der Sklaverei der Attitüde – *das ist das Ende*...

2

Wie? wäre es wirklich die erste Tugend eines Vortrags, wie es die Vortragskünstler der Musik jetzt zu glauben scheinen, unter allen Umständen ein *hautrelief* zu erreichen, das nicht mehr zu überbieten ist? Ist dies zum Beispiel, auf Mozart angewendet, nicht die eigentliche Sünde wider den Geist Mozarts, den heiteren, schwärmerischen, zärtlichen, verliebten Geist Mozarts, der zum Glück kein Deutscher war, und dessen Ernst ein gütiger, ein goldener Ernst ist und *nicht* der Ernst eines deutschen Biedermanns... Geschweige denn der Ernst des »steinernen Gastes«... Aber ihr meint, *alle* Musik sei Musik des »steinernen Gastes«, *alle* Musik müsse aus der Wand hervorspringen und den Hörer bis in seine Gedärme hinein schütteln?... So erst *wirke* die Musik! – Auf *wen* wird da gewirkt? Auf etwas, worauf ein *vornehmer* Künstler niemals wirken soll – auf die Masse! auf die Unreifen! auf die Blasierten! auf die Krankhaften! auf die Idioten! auf *Wagnerianer*!...

EINE MUSIK OHNE ZUKUNFT

Die Musik kommt von allen Künsten, die auf dem Boden einer bestimmten Kultur aufzuwachsen wissen, als die letzte aller Pflanzen zum Vorschein, vielleicht weil sie die innerlichste ist und folglich am spätesten anlangt – im Herbst und im Abblühen der jedesmal zu ihr gehörenden Kultur. Erst in der Kunst der Niederländer Meister fand die Seele des christlichen Mittelalters ihren Ausklang – ihre Ton-Baukunst ist die nachgeborne, aber echt- und ebenbürtige Schwester der Gotik. Erst in Händels Musik erklang das Beste aus Luthers und seiner Verwandten Seele, der jüdisch-heroische Zug, welcher der Reformation einen Zug der Größe gab – das Alte Testament Musik geworden, *nicht* das Neue. Erst Mozart gab dem Zeitalter Ludwig des Vierzehnten und der Kunst Racines und Claude Lorrains in *klingendem* Golde heraus; erst in Beethovens und Rossinis Musik sang sich das achtzehnte Jahrhundert aus, das Jahrhundert der Schwärmerei, der zerbrochnen Ideale und des *flüchtigen* Glücks. Jede wahrhafte, jede originale Musik ist Schwanengesang. – Vielleicht, daß auch unsre letzte Musik, so sehr sie herrscht und herrschsüchtig ist, bloß noch eine kurze Spanne Zeit vor sich hat: denn sie entsprang einer Kultur, deren Boden im raschen Absinken begriffen ist – einer alsbald *versunkenen* Kultur. Ein gewisser Katholizismus des Gefühls und eine Lust an irgendwelchem alt-heimischen sogenannten »nationalen« Wesen und Unwesen sind ihre Voraussetzungen. Wagners Aneignung alter Sagen und Lieder, in denen das gelehrte Vorurteil etwas Germanisches *par excellence* zu sehn gelehrt hatte – heute lachen wir darüber –, die Neubeseelung dieser skandinavischen Untiere mit einem Durst nach verzückter Sinnlichkeit und Entsinnlichung – dieses ganze Nehmen und Geben Wagners in Hinsicht auf Stoffe, Gestalten, Leidenschaften und Nerven spricht deutlich auch den *Geist seiner Musik* aus, gesetzt, daß diese selbst, wie jede Musik, nicht unzweideutig von sich zu reden wüßte: denn die Musik ist ein *Weib*... Man darf sich über diese Sachlage nicht dadurch beirren lassen, daß wir augenblicklich gerade in der Reaktion *innerhalb* der Reaktion leben. Das Zeitalter der nationalen Kriege, des ultramontanen Martyriums, dieser ganze *Zwischenakts*-Charakter, der den Zuständen Europas jetzt eignet, mag in der Tat einer solchen Kunst wie der Wagners zu einer plötzlichen Glorie verhelfen, ohne ihr damit *Zukunft* zu verbürgen. Die Deutschen selber haben keine Zukunft...

WIR ANTIPODEN

Man erinnert sich vielleicht, zum mindesten unter meinen Freunden, daß ich anfangs mit einigen Irrtümern und Überschätzungen und jedenfalls als *Hoffender* auf diese moderne Welt losgegangen bin. Ich verstand – wer weiß, auf welche persönlichen Erfahrungen hin? den philosophischen Pessimismus des neunzehnten Jahrhunderts als Symptom einer höheren Kraft des Gedankens, einer siegreicheren Fülle des Lebens, als diese in der Philosophie Humes, Kants und Hegels zum Ausdruck gekommen war – ich nahm die *tragische* Erkenntnis als den schönsten Luxus unsrer Kultur, als deren kostbarste, vornehmste, gefährlichste Art Verschwendung, aber immerhin, auf Grund ihres Überreichtums, als ihren *erlaubten* Luxus. Desgleichen deutete ich mir die Musik Wagners zurecht zum Ausdruck einer dionysischen Mächtigkeit der Seele, in ihr glaubte ich das Erdbeben zu hören, mit dem eine von alters her aufgestaute Urkraft von Leben sich endlich Luft macht, gleichgültig dagegen, ob alles, was sich heute Kultur nennt, damit ins Wackeln gerät. Man sieht, was ich verkannte, man sieht insgleichen, womit ich Wagner und Schopenhauer *beschenkte* – mit mir... Jede Kunst, jede Philosophie darf als Heil- und Hilfsmittel des wachsenden oder des niedergehenden Lebens angesehn werden: sie setzen immer Leiden und Leidende voraus. Aber es gibt zweierlei Leidende, einmal die an der *Überfülle* des Lebens Leidenden, welche eine dionysische Kunst wollen und ebenso eine tragische Einsicht und Aussicht auf das Leben – und sodann die an der *Verarmung* des Lebens Leidenden, die Ruhe, Stille, glattes Meer *oder* aber den Rausch, den Krampf, die Betäubung von Kunst und Philosophie verlangen. Die Rache am Leben selbst – die wollüstigste Art Rausch für solche Verarmte!... Dem Doppel-Be-

dürfnis der letzteren entspricht ebenso Wagner wie Schopenhauer
– sie verneinen das Leben, sie verleumden es, damit sind sie meine
Antipoden. – Der Reichste an Lebensfülle, der dionysische Gott
und Mensch, kann sich nicht nur den Anblick des Fürchterlichen
und des Fragwürdigen gönnen, sondern selbst die furchtbare Tat
und jeden Luxus von Zerstörung, Zersetzung, Verneinung – bei
ihm erscheint das Böse, Sinnlose und Häßliche gleichsam erlaubt,
wie es in der Natur erlaubt erscheint, infolge eines Überschusses
von zeugenden, wiederherstellenden Kräften –, welche aus jeder
Wüste noch ein üppiges Fruchtland zu schaffen vermag. Umgekehrt würde der Leidendste, Lebensärmste am meisten die Milde,
Friedlichkeit und Güte nötig haben – das, was heute Humanität
genannt wird – im Denken sowohl wie im Handeln, womöglich einen Gott, der ganz eigentlich ein Gott für Kranke, ein *Heiland* ist,
ebenso auch die Logik, die begriffliche Verständlichkeit des Daseins selbst für Idioten – die typischen »Freigeister«, wie die »Idealisten« und »schönen Seelen«, sind alle *décadents* – kurz, eine gewisse warme, furchtabwehrende Enge und Einschließung in optimistische Horizonte, die *Verdummung* erlaubt… Dergestalt
lernte ich allmählich Epikur begreifen, den Gegensatz eines dionysischen Griechen, insgleichen den Christen, der in der Tat nur eine
Art Epikureer ist und mit seinem »der Glaube macht *selig*« dem
Prinzip des Hedonismus *so weit wie möglich* folgt – bis über jede
intellektuelle Rechtschaffenheit hinweg… Wenn ich etwas vor allen Psychologen voraus habe, so ist es das, daß mein Blick ge-
schärfter ist für jene schwierigste und verfänglichste Art des *Rück-
schlusses,* in der die meisten Fehler gemacht werden – des Rück-
schlusses vom Werk auf den Urheber, von der Tat auf den Täter,
vom Ideal auf den, der es *nötig* hat, von jeder Denk- und Wer-
tungsweise auf das dahinter kommandierende *Bedürfnis.* – In Hinsicht auf Artisten jeder Art bediene ich mich jetzt dieser Hauptun-
terscheidung: ist hier der *Haß* gegen das Leben oder der *Überfluß*
an Leben schöpferisch geworden? In Goethe zum Beispiel wurde
der Überfluß schöpferisch, in Flaubert der Haß: Flaubert, eine
Neuausgabe Pascals, aber als Artist, mit dem Instinkt-Urteil auf

dem Grunde: »*Flaubert est toujours haïssable, l'homme n'est rien, l'œuvre est tout*« ... Er torturierte sich, wenn er dichtete, ganz wie Pascal sich torturierte, wenn er dachte – sie empfanden beide unegoistisch ... »Selbstlosigkeit« das *décadence*-Prinzip, der Wille zum Ende in der Kunst sowohl wie in der Moral. –

Auch jetzt noch ist Frankreich der Sitz der geistigsten und raffiniertesten Kultur Europas und die *hohe* Schule des Geschmacks: aber man muß dies »Frankreich des Geschmacks« zu finden wissen. Die »Norddeutsche Zeitung« zum Beispiel, oder wer in ihr sein Mundstück hat, sieht in den Franzosen »Barbaren« – ich für meine Person suche den *schwarzen* Erdteil, wo man »die Sklaven« befreien sollte, in der Nähe der Norddeutschen... Wer zu *jenem* Frankreich gehört, hält sich gut verborgen: es mag eine kleine Zahl sein, in denen es leibt und lebt, dazu vielleicht Menschen, welche nicht auf den kräftigsten Beinen stehn, zum Teil Fatalisten, Verdüsterte, Kranke, zum Teil Verzärtelte und Verkünstelte, solche, welche den *Ehrgeiz* haben, künstlich zu sein – aber sie haben alles Hohe und Zarte, was jetzt in der Welt noch übrig ist, in ihrem Besitz. In diesem Frankreich des Geistes, welches auch das Frankreich des Pessimismus ist, ist heute schon Schopenhauer mehr zu Hause als er es je in Deutschland war; sein Hauptwerk zweimal bereits übersetzt, das zweitemal ausgezeichnet, so daß ich es jetzt vorziehe, Schopenhauer französisch zu lesen (– er war ein *Zufall* unter Deutschen, wie ich ein solcher Zufall bin – die Deutschen haben keine Finger für uns, sie haben überhaupt keine Finger, sie haben bloß Tatzen). Gar nicht zu reden von Heinrich Heine – *l'adorable Heine* sagt man in Paris –, der den tieferen und seelenvolleren Lyrikern Frankreichs längst in Fleisch und Blut übergegangen ist. Was wüßte deutsches Hornvieh mit den *délicatesses* einer solchen Natur anzufangen! – Was endlich Richard Wagner angeht: so greift man mit Händen, nicht vielleicht mit Fäusten, daß Paris der eigentliche *Boden* für Wagner ist: je mehr sich die französische Musik nach den Bedürfnissen der »*âme moderne*« gestaltet,

um so mehr wird sie wagnerisieren – sie tut es schon jetzt genug. –
Man darf sich hierüber nicht durch Wagner selber irreführen lassen – es war eine wirkliche Schlechtigkeit Wagners, Paris 1871 in
seiner Agonie zu verhöhnen... In Deutschland ist Wagner trotzdem bloß ein Mißverständnis: wer wäre unfähiger, etwas von
Wagner zu verstehn, als zum Beispiel der junge Kaiser? – Die Tatsache bleibt für jeden Kenner der europäischen Kultur-Bewegung
nichtsdestoweniger gewiß, daß die französische Romantik und Richard Wagner aufs engste zueinander gehören. Allesamt beherrscht von der Literatur bis in ihre Augen und Ohren – die ersten Künstler Europas von *weltliterarischer* Bildung –, meistens
sogar selber Schreibende, Dichtende, Vermittler und Vermischer
der Sinne und Künste, allesamt Fanatiker des *Ausdrucks,* große
Entdecker im Reiche des Erhabenen, auch des Häßlichen und
Gräßlichen, noch größere Entdecker im Effekte, in der Schaustel-
lung, in der Kunst der Schauläden, allesamt Talente weit über ihr
Genie hinaus –, *Virtuosen* durch und durch, mit unheimlichen Zugängen zu allem, was verführt, lockt, zwingt, umwirft, geborne
Feinde der Logik und der geraden Linie, begehrlich nach dem
Fremden, dem Exotischen, dem Ungeheuren, allen Opiaten der
Sinne und des Verstandes. Im ganzen eine verwegen-wagende,
prachtvoll-gewaltsame, hochfliegende und hoch emporreißende
Art von Künstlern, welche *ihrem* Jahrhundert – es ist das Jahrhun-
dert der *Masse* – den Begriff »Künstler« erst zu lehren hatte. Aber
krank...

WAGNER
ALS APOSTEL DER KEUSCHHEIT

1

– Ist das noch deutsch?
Aus deutschem Herzen kam dies schwüle Kreischen?
Und deutschen Leibs ist dies Sich-selbst-Zerfleischen?
Deutsch ist dies Priester-Hände-Spreizen,
Dies weihrauchdüftelnde Sinne-Reizen?
Und deutsch dies Stürzen, Stocken, Taumeln,
Dies zuckersüße Bimbambaumeln?
Dies Nonnen-Äugeln, Ave-Glockenbimmeln,
Dies ganze falsch verzückte Himmel-Überhimmeln?...

– Ist das noch deutsch?
Erwägt! Noch steht ihr an der Pforte...
Denn was ihr hört, ist Rom – *Roms Glaube ohne Worte!*

2

Zwischen Sinnlichkeit und Keuschheit gibt es keinen notwendigen
Gegensatz; jede gute Ehe, jede eigentliche Herzensliebschaft ist
über diesen Gegensatz hinaus. Aber in jenem Falle, wo es wirklich
diesen Gegensatz gibt, braucht es zum Glück noch lange kein tra-
gischer Gegensatz zu sein. Dies dürfte wenigstens für alle wohlge-
rateneren, wohlgemuteren Sterblichen gelten, welche ferne davon
sind, ihr labiles Gleichgewicht zwischen Engel und *petite bête*
ohne weiteres zu den Gegengründen des Daseins zu rechnen – die
Feinsten, die Hellsten, gleich Hafis, gleich Goethe, haben darin

sogar einen Reiz mehr gesehn... Solche Widersprüche gerade verführen zum Dasein... Andrerseits versteht es sich nur zu gut, daß,
wenn einmal die verunglückten Tiere der Circe dazu gebracht
werden, die Keuschheit anzubeten, sie in ihr nur ihren Gegensatz
sehn und *anbeten* werden – o mit was für einem tragischen Ge-
grunz und Eifer! man kann es sich denken –, jenen peinlichen und
vollkommen überflüssigen Gegensatz, den Richard Wagner unbe-
streitbar am Ende seines Lebens noch hat in Musik setzen und auf
die Bühne bringen wollen. *Wozu doch?* wie man billig fragen darf.

3

Dabei ist freilich jene andre Frage nicht zu umgehn, was ihn eigentlich jene männliche (ach, so unmännliche) »Einfalt vom
Lande« anging, jener arme Teufel und Naturbursch Parsifal, der
von ihm mit so verfänglichen Mitteln schließlich katholisch gemacht wird – wie? war dieser Parsifal überhaupt *ernst* gemeint?
Denn daß man über ihn *gelacht* hat, möchte ich am wenigsten bestreiten, Gottfried Keller auch nicht... Man möchte es nämlich
wünschen, daß der Wagnersche Parsifal heiter gemeint sei, gleichsam als Schlußstück und Satyrdrama, mit dem der Tragiker Wagner gerade auf eine ihm gebührende und würdige Weise von uns,
auch von sich, vor allem *von der Tragödie* habe Abschied nehmen
wollen, nämlich mit einem Exzeß höchster und mutwilligster Parodie auf das Tragische selbst, auf den ganzen schauerlichen Erden-
Ernst und Erden-Jammer von ehedem, auf die endlich überwun-
dene *dümmste Form* in der Winternatur des asketischen Ideals.
Der Parsifal ist ja ein Operetten-Stoff *par excellence*... Ist der Parsifal Wagners sein heimliches Überlegenheits-Lachen über sich
selber, der Triumph seiner letzten höchsten Künstler-Freiheit,
Künstler-Jenseitigkeit – Wagner, der über sich zu *lachen* weiß?...
Man möchte es, wie gesagt, wünschen: denn was würde der *ernst-
gemeinte* Parsifal sein? Hat man wirklich nötig, in ihm (wie man
sich gegen mich ausgedrückt hat) »die Ausgeburt eines toll gewordnen Hasses auf Erkenntnis, Geist und Sinnlichkeit« zu sehn?

einen Fluch auf Sinne und Geist in *einem* Haß und Atem? eine Apostasie und Umkehr zu christlich-krankhaften und obskurantistischen Idealen? Und zuletzt gar ein Sich-selbst-Verneinen, Sich-selbst-Durchstreichen von seiten eines Künstlers, der bis dahin mit aller Macht seines Willens auf das Umgekehrte, auf höchste Vergeistigung und Versinnlichung seiner Kunst ausgewesen war? Und nicht nur seiner Kunst, auch seines Lebens? Man erinnere sich, wie begeistert seinerzeit Wagner in den Fußtapfen des Philosophen Feuerbach gegangen ist. Feuerbachs Wort von der »gesunden Sinnlichkeit« – das klang in den dreißiger und vierziger Jahren Wagner gleich vielen Deutschen – sie nannten sich die *jungen* Deutschen – wie das Wort der Erlösung. Hat er schließlich darüber *umgelernt*? Da es zum mindesten scheint, daß er zuletzt den Willen hatte, darüber *umzulehren*?... Ist der *Haß auf das Leben* bei ihm Herr geworden, wie bei Flaubert?... Denn der Parsifal ist ein Werk der Tücke, der Rachsucht, der heimlichen Giftmischerei gegen die Voraussetzungen des Lebens, ein *schlechtes* Werk. – Die Predigt der Keuschheit bleibt eine Aufreizung zur Widernatur: ich verachte jedermann, der den Parsifal nicht als Attentat auf die Sittlichkeit empfindet.

WIE ICH VON WAGNER LOSKAM

I

Schon im Sommer 1876, mitten in der Zeit der ersten Festspiele, nahm ich bei mir von Wagner Abschied. Ich vertrage nichts Zweideutiges; seitdem Wagner in Deutschland war, kondeszendierte er Schritt für Schritt zu allem, was ich verachte – selbst zum Antisemitismus... Es war in der Tat damals die höchste Zeit, Abschied zu nehmen: alsbald schon bekam ich den Beweis dafür. Richard Wagner, scheinbar der Siegreichste, in Wahrheit ein morsch gewordener verzweifelnder *décadent*, sank plötzlich, hilflos und zerbrochen, vor dem christlichen Kreuze nieder... Hat denn kein Deutscher für dies schauerliche Schauspiel damals Augen im Kopfe, Mitgefühl in seinem Gewissen gehabt? War ich der einzige, der an ihm – *litt*? – Genug, mir selbst gab das unerwartete Ereignis wie ein Blitz Klarheit über den Ort, den ich verlassen hatte – und auch jenen nachträglichen Schauder, den jeder empfindet, der unbewußt durch eine ungeheure Gefahr gelaufen ist. Als ich allein weiter ging, zitterte ich; nicht lange darauf war ich krank, mehr als krank, nämlich *müde* – müde aus der unaufhaltsamen Enttäuschung über alles, was uns modernen Menschen zur Begeisterung übrigblieb, über die allerorts *vergeudete* Kraft, Arbeit, Hoffnung, Jugend, Liebe, müde aus Ekel vor der ganzen idealistischen Lügnerei und Gewissens-Verweichlichung, die hier wieder einmal den Sieg über einen der Tapfersten davongetragen hatte; müde endlich, und nicht am wenigsten, aus dem Gram eines unerbittlichen Argwohns – daß ich nunmehr verurteilt sei, tiefer zu mißtrauen, tiefer zu verachten, tiefer *allein* zu sein als je vorher. Denn ich hatte niemanden gehabt als Richard Wagner... Ich war immer *verurteilt* zu Deutschen...

2

Einsam nunmehr und schlimm mißtrauisch gegen mich, nahm ich, nicht ohne Ingrimm, damals Partei *gegen* mich und *für* alles, was gerade mir wehtat und hart fiel: so fand ich den Weg zu jenem tapferen Pessimismus wieder, der der Gegensatz aller idealistischen Verlogenheit ist, und auch, wie mir scheinen will, den Weg zu *mir* – zu *meiner* Aufgabe... Jenes verborgene und herrische Etwas, für das wir lange keinen Namen haben, bis es sich endlich als unsre Aufgabe erweist – dieser Tyrann in uns nimmt eine schreckliche Wiedervergeltung für jeden Versuch, den wir machen, ihm auszuweichen oder zu entschlüpfen, für jede vorzeitige Bescheidung, für jede Gleichsetzung mit solchen, zu denen wir nicht gehören, für jede noch so achtbare Tätigkeit, falls sie uns von unsrer Hauptsache ablenkt – ja für jede Tugend selbst, welche uns gegen die Härte der eigensten Verantwortlichkeit schützen möchte. Krankheit ist jedesmal die Antwort, wenn wir an unsrem Recht auf *unsre* Aufgabe zweifeln wollen, wenn wir anfangen, es uns irgendworin leichter zu machen. Sonderbar und furchtbar zugleich! Unsre *Erleichterungen* sind es, die wir am härtesten büßen müssen! Und wollen wir hinterdrein zur Gesundheit *zurück*, so bleibt uns keine Wahl: wir müssen uns *schwerer* belasten, als wir je vorher belastet waren...

DER PSYCHOLOG NIMMT DAS WORT

I

Je mehr ein Psycholog, ein geborner, ein unvermeidlicher Psycholog und Seelen-Errater, sich den ausgesuchteren Fällen und Menschen zukehrt, um so größer wird seine Gefahr, am Mitleiden zu ersticken. Er hat Härte und Heiterkeit *nötig*, mehr als ein andrer Mensch. Die Verderbnis, das Zugrundegehn der höheren Menschen ist nämlich die Regel: es ist schrecklich, eine solche Regel immer vor Augen zu haben. Die vielfache Marter des Psychologen, der dies Zugrundegehn entdeckt hat, der diese gesamte innere »Heillosigkeit« des höheren Menschen, dies ewige »Zu spät!« in jedem Sinne erst einmal und dann *fast* immer wieder entdeckt, durch die ganze Geschichte hindurch – kann vielleicht eines Tages die Ursache davon werden, daß er selber *verdirbt*... Man wird fast bei jedem Psychologen eine verräterische Vorneigung zum Umgang mit alltäglichen und wohlgeordneten Menschen wahrnehmen: daran verrät sich, daß er immer einer Heilung bedarf, daß er eine Art Flucht und Vergessen braucht, weg von dem, was ihm seine Einblicke, Einschnitte, was ihm sein *Handwerk* aufs Gewissen gelegt hat. Die Furcht vor seinem Gedächtnis ist ihm zu eigen. Er kommt vor dem Urteile anderer leicht zum Verstummen, er hört mit einem unbewegten Gesichte zu, wie dort verehrt, bewundert, geliebt, verklärt wird, wo *er gesehn* hat –, oder er verbirgt noch sein Verstummen, indem er irgendeiner Vordergrunds-Meinung ausdrücklich zustimmt. Vielleicht geht die Paradoxie seiner Lage so weit ins Schauerliche, daß die »Gebildeten« gerade dort, wo er das *große Mitleiden* neben der *großen Verachtung* gelernt hat, ihrerseits die große Verehrung lernen... Und wer weiß, ob sich nicht in allen großen Fällen eben nur dies begab – daß man einen Gott anbetete und daß der Gott nur ein armes Opfertier war... Der *Erfolg* war immer der größte Lügner – und auch das *Werk*, die *Tat* ist ein Erfolg... Der große Staatsmann, der Eroberer, der Entdecker ist in seine Schöpfungen verkleidet, versteckt, bis ins Unerkennbare; das Werk, das des Künstlers, des Philosophen, erfindet erst den, welcher es geschaffen hat, geschaffen haben *soll*... Die »großen Männer«, wie sie verehrt werden, sind kleine schlechte Dichtungen hinterdrein – in der Welt der historischen Werte *herrscht* die Falschmünzerei...

2

– Diese großen Dichter zum Beispiel, diese Byron, Musset, Poe, Leopardi, Kleist, Gogol – ich wage es nicht, viel größere Namen zu nennen, aber ich meine sie –, so wie sie nun einmal sind, sein müssen: Menschen des Augenblicks, sinnlich, absurd, fünffach, im Mißtrauen und Vertrauen leichtfertig und plötzlich; mit Seelen, an denen gewöhnlich irgendein Bruch verhehlt werden soll; oft mit ihren Werken Rache nehmend für eine innere Besudelung, oft mit ihren Aufflügen Vergessenheit suchend vor einem allzutreuen Gedächtnis, Idealisten aus der Nähe des *Sumpfes* – welche Marter sind diese großen Künstler und überhaupt die sogenannten höheren Menschen für den, der sie erst erraten hat!... Wir sind alle Fürsprecher des Mittelmäßigen... Es ist begreiflich, daß *sie* gerade vom Weibe, das hellseherisch ist in der Welt des Leidens und leider auch weit über seine Kräfte hinaus hilf- und rettungssüchtig, so leicht jene Ausbrüche von unbegrenztem Mitleide erfahren, welche die Menge, vor allem die *verehrende* Menge mit neugierigen und selbstgefälligen Deutungen überhäuft... Dies Mitleiden täuscht sich regelmäßig über seine Kraft: das Weib möchte glauben, daß Liebe *alles* vermöge – es ist sein eigentlicher *Aberglaube*. Ach, der Wissende des Herzens errät, wie arm, hilflos, anmaßlich, fehlgreifend auch die beste tiefste Liebe ist – wie sie eher noch *zerstört* als rettet...

3

– Der geistige Ekel und Hochmut jedes Menschen, der tief gelitten hat – es bestimmt beinahe die Rangordnung, wie tief einer leiden kann –, seine schaudernde Gewißheit, von der er ganz durchtränkt und gefärbt ist, vermöge seines Leidens *mehr zu wissen,* als die Klügsten und Weisesten wissen könnten, in vielen fernen entsetzlichen Welten bekannt und einmal zuhause gewesen zu sein, von denen »*ihr* nicht wißt«..., dieser geistige schweigende Hochmut, dieser Stolz des Auserwählten der Erkenntnis, des »Eingeweihten«, des beinahe Geopferten findet alle Arten von Verkleidung nötig, um sich vor der Berührung mit zudringlichen und mitleidigen Händen und überhaupt vor allem, was nicht seinesgleichen im Schmerz ist, zu schützen. Das tiefe Leiden macht vornehm; es trennt. – Eine der feinsten Verkleidungs-Formen ist der Epikureismus und eine gewisse fürderhin zur Schau getragne Tapferkeit des Geschmacks, welche das Leiden leichtfertig nimmt und sich gegen alles Traurige und Tiefe zur Wehr setzt. Es gibt »heitere Menschen«, welche sich der Heiterkeit bedienen, weil sie um ihretwillen mißverstanden werden – sie *wollen* mißverstanden sein. Es gibt »wissenschaftliche Geister«, welche sich der Wissenschaft bedienen, weil dieselbe einen heiteren Anschein gibt und weil Wissenschaftlichkeit darauf schließen läßt, daß der Mensch oberflächlich ist – sie *wollen* zu einem falschen Schlusse verführen... Es gibt freie freche Geister, welche verbergen und verleugnen möchten, daß sie im Grunde zerbrochne unheilbare Herzen sind – es ist der Fall Hamlets: und dann kann die Narrheit selbst die Maske für ein unseliges *allzugewisses* Wissen sein. –

EPILOG

I

Ich habe mich oft gefragt, ob ich den schwersten Jahren meines Lebens nicht tiefer verpflichtet bin als irgendwelchen anderen. So wie meine innerste Natur es mich lehrt, ist alles Notwendige, aus der Höhe gesehn und im Sinne einer *großen* Ökonomie, auch das Nützliche an sich – man soll es nicht nur tragen, man soll es *lieben*... *Amor fati:* das ist meine innerste Natur. – Und was mein langes Siechtum angeht, verdanke ich ihm nicht unsäglich viel mehr als meiner Gesundheit? Ich verdanke ihm eine *höhere* Gesundheit, eine solche, welche stärker wird von allem, was sie nicht umbringt! – *Ich verdanke ihm auch meine Philosophie*... Erst der große Schmerz ist der letzte Befreier des Geistes, als der Lehrmeister des *großen Verdachts*, der aus jedem U ein X macht, ein echtes rechtes X, das heißt den *vorletzten* Buchstaben vor dem letzten... Erst der große Schmerz, jener lange langsame Schmerz, in dem wir gleichsam wie mit grünem Holze verbrannt werden, der sich Zeit nimmt –, zwingt uns Philosophen, in unsere letzte Tiefe zu steigen und alles Vertrauen, alles Gutmütige, Verschleiernde, Milde, Mittlere, wohin wir vielleicht vordem unsre Menschlichkeit gesetzt haben, von uns zu tun. Ich zweifle, ob ein solcher Schmerz »verbessert«: aber ich weiß, daß er uns *vertieft*... Sei es nun, daß wir ihm unsern Stolz, unsern Hohn, unsre Willenskraft entgegenstellen lernen, und es dem Indianer gleichtun, der, wie schlimm auch gepeinigt, sich an seinem Peiniger durch die Bosheit seiner Zunge schadlos hält; sei es, daß wir uns vor dem Schmerz in jenes Nichts zurückziehn, in das stumme, starre, taube Sich-Ergeben, Sich-Vergessen, Sich-Auslöschen: man kommt aus solchen langen, ge-

fährlichen Übungen der Herrschaft über sich als ein andrer
Mensch heraus, mit einigen Fragezeichen *mehr* – vor allem mit
dem Willen, fürderhin mehr, tiefer, strenger, härter, böser, stiller
zu fragen, als je bisher auf Erden gefragt worden ist... Das Vertrauen zum Leben ist dahin, das Leben selber wurde ein *Problem*.
– Möge man ja nicht glauben, daß einer damit notwendig zum Dü-
sterling, zur Schleiereule geworden sei! Selbst die Liebe zum Leben ist noch möglich – nur liebt man *anders*... Es ist die Liebe zu
einem Weibe, das uns Zweifel macht...

2

Am seltsamsten ist eins: man hat hinterdrein einen andren Geschmack – einen *zweiten* Geschmack. Aus solchen Abgründen,
auch aus dem Abgrunde des *großen Verdachts* kommt man neuge-
boren zurück, gehäutet, kitzlicher, boshafter, mit einem feineren
Geschmack für die Freude, mit einer zarteren Zunge für alle guten
Dinge, mit lustigeren Sinnen, mit einer zweiten gefährlicheren
Unschuld in der Freude, kindlicher zugleich und hundertmal raffinierter, als man je vordem gewesen war.

O wie einem nunmehr der Genuß zuwider ist, der grobe, dump-
fe, braune Genuß, wie ihn sonst die Genießenden, unsre »Gebildeten«, unsre Reichen und Regierenden verstehn! Wie boshaft wir
nunmehr dem großen Jahrmarkts-Bumbum zuhören, mit dem
sich der »gebildete« Mensch und Großstädter heute durch Kunst,
Buch und Musik zu »geistigen Genüssen«, unter Mithilfe geistiger
Getränke, notzüchtigen läßt! Wie uns jetzt der Theaterschrei der
Leidenschaft in den Ohren wehtut, wie unserm Geschmacke der
ganze romantische Aufruhr und Sinnen-Wirrwarr, den der gebildete Pöbel liebt, samt seinen Aspirationen nach dem Erhabenen,
Gehobenen, Verschrobenen fremd geworden ist! Nein, wenn wir
Genesenen eine Kunst noch brauchen, so ist es eine *andre* Kunst –
eine spöttische, leichte, flüchtige, göttlich unbehelligte, göttlich
künstliche Kunst, welche wie eine reine Flamme in einen unbe-
wölkten Himmel hineinlodert! Vor allem: eine Kunst für Künst-

ler, *nur für Künstler*! Wir verstehn uns hinterdrein besser auf das, was dazu zuerst not tut, die Heiterkeit, *jede* Heiterkeit, meine Freunde!... Wir wissen einiges jetzt zu gut, wir Wissenden: o wie wir nunmehr lernen, gut zu vergessen, gut *nicht*-zu-wissen, als Künstler!... Und was unsre Zukunft betrifft: man wird uns schwerlich wieder auf den Pfaden jener ägyptischen Jünglinge finden, welche nachts Tempel unsicher machen, Bildsäulen umarmen und durchaus alles, was mit guten Gründen versteckt gehalten wird, entschleiern, aufdecken, in helles Licht stellen wollen. Nein, dieser schlechte Geschmack, dieser Wille zur Wahrheit, zur »Wahrheit um jeden Preis«, dieser Jünglings-Wahnsinn in der Liebe zur Wahrheit – ist uns verleidet: dazu sind wir zu erfahren, zu ernst, zu lustig, zu gebrannt, zu *tief*... Wir glauben nicht mehr daran, daß Wahrheit noch Wahrheit bleibt, wenn man ihr die *Schleier* abzieht – wir haben genug gelebt, um dies zu glauben... Heute gilt es uns als eine Sache der Schicklichkeit, daß man nicht alles nackt sehn, nicht bei allem dabei sein, nicht alles verstehn und »wissen« wolle. *Tout comprendre – c'est tout mépriser*... »Ist es wahr, daß der liebe Gott überall zugegen ist?« fragte ein kleines Mädchen seine Mutter: »aber ich finde das unanständig« – ein Wink für Philosophen!... Man sollte die *Scham* besser in Ehren halten, mit der sich die Natur hinter Rätsel und bunte Ungewißheiten versteckt hat. Vielleicht ist die Wahrheit ein Weib, das Gründe hat, *ihre Gründe nicht sehn zu lassen*?... Vielleicht ist ihr Name, griechisch zu reden, *Baubo*?... O diese Griechen! sie verstanden sich darauf, zu *leben*! Dazu tut not, tapfer bei der Oberfläche, der Falte, der Haut stehnzubleiben, den Schein anzubeten, an Formen, an Töne, an Worte, an den ganzen *Olymp des Scheins* zu glauben! Diese Griechen waren oberflächlich – *aus Tiefe*... Und kommen wir nicht eben darauf zurück, wir Wagehälse des Geistes, die wir die höchste und gefährlichste Spitze des gegenwärtigen Gedankens erklettert und von da aus uns umgesehn haben, die wir von da aus *hinabgesehn* haben? Sind wir nicht eben darin – Griechen? Anbeter der Formen, der Töne, der Worte? Eben darum – *Künstler*? –

VON DER ARMUT DES REICHSTEN

Zehn Jahre dahin –,
kein Tropfen erreichte mich,
kein feuchter Wind, kein Tau der Liebe
– ein *regenloses* Land…
Nun bitte ich meine Weisheit,
nicht geizig zu werden in dieser Dürre:
ströme selber über, träufle selber Tau,
sei selber Regen der vergilbten Wildnis!

Einst hieß ich die Wolken
fortgehn von meinen Bergen, –
einst sprach ich »mehr Licht, ihr Dunklen!«
Heute locke ich sie, daß sie kommen:
macht Dunkel um mich mit euren Eutern!
– ich will euch melken,
ihr Kühe der Höhe!
Milchwarme Weisheit, süßen Tau der Liebe
ströme ich über das Land.

Fort, fort, ihr Wahrheiten,
die ihr düster blickt!
Nicht will ich auf meinen Bergen
herbe ungeduldige Wahrheiten sehn.
Vom Lächeln vergüldet
nahe mir heut die Wahrheit,
von der Sonne gesüßt, von der Liebe gebräunt, –
eine *reife* Wahrheit breche ich allein vom Baum.

Heut strecke ich die Hand aus
nach den Locken des Zufalls,
klug genug, den Zufall
einem Kinde gleich zu führen, zu überlisten.
Heut will ich gastfreundlich sein
gegen Unwillkommnes,
gegen das Schicksal selbst will ich nicht stachlicht sein,
– Zarathustra ist kein Igel.

Meine Seele,
unersättlich mit ihrer Zunge,
an alle guten und schlimmen Dinge hat sie schon geleckt,
in jede Tiefe tauchte sie hinab.
Aber immer gleich dem Korke,
immer schwimmt sie wieder obenauf,
sie gaukelt wie Öl über braune Meere:
dieser Seele halber heißt man mich den Glücklichen.

Wer sind mir Vater und Mutter?
Ist nicht mir Vater Prinz Überfluß
und Mutter das stille Lachen?
Erzeugte nicht dieser beiden Ehebund
mich Rätseltier,
mich Lichtunhold,
mich Verschwender aller Weisheit, Zarathustra?

Krank heute vor Zärtlichkeit,
ein Tauwind,
sitzt Zarathustra wartend, wartend auf seinen Bergen, –
im eignen Safte
süß geworden und gekocht,
unterhalb seines Gipfels,
unterhalb seines Eises,
müde und selig,
ein Schaffender an seinem siebenten Tag.

– Still!
Eine Wahrheit wandelt über mir
einer Wolke gleich, –
mit unsichtbaren Blitzen trifft sie mich.
Auf breiten langsamen Treppen
steigt ihr Glück zu mir:
komm, komm, geliebte Wahrheit!

– Still!
Meine Wahrheit ist's! –
Aus zögernden Augen,
aus samtenen Schaudern
trifft mich ihr Blick,
lieblich, bös, ein Mädchenblick...
Sie erriet meines Glückes *Grund*,
sie erriet *mich* – ha! was sinnt sie aus? –
Purpurn lauert ein Drache
im Abgrunde ihres Mädchenblicks.

– Still! Meine Wahrheit *redet*! –

Wehe dir, Zarathustra!
Du siehst aus, wie einer,
der Gold verschluckt hat:
man wird dir noch den Bauch aufschlitzen!...
Zu reich bist du,
du Verderber vieler!
Zu viele machst *du* neidisch,
zu viele machst du arm...
Mir selber wirft dein Licht Schatten –,
es fröstelt mich: geh weg, du Reicher,
geh, Zarathustra, weg aus deiner Sonne!...

Du möchtest schenken, wegschenken deinen Überfluß,
aber du selber bist der Überflüssigste!

Sei klug, du Reicher!
Verschenke dich selber erst, o Zarathustra!

Zehn Jahre dahin –,
und kein Tropfen erreichte dich?
kein feuchter Wind? kein Tau der Liebe?
Aber wer *sollte* dich auch lieben,
du Überreicher?
Dein Glück macht rings trocken,
macht arm an Liebe
– ein *regenloses* Land...

Niemand dankt dir mehr.
Du aber dankst jedem,
der von dir nimmt:
daran erkenne ich dich,
du Überreicher,
du *Ärmster* aller Reichen!

Du opferst dich, dich *quält* dein Reichtum –,
du gibst dich ab,
du schonst dich nicht, du liebst dich nicht:
die große Qual zwingt dich allezeit,
die Qual *übervoller* Scheuern, *übervollen* Herzens –
aber niemand dankt dir mehr...

Du mußt *ärmer* werden,
weiser Unweiser!
willst du geliebt sein.
Man liebt nur die Leidenden,
man gibt Liebe nur dem Hungernden:
verschenke dich selbst erst, o Zarathustra!

– Ich bin deine Wahrheit...

NACHWORT

»Götzen-Dämmerung«

Während seines letzten Aufenthalts in Sils-Maria verzichtet Nietzsche zwischen Ende August und Anfang September 1888 auf den bislang geplanten »Willen zur Macht. Versuch einer Umwertung aller Werte«. Er entscheidet sich zur Veröffentlichung eines Auszugs aus dem bereits vorhandenen Material unter dem Titel »Müßiggang eines Psychologen«, den er nach Peter Gasts Einwänden gegen seine harmlos klingende Anspruchslosigkeit durch den aggressiveren »Götzen-Dämmerung« ersetzt. Andere Teile der immer noch in vier Büchern geplanten »Umwertung aller Werte« erscheinen in deren erstem Buch, im »Antichrist«. Diese Schrift und die »Götzen-Dämmerung« entstehen also aus den Notizen zum »Willen zur Macht«, der seit diesen Entscheidungen keinen Platz mehr in Nietzsches Plänen hat und neben den beiden autorisierten Büchern nur noch als Nachlaß gelesen werden kann – ein vor allem von Karl Schlechta und Mazzino Montinari erarbeiteter Befund, der das rezeptionsgeschichtlich wirkungsvolle Mißverständnis vom sogenannten »Willen zur Macht« endgültig revidiert hat. Die »Götzen-Dämmerung« erschien erst 1889; Nietzsche erhielt bereits im November des Vorjahres die ersten Exemplare.

Daß das neue Buch im Umkreis der Wagner-Schriften entstanden ist, bezeugt sein neuer Titel mit der parodistischen Abwandlung von Wagners »Götterdämmerung«, dem vierten und letzten Teil der Tetralogie »Der Ring des Nibelungen«. Nietzsche ist sich dieser Stoßrichtung bewußt, wenn er an Peter Gast am 27. September 1888 schreibt: »Übrigens *warnt* mich Gersdorff ganz ernsthaft vor den Wagnerianerinnen. – Auch in diesem Sinne wird der neue

Titel *Götzen-Dämmerung* gehört werden, – also *noch eine Bosheit gegen Wagner...*«

Das kurze Vorwort erläutert den Titel: Der Generalangriff gilt den vielen Götzen (vergleiche die erste Anmerkung zu den Seiten 47 und 50), mit denen die Welt erfüllt ist und denen die Menschen zu Unrecht und nicht zu ihrem eigenen Glück opfern. Das Mittel des Erforschens ist das Klopfen mit dem Hammer (»Wie man mit dem Hammer philosophiert«), damit zu hören ist, auf welch tönernen Füßen sie stehen, wie dumpf sie klingen, wie hohl sie sind. Der Hammer dient hier also nicht als Bau- oder Zerstörungsinstrument, sondern gleichsam als Stimmgabel für den Psychologen. Nietzsche versteht sein Buch als Kampf gegen überzeitlich gültige Größen und Autoritäten, gegen alle Arten von Idealen und Göttern, deren Anbetung ihm als menschenunwürdiger Götzendienst erscheint. Der zweite Bestandteil des Titelworts mag doppeldeutig sein: Er meint den Untergang der falschen Werte, so wie die Heroen in Wagners Oper untergehen und wie der Saal der Götterburg Walhall in Flammen steht, doch er zielt auch auf den Neubeginn des Morgens, wenn es dem neuen Bewußtsein zu dämmern beginnt, daß Götter nur Götzen sind und daß deren Entlarvung im Dienste menschlicher Selbstbefreiung erfolgt. Dieser Doppelcharakter von Abend- und Morgendämmerung kommt später noch deutlicher zum Ausdruck, wenn Kurt Pinthus seine Anthologie der Expressionisten mit »Menschheitsdämmerung« (1920) betitelt. Sie kündet vom Bruch mit alten Formen, aber auch von der Heraufkunft eines neuen Menschen; sie verschließt die Augen nicht vor den grausigsten Abgründen und hebt sie dennoch hoffnungsvoll in steilste Höhen. Paradigmatisch für die Spannung von Auf- und Untergang, von Wertzertrümmerung und Wertsetzung stehen die Gedichte »Weltende« von Jakob van Hoddis und »Die neue Bergpredigt« von Paul Zech. Auch Nietzsches »Zarathustra« hat stets diesen doppelten Blick.

Dem Vorwort zur »Götzen-Dämmerung« folgen zehn mit Überschriften versehene Kapitel, von denen das erste (»Sprüche und Pfeile«) aus Aphorismen besteht, die denen in Nietzsches frü-

heren Schriften, zum Beispiel in der »Morgenröte« und in der
»Fröhlichen Wissenschaft«, ähnlich sind. Die übrigen Teile setzen
sich aus längeren Passagen zusammen, die sich im Denk- und Dar-
stellungsstil der Form von kurzen Essays nähern und die neben
den wesentlich kürzeren, pointierten Aphorismen ebenfalls das
Bild der bereits genannten Bücher prägen. Den Abschluß der
»Götzen-Dämmerung« bildet die Härte fordernde Rede des
Hammers aus dem dritten Teil des »Zarathustra«.

Der Aphorismus

Die »Sprüche und Pfeile« zielen auf Götzen in Form von erkennt-
nistheoretischen, moralischen und psychologischen Grundsätzen,
deren lange Gültigkeit oder gar religiös beglaubigte Weihe sie zu
unumstößlichen Prinzipien, zu fraglos hingenommenen Axiomen
hat werden lassen. Das gilt für die jahrtausendealte Aufforderung
zur unbedingten Wahrheitssuche ebenso wie für das Postulat der
Nächstenliebe, für die Legitimation von Glauben und Gewissen in
gleicher Weise wie für Ziel und Zweck des Glücksstrebens.
   Geeignete logische und rhetorische Mittel zur Aufbrechung
verfestigter Meinungen, zur Aufdeckung von Vorurteilen und
zum Vorzeigen der Kehrseite von »Wahrheiten« sind Antithesen,
Umkehrungen und Paradoxien. Hierfür ein charakteristisches
Beispiel: »Der Mann hat das Weib geschaffen – woraus doch? Aus
einer Rippe seines Gottes – seines ›Ideals‹...« (Seite 53) Die ersten
Umkehrungen liegen darin, daß nicht der Gott des Alten Testa-
mentes das Weib aus der Rippe des Mannes schuf, sondern daß
dieser es (»woraus doch?«) nicht aus seiner eigenen, wohl aber aus
der seines Gottes machte. Gott aber, dem der Mann einen Teil seines Körpers entnimmt und damit dessen leibliche Wirklichkeit
unter Beweis zu stellen scheint, ist vielleicht in Wahrheit gar nicht
existent, sondern ein bloß fingiertes Ideal des Mannes, das dieser
sich zu seiner Vertröstung geschaffen hat, weil nach Nietzsche-
scher Auffassung seine Lebenskraft erlahmt ist und er infolgedes-

sen eines geistig-geistlichen Kompensats bedarf. Da nun das Weib aus dessen Stoff geformt ist, erweist es sich seiner Herkunft nach also ebenso fiktiv wie das Ideal, sprich: Gott, und es paßt wie dieser bestens zum décadent. Der in seiner Lebenskraft Verarmte betet Gott und das Weib an, nachdem er sie selbst auf den Altar gehoben hat, um von seiner eigenen Schwäche abzulenken. Das vermeintlich wahre Weib bleibt unauffindbar und ist möglicherweise wie sein Rippenspender irreal. Da beide weder beweisbar noch nachweislich nichtexistent sind, modelt der Mann sie gemäß seiner Wunsch- und Wahnvorstellung.

Konzentration und Pointierung in wenigen Sätzen, in einem einzigen Satz oder wie hier in einer knappen Frage-Antwort-Replik drängen zum Aphorismus, in dem sich die mehrdimensionalen Gedankenlinien gleichsam zusammenziehen und zugleich als neue Denkanstöße fungieren. Der Begriff »Aphorismus« stammt von dem griechischen Verbum »aphorízein«, das »abgrenzen« bedeutet. Demnach scheint ihm die Aufgabe der Definition zuzukommen, die ein Phänomen durch Markierung seiner spezifischen Differenz von dem nächst höheren Allgemeinen abzuheben hat. In Wirklichkeit aber zielt der Aphorismus weniger auf eine formallogische Bestimmung als auf eine »Abgrenzung« von dem, was gültig war. Dieses will er in der »Götzen-Dämmerung« abklopfend und hinhorchend prüfen, kritisieren und notfalls korrigieren. Im Unterschied zum Aphorismus erhalten Sprichwörter im Kontext ihrer Verwendung Belegcharakter, werden an bestimmten Stellen in einer Rede eingesetzt und bilden oft den Höhepunkt einer rhetorischen Darlegung. Während sie einen Gedankengang buchstäblich abschließen, will der Aphorismus eine Denkbewegung allererst in Gang setzen. Wendungen wie »Ein gebranntes Kind scheut das Feuer« basieren auf langer Erfahrung, gelten als richtig und werden von den meisten Menschen bestätigt. Eine derart anerkannte Wahrheit erübrigt sich zugleich und wird zur Binsenweisheit. Der Aphorismus dagegen löst sich vom Gewöhnlichen, durchbricht das Übliche und formuliert das Neue mit der ihm eigenen Aufsässigkeit. Seine Tendenz zur pointierenden Überraschung läßt ihn als Verwandten der Novelle oder der Anekdote erscheinen; seine Aggressivität teilt er mit der Militanz dramatischer Rede und Gegenrede. Indem er gerade nicht das auf der Hand Liegende und Griffige zum Besten gibt, macht er es seinem Hörer und Leser nicht leicht, sondern fordert von ihm eine intensivere Anstrengung, um begriffen zu werden. Er ist nicht eingängig, sondern er verlangt, daß Denkende in ihn eindringen.

Der Aphorismus wird in mehrfacher Hinsicht durch Subjektivität geprägt. Ist das Sprichwort meistens anonymer Herkunft, so richtet sich der Aphorismus *gegen* etablierten Konsens, und er stammt *von* einem bestimmten Autor, der seine eigene und eigenwillige Denk- und Empfindungsweise keineswegs verleugnet. Der Inhalt stützt sich nicht auf eine objektivierbare Einsicht, sondern auf Erfahrungen und Erkenntnisse eines Einzelnen. Er artikuliert daher nicht die Weisheit einer Allgemeinheit, einer Klasse, Nation oder Kulturstufe, so wie er auch auf die Allgemeinverbindlichkeit gültiger Maximen und Sentenzen verzichtet. Er wirkt stärker durch seine Rhetorik als durch seine Logik, ist eher provozierend als abgeklärt, und anstatt befriedigende Antworten zu geben, stiftet er mit Fragen über Fragen immer neue Unruhe. Wie er keine beweisbaren Wahrheiten verkündet, so ist er auch in keinem fundierten und festumrissenen System verankert. Seine Sache ist nicht das Schaffen umfassender Zusammenhänge, sondern die zuspitzende Vereinzelung eines einzelnen Aspekts, von dem neues Licht auch auf übergreifende Fragestellungen fallen kann.

Der Verzicht des Aphorismus auf einen Gesamtzusammenhang von Erkenntnissen wurde oft als Symptom einer Krise betrachtet. Entweder traute man dem Autor nur die begrenzte Fähigkeit zu, bestenfalls in kleinen Formen kreativ zu sein, oder es galten die Epochen, die den Aphorismus bevorzugten, als solche tiefer Erschütterung und rapiden Zerfalls. Abgesehen davon, daß es Auflösungen und Übergänge zu allen Zeiten gibt, läßt sich in der Tat eine gewisse Affinität erkennen zwischen dem Aufblühen des Aphorismus und bestimmten historischen Phasen, die ihre Aufgabe weniger in der kontinuierlichen Weiterführung und Zusammenfassung des bereits Vorhandenen als in der Abgrenzung vom Vergangenen und in einem entschlossenen Neubeginn zu sehen gewillt sind. Wann immer die Skepsis gegen herkömmliche Werte und etablierte Normen wächst, formiert sich der Angriff auf Systeme nicht in Gegensystemen, sondern Aphorismen (und Essays) fungieren als spitze Waffen, mit denen die gegnerische Seite an zentralen Punkten zu treffen und zu durchbrechen ist. In diesem Sinne sehen wir Aufklärer (Lichtenberg), Frühromantiker (Friedrich Schlegel, Novalis) und auch Nietzsche die gleichen Ziele verfechten. Die »Dämmerung« ist übrigens auch die Zeit des Angriffs, in der die Götzen den anrückenden Feind noch nicht genau erkennen.

Dem Individualismus des Aphoristikers entspricht die Vereinzelung des Aphorismus. Dieser ist so autark, daß er verständlich wird, ohne erst aus einem umfassenderen Zusammenhang seinen Sinn erhalten zu müssen. Während Sprichwörter und Sentenzen nur in einen bestimmten Kontext passen und von ihm abhängen, insofern sie nur in ihm abgerufen werden können, steht der Aphorismus allein für und auf sich selbst. Analog zu seiner Vereinzelung verhält sich auch die Wirkung auf sein Publikum: Er ist gemeinverständlich, aber exklusiv, nicht volkstümlich, sondern intellektuell. Seiner Isolierung hinsichtlich des Textzusammenhangs und der anspruchsvollen Besonderheit seiner Rezeption entspricht die Exklusivität seiner Inhalte und Formen. Um nicht seiner größten Feindin, der Banalität, zu erliegen, bedarf er artistischer Meisterschaft und rhetorischer Brillanz. Ein- und flachsinnige Behauptungen hat er ebenso zu vermeiden wie alle Arten des affirmativen Urteilens. Statt dessen verwendet er zur überraschenden Eröffnung mehrschichtiger und hintergründiger Sinndimensionen alle denkbaren Mittel der Antithese und Umkehrung, der Widersprüchlichkeit und Paradoxie, der Verblüffung und Suggestion.

Trotz der Autarkie des Aphorismus, seiner Unabhängigkeit von einem übergreifenden Kontext wie auch vom Mehrheitskonsens eines breiten Publikums findet er sich selten vereinzelt, sondern in der Regel inmitten größerer Sammlungen. Daß er zusammen mit anderen gedruckt und gelesen wird, stört nicht seine Selbständigkeit, da er ebenso gut auf die Nachbarschaft anderer Aphorismen verzichten kann. Andererseits drängen seine Subjektivität und ausschnitthafte Einseitigkeit nach Fortführung oder Widerspruch, Komplettierung oder Gegenentwurf von einem veränderten Standpunkt aus. Die aneinandergereihten, untereinander oft kontroversen Aphorismen sind Versuche, Erkenntnisgegenstände in immer neuen Denkansätzen perspektivisch zu erfassen. Nicht die Unfähigkeit eines Autors oder die Sterilität einer Epoche, sondern die Problematik des nur schwer Erkennbaren gebietet die aphoristische, das heißt: ständig experimentierende Form der Annäherung an die Wahrheit. Wenn der Glaube an die Offenbarung und die Grundsätze der alten Metaphysik kein Substrat für eine »Summa« mehr bieten können, vereinzeln sich zwar die Erkenntnisse und feiern in diesem Prozeß noch die Emanzipation zur Subjektivität, doch zugleich tendieren sie auf Überwindung ihrer solitären Existenz und suchen nach neuen Formen des Zusammenschlusses. Das Ergebnis ist kein System von Induktionen und Deduktionen, sondern ein Arrangement von Scheinwerfern, die mit ihren Lichtkegeln weder gleichgerichtet noch diffus das Dunkel nach Wahrheit absuchen.

Götzen in vielerlei Gestalt

Wie schon in seinen früheren Schriften, vor allem in »Zur Genealogie der Moral«, besteht Nietzsches Methode in der strikten Reduktion aller Erscheinungen auf ihre physiologischen Bedingungen. Die genealogische Forschung wird insofern fortgesetzt, als neben der Herkunft der Moral auch die Ahnen anderer »Götzen« wie Wahrheit, Vernunft, Schönheit usw. erkundet werden sollen. Die Reihung der Kapitel folgt der sich vom Allgemeinen zum Besonderen verlagernden und konzentrierenden Perspektive. Das Buch beginnt mit den überzeitliche Geltung beanspruchenden

Ideen und Idealen der Philosophie und Moral, widmet sich später zeitgenössischen Erscheinungen wie dem neugegründeten Reich sowie seinen sozialen und kulturellen Verhältnissen und richtet dann den Blick auf herausragende Personen, deren Namen stellvertretend für bestimmte Theoreme und Denkhaltungen stehen. Es schließt mit einem Ausblick auf nichtgötzenhafte, Maßstab setzende Gestalten wie Goethe und die alten Römer.

Die Gedankenfigur von Nietzsches Reduktionen ist in fast allen Fällen die gleiche, indem sie die für unzerreißbar gehaltene Kette zwischen Ursache und Folge, Begründendem und Begründetem zerbricht und zeigt, daß das scheinbar Erste immer schon das Zweite, weil Bedingte ist. Der sich frei wähnende Wille sieht in sich die Ursache seiner Tat; in Wahrheit aber ist er nur ausführendes Organ einer viel mächtigeren Macht und selber schon ein Ergebnis von Tat. Die sich für unbestechlich haltende Vernunft glaubt an Erkenntnis kraft ihres Geistes und hält im idealistischen Sinne sogar die Welt für ihre Schöpfung sowie sich für den Schöpfer, und doch ist sie selbst in ihrer Geschöpflichkeit nur das Vollzugsinstrument eines tiefer sitzenden Willens, auf dessen Geheiß sie denkt und erkennt. Der Gläubige kann sich seinen Gott nur als das Allerwirklichste (ens realissimum) und als Ursache seiner selbst (causa sui) vorstellen, und dabei ahnt er nicht, daß der Urgrund aller Dinge seinen Grund im Menschen hat, der sich seinen Allerhöchsten auf Anordnung seiner allertiefsten Instinkte als Ideal geschaffen hat, um sich von seiner irdischen Mühsal zu entlasten. Alles, was die Menschen an den Anbeginn setzen, ist in Wirklichkeit schon ein – meist spätes – Derivat herrschender oder bereits verletzter Triebkräfte. Für Nietzsche heißt es nicht: Im Anfang war das Wort, sondern im Anfang war das »Leben«. In diesem sieht er nicht nur den Ursprung, sondern auch das Ziel alles Seienden; es umfaßt Ursache und Folge, Grund und Zweck, Anfang und Ende. Alles, was ist, erfüllt die Funktionen des »Lebens« und erhält von ihm seine einzig wahre Legitimation.

Der zentrale Terminus bei Nietzsche darf nicht in einem verengten, nur biologischen Sinne auf die vitale Sphäre des Menschen, auf seine Physis, bezogen werden, sondern er umfaßt als eine Art Begriffsmetapher sehr viel mehr. Angesichts seiner Unbestimmtheit zeigt sich die Nietzsche-Forschung ziemlich ratlos, und jeder Versuch, das »Leben« näher zu bestimmen, führt zu einer unzulässigen Begrenzung, so daß es einer Überlegung wert ist, dementsprechend mit Kategorien wie »Grenzaufhebung« oder »Universalisierung« zu operieren. Das »Leben« zielt bei Nietzsche auf einen kaum näher zu bezeichnenden Grund und Zusammenhang, der alles Seiende begründet, umfaßt und bewertet. Jede weitere spezifizierende Deutung dieses Ganzen engt seinen Totalitätsanspruch ein und liefert es dem Widerspruch und Gegensatz aus. Eine begriffliche Bestimmung führt zum Verlust seiner Universalität, einem Verlust, den es in der historischen Realität sogar selbst hinnehmen muß, wenn es sich im Dienste seiner Schwächung selbst beschränkt und verstümmelt. Doch auch die Selbstkastration des »Lebens« durch Theorien und Ideale geschieht nach seinem Willen, allerdings einem erkrankten.

Zur Totalität des »Lebens« gehören die radikale Offenheit, die Bejahung zerstörerischer Antagonismen, auch noch das Nichts als eines komplementären Moments der Totalität. Nicht das Erkennen und Anerkennen des Nichts, sondern dessen Verleugnung oder Ausstattung mit Trost und Hoffnung durch Christentum und Moralität ist in Nietzsches Augen Nihilismus. So unbestimmt der Terminus »Leben« auch bleibt, so wichtig ist er als Instrument, die irrige und vor allem verderbliche Philosophie der Gegensätzlichkeit zu überwinden, da gerade das »Leben« das Gegensätzliche umgreifen und in sich zulassen soll: die helle und ordnende Verstandestätigkeit des Apollinischen ebenso wie den Grenzen aufhebenden Rausch des Dionysischen, das Gute ebenso wie das Böse und die Täuschung ebenso wie die Wahrheit. Sogar der Selbstwiderspruch ist im »Leben« inbegriffen und kann zu dessen Ansporn dienen. Auch wenn es verarmt oder gar erkrankt in Erscheinung tritt, wenn es sich selbst verleugnen und vernichten will, zeugt eben dieser Wille von der unbändigen Kraft, die auch noch im décadent am Werke ist. Sie treibt die prachtvollsten Blüten, entwikkelt eine immer feiner und – wie in der Moderne – eine immer raffinierter werdende Sensibilität und Intellektualität, auf Grund deren der Mensch allererst in die Lage versetzt wird, das ihm Fehlende, nämlich die ungebrochene Lebensmächtigkeit, in ihrem vollen Wert zu erkennen. Erst der Kranke ist imstande, die Bedeutung der Gesundheit zu erfassen und einzusehen, daß der Zustand des »Lebens« den Wert aller von ihm abhängigen Phänomene bestimmt und darüber entscheidet, ob sie Ausdruck eines instinktsicheren Willens oder dessen Verneinung, ob sie gut oder schlecht sind.

Nach den »Sprüchen und Pfeilen« wendet sich die »Götzen-Dämmerung« einer Gestalt zu, die schon im Mittelpunkt von Nietzsches Erstling, der »Geburt der Tragödie«, stand, nämlich Sokrates. Galt er dort als erster »theoretischer Mensch«, der mit seiner Kunst des Scheidens und Beweisens den weltumspannenden, Helles und Dunkles duldenden Mythos des archaischen Griechentums zerstört hat, so erscheint er nunmehr selbst als das bloße Werkzeug einer allgemein zur Neige gehenden Lebenskraft, als hervorstechendster Repräsentant einer tendenziellen Instinktschwächung, von der auch die anderen Menschen, vor allem die der nachfolgenden Generationen, betroffen waren, so daß der beredte Dialektiker auf offene Ohren stieß und das Werk, das von seiner Krankheit betrieben wurde, noch steigern und beschleunigen konnte. Wenn Sokrates sich wie so viele Philosophen (zum Beispiel Schopenhauer) anmaßt, das »Leben« zu beurteilen oder gar abzuwerten, so bestreitet Nietzsche die Möglichkeit solchen Unterfangens, weil für einen Lebenden das »Leben« niemals Objekt, sondern immer Subjekt der Beurteilung ist, indem es kraft seiner eigenen Beschaffenheit dem Urteilenden vorschreibt, ob er es bejaht oder verneint. Für Nietzsche gibt es kein autonomes Vernunfturteil, sondern nur Reaktionen auf Instinkte; denn die Menschen denken, was der Wille ihnen gebietet. Indem sie das »Leben« bewerten, legen sie Zeugnis ab vom Wert ihres eigenen Daseins. Damit wird die Rationalität auf ihre physiologischen Bedingungen reduziert.

Im Fall des Sokrates bemüht Nietzsche die spärlich überlieferten Auskünfte über dessen Charakter, vor allem über sein Aussehen, das dem Psychologen Nietzsche monströs und bis zur Karikatur verzerrt erscheint und ihm daher zum willkommenen Beleg für ein im ganzen verkommenes Wesen dient. Dessen niedere Herkunft und angeblich ebenso verbrecherische wie häßliche Art sind laut Nietzsche Ausdruck und zugleich Antriebskräfte für das Ressentiment gegen alles Vornehme, an dessen Stelle der rechthaberische Umgang mit Begriffen tritt. Die Dialektik wird zur Waffe der Unterlegenen, die sich mit ihr an allem Mächtigen zu rächen suchen, indem sie jeden zwingen, sich mit ihren Mitteln zu wehren oder als Idiot zu gelten. Wie so oft bei seiner Analyse von décadence sieht Nietzsche auch im vorliegenden Fall nicht nur die Nachtseiten, und er bescheinigt Sokrates sogar, mit seiner Dialektik eine neue, sublimierte Form kämpferischer Auseinandersetzung geschaffen und damit das Leben der Griechen bereichert zu haben.

Gründe für die immense Wirkung des sokratischen Geistes, der sich im Christentum verstärke und in der Moderne (bei Schopenhauer und Wagner) seine verderblichen Triumphe feiere, sieht Nietzsche in der bei den Griechen einsetzenden Irritation der Instinkte, die in ihrer konfusen Erregtheit nicht mehr zu zügeln waren, so daß Sokrates als fortgeschrittenster Krankheitsfall die Trias von Vernunft, Tugend und Glück als vermeintliches Heilmittel anbieten konnte, wonach so viele gierig griffen. Doch Rationalität und Moralität mit derart unreiner Herkunft sind für Nietzsche pathologisch bedingt; denn der wachsende Widerstand gegen erkrankte Instinkte ist selbst nur Symptom einer Krankheit. Ein gesundes Dasein bekämpft keine Instinkte, sondern läßt sie gelten – allerdings nur, wenn diese gesund sind. Die Krankheit besteht in der Dissoziation des Einzelnen, im diffusen Neben- und Gegeneinander der Teile; die Gesundheit dagegen ist ein ruhiges Ganzes, das die Widersprüche in sich zuläßt, nicht im Sinne der Hegelschen Aufhebung, wohl aber in dem der Duldung von Gegensätzen. Untrügliche Zeichen und zugleich treibende Kräfte eines niedergehenden Lebens sind die einseitigen Hervortreibungen und Verabsolutierungen vereinzelter Ideen und Ideale bei gleichzeitiger Unterdrückung oder gar Eliminierung des Gegenteiligen, so des Dunklen zugunsten des Hellen, der Instinkte zugunsten der Moral und des Mythos zugunsten des Logos.

Einer der verehrtesten und zugleich gefährlichsten Götzen ist für Nietzsche die Mumifizierung der Welt bunter und wandlungsreicher Phänomene zu einem erstarrten und vermeintlich alles überdauernden Sein, dessen mögliche Erzeugung und Tod von den Metaphysikern einer verirrten Vorstellungskraft angelastet wird. Demgemäß suchen sie die Irrtumsquellen beim Erkennenden und finden sie in seinen Sinnen, was allzu gut zur immer schon gepredigten Leibfeindlichkeit paßt. Wieder revidiert Nietzsche die gängige Rangordnung durch widerlegende Umkehrung: Nicht die Sinne lügen, sondern der wahre Betrüger verbirgt sich hinter derjenigen Instanz, die sie mit Begriffen wie »Einheit«, »Substanz« usw. vergewaltigt, nämlich der Vernunft. Er teilt mit dem Griechen Heraklit die Auffassung, daß *das* Sein eine pure Erfindung ist, und er wendet sich gegen die Meinung der Eleaten, wie Parmenides, daß das Sein ewig sei, ja er wehrt sich auch noch gegen deren Gegner, die wie Demokrit unter der Last des überkommenen Seins-Begriffs im Atom die letzte, unteilbare und unwandelbare Einheit setzen. Demgegenüber verteidigt Nietzsche die kognitive Kraft der Sinneswerkzeuge, insbesondere der Nase als eines der effektivsten, weil feinnervigsten Erkenntnisinstrumente.

Wie sehr das Sein als vorgeblich wahre und unwandelbare Welt in Wahrheit stetigem Wandel unterworfen ist und unter verschiedenen philosophischen Prämissen unterschiedlich interpretiert wird, zeigt Nietzsche an sechs Stufen in der Geschichte des abendländischen Denkens. Im Idealismus Platons war die wahre Welt nur dem Weisen zugänglich, der durch Befreiung von allem Sinnenwerk zur Anschauung ewig gültiger Wahrheiten vorzudringen suchte. Für den Christen lag sie in einem unerreichbaren, doch für das Jenseits verheißenen Dasein, das sich der Fromme und diesseitig Büßende verdienen konnte. Für Kant war die Welt-an-sich theoretisch nicht beweisbar, doch im Bereich des Praktischen ein sittlicher Auftrag und als solcher kein bloßes Phantom. Den Positivsten galt die wahre Welt als unbekannt. Sie wußten kein Mittel, diesen Mißstand zu beheben, fanden sich jedoch mit diesem trostlosen Zustand ab. Daraus die Konsequenzen ziehend, plädieren die freien Geister der Moderne, die universalen Skeptiker und Agnostizisten, für eine Abschaffung der wahren Welt als einer überlebten und unnützen Idee. Auf der sechsten und letzten Stufe, welche die vorerst höchste ist und auf der Nietzsches »Zarathustra« steht, dämmert dem Bewußtsein, daß mit der wahren Welt auch die scheinbare ihren Sinn verloren hat. In ihrer fortgeschrittensten Form will die Reflexion nicht die wahre Welt, sondern die grundsätzlich irrige Annahme einer Trennung von wahrer und scheinbarer Welt überwinden. Dem »Jenseits von Gut und Böse« entspricht das Postulat: »Jenseits von Sein und Schein!«

In dem Kapitel »Die vier großen Irrtümer« thematisiert Nietzsche die Grundbegriffe seiner durchweg herrschenden Denkfigur. Während er bei seiner Reduktion von Ideen auf deren physiologische Bedingungen – formalisiert gefaßt – stets mit der Relation von Erstem und Zweitem, von Ursache und Folge operiert, indem er beides umkehrt, unterzieht er nun dieses Verhältnis selbst einer grundsätzlichen Prüfung. Der erste Irrtum besteht für Nietzsche noch in der gängigen Verwechslung von Ursache und Folge, wie er sie bislang an verschiedenen Zuordnungen analysiert hat und die er auch jetzt noch einmal am falschen Glauben an die Diät demonstriert. Diese soll die Ursache eines langen Lebens sein, ist aber in Wirklichkeit die Folge des Nicht-mehr-richtig-essen-Könnens. Ursache der erstrebten Gesundheit ist also nicht die Sollens-Vorschrift, sondern die Krankheit. Entsprechendes gilt in Moral und Politik, wenn Mittel und Wege ersonnen werden, um Fehler zu verbessern, während doch schon deren Quellen vergiftet und Resultate niedergehenden Lebens sind. Für Nietzsche zehrt alles Starke nicht vom Sollen, sondern vom Sein, dessen Instinktsicherheit in gelassener Leichtigkeit und in einer Heiterkeit zum Ausdruck kommt, die das Entsetzliche kennt und erträgt. Auch die

Tugend ist in diesem Sinne nicht die Ursache, sondern die Folge des Glücks.

Die grundsätzlichen Irrtümer liegen im falschen Glauben an eine Ursächlichkeit, die dazu treibt, nach immer neuen Gründen zu fahnden, die in Wirklichkeit aber nur aus triebgesteuerten Einbildungen bestehen. Nietzsches Kritik wendet sich vor allem gegen sämtliche Formen des Idealismus, der mit emphatischer Überschätzung der verursachenden Kraft des vorgeblich freien Subjekts im Atom oder im Ding-an-sich nichts anderes als die selbstverherrlichende Projektion seines eigenen Geistes sieht. Die Menschen sind nicht bereit oder unfähig, Tatsachen als solche gelten zu lassen, sondern sie betreiben unablässig Ursachenforschung und nehmen erst nach deren – ohnehin irrigem – Abschluß das Gegebene hin, da sie nunmehr das Neue auf etwas Altbekanntes zurückführen können und dabei ein Gefühl von Sicherheit, ja ein Bewußtsein von Macht gewinnen. Die Furcht vor dem Unbekannten beraubt es seiner Neuigkeit und versagt ihm zugleich die Möglichkeit, selbst Ursache eines Neubeginns zu werden. In Religion und Moral dienen die angeblichen Ursachen wie Gewissen und Gottergebenheit zur Erklärung und Erleichterung quälender Kollektiverfahrungen. Statt dessen aber sind derartige Seelenzustände Ergebnisse physiologischer Bedingungen. Das Vertrauen in Gottes Güte ist Ausdruck innerer Stärke, das Schuldgefühl dagegen verrät Schwäche.

Ein kardinaler Irrtum liegt für Nietzsche in der Annahme eines freien Willens, der als vorgeblich bestimmende Ursache zu dem Zweck erfunden ist, Dinge und Menschen von sich abhängig machen und bestrafen zu können. Um jemanden schuldig sprechen zu dürfen, muß man ihm zuvor die Freiheit aufzwingen. Nietzsche dagegen vertritt die volle Unverantwortlichkeit für alles, was ein Mensch ist oder tut. Die Fatalität des »Lebens« erübrigt den Zweck, der ebenso in der Natur völlig überflüssig ist. Da jeder einzelne ein Teil des Ganzen ist, kann er nicht verurteilt werden, ohne daß auch dieses mitbetroffen wäre. Ein Schuldspruch über ein Individuum verurteilt auch das Universum. Erst wenn die Welt nicht mehr auf eine erste Ursache zurückgeführt wird, hat ihre Befreiung begonnen; erst durch die Abschaffung Gottes wird sie erlöst.

Wie die Religion so beruht nach Nietzsche auch die Moral auf Einbildungen und Mißdeutungen von Phänomenen, doch sie hat insofern einen Erkenntniswert, als sie in ihren verschiedenen Erscheinungsformen Auskunft gibt über die Stärke und Schwäche ihres jeweiligen Substrates, das heißt des »Lebens«. Zielt sie auf die Verbesserung des Menschen, so bedient sie sich grundsätzlich zweier verschiedener Methoden: der Zähmung oder der Züchtung. Jene führt zu einer unerbittlichen Erniedrigung, wie sie der Germane des frühen Mittelalters erfährt, wenn er bekehrt und unter das Kreuz gezwungen wird. Die Züchtung dagegen, welche die indische Kultur für ihre hierarchisch abgestuften Rassen und Klassen im Sinne hat, führt zu einer gezielten Schwächung unterer Schichten, und zwar mit Mitteln von unerhörter Grausamkeit, wie die Verbote und Vorschriften für die unterste Kaste der Tschandala beweisen. Gegen diese indische Rassentheorie mit ihren Prinzipien von Züchtung und Bevorzugung wendet sich die jüdisch-christliche Lehre an alle Armen und Erniedrigten. Beide verstehen sich als Moral, doch sie knechten Menschen im Dienst eines ihr unbewußten und bereits erkrankten Lebenswillens; denn der gesunde läßt alle Lebenden sein und zwingt sie nicht unter das Joch eines Sollens.

Nach den Götzen der Philosophie, Religion und Macht richtet sich Nietzsche gegen die der Politik: gegen das Deutsche Reich, das er zum Zeichen seiner Respektlosigkeit stets nur in Anführungszeichen beim Namen nennt. Seine hauptsächlichen Vorbehalte zielen auf die Ablösung des Geistes durch die Macht, der Kultur durch den Staat, der Bücher durch Bismarck. Das »Deutschland, Deutschland über alles« hat das einstige Land der Denkenden unter das Niveau französischer Geistigkeit herabgewürdigt, und es hat weit und breit keine einzige Gestalt vom Rang Goethes oder Schopenhauers vorzuweisen. Zum Mangel an geeigneten Erziehern und großen Vorbildern kommen in Nietzsches Augen noch die Rauschgifte wie Alkohol, Christentum und neue deutsche Musik, womit er Wagner meint, sowie ein entgeistigter Wissenschaftsbetrieb, der in seiner nivellierenden Hast keinen Spielraum mehr für Höheres läßt. Ohne wirklich berufen zu sein – so Nietzsche –, müsse der junge Mann (von der jungen Frau ist ohnehin nicht die Rede) mit dreiundzwanzig Jahren einen Beruf ergriffen haben, obwohl jede verfeinerte Kultur im Dreißigjährigen noch einen lernenden Anfänger zu sehen habe. Doch die Voraussetzungen dazu lägen in einer radikalen Veränderung des Sehens, Denkens, Sprechens und Schreibens. Erforderlich seien ruhige Gelassenheit und ein stolzer Widerstand gegen jeden Reiz, die vornehme Distanz und die Leichtfüßigkeit des Tänzers, was zutiefst miteinander verbunden sei und wovon die Deutschen mit ihrer Plattheit und Plumpheit allzu weit entfernt stünden.

Im längsten Kapitel der Schrift, in den »Streifzügen eines Unzeitgemäßen«, behandelt Nietzsche eine ganze Galerie von Götzen in Gestalt von allseits anerkannten Autoritäten, die bestimmte Denkhaltungen und Wertsetzungen repräsentieren. Oft berührt er sie nur im Vorübergehen mit seinem Hammer und entlockt ihnen dadurch einen kurz anhaltenden Ton, der dem Horchenden bereits genügt, um seinen Urteilsspruch zu fällen. Die mitunter beiläufig-herablassenden Etikettierungen haben Anlaß zum Ärgernis gegeben, wenn er Schiller als »Moral-Trompeter von Säckingen« (Seite 100) lächerlich zu machen oder wenn er Kant mit einer kalauerhaften Anspielung auf das englisch-französische Wort »cant« als Scheinheiligen bloßzustellen sucht. Nietzsches Methode der Entthronung ist auch hier die Reduktion von Theoremen auf Triebkräfte, wobei diese im Widerspruch zu jenen stehen: Der Freigeist Renan kniet in seinem Inneren nieder zum Gebet, Sainte-Beuve erweist sich als Revolutionär ohne Freiheit und mit Rachgier gegen alles Stärkere, George Eliot opfert zunächst ihrem Gott und dann nach englischer Sitte der Moral, George Sand ziert sich als Frau mit Männlichkeit, die Brüder Goncourt betreiben eine vorgeblich tiefdringende Psychologie, indem sie ebenso wie die Naturalisten vor den Oberflächenfakten im Staub liegen, und Carlyles Verlangen nach Gläubigkeit kontrastiert zu seiner Unfähig-

keit dazu, so daß der notorisch als redlich Geltende unredlich gegenüber sich selber wird.

Wie alle Erscheinungen und Ideen ist für Nietzsche auch die
Schönheit keine autarke und interesselose Entität, sondern eine
Projektion des »Lebens« in die Dinge. Im Schönen spiegelt sich
das Gesunde, während im Häßlichen der Haß des Degenerierten
gegen die Depravation seiner Möglichkeiten zum Ausdruck
kommt. Da auch die Ästhetik physiologisch bedingt ist, widerspricht Nietzsche der Schopenhauerschen Lehre von der Schönheit als Erlöserin vom Geschlechtlichen, und er stimmt statt dessen Platon zu, für den alles Schöne zur Produktivität und Zeugung
stimuliert. Auch und gerade das zeitgenössische Programm des
l'art pour l'art, das sich von außerkünstlerischen Bindungen befreit wähnt, bleibt in Nietzsches Augen der irrigerweise verneinten Beziehung verhaftet; denn Kunst ist niemals ziel- und zwecklos, sondern immer Widerschein und zugleich Stimulans des »Lebens«. Diesem Auftrag bleibt sie gerade in der Darstellung des
Häßlichen und Lebenswidrigen treu, da sie das Furchtbare ohne
Furcht zeige und dem Fragwürdigen ohne Antwort standhalte.
Der leidgeprüfte Heros feiere am ehesten in der Tragödie den un-
ermeßlichen Wert seines Daseins.

Nach den Götzen in Politik (»Reich«) und Kunst sind die zeitgenössischen Tendenzen und Institutionen an der Reihe, und auch
sie erweisen sich für Nietzsche in ihrer vorgeblichen Fortschritt-
lichkeit als Ergebnisse physiologischer Degeneration. Das gelte
sowohl für Sozialisten und Anarchisten, die sich wie die Christen
über ein verarmtes »Leben« beklagten, als auch für den Liberalismus, der die Unterschiede zwischen dem Vornehmen und Niedrigen einebne. Da nur die Notwendigkeit, stark sein zu müssen, die
Menschen stark mache, sei die aristokratische eher als die demo-
kratische Gesellschaftsform geeignet, Freiheit und Größe zu ermöglichen; denn diese bemäßen sich am Grad der Widerstände
und Gefahren, die man überwinden müsse. Ebenso konsequent
wie Widerspruch herausfordernd sind Nietzsches Urteile über die
Milderung der Sitten, über die Arbeiter-Frage und die sogenannte

Liebesheirat. Demgegenüber sieht er allerdings auch im Konservatismus keine Alternative; denn es gebe kein Zurück, sondern der emphatisch deklarierte Fortschritt müsse Schritt für Schritt in immer tiefere décadence hinunterführen. Als Götzen betrachtet Nietzsche ebenso das moderne Recht, das den Verbrecher, und das heißt den unter ungünstigen Umständen krank gemachten starken Menschen, aus Rache-Ressentiment verfolge und bestrafe.

Zum Abschluß der »Götzen-Dämmerung« stellt Nietzsche den vielen verurteilten Abgöttern vorbildhafte Gestalten gegenüber, unter denen ihm Goethe als die alles überragende gilt. Dieser verkörpere die Totalität und Fatalität der Natur, er übe Toleranz aus Stärke und sei in seiner Bejahung der spannungsvollsten Antagonismen einer der letzten dionysischen Menschen, an dem gemessen das gesamte 19. Jahrhundert nur noch Niedergang bedeute. Nach Goethe, dem er als dem größten Deutschen seinen Respekt bezeugt, rühmt Nietzsche ganz im Stil der in seinen späten Schriften überreizten Selbsteinschätzung seine eigene Sendung und nennt »Also sprach Zarathustra« das tiefste Buch, das die Menschheit besitze.

Bei dem Rückblick auf das, was er den Alten verdankt, hebt er die Bedeutung des Römischen vor dem Griechischen hervor. Die Hellenen hätten im Gegensatz zur Winckelmannschen Auffassung von den »schönen Seelen« unter ungeheuren Spannungen gelitten, die sich in immer erneuten Feindschaften und rauschhaften Festen entladen hätten. Während er an den Römern, vor allem an Sallust und Horaz, die Vornehmheit des Stils, dessen Kraft des Ganzen bei äußerster Sparsamkeit der Mittel preist, betont er beim frühen Griechentum die Macht des Dionysischen, die er schon in seinem Erstling, in der »Geburt der Tragödie«, erkannt und dargestellt habe. Dort schlug er den umgekehrten Weg ein, indem er von den Griechen ausging, den Niedergang seit Sokrates verfolgte und in Wagner einen möglichen Erlöser erblickte. Nunmehr beginnt er beim desolaten Zustand der Moderne, deren krankhafteste Verkörperung er in Wagner sieht, und er schaut auf das zurück, was der Anknüpfung und Weiterführung wert ist. Dabei bezeichnet er sich selbst als letzten Jünger des Dionysos und Lehrer der ewigen Wiederkunft. Frühes Griechentum, römische Stilisten, Goethe und Nietzsche – das sind die Alternativen zu Sokrates, Christentum und Richard Wagner.

»Der Fall Wagner«

Am 20. April 1888 schreibt Nietzsche an Peter Gast: »[…] ein kleines Pamphlet über Musik beschäftigt meine Finger.« Am 16. Juli schickt er das überarbeitete Druckmanuskript an seinen Verleger Naumann und erhält bereits Mitte September das erste Exemplar »Der Fall Wagner«. Das Wort »Fall« ist hier außerordentlich vieldeutig und kann in juristischem, medizinischem, theologischem und ideengeschichtlichem Sinne verstanden werden, das heißt: Wagner gehört vor ein Tribunal, ist ein Krankheits-, vielleicht sogar ein Sündenfall, und sein Abfall (décadence) ist das Paradigma für die vor allem in Frankreich, aber auch im übrigen Europa vor der Jahrhundertwende aufkommende Bewegung des Fin de siècle, so daß Erwin Koppen eine enge Beziehung zwischen Dekadenz und Wagnerismus sehen und »Wagner als Fall« (Dekadenter Wagnerismus. Studien zur europäischen Literatur des Fin de siècle. Berlin und New York 1973. Seite 315 ff.) bezeichnen kann. Als Fall ist Wagner für Nietzsche noch in einem weiteren Sinne wichtig, nämlich als Objekt seiner eigenen Fallstudie, und daher nennt er ihn am Ende der Schrift einen erkenntnisfördernden »Glücksfall« (Seite 46), dem der Diagnostiker der gesamteuropäischen Erkrankung zu tiefem Dank verpflichtet sei. Was dieser noch nicht ahnen konnte, war die im Vergleich mit seinen früheren Büchern außerordentliche Resonanz seiner neuen Schrift. Sie statuierte unter anderem einen »Fall Nietzsche«.

Die doppelte Optik auf die Bindung an Wagner einerseits und auf die emphatisch proklamierte Befreiung von diesem andererseits bestimmt die Gedankenführung und Argumentationsweise des gesamten Pamphlets. Schon in den ersten Sätzen des Vorworts kommt Nietzsches problematische Verflochtenheit mit dem in seinen Frühschriften fast vergötterten Musiker zum Ausdruck. Wörter wie »Schicksal« und »Selbstüberwindung« bezeichnen die Spannung zwischen einem gleichsam von höheren Mächten Verhängten, das zu überwinden ist, und einem Selbst, das sich von jenem befreien muß. In Anknüpfung an seine »Unzeitgemäßen Betrachtungen« bekräftigt Nietzsche seinen Willen, sich dem Zeitgemäßen zu widersetzen, doch anders als in seinem früheren Buch rechnet er nun auch Wagner zu den Erkrankten und hält sich als dessen Zeitgenossen für ebenfalls bedroht, ja bereits von der Krankheit befallen. Daher wird die Befreiung von Wagner auch zu einer partiellen Überwindung des eigenen Selbst. Jener ist als Ganzer und dieses wird zum Teil zur Inkarnation der décadence, die als beherrschende, lebensverneinende Macht der Moderne auf dem Prüfstand steht. Doch die Prüfung ergibt keine eindeutige Rechnung, da sie nicht nur die Verluste, sondern auch die Gewinne der Modernität, mit der Wagner identisch ist, verzeichnet. Außer ihm gibt es keine gegenwärtige Kultur, und weder ein Künstler noch ein Philosoph kann ohne ihn zu Werke gehen. Nur wer ihm gleich ist, hat ein Recht, sich von ihm abzusetzen.

Woher aber nimmt Nietzsche dieses Recht und vor allem die Kraft dazu? Wagner repräsentiert für ihn nicht nur die dekadente Moderne, sondern auch die Kunst schlechthin, die in seinen Augen nur eine Wagnersche sein kann, da außer ihr keine andere in Betracht kommt. Bizets »Carmen« ist nur ein flüchtig gewählter strategischer Punkt, von dem aus Wagner zu attackieren ist; eine ernst zu nehmende Alternative bietet der Franzose nicht (vergleiche die erste Anmerkung zu Seite 9). Mit Wagner verfällt für Nietzsche die gesamte Kunst dem Verdikt der Degeneration, und er nennt auch das Reservoir, aus dem er seine eigenen Abwehrkräfte schöpft: »Der Philosoph in mir wehrte sich dagegen.« (Seite 9) Dieser sucht und findet einen archimedischen Punkt, von dem aus das ganze morsche Gebäude der Kunst aus den Angeln zu heben ist. Damit erhält die das Gesamtwerk Nietzsches bestimmende Spannung von Kunst und Erkenntnis eine neue Qualität.

Die von Stefan George und seinen Anhängern gern zitierten Worte Nietzsches aus dessen späterer Vorrede zur »Geburt der Tragödie«: »Sie hätte *singen* sollen, diese ›neue Seele‹ – und nicht reden!« (Goldmann-Klassiker Nr. 7555, Seite 11) bedürfen unter dem Aspekt der einzig möglichen Dekadenz-Analyse der Umkehrung. Die »neue Seele« darf nicht singen, sondern sie muß reden, um nicht an ihrem schlechteren, weil erkrankten Teil zugrunde zu gehen. Das wäre unweigerlich ihr Los, wenn sie Künstler, und das heißt: wie Wagner, würde. Alle Kunst der Moderne kann nicht anders sein und bedarf als solche der Erlösung, und zwar nicht durch einen Künstler, sondern durch einen, der ihr die Wahrheit sagt: durch einen Philosophen. Um der unseligen Trias Wagner-Moderne-Kunst nicht zu verfallen, muß Nietzsche dem Künstler in sich entsagen, muß er sich statt der Bilder der Begriffe bedienen. Nietzsche darf nicht Künstler werden, weil es Wagner gibt.

Von dem genannten archimedischen Punkt aus ist Nietzsche imstande, nicht nur Wagners Kunst, sondern auch Schopenhauers Philosophie zu bekämpfen, deren ästhetische Quintessenz gerade darin besteht, nicht der Philosophie, sondern der Kunst, ja sogar der Musik die höchste Stufe der Erkenntnis anzuvertrauen. Nietzsche holte diesen Anspruch gerade in seinen späteren Schriften – entgegen der herrschenden Meinung über deren rauschhafte Intellektfeindlichkeit – wieder zur Philosophie zurück und überträgt ihr die Arbeit der Aufklärung über die Kunst, die in der Moderne identisch mit Wagner und mit Krankheit ist.

Wenn Nietzsche der Wagnerschen Kunst die Oper »Carmen« von Bizet als angebliches Korrektiv entgegenhält, dann benutzt er diese als Demonstrationsbeispiel für den Gegensatz von Klassischem und Romantischem, wobei ihm das Letztgenannte als gleichbedeutend mit dem Dekadenten gilt. Bereits Goethe bezeichnet das Klassische als das Gesunde und das Romantische als das Kranke, und der spätere Literarhistoriker Fritz Strich assoziiert mit jenem den Begriff der »Vollendung«, mit diesem den der »Unendlichkeit«. Nietzsche denkt in ähnlichen Kategorien, wenn er mit Bizet der Wagnerschen Schwere das Leichte, dem Unendlichen das Begrenzte, dem Kranken das Gesunde und dem Verzweifeln das Fruchtbar-Werden gegenüberstellt.

Nietzsche sieht in Wagner vor allem dann seinen erbittertsten Gegner, wenn dieser Schopenhauer folgt; denn im Autor der »Welt als Wille und Vorstellung« bekämpft der Wagner-Kritiker seinen eigenen verderblichen Lehrer. In den »Unzeitgemäßen Betrachtungen« hat Nietzsche noch beide als Erlöser aus einem vom Untergang bedrohten Jahrhundert verkündet, doch nun erkennt er ihre und seine eigene Erlösungsbedürftigkeit. Noch größere Bedenken hegt Nietzsche gegen Wagner als Ansteckungsgefahr, da nicht einmal so sehr die Armen im Geist, sondern gerade die Feinsten und Verwöhntesten vom unübertrefflichen Raffinement seiner Musik verführt würden, so daß die Dekadenten von Paris bis Petersburg sich selber feierten, indem sie Wagner als den Bannerträger ihrer selbstgenießerischen Neurose bejubelten. Nietzsche hält sich im Unterschied zu diesen Zeitgenossen für fähig, von Wagner abzurücken, weil sein Verhältnis zu ihm zwar durch Affinität, nicht aber durch Identität gekennzeichnet sei. Während die europäischen décadents von Wagner infiziert seien, sieht sich Nietzsche von dessen Krankheit nur teilweise befallen, so daß sie ihn, der noch genügend Wille und Kraft zur Gesundheit hat, nicht wie die Hingegebenen erschöpft, sondern zu einem volleren »Leben« stimuliert. Der Philosoph in ihm ermöglicht diese gesteigerte Lebensfülle, wenn nicht in seinem Daseins-, so doch in seinem Denkvollzug.

Als charakteristische Symptome der Wagnerschen Krankheit diagnostiziert Nietzsche die überreizte Sensibilität, das Unfeste und Sprunghafte seines Charakters und Werkes sowie die Sucht nach den Narkotika der nervösen Moderne, nach dem Brutalen, Künstlichen und angeblich Unschuldigen. Wagner komponiere keine schöne, sondern nur effektvolle Musik, welche die Massen anziehe und von der die Theater lebten. Statt des begrenzenden Gedankens herrschten bei ihm Chaos und Unendlichkeit, die sich musikalisch im Verzicht auf Melodie ausdrücke. An deren Stelle träten die Leidenschaften, die pompös-posaunenhafte Aufblähung großer Worte und Symbole, die Ballung und Aufwallung gewaltiger Ideenmassen. Wagners Musik geriere sich als ein nachchristliches Erlösungswerk, das nicht Schönheit, sondern Religion sein wolle, das nicht erfreuen und das »Leben« bejahen, sondern dieses ändern und verbessern möchte. Damit wende sie sich radikal vom 18. Jahrhundert, von Mozart, ab und verfalle dem Zeitalter Schopenhauers.

Künstlerischer Ausdruck physiologischer Degeneration ist für Nietzsche der Verlust an Totalität zugunsten einzelner Teile, losgelassener Partikel, die mangels bannender Kraft des Ganzen in selbständige Atome zersplittern. Wagners Werk sei nur groß im Kleinen, in der Erfindung der Einzelheit und im miniaturistischen Ausgestalten des Singulären. Das Fehlen an Substanz solle durch gleißnerische Theatereffekte und alle möglichen Kunststücke der Schauspielerei verdeckt und ersetzt werden. Auch die Handlungen seiner Musikdramen ließen die große Einheit vermissen, an deren Stelle die Vielheit einzelner Szenen mit größtmöglicher Wirkungsintention getreten sei. Alle Elemente des Dramatischen, die psychologische Motivierung von Taten und Untaten, die Schürzung des Knotens sowie dessen konsequente Lösung fehlten bei Wagner.

Da er nicht ein Ganzes schaffen, sondern nur Stückwerk machen könne, müsse er zu seiner Musik auch noch theoretische Literatur produzieren, so daß sich zu den vielen Teilen noch ein weiterer geselle. Seine Kunst genüge nicht sich selbst, sondern bedürfe der kommentierenden Hinzufügung, und diese liefere der Künstler gleich mit. Damit übertrage er als Nachkomme des deutschen Idealismus die Hegelsche Idee auf die Kunst und diene damit jener und nicht dieser. Das zeige sich in Wagners gewollt bedeutsamem Schweifen im Dunkeln, in der willkürlichen Vielfalt seiner Ideenlinien und in deren Verknüpfungen. Neben der ideellen Beziehung zu Hegel sucht Nietzsche eine politische Parallele im neugegründeten Deutschen Reich, das in seiner imperialen Gestik ebenso wie die Wagnersche Musik von seinen Untertanen unbedingten Gehorsam verlange.

In den beiden »Nachschriften« bündelt Nietzsche noch einmal seine Einwände gegen Wagner, dem gegenüber sich die Deutschen länger als andere resistent verhalten hätten, um ihm dann aber mit größter Vehemenz zu verfallen, nachdem sie ihre Instinkte für das Gefährliche verloren hätten. Einer seiner Hauptvorwürfe richtet sich wiederholt gegen das Zuviel an Theater und Schauspielhaftigkeit, das statt eines guten Geschmacks den Beifall der Massen erheische. Ein zweiter zentraler Einwand zielt auf Wagners obskure Christlichkeit, vor allem auf seinen »Parsifal«, der so verlogen sei, daß er die Erkenntnis zu Tode hasse. Andererseits hebt Nietzsche noch einmal seine Hochschätzung der Wagnerschen Musik hervor, neben der oder gar vor der keine andere ernstlich in Betracht komme, denn Wagner sei zwar ein Künstler der décadence, doch nicht deren Verursacher, sondern vielmehr ihr Vollstrecker, der sie derart konsequent auf die Spitze treibe, daß gemessen daran alle anderen Modernen, wie beispielsweise Brahms, nur halbe Sache machten. Zu Wagner gebe es auch keine Alternative, wenn man auf die alten Meister wie Händel oder Rossini zurückgreife; denn dazu fehlten die physiologischen Bedingungen, ohne die es keine Schönheit gebe. Nietzsche betont noch einmal die Abhängigkeit einer jeden Ästhetik vom »Leben«, der klassischen vom gesunden, der décadence-Kunst vom erkrankten. Er sieht diese Gegenüberstellung in Analogie zur Opposition von Herren- und von Christenmoral: Jene bejahe, diese verneine das »Leben«.

»Nietzsche contra Wagner«

Die Schrift ist eine Art Anhang zum Pamphlet »Der Fall Wagner«, von dessen Resonanz Nietzsche Kenntnis genommen hatte, wobei er in einer verworfenen Fassung des Vorworts zu »Nietzsche contra Wagner« den »vollkommenen Mangel an délicatesse« beklagte, mit dem die Deutschen wieder einmal eine seiner Publikationen aufgenommen hätten (Kritische Studienausgabe, Band 14, Seite 523). Im Dezember 1888 erwog er den Plan, zum Beleg und zur

Erläuterung seiner Gegnerschaft zu Wagner mehrere Textstellen aus seinen frühen Schriften zu sammeln und in teilweise überarbeiteter Fassung herauszugeben (vergleiche die erste Anmerkung zu Seite 151). Nach mehrmaligem Schwanken – inzwischen hatte er die Korrekturen bereits gelesen – teilte er am 2. Januar 1889, kurz vor dem Eintritt der geistigen Umnachtung, dem Verleger mit, daß die geplante Schrift »vollständig überholt« sei. Seither wird darüber diskutiert, inwieweit »Nietzsche contra Wagner«, 1889 in wenigen Exemplaren erschienen, ein von Nietzsche autorisierter Text ist und welche Teile zur vermeintlich endgültigen Fassung gehören. Die hier vorliegende Ausgabe folgt dem Vorschlag von Colli/Montinari und nimmt im Unterschied zur Schlechta-Ausgabe auch das Kapitel »Intermezzo« sowie das Schlußgedicht »Von der Armut des Reichsten« auf.

Da sich die Schrift im wesentlichen aus Passagen von »Menschliches, Allzumenschliches« bis zu »Ecce homo« und den »Dionysos-Dithyramben« zusammensetzt, läßt sie keine grundsätzlich neuen Ansätze, wohl aber signifikante Akzentuierungen erkennen, die vor allem in den Bearbeitungen der ausgewählten Texte sichtbar werden. Einerseits wird die Gegnerschaft zu Wagner, soweit das nach dem jüngsten Pamphlet überhaupt noch möglich ist, weiter zugespitzt; andererseits tritt der Respekt vor dem Gegner so deutlich zutage, daß es diesmal weniger eine »Fall«-Höhe zum physiologisch unterlegenen Künstler als eine Art von Gleichgewicht zwischen beiden Kontrahenten zu geben scheint. Sowohl das »contra« als auch gewisse Anordnungen der Kapitel suggerieren das Bild zweier Gegner, die einander wert sind. Da heißt es: »Wo ich Einwände mache«, zuvor aber auch: »Wo ich bewundere«, und am deutlichsten artikuliert sich die Gleichrangigkeit in der Überschrift »Wir Antipoden«.

Wagner gilt nach wie vor als krankmachende Gefahr, gegen die alle Organe ihre Abwehrkräfte mobilisieren müßten: Zielpunkt von Nietzsches Kritik ist immer wieder Bayreuth als Inbegriff bombastischer Theaterhaftigkeit, welche die Masse betäube und das Individuum betrüge oder zum Idioten degradiere. Je mehr sich

Wagners Musik in den Dienst des Effektes stelle, um so gewaltsamer beherrsche das Chaos den Rhythmus, die Entfesselung die Besonnenheit. Wenn Nietzsche beobachtet, daß die Musik im Verlauf kultureller Entwicklungen immer erst nach deren Höhepunkten zur Blüte und Vollendung gelange, und er zum Beispiel Händel als Vervollkommnung Luthers und Mozart als die des ancien régime nennt, so trifft Entsprechendes auf die Moderne und Wagner zu, so daß dieser nach jeweiliger Optik Abgrund und Gipfel der décadence verkörpert. Er hat die Massen verführt, aber auch ganz neue Seelenzustände mit den Erlebnissen feinster Nuancen erschlossen, und Nietzsche bewundert ihn in allem, wo er sich selber, vor allem seine Leiden, in Musik verwandle. Er betont die Verwandtschaft des Musikers mit den modernen französischen Künstlern, die zwar allesamt krank, doch an Virtuosität kaum zu übertreffen seien; und er verweist abermals auf seine eigene Affinität zu Wagner, von dem er sich nur mit leidvollster Anstrengung habe lösen können, um fortan einsamer noch als vorher seinen eigenen Weg finden zu müssen.

Das Venedig-Gedicht

Das Kapitel »Intermezzo« ist einschließlich des Venedig-Gedichts identisch mit dem siebenten Abschnitt des »Ecce homo«-Teils »Warum ich so klug bin«. Hier stellt Nietzsche allem Deutschen und Nördlichen das Südliche entgegen, und er preist Künstler wie Rossini und seinen venezianischen Freund, den er in italienisierter Form »Pietro Gasti« nennt. Dabei erscheint ihm Musik schlechthin als gleichbedeutend mit Süden, das heißt mit »Schauder«, »Tränen« und »Glück«. Ein anderes Wort dafür heißt in seinen Augen und Ohren »Venedig«.

> An der Brücke stand
> jüngst ich in brauner Nacht.
> Fernher kam Gesang;

goldener Tropfen quoll's
über die zitternde Fläche weg.
Gondeln, Lichter, Musik –
trunken schwamm's in die Dämmrung hinaus...

Meine Seele, ein Saitenspiel,
sang sich, unsichtbar berührt,
heimlich ein Gondellied dazu,
zitternd vor bunter Seligkeit.
– Hörte jemand ihr zu?

Das Gedicht hat in seiner sieben- und fünfzeiligen Strophe Verse von unterschiedlicher Länge, und auch das Metrum ist uneinheitlich. Doch die durchgängige Verbindung von Trochäen und Daktylen ist so dominierend, daß es nicht ganz angemessen erscheint, von »freien Rhythmen« zu sprechen. Im Dienste metrisch strengerer Gliederung stehen dann auch die verkürzten Formen wie »quoll's« und »schwamm's«. Der gleiche Schwebezustand zwischen Auflösung und Bewahrung herkömmlicher Ordnungen besteht in dem Verzicht auf Reimbindungen und in deren Ersetzung durch Assonanzen, entweder jeweils am Versende (»stand«, »Nacht«, »Gesang«) oder inmitten einer Zeile (»goldener Tropfen quoll's«) sowie durch Alliterationen (»Brücke«, »brauner«; »Seele«, »Saitenspiel«, »Seligkeit«). Ein weiteres Moment der Beständigkeit als Gegenmittel zur Bindungslosigkeit ist der in allen Versen gleichmäßig betonte, männliche Ausklang.

Bezeichnend für dieses oft »impressionistisch« genannte Gedicht ist der unmittelbare Übergang vom Abstrakten zum Konkreten, von Sinnlichem zu Begrifflichem, so in »Seele« und »Saitenspiel« oder in »bunter Seligkeit«. Diesem engen Zusammenhang von Intellekt und Sinnenreiz entspricht auf anderer Ebene der Übergang vom Wahrnehmungsmedium des Akustischen in das des Optischen, wobei beide am Ende ineinander verschmelzen.

Die ersten zwei Zeilen liefern mehr oder weniger genaue Orts-

und Zeitangaben. Der bestimmte Artikel »An der Brücke« könnte in bezug auf Venedig den bekannten Rialto meinen, doch wichtiger als dieser Sachbezug ist die Selbstgewißheit des lyrischen Subjektes, das auf diese eine Brücke fixiert ist. In der dritten Zeile vernimmt es den von ferne kommenden Gesang, der sich synästhetisch in optische Reize verwandelt (»Tropfen«, »zitternde Fläche«, »Gondeln«, »Lichter«) und der sich gleichwohl als »Musik« weiterhin Gehör verschafft und schließlich im »schwamm's« unbestimmt-vereinigt wieder in der Ferne verschwindet.

Die zweite Strophe knüpft mit dem Possessivpronomen der ersten Person an die Ich-Aussage der vorhergehenden Verse an und zeigt die Wirkungen der Impressionen auf das lyrische Subjekt. Auch in ihm vereinigen sich nun Optisches und Akustisches, und das Gehörte und Gesehene, der Gesang und die Gondeln inspirieren das Ich zu einem »Gondellied«, in dem die auch außerhalb des Gedichts (vergleiche Seite 156) genannte Verbindung von »Schauder« und »Glück« zum Ausdruck kommt, wenn es nun heißt: »zitternd vor bunter Seligkeit.« Das Zittern macht sich noch in der bangen Frage der letzten Zeile bemerkbar: »Hörte jemand ihr zu?« Wohl gibt es eine produktive Reaktion des Ich auf die von außen kommenden Eindrücke, doch wie verhält es sich mit der Wirkung seiner eigenen Äußerung? Findet sie Gehör, und kann sich das einsame Ego anderen oder zumindest einem anderen mitteilen? Oder aber: Hat es gar Scheu, gehört zu werden, und Scham, sich zu verraten? Nicht umsonst singt es sein Lied »heimlich«.

Das Gedicht demonstriert in Form und Inhalt die innerste Verbindung beider Themen: Musik und Venedig. Für jene stehen die Wörter »Gesang«, »Musik«, »Saitenspiel«, »sang«, »Gondellied«, »Hörte... zu«; von der Stadt des Südens sprechen »Brücke«, »Wasser«, »Gondeln«, »Lichter« sowie die »braune Nacht«, die abgesehen von der italienischen Tradition (»notte bruna«) in ihrem rätselhaften Zwischenbereich von Helligkeit und schwarzem Dunkel – die gelben Lichter mögen die braune Färbung geben – den Zusammenklang von Glück und Bangigkeit zum Ausdruck bringt. Die geistig-sinnliche Musikalität der Verse lebt von den vielfältigen Zusammenklängen (Assonanzen, Alliterationen usw.), von der Vereinigung verschiedener thematischer Komponenten (Musik-Venedig), von der Synästhesie des Hörens und Sehens und vor allem vom Einklang der Außen- und Innenwelt, des Eindrucks und des Beeindruckten, des fernher kommenden Venedig-Gesangs und des Lieds des lyrischen Subjekts. Es singt von Sehnsucht nach Vereinigung und von tiefer Einsamkeit.

Peter Pütz

ZEITTAFEL ZU NIETZSCHE

1844   15. Oktober: Friedrich Nietzsche als Sohn des Pfarrers
        Karl Ludwig Nietzsche (auch der Großvater war Pfarrer)
        in Röcken bei Lützen (preußische Provinz Sachsen, süd-
        westlich von Leipzig) geboren.
1849   30. Juli: Tod des Vaters.
1850   Die Familie übersiedelt nach Naumburg.
1858   Oktober: Nietzsche tritt in das Gymnasium Schulpforta
        bei Naumburg ein, dessen Schüler er bis 1864 ist. (Das in
        der ersten Hälfte des 12. Jahrhunderts gegründete Zister-
        zienserkloster Monasterium Sanctae Mariae de Porta war
        1543 von Herzog Moritz von Sachsen in eine Fürsten-
        schule umgewandelt worden, stand als pädagogische Ein-
        richtung für lange Zeit in hohem Ansehen und hatte außer
        Nietzsche u. a. Klopstock, Fichte und Ranke als Schüler.)
1864   Oktober: Nietzsche beginnt an der Universität Bonn das
        Studium der Theologie und Klassischen Philologie.
1865   Oktober: Nietzsche folgt seinem Philologie-Lehrer F. W.
        Ritschl nach Leipzig und setzt dort sein Studium fort. Er
        lernt das Werk Schopenhauers kennen.
1866   Beginn der Freundschaft mit dem Klassischen Philologen
        Erwin Rohde.
1868   8. November: Nietzsche macht in Leipzig die Bekannt-
        schaft Richard Wagners.
1869   Februar: Nietzsche wird ohne Promotion, doch mit
        Ritschls Empfehlung, auf Grund einiger ausgezeichneter
        Arbeiten (u. a. über Theognis und Diogenes Laertios) als
        außerordentlicher Professor der Klassischen Philologie an
        die Universität Basel berufen.

1869 17. Mai: erster Besuch Nietzsches bei Wagner in Tribschen bei Luzern.

28. Mai: Antrittsvorlesung an der Universität Basel: »Homer und die Klassische Philologie.«

Aufnahme der Beziehungen zu Jacob Burckhardt.

Beginn der Arbeit an der »Geburt der Tragödie aus dem Geiste der Musik« (veröffentlicht im Januar 1872).

1870 März: Nietzsche wird zum ordentlichen Professor ernannt; 6–10 Studenten hören seine Vorlesungen über Sophokles, Hesiod, Metrik, im folgenden Jahr über platonische Dialoge und lateinische Epigraphik.

August: Nietzsche nimmt als freiwilliger Krankenpfleger am Deutsch-Französischen Krieg teil; er erkrankt an Ruhr und Rachendiphtheritis.

Oktober: Nietzsche kehrt nach Basel zurück. Beginn der Freundschaft mit dem Theologen Franz Overbeck.

1871 Krankheit und vorübergehende Beurlaubung. Wechselnde Aufenthalte in Lugano, Tribschen, im Berner Oberland, in Naumburg, Leipzig und Mannheim.

1872 Februar–März: Basler Vorträge »Über die Zukunft unserer Bildungsanstalten« (erst aus dem Nachlaß veröffentlicht).

22. März: Grundsteinlegung des Bayreuther Festspielhauses; Nietzsche in Bayreuth.

1873 »Unzeitgemäße Betrachtungen. Erstes Stück: David Strauß, der Bekenner und der Schriftsteller.«

»Die Philosophie im tragischen Zeitalter der Griechen« (erst aus dem Nachlaß veröffentlicht).

Spätestens seit diesem Jahr leidet Nietzsche an ständig wiederkehrenden migräneartigen Anfällen.

1874 »Unzeitgemäße Betrachtungen. Zweites Stück: Vom Nutzen und Nachteil der Historie für das Leben. Drittes Stück: Schopenhauer als Erzieher.«

1875 Oktober: Nietzsche macht die Bekanntschaft des Musikers Peter Gast (Heinrich Köselitz).

1876   »Unzeitgemäße Betrachtungen. Viertes Stück: Richard
       Wagner in Bayreuth.«
       August: erste Bayreuther Festspiele; Nietzsche nimmt
       an ihnen teil. Anzeichen einer Entfremdung von Wag-
       ner.
       September: Bekanntschaft mit dem Psychologen Paul Rée.
       Zunehmende Krankheit.
       Oktober: Die Universität Basel beurlaubt Nietzsche zur
       Wiederherstellung seiner Gesundheit. Er verbringt den
       Winter 1876/77 mit Rée und Malvida von Meysenbug in
       Sorrent.
       Im Oktober 1876 letztes Zusammentreffen Nietzsches mit
       Wagner.

1878   »Menschliches, Allzumenschliches. Erster Teil.«
       Januar: letzte Sendung Wagners an Nietzsche: »Parsifal.«
       Mai: letzter Brief Nietzsches an Wagner, mit Übersendung
       von   »Menschliches,   Allzumenschliches«.   Ende   der
       Freundschaft mit dem Ehepaar Wagner.

1879   Die schwerer werdende Erkrankung zwingt Nietzsche,
       sein Lehramt an der Universität Basel aufzugeben. Für
       die nächsten sechs Jahre wird ihm ein Ruhegehalt ge-
       währt.

1880   »Der Wanderer und sein Schatten. Menschliches, Allzu-
       menschliches. Zweiter Teil.«
       März–Juni: erster Aufenthalt in Venedig.
       Ab November: erster Winter in Genua.

1881   »Morgenröte.«
       Erster Sommer in Sils-Maria.
       November: Nietzsche hört in Genua erstmals Bizets »Car-
       men«.

1882   »Die fröhliche Wissenschaft.«
       März: sizilianische Reise.
       April: Nietzsche lernt Lou von Salomé kennen, die seinen
       späteren Heiratsantrag ablehnt.
       Winter in Rapallo.

1883 »Also sprach Zarathustra. Erster und zweiter Teil.«
13. Februar: Tod Wagners.
Ab Dezember: erster Winter in Nizza.
»Also sprach Zarathustra. Dritter Teil.«

1885 »Also sprach Zarathustra. Vierter Teil« (erscheint zunächst als Privatdruck).
Mai: Nietzsches Schwester Elisabeth, mit der er sich seit Jahren in rascher Folge überwirft, wieder versöhnt, abermals überwirft und die seine Briefe an sie und die Mutter fälscht, heiratet den Schriftsteller und Kolonisator Bernhard Förster.

1886 »Jenseits von Gut und Böse.«
Neuausgaben der »Geburt der Tragödie« und von »Menschliches, Allzumenschliches«.

1887 »Zur Genealogie der Moral.«
Neuausgaben der »Morgenröte«, der »Fröhlichen Wissenschaft« und des »Zarathustra« (der ersten drei Teile).

1888 April: Nietzsches erster Aufenthalt in Turin. An der Universität Kopenhagen hält Georg Brandes Vorlesungen über ihn.
Mai–August: »Der Fall Wagner.« Abschluß der »Dionysos-Dithyramben« (veröffentlicht 1891).
September: »Der Antichrist« (veröffentlicht 1894).
Oktober–November: »Ecce Homo« (veröffentlicht 1908).
Dezember: »Nietzsche contra Wagner« (veröffentlicht 1895).

1889 »Götzen-Dämmerung.«
Januar: Zusammenbruch Nietzsches in Turin. Aufnahme des Kranken in die Psychiatrische Klinik der Universität Jena.

1890 Frau Nietzsche nimmt ihren Sohn zu sich nach Naumburg.

1897 Tod der Mutter. Nietzsche übersiedelt zu seiner Schwester nach Weimar.

1900 25. August: Nietzsche stirbt in Weimar.

1901   Aus dem Nachlaß der achtziger Jahre erscheinen rund 500
        Fragmente, die von Peter Gast und Elisabeth Förster-
        Nietzsche fälschlich unter dem Titel »Der Wille zur
        Macht« herausgegeben werden, 1906 noch einmal etwa
        dieselbe Zahl von Fragmenten.

ANMERKUNGEN

9 *Bizet:* Alexandre César Léopold, genannt Georges, Bizet
(1838–75), französischer Komponist. Zu seinen Opern gehören »Die Perlenfischer« (1863) und »Carmen« (1875). In
einem Brief an Carl Fuchs aus Turin vom Dezember 1888
relativiert Nietzsche seine Aussagen über Bizet: »Das, was
ich über Bizet sage, dürfen Sie nicht ernst nehmen; so wie
ich bin, kommt Bizet tausendmal für mich nicht in Betracht. Aber als ironische *Antithese* gegen Wagner wirkt es
sehr stark [...].«

Eine lange Geschichte!: Am 8. November 1868 macht
Nietzsche in Leipzig die Bekanntschaft Richard Wagners,
die ab 1869 durch wiederholte Besuche bei Wagner in Tribschen bei Luzern intensiviert wird. In der »Geburt der Tragödie aus dem Geiste der Musik« (1870–72) und der vierten
der »Unzeitgemäßen Betrachtungen« (1876) behauptet
Nietzsche noch die Identität seiner philosophischen und
ästhetischen Position mit dem Werk Wagners. Allerdings
zeichnet sich im August 1876 anläßlich der Proben zu den
ersten Bayreuther Festspielen eine Entfremdung zwischen
Wagner und Nietzsche ab, der 1878 der endgültige Bruch
der Freundschaft folgt.

décadent [...] décadence: Nietzsche übernimmt den Begriff der Dekadenz aus dem Werk des französischen
Schriftstellers Paul Bourget (1852–1935). In dessen »Psychologischen Abhandlungen über zeitgenössische Schriftsteller« (1883) (Übersetzung von H. Köhler, Minden 1903,
1. Kapitel, Seite 21 ff.) wird im Zusammenhang mit dem
Werk des französischen satanistisch-symbolistischen

Dichters Charles Baudelaire (1821–67) Dekadenz definiert als Anarchie der Einzelelemente gegenüber dem erschlaffenden Ganzen. Diese formale Definition wird auf die biologische Degeneration, auf den Verschleiß ästhetischer Formen und kultureller Werte sowie auf den demokratischen Abbau von Herrschaft angewendet. Während Bourget gemäß der französischen Tradition mit dem Terminus ein positives (Selbst-)Verständnis verbindet, benutzt ihn Nietzsche in kritischer Absicht.

»Gut und Böse«: Vergleiche hierzu Nietzsches Schriften »Jenseits von Gut und Böse« (1886) und »Zur Genealogie der Moral« (1887), in denen der Ursprung der moralischen Werturteile aus der gleichsam naturgeschichtlich, also ihrerseits jenseits der Moral verlaufenden menschlichen Gattungsgeschichte unter dem Gesichtspunkt des Willens zur Macht erklärt wird.

das verarmte Leben, der Wille zum Ende: Als Grundprinzip alles Lebendigen begreift Nietzsche den »Willen zur Macht« (»Also sprach Zarathustra«, zweiter Teil: »Von der Selbstüberwindung«, 1883), die Tendenz alles Lebendigen zur Erhaltung und Steigerung seiner Daseinsbedingungen. Der Wille zur Macht ist der oberste Gesichtspunkt aller Wertsetzung und -schätzung. Auch noch in der abendländisch-christlichen Moral der Selbstüberwindung hin zu einem göttlichen Jenseits ist der Lebenswille nach Nietzsche, allerdings in pervertierter Form, am Werk. Das Maß der Selbstunterdrückung des Willens zur Macht zeigt das Ausmaß der Krise und Krankhaftigkeit der abendländisch-christlichen Ideale an.

Schopenhauer: Arthur Schopenhauer (1788–1860), deutscher Philosoph, beeinflußte Wagner und Nietzsche mit seinen Schriften (»Über die vierfache Wurzel des Satzes vom zureichenden Grunde«, 1813; »Über das Sehen und die Farben«, 1816; »Die Welt als Wille und Vorstellung«, 2 Bände, 1819; »Über den Willen in der Natur«, 1836; »Die beiden Grundprobleme der Ethik«, 1841; »Parerga und Paralipomena«, 2 Bände, 1851). Schopenhauer lehrt, daß die mannigfaltige raum-zeitlich vorstellbare Welt auf den nicht kausal erkennbaren Urgrund des einen Welt-Willens zurückzuführen ist. Ihm sind alle natürlichen Vorkommnisse und nur vermeintlich freien menschlichen Handlungen unterworfen. Die Individuen können das Leiden, das sie einander durch egoistische Verblendung schaffen, nur vorübergehend in der künstlerischen Betrachtung oder endgültig in der moralischen Selbstverneinung des Willens und aus der Erfahrung des Mitleidens beenden. Noch in der dritten »Unzeitgemäßen Betrachtung« (1874) versteht Nietzsche Schopenhauer als Gegenpol, seit »Menschliches, Allzumenschliches« (1878) als Ausdruck des zeitgenössischen Kulturverfalls.

10 *Zarathustras:* Zarathustra ist die Titelfigur in »Also sprach Zarathustra« (1883–85), die Nietzsches Lehre vom Übermenschen verkündet.
»Selbst-Überwindung« [...] Genesung: autobiographische Anspielungen, zugleich aber auch literarische Selbstzitate Nietzsches, vergleiche »Also sprach Zarathustra«, zweiter Teil, »Von der Selbst-Überwindung« und dritter Teil, »Der Genesende«.

11 *ridendo dicere severum:* lachend Ernstes zu sagen; frei nach Horaz: »Quamquam ridentem dicere verum quid vetat?« (»Doch lächelnd die Wahrheit zu sagen, was hindert daran?«) (»Satiren«, I, 1, 24).
Bizets Meisterstück: Vergleiche die erste Anmerkung zu Seite 9. Gemeint ist die 1872–75 komponierte Oper »Carmen«, nach der gleichnamigen Novelle Mérimées (vergleiche die vierte Anmerkung zu Seite 12). Eine musikalisch erweiterte Fassung errang in Wien im Oktober 1875 den bis heute anhaltenden Weltruhm. Wurde zunächst der veristische Text, der Arbeiterinnen, Schmuggler und Zigeuner und kleinbürgerliche Soldaten auf die Bühne bringt, ange-

griffen, so galt die folkloristisch kolorierte Musik bald als Inbegriff spanischer Musik.

jedesmal, daß ich Carmen hörte: Nietzsche hörte Bizets Oper zum ersten Mal in Genua am 27. November 1881, zuletzt im Frühjahr 1888 in Turin, wo er am »Fall Wagner« arbeitete; insgesamt besuchte er etwa zwanzig Aufführungen.

Schirokko: warmer mittelmeerischer Wind aus dem Süden, oft mit Sand und Staub aus der Sahara.

»Das Gute ist leicht [...] Füßen«: Nietzsches Prinzip einer tänzerischen Rhythmik in Analogie zu den beflügelten Füßen des griechischen Götterboten Hermes im Unterschied zu den schwerfälligen Beinen der Germanen.

»unendlichen Melodie«: von Wagner in seinem Aufsatz »Zukunftsmusik« (1860) zuerst geprägter Ausdruck für die ununterbrochene melodische Orchesterbegleitung einer dramatischen Szene. Wagner setzt diese kompositorische Technik konsequent seit dem Musikdrama »Tristan und Isolde« (1857–59 komponiert) ein. Bizets revidierte »Carmen«-Fassung ist dagegen der großen Oper verpflichtet, in der Arie, Ensemble mit prägnanten melodischen Einfällen sowie Sprechgesang zwar integriert, aber noch deutlich voneinander abgehoben sind.

12   *Pathos:* griechisch: Leiden, Leidenschaft, leidenschaftlicher Ausdruck.

Auch dies Werk erlöst [...] »Erlöser«: Vergleiche die zweite Anmerkung zu Seite 37.

feuchten Norden [...] Wasserdampf: Anknüpfung an Johann Joachim Winckelmanns »Geschichte der Kunst des Altertums« (1764), in der die Unterschiede nordischer und mittelmeerischer Kunst aus der geographischen und klimatischen Lage begründet werden.

Mérimée: Der französische Schriftsteller Prosper Mérimée (1803–70) schrieb die Novelle »Carmen« (1845) vom Eifersuchtsmord des Soldaten Don José an der Zigeunerin Carmen.

Passion: Leidenschaft; Leiden, insbesondere die Leidens-
geschichte Christi.

limpidezza: italienisch: Klarheit, Durchsichtigkeit.

13 *das Meer glätter:* Richard Wagner verwendet die aufge-
wühlte Tiefe des Meeres wiederholt als Bild für die moderne Entwicklung der Harmonik (so in »Oper und
Drama«, 1850/51, 3. Teil, IV). Nietzsches Bild entscheidet
sich polemisch gegen Wagners unendliche Melodie und
fortgeschrittene Harmonik, für Bizets klassisch be-
schränkte Melodik und Harmonik. Entsprechendes gilt für
die Rhythmik. Im Brief an Carl Fuchs Ende August 1888
(Datum unbestimmt) unterscheidet Nietzsche zwischen
der tänzerisch-antiken Zeit-Rhythmik nach Silbenlängen
und germanisch-schwerfälliger Affekt-Rhythmik nach Sil-
benbetonungen. Der antike Rhythmus verleihe dem Ausdruck seine gezügelte Glätte, die moderne Wagnersche
Rhythmik sei Mittel des ungezügelten Ausdrucks. Bizets
Musik hat den tänzerischen Zeit-Rhythmus.

der maurische Tanz: die ab Mitte des 19. Jahrhunderts in
der klassischen Musik des Nationalstils rezipierte Volks-
musik Andalusiens, besonders des vokalen und tänzerischen Flamencos, der auf maurische, aber auch synagogi-
sche Traditionen zurückgeht. Der Flamenco ist von Bizets
spanisch gefärbter Musik, aber auch von der Tradition der
Zigeunermusik unterschieden.

»höheren Jungfrau«: Mischbildung aus »reiner Jungfrau«,
als die sich, mit Bezug auf Maria, Elisabeth in Wagners
»Tannhäuser«, II, 4 (vergleiche die siebente Anmerkung zu
Seite 14), charakterisiert, und der gebildeten »höheren
Tochter«.

Senta-Sentimentalität: Anspielung auf die weibliche Erlö-
serfigur Senta in Wagners Oper »Der fliegende Holländer«
(vergleiche die achte Anmerkung zu Seite 14).

zynisch: schonungslos, verletzend, schamlos. Der Zynis-
mus geht auf die antiken Kyniker zurück. Während der

griechische Philosoph Antisthenes (444–368 v. Chr.) sich
gegen die Ideenlehre Platons, den herkömmlichen Staat
und die Religion zugunsten des Ideals der Bedürfnislosig-
keit wandte, steigerte Diogenes von Sinope (412–323 v.
Chr.) die zynische Haltung zur angeblich schamlosen Miß-
achtung aller kulturellen Werte.

im letzten Schrei Don Josés: Vergleiche die vierte Anmerkung zu Seite 12.

»was geht dich's an, wenn ich dich liebe?«: Goethe, »Wilhelm Meisters Lehrjahre« IV, 9; »Dichtung und Wahrheit«
III, 14. Goethe entwickelt hier den Begriff der uneigennüt-
zigen Liebe aufgrund seiner Lektüre der »Ethik« (1677) des
Philosophen Spinoza (1632–77).

13 f. *L'amour [...] généreux:* »Die Liebe ist von allen Gefühlen
das egoistischste und daher, wenn verletzt, das am wenigsten großzügige.« Leicht gekürztes Zitat aus dem analyti-
schen Roman »Adolphe« (1816), Kapitel VI, des liberal-
skeptischen Kulturkritikers Benjamin Constant de Re-
becque (1767–1830), der 1802 von Napoleon verbannt
wurde und mit Frau von Stäel im Exil lebte.

14   *Il faut méditerraniser la musique:* »Die Musik muß mittel-
meerisch werden.« Vergleiche Nietzsches »Jenseits von
Gut und Böse« (1886), § 255, wo er die »Erlösung der Musik vom Norden [...] und das Vorspiel einer tieferen,
mächtigeren, vielleicht böseren und geheimnisvolleren
[...], überdeutschen Musik, welche vor dem Anblick des
blauen wollüstigen Meeres und der mittelländischen Him-
mels-Helle nicht verklingt [...]« entwickelt.

Die Rückkehr zur Natur: Anspielung auf das Wort: »Zu-
rück zur Natur!«, das fälschlicherweise dem französischen
Schriftsteller, Kulturkritiker und Philosophen Jean-
Jacques Rousseau (1712–78) zugeschrieben wird.

dieser alte Zauberer: Anspielung auf den Zauberer Klingsor aus Wagners Musikdrama »Parsifal« (vergleiche die
neunte Anmerkung zu Seite 14).

kluge Klapperschlange: sowohl eine Anspielung auf die Schlange beim Sündenfall im Paradies (1. Mose 3) als auch, im Klappern, ein Seitenhieb auf Wagners musikalische Theatralik.

»Hingebung« [...] »Treue« [...] »Reinheit«: Vergleiche die vierte »Unzeitgemäße Betrachtung«, § 2.

Leitmotiv: von Hans von Wolzogen 1876 auf Wagners Werk angewandter Terminus; bezeichnet charakteristische musikalische Motive, die zur ideellen und psychologischen Kennzeichnung dramatischer Situationen und der Psychologie der Personen auftreten und variiert werden.

die Unschuld [...] Tannhäuser: In Wagners romantischer Oper »Tannhäuser und der Sängerkrieg auf der Wartburg« (1843–45) verliert Tannhäuser durch sein Lied auf Frau Venus, die Verkörperung sinnlicher Liebe im Gegensatz zur hohen Minne, sein Ansehen. Elisabeth von Thüringen entsagt ihrer Liebe zu ihm bis zu ihrem Tode. Nur ihr heiligmäßiges Beispiel hält den vom Papst gebannten Tannhäuser davor zurück, sich in den Venusberg zurückzubegeben, und ermöglicht die wunderbare Vergebung seiner Verfehlung. Wagners Konzeption vereinigt romantische Quellen aus der Liedersammlung »Des Knaben Wunderhorn«, Heinrich Heines Gedichtparodie »Der Tannhäuser« und E. T. A. Hoffmanns »Die Serapionsbrüder«.

der ewige Jude [...] Fliegenden Holländer: Die Legende des Ewigen Juden mit Namen Ahasver, entlehnt aus dem alttestamentlichen Buch Esther, ist erstmals in hochmittelalterlichen Quellen angeführt. Danach soll Ahasver den kreuztragenden Christus zur Eile angespornt haben. Von diesem sei er daraufhin zur ewigen Irrfahrt bis zu seiner, Christi, Wiederkunft verurteilt worden. Wagner nimmt auf diese mittelalterlich-christliche Tradition Bezug und verknüpft sie mit der in Heinrich Heines »Aus den Memoiren des Herren von Schnabelewobski« (1831) dargestellten Sage vom Fliegenden Holländer. Dieser ist in der 1840/41 komponierten Oper zur ewigen Meerfahrt verdammt und kann nur alle sieben Jahre an Land gehen, um nach der Liebe einer treuen Frau zu suchen, die ihn endlich erlöst. Er findet sie in Senta, die ihn am Ende durch ihren Opfertod von seiner Irrfahrt befreit.

verdorbene Frauenzimmer [...] Kundry: Anspielung auf Wagners letztes Musikdrama, das nur in Bayreuth aufzuführende Bühnenweihfestspiel »Parsifal« (1882 vollendet), nach Wolfram von Eschenbachs hochmittelalterlichem Epos (1200/10). In einer Synthese christlicher und Schopenhauerscher Ideen entwickelt Wagner die Fabel vom unwissenden und unschuldigen Tor Parsifal, der allein durch die Kraft des Mitleidens den kranken Gralshüter Amfortas und die zur ewigen Wiedergeburt verurteilte Kundry aus dem bösen Bann des Zauberers Klingsor erlöst.

schöne Mädchen [...] Meistersingern: In dem 1867 vollendeten Musikdrama »Die Meistersinger von Nürnberg« werden die genialen Naturlieder des Ritters Walther von Stolzing von den traditionalistischen Meistersingern von Nürnberg nicht anerkannt. Meister Pogner bestimmte seine Tochter Eva zur Braut des Siegers eines Sängerwettbewerbs. Eva liebt bereits Walther. Der Schuster und Poet Hans Sachs (nach der historischen Figur des Dichters und Meistersingers, 1496–1576), ein vermittelnder Vertreter des Volkes, verzichtet auf die Teilnahme am musikalisch-erotischen Wettbewerb und sorgt dafür, daß Walther über seinen schulmeisterlichen Konkurrenten Beckmesser den Sieg davonträgt und die Braut gewinnt.

verheiratete Frauen [...] Isoldens: Im 1859 vollendeten Musikdrama »Tristan und Isolde« (frei nach dem höfischen Roman von Gottfried von Straßburg um 1210 und der nachdichtenden Übersetzung von Hermann Kurz, 1844ff.) wirbt Tristan für seinen Onkel, den englischen König Marke, um die irische Prinzessin Isolde. Durch einen Liebestrank verfallen Isolde und Tristan einer gegen alle Konventionen der höfischen Welt gerichteten tragisch-tödlichen Liebe.

14f. *»der alte Gott« [...] »Ring«:* Anspielung auf die Erlösung Wotans und der Götter durch die Taten des unwissend schuldig werdenden Siegfried in den beiden letzten Teilen der 1853–72 komponierten Tetralogie »Der Ring des Nibelungen«, eines »Bühnenfestspiels, aufzuführen in drei Tagen und einem Vorabend« mit den Teilen »Rheingold«, »Die Walküre«, »Siegfried« und »Götterdämmerung«. Wagner knüpft an de la Motte-Fouqués »Der Held des Nordens« (1808–10), das mittelalterliche »Nibelungenlied« (um 1200) sowie die »Ältere Edda« an.

15 *Wagnersches Ballett [...] Tannhäusers:* Anspielung auf die zweiteilige Tannhäuser-Ouvertüre: zunächst der fromme Choral und Marsch der Pilger, der auch den Schluß der Oper bildet; dann die erotisch-bewegte Ballettmusik zur Szene des Venusberges.

schlimmsten Folgen [...] Lohengrins: »Lohengrin«, romantische Oper, 1846/47 komponiert. Der christliche Gralsritter Lohengrin, Sohn des Parzival, streitet für Recht und Unschuld, kann aber nur unerkannt an einem Ort verweilen. In einem Gottesgericht erweist er die Unschuld der des Brudermordes angeklagten Elsa von Brabant. Durch eine Intrige ihrer Feinde wird Elsa anläßlich ihrer Heirat mit Lohengrin im Brautgemach zur Frage nach dessen Herkunft verleitet. Lohengrin muß sie verlassen; er kündigt ihr die Wiederkunft des totgeglaubten Bruders an.

»Das [...] erfahren«: Antwort Tristans auf Markes klagende Frage an den Neffen und Freund gegen Ende des zweiten Aktes von »Tristan und Isolde«.

Ins Wirkliche übersetzt: Anspielung auf Wagners Verbindung mit Cosima von Bülow, geborener Liszt (1837–1930). Die Heirat wurde möglich nach dem Tod von Minna Wagner 1866 und Cosimas Scheidung vom Wagner-Dirigenten und Wagnerianer Hans von Bülow 1870. In die

Ehezeit mit Cosima fällt die Verwirklichung von Wagners Festspielprojekt in Bayreuth, dessen künstlerische Leitung Cosima nach dem Tode Wagners bis 1908 behielt.

kondeszendiert: läßt sich herab.

15 f. *Der Mann ist feige vor allem Ewig-Weiblichen:* Anspielung auf Goethes »Faust« II, Schlußverse: »Das Ewig-Weibliche / Zieht uns hinan.« Wagner bestimmt das »Ewig-Weibliche« als Verlockung des männlich-dichterischen Verstandes durch die weibliche Musik zur Sehnsucht nach der Liebe (»Oper und Drama«, 2. Teil, VI).

16   *das wissen die Weiblein:* Anspielung auf das im »Zarathustra« I, »Von alten und jungen Weiblein«, dargestellte Frauenbild.

Goethes: Die folgenden Bemerkungen über Goethe entnimmt Nietzsche Viktor Hehns »Gedanken über Goethe«, Berlin 1887, insbesondere dem Kapitel »Goethe und das Publikum« (Seite 49–185).

ehrliche Bewunderer nur unter Jüdinnen: Vergleiche Viktor Hehn, a.a.O., Seite 139.

»Berg der Venus« [...] venetianische Epigramme: Hier verbindet Nietzsche den Tannhäuser-Mythos (vergleiche die siebente Anmerkung zu Seite 14) mit Goethes Leben und Werk. Die »Venetianischen Epigramme« entstanden zwei Jahre nach Goethes italienischer Reise (1786–88). Auf eine Frage von Peter Gast (15. August 1888) antwortet Nietzsche (18. August 1888), daß er nicht die »Römischen Elegien«, sondern die »Venetianischen Epigramme« meine, die laut Viktor Hehn den größten Anstoß erregt hätten. Das gilt vor allem für das 66. Epigramm:

»Vieles kann ich ertragen. Die meisten beschwerlichen Dinge
Duld' ich mit ruhigem Mut, wie es ein Gott mir gebeut.
Wenige sind mir jedoch wie Gift und Schlange zuwider,
Viere: Rauch des Tabaks, Wanzen und Knoblauch und †.«

(Jubiläums-Ausgabe, Band 1, Seite 219)

Klopstock: Friedrich Gottlieb Klopstock (1724–1803), deutscher Dichter, bereitete mit seinem Epos »Messias« (1748–73) und seinen Oden die literarische Epoche des Sturm und Drang vor.

Herder: Johann Gottfried Herder (1744–1803), deutscher Philosoph und Dichter, Theoretiker der »Sturm und Drang«-Epoche, Wegbereiter der deutschen Klassik, befreundet mit Goethe seit dem gemeinsamen Aufenthalt in Straßburg 1770/71.

»Priap«: Priapos, Figur aus der griechischen Mythologie, Sohn des Dionysos und der Aphrodite. Trägt wegen seiner Lüsternheit und als Fruchtbarkeitsgott einen übergroßen Phallus.

Die »Menagerie [...] entsagt«: Vergleiche Viktor Hehn, a. a. O., Seite 100 f.

Niebuhr: Barthold Georg Niebuhr (1776–1831), deutscher Historiker und preußischer Gesandter beim Vatikan.

Biterolf: Figur aus Wagners Oper »Tannhäuser«, zweiter Akt. Biterolf ist einer der Gegner Tannhäusers beim Sängerkrieg. Gegen dessen Ideal sinnlicher Liebe vertritt Biterolf die konventionellere Form der hohen Minne, für die der Ritter als Tugendbewahrer mit dem Schwert einzutreten habe.

»Wartburg«: Burg südwestlich von Eisenach, der Sage nach von Ludwig dem Springer 1067 gegründet, beherrschte die Straße von Thüringen nach Frankfurt am Main. Unter den thüringischen Landgrafen Ludwig III. (1172–90) und Hermann I. (1190–1213) ausgebaut. Von 1211–27 lebte die heilige Elisabeth, die sich den Armen widmete, am Hof, der zum Mittelpunkt der ritterlich-höfischen Kultur wurde. Seinen Niederschlag fand dies in der mittelalterlichen Liederhandschrift vom »Sängerkrieg«, in der im Streit um Fürstenlob und Christentum der Sänger und Zauberer Klingsor von Ungarn durch Wolfram von

Eschenbach besiegt wird. 1817 trafen sich auf der Wartburg Studenten und Professoren der deutschen Universitäten zum Burschenschaftsfest im Gedenken an die Reformation (Luther fand 1521 Schutz auf der Wartburg und übersetzte dort das Neue Testament) und an die Völkerschlacht bei Leipzig 1813. – Von Nietzsche hier kritisch als Inbegriff der deutschen Kleinstaaterei, die sich im »Reich« fortsetzt, verwendet (vergleiche den Brief an Franz Overbeck aus Turin, 18. Oktober 1888).

»unsauberen Geist« in Goethe: Vergleiche Friedrich Heinrich Jacobi (1743–1819), Schriftsteller und Philosoph, in einem Brief vom 18. Februar 1795, zitiert bei Hehn, a. a. O., Seite 110.

Diese Geschichte hat Wagner [...] zieht ihn hinan: Hier bezieht Nietzsche die an die Tannhäuser-Fabel angeglichene Biographie Goethes wieder zurück auf die Schlußverse von »Faust« II: »Das Ewig-Weibliche zieht uns hinan.« – Elisabeths Gebet steht in »Tannhäuser« II, 1. (Vergleiche die Anmerkung zu Seite 15 f.)

»am Wiederkäuen [...] ersticken«: Goethe an Zelter, 20. Oktober 1831, mit Bezug auf den Romantiker Friedrich Schlegel (1772–1829), den Begründer der frühromantischen Kunstanschauung, der 1808 zum Katholizismus übertrat.

Parsifal: hier in Parallele zu den literarischen Romantikern als konservativer Rückfall in den Katholizismus gesetzt.

17   *myops:* kurzsichtig.

la philosophie [...] sainteté: »Die Philosophie genügt der großen Zahl nicht. Diese bedarf der Heiligkeit.« Zitat aus der Jesus-Biographie »Vie de Jésus« (Paris 1863, Seite 451 f.) des französischen Religionswissenschaftlers Ernest Renan (1823–92), der die christliche Überlieferung und die historische Wissenschaft in Einklang zu bringen versuchte.

Wagner hat [...] an die Revolution geglaubt: Die indirekte Beteiligung an dem revolutionären Aufstand in Dresden

1849 zwang Wagner zur Emigration in die Schweiz. In seinen Schriften verschiebt sich der Akzent von der politischen auf die ästhetische Revolution »gegen die künstlerische Öffentlichkeit« (»Eine Mitteilung an meine Freunde«, 1851, Gesammelte Schriften 5, Leipzig 1907, Seite 262). Vergleiche auch Wagners Revolutionstraktate von 1848/49.

Runenschrift des Mythus: Runen sind die alten germanischen Schriftzeichen, mit deren einzelnen Namen noch magische Bedeutungen verbunden sind, die auf germanische Götter- und Heldenmythen zurückverweisen.

»alten Verträgen«: Nach dem Studium des deutschen Idealismus in seiner frühen Leipziger Zeit rezipiert Wagner im Umkreis der Dresdener Revolution von 1849 die anarchistischen, die bürgerlichen Eigentumsverhältnisse in Frage stellenden Schriften des französischen Philosophen Pierre-Joseph Proudhon (1809–65) und die materialistischen Lehren des deutschen linkshegelianischen Philosophen Ludwig Feuerbach (1804–72). Das vierteilige Musikdrama »Der Ring des Nibelungen« kann als Veranschaulichung der gesellschaftlichen Machtverstrickung gedeutet werden. Wotan schließt im »Rheingold« mit den Riesen Fafner und Fasolt einen Vertrag zum Bau der Götterburg Walhall. Um die vertragliche Entlohnung einzuhalten, raubt Wotan die Tarnkappe und den Ring, den der Nibelungenzwerg Alberich aus dem geraubten Rheingold geschmiedet hat, um über die Welt zu herrschen. Der von Alberich verfluchte Ring bringt den jeweiligen Inhabern nur Unheil. So erschlägt Fafner seinen Bruder, um den Ring allein zu besitzen.

Das tut Siegfried: Mit dem ersten Hauptteil der »Ring«-Tetralogie, der »Walküre«, scheint die Tragik des Ringes und der Verträge zunächst durch die Zeugung Siegfrieds aufgehoben zu sein. Gegen alle Konventionen zeugen die (ihrerseits von Wotan unehelich gezeugten) Eltern Sieg-

mund und Sieglinde Siegfried im Ehebruch und Zwillings-
inzest. Als Beschützerin der konventionellen Ehe besteht
Wotans Gemahlin Fricka auf dem Tod der Geschwister.
Durch den »ungehorsamen Gehorsam« gegenüber Wo-
tans innerstem Wunsch ermöglicht seine Tochter, die
Walküre Brünnhilde, Siegfrieds Geburt, wofür sie zur
Strafe von Wotan auf dem Walkürenfelsen in Schlaf ver-
senkt wird.

das Weib zu emanzipieren – *»Brünnhilde zu erlösen«:* In
Siegfried, dem Titelhelden des zweiten Hauptteils der
»Ring«-Tetralogie, sieht Wotan ein geschichtslos-unbe-
wußtes Mittel seiner Machtpolitik, das das Verderben des
Ringes aufzuhalten vermag. Als maskierter Wanderer verfolgt er, wie Siegfried das väterliche Schwert Notung neu
schmiedet, den zum Drachen gewordenen Fafner tötet,
Tarnkappe und Ring gewinnt, seinen darauf erpichten Erzieher, den Zwerg Mime, einen Bruder Alberichs, tötet
und Brünnhilde zur menschlichen Liebe erweckt, nachdem
er Wotans eigenen Speer zerbrochen hat. – Zu Nietzsches
verächtlicher Stellung zur Frauenemanzipation vergleiche
den Brief an die Schwester Elisabeth Nietzsche aus Venedig vom April 1885.

des goldnen Zeitalters: erstes der drei Zeitalter in der
»Theogonie« des griechischen Dichters Hesiod (um 700 v.
Chr.), einem mythologischen Werk über Weltentstehung
und Urgeschichte.

18   *ruchlosen Optimismus:* Vergleiche Schopenhauer »Die
Welt als Wille und Vorstellung«, I, 4. Buch, § 59: »Übrigens kann ich hier die Erklärung nicht zurückhalten, daß
mir der *Optimismus* […] nicht bloß als eine absurde, sondern auch als eine wahrhaft *ruchlose* Denkungsart erscheint, als ein bitterer Hohn über die namenlosen Leiden
der Menschheit.«

Bene navigavi, cum naufragium feci: »Gut bin ich gesegelt,
indem ich Schiffbruch erlitten habe.« Ausspruch des Stoi-

kers Zenon (350–264 v. Chr.) nach Diogenes Laertios' »Leben und Meinungen berühmter Philosophen«, VII, 4.

Circe: Zauberin einer italischen Insel, auf der Odysseus während seiner Irrfahrt landet. Während seine Gefährten in Schweine verwandelt werden, unterwirft sich Circe in Liebe dem Odysseus, der durch ein Heilkraut des Hermes gefeit ist. Nach einem Jahr begehrt er die Heimfahrt; Circe schickt ihn zunächst in die Unterwelt, damit er dort den Seher Teiresias befrage. Mit dem Motiv der Irrfahrt (vergleiche auch den »Fliegenden Holländer«, »Tristan und Isolde« sowie Siegfrieds Rheinfahrt in »Götterdämmerung« I) und der Verführung verbindet Nietzsche die Rezeption der indischen, insbesondere buddhistischen Philosophie durch Schopenhauer. Danach ist die raum-zeitliche Mannigfaltigkeit der Welt nur der trügerische »Schleier der Maya« (»Die Welt als Wille und Vorstellung«, I, 1. Buch, § 3). Demgegenüber erklärt Nietzsche das Nichts, in das der Schopenhauersche Wille einzugehen habe, zur eigentlichen Verblendung.

Brünnhilde [...] »Welt als Wille und Vorstellung«: In der »Götterdämmerung«, dem letzten Teil der »Ring«-Tetralogie, wird Siegfried in den Machtkampf zwischen Wotan und Alberich tragisch verstrickt: Siegfried verläßt Brünnhilde, der er den Ring zum Liebespfand gibt. Am Hof der Gibichungen schlägt der von Alberich gezeugte Hagen seinen Halbgeschwistern König Gunther und Gutrune vor, den ankommenden Siegfried durch einen Vergessens- und Liebestrank an Gutrune zu binden, damit er, getarnt durch die Kappe, für Gunther Brünnhilde und den Ring gewinnt. Als Braut Gunthers erkennt sie Siegfried und den Ring und beschuldigt ihn eifersüchtig der Untreue. Durch Hagen läßt sie ihn hinterrücks ermorden, stirbt auf Siegfrieds Scheiterhaufen den Opfertod und übergibt den Ring den Rheintöchtern, die den machtgierigen Hagen mit sich in die Tiefe ziehen; die Burg der Götter geht in Flammen auf.

– Nach Hans Mayer (»Wagner«, 10. Auflage, Hamburg 1973, Seite 147 f.) konzipierte Wagner das »Ring«-Ende zunächst in drei eindeutigen Varianten, die erste nach der anarchistischen Lehre des Russen Michail Bakunin (1814–76) als Befreiung der Menschen von den korrumpierten Herrschenden; die zweite gemäß Feuerbach als Auflösung der Götterbilder in Projektionen der Menschheit (diese Variante steht Nietzsches »Götzen-Dämmerung« am nächsten); die dritte als allgemeine Welterlösung nach Schopenhauer. Die endgültige Version des Endes ist nicht eindeutig interpretierbar.

19   *Armen des Geistes:* Vergleiche die Bergpredigt (Matthäus 5, 3) sowie Wagners Unterscheidung zwischen der anschaulich-symbolischen Lehre des Christentums für die »Armen im Geiste« und der intellektuell-begrifflichen Lehre des Brahmanismus, der um 1000 v. Chr. entstandenen philosophischen Bearbeitung der früheren hinduistischen Religion für die »Reichen im Geiste«. Während der Philosoph Schopenhauer an den Brahmanismus anknüpft, sieht sich der Künstler Wagner mehr in der christlichen Tradition (»Religion und Kunst«, 1880, 1. Abschnitt).

auch in Paris: Seit den achtziger Jahren erhält die Pariser Wagner-Rezeption die Bezeichnung »wagnérisme«. Die 1884 von Edouard Dujardin gegründete »Revue Wagnérienne« dokumentiert die enthusiastische Rezeption Wagners durch die französischen Décadence-Dichter in der Tradition Baudelaires. – Zur Beziehung Wagner–Baudelaire gibt Nietzsches Brief an Peter Gast aus Nizza vom 26. Februar 1888 Auskunft. – Vergleiche zu diesem ganzen Komplex: Erwin Koppen: Dekadenter Wagnerismus. Studien zur europäischen Literatur des Fin de siècle. Berlin und New York 1973.

in Sankt-Petersburg: Anspielung auf das von Nietzsche erst seit 1887 rezipierte Werk von Fjodor Michailowitsch Dostojewski (1821–81), in dessen Romanen »Schuld und

Sühne« (1867), »Der Idiot« (1868), »Die Dämonen« (1871) und »Die Brüder Karamasow« (1879/80) sich Probleme der modernen Kulturkrise mit Panslawismus und religiös-volkstümlichem Mystizismus verbinden.

Man setzt an die Lippen: Anspielung auf den Liebes- und Todestrank aus Wagners »Tristan und Isolde«.

régime: ärztliche Vorschrift.

des Vegetariers: Der späte Wagner war Gegner der Tötung und Vivisektion von Tieren (vergleiche sein »Offenes Schreiben an Herrn Ernst von Weber, Verfasser der Schrift ›Die Folterkammern der Wissenschaft‹«, 1879, und »Religion und Kunst«, 1880). Er lebte demgemäß vegetarisch.

korroborierende: stärkende.

»die Kindlein«: Vergleiche Matthäus 19, 14.

Hysteriker: Seit der ersten Diagnose 1869 durch den Chefarzt der Pariser »Salpêtrière« Jean-Marie Charcot (1825–93) sich durchsetzender Terminus für Geisteskranke bei klarem Bewußtsein ohne psychotische Wahnideen. Man vermutete bereits den grundsätzlich sexuellen Ursprung der Krankheit und behandelte die Symptome durch Hypnose. Neben »Hysterie« war auch der Terminus »Neurose« üblich.

das Konvulsivische: das Krampfhafte.

20   *Wagner est une névrose:* »Wagner ist eine Nervenkrankheit.« Vergleiche das Tagebuch der französischen Schriftsteller-Brüder Edmond (1822–96) und Jules (1830–70) de Goncourt vom 2. September 1866: »Das Genie ist eine Nervenkrankheit.«

Proteus-Charakter: Proteus ist eine Gestalt der griechischen Mythologie. Als Diener des Poseidon gilt er als wahrsagender, aber in seiner Vielgestaltigkeit sich immer wieder entziehender Meergreis.

Degenereszenz: Entartung, Zerfall, Rückbildung.

Cagliostro der Modernität: nach einem Vergleich des deutschen Schriftstellers Karl Gutzkow (1811–78). Der italieni-

sche Abenteurer und Alchimist Alexander Graf von Cagliostro, eigentlich Giuseppe Balsamo (1743–95), gewann
Vermögen und Ansehen durch spektakulär eingesetzte magische Praktiken.

Idiotische: hier auch in der Bedeutung von Dostojewskis
Roman »Der Idiot« (der Eigentümliche, Unschuldige).
(Vergleiche auch die dritte Anmerkung zu Seite 19.)

21 *Pulchrum est paucorum hominum:* »Das Schöne ist nur für
wenige Menschen.« Vergleiche Horaz, »Satiren« I, 9, 44.

Kretins: Trottel, in der Entwicklung Zurückgebliebene.

die Ewig-Weiblichen: Vergleiche die Anmerkung zu Seite
15 f.

Rekrudeszenz: Wiederverschlimmerung (einer Krankheit).

Unendlichkeit, aber ohne Melodie: Parodie der Wagnerschen »unendlichen Melodie«. (Vergleiche die sechste Anmerkung zu Seite 11.)

Händel: Georg Friedrich Händel (1685–1759), Komponist
des Barock aus Halle, seit 1714 in London als Hofkompo-
nist tätig.

22 *Agazieren:* aufreizen, belästigen, herausfordern.

des Kontrapunktes: die musikalische Satztechnik, mehrere
Stimmen Ton für Ton, punctum contra punctum harmo-
nisch gegeneinander zu setzen.

Palestrina: Giovanni Palestrina, eigentlich Giovanni Pier-
luigi da Palestrina (1525–94), italienischer Komponist der
späten Renaissance, gehört zur »Römischen Schule« der
päpstlichen Kapelle. Als ihr Hauptvertreter setzte er in seinen vorwiegend geistlichen Werken (Messen und Motet-
ten) die kirchenmusikalischen Forderungen der Gegenre-
formation durch. Verband die frankoflämischen Kontra-
punkt-Künste mit italienischer Harmonik und Melodik.

Enharmonik: Das temperierte Tonsystem von zwölf gleichen Schritten bewirkt, daß »alterierte« Töne zusammen-
fallen. Diese Mehrdeutigkeit der Tonstufen wird in Wag-

ners chromatischer, über alle zwölf Stufen gleitender Kompositionstechnik benutzt.

harangieren: mit einer Rede langweilen.

Sursum! Bumbum!: Parodie auf den katholischen Meßtext des Priesters: »Sursum corda.« (Erhebet eure Herzen.) – Vergleiche »Klagelieder« 3, 41.

23 *Mozarts:* Wolfgang Amadeus Mozart (1756–91), Komponist der Wiener Klassik. – Wagner bezieht sich in »Oper und Drama« (1851) und »Über das Operndichten und Komponieren im besonderen« (1879) auf Mozart als den genialen Musiker, der allein in der glücklichen Begegnung mit dem Textdichter Lorenzo da Ponte (1749–1838) dramatisch gelungene Opern wie den »Don Giovanni« (1787) komponieren konnte. Dennoch liegt in der künstlerischen Arbeitsteilung, besonders der italienischen und französischen Oper, die Tendenz zur »frivolen«, undramatisch sich entwickelnden Melodie begründet.

»zur Erholung diene« [...] *»erheitere«* [...] *»Vergnügen mache«:* Anspielung auf Horaz' »Dichtkunst« (»Ars poetica«), Vers 333: »Die Dichter wollen nützen und erfreuen.«

hedonistisch: auf den Genuß bezogene ethische Haltung, die alles Handeln auf den Lustgewinn hin orientiert; Tugend besteht in der Kultiviertheit des Genusses, in der ästhetischen Bildung. Philosophisch begründete den Hedonismus Aristippos von Kyrene (435–355 v. Chr.).

sit venia verbo: »wenn das Wort erlaubt ist.« Nach Plinius dem Jüngeren, »Epistulae« (»Briefe«) 5, 6, 46.

(Wagners Aufsatz »Religion und Kunst«): In diesem 1880 während der Arbeit am »Parsifal« verfaßten Aufsatz entwirft Wagner sein Programm der Rettung der künstlich und dogmatisch gewordenen Religion durch die Kunst. Der dem Christentum wie dem Buddhismus gemeinsame Kern der Religion wird gemäß der Philosophie Schopenhauers als Verneinung des in Egoismus und Leiden befangenen Willens durch die intuitive Erkenntnis des Mitlei-

dens bestimmt. Den eigentlichen symbolischen Ausdruck findet diese Lehre beim Christentum im Abendmahl und in Christi Kreuzestod. Dieser stellt das Sühneopfer für die geschichtlich ausgeübte Gewalt am Menschen und die kulinarisch ausgeübte Gewalt am Tier dar. Die Musik sei die Kunst, welche die religiöse Lehre der Nichtigkeit der Welt ohne Begriff am unmittelbarsten darstellen könne.

sinistre: finstere, unheilvolle.

der Musiker wird jetzt zum Schauspieler: Ausgehend von der These, daß Musik als Ausdrucksmittel dem dramatischen Verlauf der Oper untergeordnet sein soll (»Oper und Drama«, Einleitung), bestimmt Wagner den Mimen als Einheit von Schauspieler, Sänger und Musiker unter dem Primat des mimisch-dramatischen Ausdrucksvermögens (»Über Schauspieler und Sänger«, 1872). (Vergleiche auch die vierte der »Unzeitgemäßen Betrachtungen«, § 9.)

in einem Kapitel meines Hauptwerks: Nietzsche bezieht sich auf den letzten Entwurf seines zeitweilig geplanten Hauptwerkes »Der Wille zur Macht« vom August 1888, in dem »Die Physiologie der Kunst« das zweite Kapitel des dritten von vier Büchern bilden sollte. Im September 1888 gab er diesen Plan auf.

24   *»kontradiktorisches«:* auf den Widerspruch zweier sich aufhebender Urteile bezogenes.

»freie Wille«: Hier ist weder das Bewußtsein der Willkür freien Handelns wie bei Aristoteles (»Nikomachische Ethik«, III, 1–8) noch die Freiheit des gesetzgebenden Willens unter dem Vernunftgesetz wie bei Kant (»Kritik der praktischen Vernunft«, § 5–7), sondern die dionysisch-schöpferische Freiheit des Willens zur Macht zum Schaffen, Umschaffen seiner Formen und Werte gemeint.

Damit, daß das Leben [...] kein Ganzes mehr: Vergleiche Paul Bourget: »Essais de psychologie contemporaine« (»Abhandlungen über die zeitgenössische Psychologie«), Paris 1883, I, 25.

Vibration und Exuberanz: Beben, Schwingen und Überschwang.

Ton-Semiotik: System von Zeichen und Motiven der Musik.

wie er hier trennt [...] sichtbar macht: Beschreibung von Wagners »Kunst des feinsten allmählichen Übergangs«, der Technik, aus gegebenen Leitmotiven durch Abtrennung und Variation andere Motive zu erzeugen (so Wagner in bezug auf den »Tristan« an Mathilde Wesendonck, 29. Oktober 1859).

frères de Goncourt: die Brüder Goncourt. (Vergleiche die erste Anmerkung zu Seite 20.)

25 *»dramatischen Stil«:* von Wagner gefordert in »Oper und Drama« (1850/51), »Über die Bestimmung der Oper« (1871), »Über die Benennung ›Musikdrama‹« (1872), »Über das Operndichten und Komponieren im besonderen« (1879) und »Über die Anwendung der Musik auf das Drama« (1879).

Kant: Immanuel Kant (1724–1804), deutscher Philosoph des Idealismus, untersuchte in der »Kritik der reinen Vernunft« (1781) die grundlegenden Prinzipien des Erkennens, die reinen Anschauungsformen von Raum und Zeit, die Kategorien des Verstandes und die Ideen der Vernunft, in der »Kritik der praktischen Vernunft« (1788) das Prinzip des sittlichen Handelns im kategorischen Imperativ, der die vernünftige Allgemeingültigkeit der Handlungsmaxime gebietet. Nietzsche kritisiert bereits in »Jenseits von Gut und Böse« (§ 11), daß Kant zur Stützung seiner Prinzipien ein synthetisches theoretisches und praktisches Vermögen vor aller Erfahrung und allem Handeln voraussetzen muß. Die Pointe der Wagner-Kritik liegt darin, daß Wagners dekadentem Stil der Auflösung gerade das Vermögen zur Synthese fehlt.

Miniaturisten: Maler kleiner Bilder in Handschriften oder Büchern, hier: Kleinkünstler.

Affresko: nach »a fresco«: Malerei auf noch frischem Kalk-
verputz.

agaçante: anstachelnde.

Tannhäuser-Ouvertüre: Vergleiche die siebente Anmerkung zu Seite 14.

Zirkus Walküre: Anspielung auf die Walkürenritt-Musik
zu Beginn des 3. Aktes der »Walküre«.

Lärm um nichts: Anspielung auf die Tiecksche Übersetzung der Komödie von Shakespeare »Much Ado About
Nothing« (1599) mit »Viel Lärm um nichts«.

Lohengrin-Vorspiel: Nietzsche bezieht sich auf das in den
höchsten Streicher- und Bläser-Lagen vorgetragene und
allmählich erst herabsteigende Gralsmotiv. Die hypnoti-
sierende Wirkung erinnert an die medizinische Behandlung der Hysteriker. (Vergleiche auch die neunte Anmerkung zu Seite 19.)

26   *histrio:* Schauspieler (im antiken Rom).

Szeniker par excellence: Meister des (sich) in Szene-Set-
zens.

Beethoven: Ludwig van Beethoven (1770–1827), Komponist der Wiener Klassik, gilt durch sein Klaviersonaten-,
Streichquartett- und Symphonien-Werk als Vollender der
Emanzipation der Instrumentalmusik durch die thema-
tisch-motivische Arbeit in der Sonatenform. Wagner
knüpft sein Programm des Musikdramas an den letzten
Satz der Neunten Symphonie an, in dem aus der Instrumentalmusik heraus der Chor und Solisten Schillers
»Hymne an die Freude« intonieren. Vergleiche die verschiedenen Aufsätze Wagners zu Beethoven aus den Jahren
1846–73.

der Tyrann in ihm: Vom Willen zur »tyrannischen Allmacht« Wagners ist bereits in der vierten »Unzeitgemäßen
Betrachtung«, § 8 und 9, die Rede.

27   *Victor Hugo:* französischer Dichter (1802–85), in seinen
phantastischen Gedichten Repräsentant der französischen

Hochromantik. Bekannteste Romane: »Notre-Dame de Paris« (1831) und »Die Elenden« (1862).

ancilla dramaturgica: die Magd der Dramaturgie, in Analogie zu der mittelalterlich-scholastischen Lehre, wonach die Philosophie die Magd der Theologie sei.

elementarisch gemachten Musik: Vergleiche Wagners Ausspruch vom »Urmutterelement« der Harmonie in »Oper und Drama« (2. Teil, VI).

nichts als die Wirkung: Hier wendet Nietzsche Wagners polemische Definition des Effektes als Wirkung ohne Ursache (»Oper und Drama«, 1. Teil, VI) auf Wagner selbst an.

Talma: François Joseph Talma, französischer Schauspieler (1763–1826), Heldendarsteller.

28   *»repräsentierten« Tafeln:* einerseits die bloß wiedergegebenen gemalten Tafeln, andererseits nach dem »stilo rappresentativo« die Darstellung des affektgeladenen Seelenzustandes einer Opernfigur im Rezitativ, dem Sprechgesang des 17. Jahrhunderts.

wenig Fleisch: entspricht Nietzsches Gewohnheit, in den Briefen aus seinen letzten Jahren die italienische Speisekarte zu zitieren, hier wiederum mit einem Seitenhieb auf Wagners Vegetarismus.

»alla genovese«: »nach Genueser Art.« In Genua hörte Nietzsche 1881 erstmals »Carmen«.

recitativo secco: Seit dem 18. Jahrhundert üblicher trockener Sprechgesang, mit kurzer, unterbrochener akkordischer Begleitung auf einem oder wenigen Instrumenten. Im Unterschied dazu verdichtet sich der Sprechgesang im stilo rappresentativo zum Accompagnato-Rezitativ, dem vom Orchester begleiteten Arioso, das zwischen trockenem Rezitativ und der eigentlichen Opernarie steht. In Wagners Musikdramen hat sich im orchesterbegleiteten Sprechgesang das Accompagnato-Rezitativ ausgebreitet und hebt Arie und Secco-Rezitativ auf.

actio: Handlung.

hautrelief: Hochrelief.

Das Wort Drama: Wagner selbst beruft sich auf die Wortgeschichte von »Drama« als Tat oder Handlung, die sich als ein Element der griechischen chorischen Tragödie später verselbständigte (»Über die Benennung ›Musikdrama‹«, 1872).

dorischer Herkunft: Das dorische Verb »drân« bedeutet, gegen Nietzsches Meinung, »tun, handeln«, aber auch mit Nietzsche im engeren Sinne: »ein Opfer, einen Ritus vollziehen.« Im Drama wird wohl eher die Spannung zwischen dem geweissagten mythisch-göttlichen Geschehen und dem jeweiligen Entscheiden und Handeln der Figuren dargestellt. – Aristoteles referiert in seiner »Poetik« (III, 1448 b 1–2) den Anspruch der Dorer auf den Ursprung des Schauspiels kraft der Wortgeschichte von »drân«, ohne ihre Gültigkeit zu belegen.

29 *Corneilles:* Pierre Corneille (1606–84), erster Repräsentant des französischen klassizistischen Dramas mit strenger Einheit von Raum, Zeit und Handlung.

»das eine, was not tut«: Vergleiche Lukas 10, 42.

dem Knoten [...] der Lösung: der Verwicklung beziehungsweise Auflösung des dramatischen Konflikts.

Das Wort »Drama« in seinen Schriften [...] das Wort »Oper«: Vergleiche die erste Anmerkung zu Seite 25.

das Wort »Geist« im Neuen Testament: Anspielung auf den Anfang des Johannes-Evangeliums: »Im Anfang war das Wort, und das Wort war bei Gott, und Gott war das Wort.« Der griechische Ausdruck für »Wort«, »logos«, kann mit dem göttlichen »Geist« oder dem geoffenbarten »Wort« übersetzt werden, welche allerdings menschlichen Geist und sein Verstehen immer übersteigen.

Idiosynkrasie: Überempfindlichkeit.

30 *Erda:* Beschwörung der urmütterlichen Seherin Erda durch Wotan in »Siegfried«, III, 1.

In summa: insgesamt.

mythologischer Schauder [...] mythischer Gehalt: Zu Wagners Behandlung des Mythos vergleiche »Oper und Drama« (2. Teil, II–VI). Wagner zeichnet den Verfall der anschaulichen mythischen Erzählungen der Völker durch den rationalen, analysierenden Roman nach, und er entwirft die moderne (mythologische) Wiederherstellung des anschaulichen Mythos in der dramatischen, durch Musik kommentierten Verdichtung der Motive.

Flaubert: Gustave Flaubert (1821–80), französischer Schriftsteller. Sein Roman »Madame Bovary. Ein Sittenbild aus der Provinz« (1856) ist gekennzeichnet durch realistisch-exakte Darstellung einer Ehekrise. Nach einem authentischen Fall von 1848 behandelt er das Leben seiner Titelheldin, die im fatalen Kreislauf von Langeweile in der Ehe mit einem Provinzarzt, von Ehebruch, Verführung und Verschuldung in den Selbstmord getrieben wird. Im Pariser Prozeß 1856 wurde der Autor von der Anklage des skandalösen Verstoßes gegen Sitte und Religion freigesprochen.

ins Skandinavische oder Karthagische: Anspielung auf Flauberts nach dem Zeitroman »Madame Bovary« 1863 erschienenen historischen Roman »Salammbô«. Die Titelheldin ist die Priesterin der Mondgöttin Karthagos und Tochter Hamilkar Barkas' (290–229 v. Chr.), des karthagischen Heerführers und Vaters Hannibals; nach dem Ende des Ersten Punischen Krieges (264–241 v. Chr.) führen die ehemaligen Söldner um ihren gerechten Lohn einen Kampf gegen Karthago, in dem Salammbô in eine tödliche erotische Intrige mit dem libyschen Gegner Mâtho verstrickt wird. – Mit »skandinavisch« sind einerseits die germanischen Mythen, die Wagner benutzt, andererseits wohl die Dramen Henrik Ibsens (1828–1906) und August Strindbergs (1849–1912) gemeint, die ebenfalls die zeitgenössische und soziale Problematik von Erotik und Ehe naturalistisch darstellen.

Parsifal ist der Vater Lohengrins: So Lohengrin selbst in III, 3 der gleichnamigen Oper.

31 *»die Keuschheit Wunder tut«:* so Wagner in »Religion und Kunst«, Seite 280 f.; er greift das Dogma der unbefleckten Empfängnis Mariens an und führt es auf das eigentliche Wunder der Geburt des erlösenden Gottes zurück. Vergleiche auch Nietzsches Brief an Peter Gast vom 17. Juli 1888.

Wagnerus dixit princeps in castitate auctoritas: Wagner sprach's, die oberste Autorität in Sachen Keuschheit.

die Schriften Wagners: Gemeint sind die theoretischen Schriften Wagners, von denen einige bereits in der vierten »Unzeitgemäßen Betrachtung«, § 10, ausführlich behandelt werden.

wer Ohren hat, der höre: Vergleiche Matthäus 11, 15.

der Rest ist – »Literatur«: nach Hamlets Sterbewort aus Shakespeares »Hamlet«, V, 2: »Der Rest ist Schweigen.«

»Die Musik ist immer nur ein Mittel«: Vergleiche Wagners »Oper und Drama« (Einleitung).

32 *»mit dieser Erkenntnis [...] Revolutionär«:* Wagner: »Eine Mitteilung an meine Freunde« (1851).

Hegel und Schelling: Georg Friedrich Wilhelm Hegel (1770–1831) und Friedrich Wilhelm Joseph Schelling (1775–1854) vollendeten die deutsche idealistische Philosophie und ästhetische Theorie der Klassik seit Kant, Schiller und Goethe. Hegel definiert das Kunstschöne als sinnliches Scheinen der Idee des absoluten Geistes, Schelling als mythologische Formwerdung des natürlich-göttlichen Geistes. Unter Idee verstehen beide die Vermittlung zwischen dem absoluten, unendlichen Geist und der konkreten Wirklichkeit, im Gegensatz zu der Ideenlehre des griechischen Philosophen Platon (427–347 v. Chr.), nach der die sinnliche Welt und die Welt der Ideen noch dualistisch voneinander unterschieden sind.

Schopenhauer hat [...] der Unredlichkeit geziehn: so in der »Vorrede zur zweiten Auflage« von »Die Welt als Wille und Vorstellung« I (1844).

Polychromie: Vielfarbigkeit.

33 *Wotan:* höchster germanischer Gott des Wetters, der Fruchtbarkeit und des Krieges.

wir Halkyonier: wir (im griechischen Sinn) Friedlichen und Heiteren.

la gaya scienza: italienisch: die fröhliche Wissenschaft. Untertitel der gleichnamigen Schrift Nietzsches von 1882, die an die Kultur der fahrenden Ritter und Sänger in Südfrankreich, der provenzalischen Troubadoure, anknüpft.

Liszt: Franz Liszt (1811–86), romantischer Komponist und Pianist, komponierte vor allem symphonische Dichtungen nach literarischen Vorbildern und eine Fülle von romantischen Paraphrasen fremder Werke für Klavier. Mit Cosima Liszt (1837–1930), der Tochter aus Liszts Verbindung mit der Gräfin d'Agoult, unterhielt Wagner seit 1863 ein zunächst inoffizielles Verhältnis. (Vergleiche auch die vierte Anmerkung zu Seite 15.)

34 *Scholastik:* Bezeichnung für die mittelalterliche Schulphilosophie, die die christliche Glaubenslehre mit den philosophischen Lehren des Aristoteles (384–322 v. Chr.) in Einklang zu bringen versuchte.

Riemanns: Hugo Riemann (1849–1919), deutscher Musikforscher, Autor des nach ihm benannten Musiklexikons. Nietzsche kritisiert Riemanns Anwendung der Interpunktion auf die Einteilung musikalischer rhythmisch-motivischer Gebilde als Décadence-Erscheinung in einem Brief an Carl Fuchs vom 26. August 1888.

espressivo: ausdrucksvoller Gesang, im Wagnerschen Sinne der gesteigerte Sprechgesang der Akteure, der Wortverständlichkeit und Ausdruck in dramatischer Absicht vereint, im Gegensatz zum italienischen Belcanto, der Wort und Drama zugunsten des momentanen stilisierten Affektes vernachlässigt.

Definition des Germanen: Gehorsam und lange Beine: Anspielung auf die militärische und untertänige Haltung der
Deutschen. Mit den Beinen marschiert und mit den Füßen
tanzt man; dies vermißt Nietzsche an den Deutschen, vor
allem an Wagner.

Heraufkunft des »Reichs«: 1871 wurde das Deutsche Reich
gegründet und der preußische König Wilhelm I.
(1797-1888) zum Kaiser proklamiert. Im selben Jahr
wählte Wagner Bayreuth zum Festspielort und orientierte
sich zunehmend in Richtung Preußen.

35 *Alfieri:* Benedetto Innocente Alfieri (1700–67), italienischer Baumeister, baute das königliche Theater in Turin
(1740). Er suchte den Verfall des Rokoko durch einen klassizistischen Stil zu überwinden.

36 *ungedruckten Abhandlung:* Der Titel lautet: »Richard
Wagner physiologisch widerlegt.«

37 *beim Begräbnisse Wagners:* Richard Wagner starb am 13.
Februar 1883 im Palazzo Vendramin in Venedig und
wurde am 18. Februar in Bayreuth begraben. – Der erste
Wagner-Verein wurde 1871 nicht in München, sondern in
Mannheim gegründet.

»Erlösung dem Erlöser!«: Schlußformel aus Wagners Al-
terswerk »Parsifal«. Dort kann die Formel sowohl auf die
Erlösung der Christusgestalt aus den Gralshüterkonven-
tionen durch Parsifal als auch auf die Auflösung des jensei-
tigen religiösen Dogmas ins diesseitige soziale Handeln
durch die Kunst bezogen werden. Nietzsche macht sich
den Doppelsinn von Erlösung und Überflüssigmachen hier
in bezug auf Wagners Lebensende zunutze.

in rebus musicis et musicantibus: in musischen und musikalischen Dingen.

Geyer [...] Adler: Wagner wurde am 22. Mai 1813 im Ju-
denviertel der Stadt Leipzig als neuntes Kind des Polizeiak-
tuarius Friedrich Wagner (1770–1813) und seiner Frau Jo-
hanna, geborener Pätz (1774–1848), geboren. Der Vater

starb noch im selben Jahr an Lazarett-Typhus, den er sich
während der Völkerschlacht bei Leipzig zugezogen hatte.
Am 28. August 1814 heiratete die Witwe den Maler, Hof-
schauspieler und Dichter Ludwig Geyer (1779–1821).
Wagners Autobiographie »Mein Leben« (herausgegeben
von Martin Gregor-Dellin, München 1983, Seite 9–11) bestätigt diese Angaben. Sowohl Friedrich Wagner als auch
Ludwig Geyer haben musikalische Vorfahren, der erstere
sächsische Kantoren, bis ins 17. Jahrhundert, der letztere
thüringische, bis ins 18. Jahrhundert. – Nietzsches zweite
Behauptung, daß Geyer wegen seines wie Adler jüdisch
klingenden Namens Jude gewesen sei, trifft angesichts seiner Abstammung nicht zu; sein doppelter Angriff zielte
einerseits auf Wagners Identitätskrise, die sich im frühen
Vaterverlust ausdrückt und sich in allen Wagnerschen Helden wiederholt, andererseits auf Wagners späteren Antisemitismus.

was bisher als »Leben Wagners«: Anspielung auf Wagners
Autobiographie »Mein Leben« in vier Teilen bis zum Jahre
1864, von Wagner auf Wunsch seines Mäzens, des Königs
Ludwig II. von Bayern, seiner Frau Cosima 1865–80 diktiert, bis 1911 nur in wenigen Privatexemplaren engeren
Freunden zugänglich. Nietzsche vermittelte 1869 in Basel
den Druck der ersten drei Bände und las Korrektur.

fable convenue: verabredete, erfundene Geschichte.

38   *Dilettantismus:* Kunstliebhaberei im Gegensatz zur künstlerischen Berufung; hier im Sinne der Dekadenz-Ästhetik
Bourgets gebraucht. Dieser definiert den Dilettantismus
als Fähigkeit, sich in scharfsinniger und skeptischer Weise
nacheinander den verschiedenen Standpunkten und Äuße-
rungsformen des Lebens intellektuell und emotional anzu-
passen (»Psychologische Abhandlungen«, Minden 1903, 2.
Kapitel, über »Ernest Renan«, Seite 51–65). – Vergleiche
auch Nietzsches Bemerkung über Wagners frühes Dilettie-
ren in allen Künsten in der vierten »Unzeitgemäßen Betrachtung«, § 2.

Formel [...] in den Meistersingern: Hinweis auf die Schlußworte von Hans Sachs in den »Meistersingern«:
>»Ehrt eure deutschen Meister,
>dann bannt ihr gute Geister;
>und gebt ihr ihrem Wirken Gunst,
>zerging' in Dunst
>das heil'ge röm'sche Reich,
>uns bliebe gleich
>die heil'ge deutsche Kunst!«

Theatrokratie: Theaterherrschaft, in Anlehnung an Theo-
kratie = Gottesherrschaft.

große Oper: französische Variante der tragischen oder ernsten Oper im 19. Jahrhundert, mit großen historischen
Themen, die durch dramaturgische Integration von Arie,
Ensemble und Massenszenen dargestellt werden. Giacomo
Meyerbeer (1791–1864), deutsch-jüdischer Abstammung,
ist ihr Repräsentant. Als Meyerbeer bei Wagners Besuch in
Paris 1839 diesem keinen Zugang zur Pariser Oper ver-
schaffte, verwandelte sich Wagners Verehrung von Meyerbeer in Enttäuschung, die sich schließlich in dem polemischen Artikel »Das Judentum in der Musik« 1850 entlud
und Wagner dem Vorwurf des Antisemitismus aussetzte. –
Nietzsche gebraucht den Terminus nun seinerseits kritisch
gegen Wagner.

Demolatrie: Verehrung des Volkes, in Anlehnung an Ido-
latrie = Abgötterei, Götzendienst.

nihilistischen: von lateinisch »nihil«, »nichts«; ursprünglich bezogen auf den Standpunkt der Verneinung religiöser
Glaubenssätze (so nannte der Kirchenlehrer Augustinus
[354–430] die Ungläubigen »nihilisti«), schließlich Verneinung der Möglichkeit der wahren Erkenntnis (so erstmals
der deutsche Philosoph Friedrich Heinrich Jacobi
[1743–1819] in seinem »Sendschreiben an Fichte«, 1799),
der Gültigkeit ethischer Normen (so der Kulturphilosoph
Max Stirner [1806–56] in »Der Einzige und sein Eigen-

tum«, 1845) oder der bestehenden politischen Autoritäten (so der russische Schriftsteller Iwan Sergejewitsch Turgenjew [1818–83] in »Väter und Söhne«, 1861). Der in Bayreuth lebende Dichter Jean Paul (eigentlich Johann Paul Friedrich Richter [1763–1825]) spricht in der »Vorschule der Ästhetik« (1804) von poetischen Nihilisten. Paul Bourget beschreibt den Nihilismus Flauberts im dritten Kapitel seiner »Psychologischen Abhandlungen« (1883). Nietzsche verwendet den Begriff zum erstenmal in der »Fröhlichen Wissenschaft« (1882), § 346. Hier wird der Nihilismus als kulturelle Konsequenz der christlichen Lehre von Sünde, Tod und Erlösung im Jenseits beziehungsweise der buddhistischen Lehre (von Buddha im 6. Jahrhundert v. Chr. in Indien gestiftet) vom Austritt des Erleuchteten aus dem Kreis der Wiedergeburten und des Eingehens ins Nirwana (Nichts) interpretiert.

Circe: Vergleiche die dritte Anmerkung zu Seite 18; hier zugleich Umschreibung der Verführerin Kundry aus »Parsifal« als Bild der musikalischen Verführung durch Erlösung.

39 *Ich bewundere [...] verstehe ich es:* Vergleiche hierzu Nietzsches Brief an Peter Gast vom 25. Juli 1882 in bezug auf »Parsifal«: »Ich gestehe: mit einem wahren Schrecken bin ich mir wieder bewußt geworden, wie nahe ich eigentlich mit Wagner verwandt bin.«

reine Toren: Vergleiche die neunte Anmerkung zu Seite 14.

hieratischen Wohlgerüchen: priesterlichem Weihrauch.

Idiotikon: eigentlich Mundartwörterbuch; hier zugleich auf »Idioten« anspielend.

Philtren: Zauber-, Liebestränke.

Rosengebüsche: Anspielung auf Klingsors Zaubergarten und auf die verführende Kundry, die von ihrem Gebieter Klingsor »Höllenrose« (»Parsifal«, II) genannt wird.

Zaubermädchen-Tönen: Anspielung auf die Figuren aus Klingsors Zaubergarten in »Parsifal«, II.

cave canem: »Hüte dich vor dem Hund.« Zugleich Anspielung auf die Herkunft von »Zyniker«, nämlich von griechisch »kyon«, »Hund«.

Bayreuther Blätter: eine auf Veranlassung Wagners 1878 gegründete Zeitschrift, die den Wagnervereinen die ästhetischen Richtlinien der Bayreuther Festspielaufführungen vermitteln sollte. Sie stellte einen doktrinären Propagandaersatz für die inzwischen verlorengegangene theoretische Unterstützung Nietzsches dar.

im Namen des Vaters, des Sohnes und des heiligen Meisters: Parodie auf den christlichen Segen und die Dreifaltigkeit von Vater, Sohn und heiligem Geist, zugleich kritisch gegen den ideologischen Absolutheitsanspruch der Wagnerschen Artikel in den »Bayreuther Blättern«.

40 *Bayreuth: bereits bereut:* Vergleiche Nietzsches Brief an seine Schwester Elisabeth vom 25. Juli 1876 aus Bayreuth, wo sich anläßlich der Proben zur »Götterdämmerung« die erste Entfremdung von Wagner einstellt: »Fast habe ich's *bereut*! Denn bis jetzt war's jämmerlich. Von Sonntagmittag bis Montagnacht Kopfschmerzen, heute Abspannung, ich kann die Feder gar nicht führen. Montag war ich in der Probe, es gefiel mir gar nicht, und ich mußte hinaus.«

in ihrem Zeichen siegt seine Sache: Anspielung auf die Inschrift, die dem römischen Kaiser Konstantin dem Großen (286–337) nebst dem christlichen Kreuz vor der Schlacht gegen Maxentius (um 312) am Himmel erschien. Konstantin erhob das Christentum zur Staatsreligion.

Minotaurus: In der griechischen Mythologie wird die phönikische Königstochter Europa von Zeus in Gestalt eines Stieres nach Kreta entführt. Dort zeugen beide u. a. Minos. Dieser verweigert als König von Kreta dem Meeresgott Poseidon ein ihm rechtmäßig zustehendes Stieropfer. Poseidon rächt sich, indem er aus der Verbindung der Königsgattin Pasiphaë mit einem Stier das stiermenschliche Ungeheuer Minotaurus hervorgehen läßt. Dieses sperrt Minos in

das von Daidalos konstruierte Labyrinth ein. Die unter-
jochten Athener müssen alljährlich sieben Knaben und sieben Mädchen zur Fütterung des Minotaurus nach Kreta
senden. Erst durch Theseus, der durch den Faden der Mi-
nos-Tochter Ariadne den Weg durch das Labyrinth findet,
wird das Ungeheuer getötet und Athen vom Tribut befreit.
Mit der von Theseus verlassenen Ariadne vermählt sich
Dionysos. – Nach seinem Zusammenbruch schreibt Nietzsche Anfang Januar 1889 aus Turin an Cosima Wagner:
»Ariadne, ich liebe Dich. Dionysos.«

»auf nach Kreta!«: Chor aus »La belle Hélène« (»Die
schöne Helena«) von Jacques Offenbach. Vergleiche
Nietzsches Brief an Peter Gast vom 24. August 1888.

41   *Weinbergen:* Vergleiche Matthäus 20, 1–16.

Reichswurm: Personifikation des Deutschen Reiches als
Drache Fafner, der den Goldschatz der Nibelungen hortet
(Wagner, »Siegfried« II).

Rhinoxera: vielleicht Doppelbildung aus Rhinozeros und
Phylloxera, Reblaus.

Kreuzzeitung: Gemeint ist die konservative »Neue preußische Zeitung«, Berlin 1848–1938.

literarischen Zentralblatt: Gemeint ist die »Leipziger ge-
lehrte Wochenschrift«, in der der zweiundzwanzigjährige
Nietzsche Besprechungen veröffentlichte. (Vergleiche
Nietzsches Brief an Georg Brandes vom 10. April 1888.)

die tiefsten Bücher: Gemeint sind hauptsächlich »Also
sprach Zarathustra« (1883–85), »Jenseits von Gut und
Böse« (1886), »Zur Genealogie der Moral« (1887).

Bernini: Lorenzo Bernini (1598–1680), italienischer Baumeister und Bildhauer, Begründer des italienischen Barock, Architekt u. a. des Petersplatzes in Rom. Wirkte auch
am Hof Ludwigs XIV. von Frankreich.

42   *nur einen Musiker:* Gemeint ist Peter Gast, eigentlich
Heinrich Köselitz (1854–1918), Komponist, Schüler und
Freund Nietzsches, der auf dessen Rat in seiner Oper »Der

Löwe von Venedig« (1901 uraufgeführt) die gegen Wagner gerichtete heitere Buffooper wiederbeleben wollte.

Johannes Brahms: deutscher Komponist (1833–97) der Romantik, strebte in seinem symphonischen und kammermusikalischen Werk einen Ausgleich zwischen romantischem Ausdruck und klassischer thematischer Arbeit in der Tradition Beethovens an. Die Brahms- und die Wagner-Partei befehdeten einander heftig.

43 *die »Armen im Geiste«:* Vergleiche Matthäus 5, 3.

Goldmark: Karl Goldmark (1830–1915), österreichischer Komponist; seine Oper »Die Königin von Saba« wurde 1875 uraufgeführt.

palliativisch: (im medizinischen Sinne) lindernd, ohne die Ursache zu beseitigen.

Händel: Vergleiche die sechste Anmerkung zu Seite 21.

Rossini: Giacomo Rossini (1792–1868), italienischer Komponist, einer der letzten Vertreter der Buffooper.

44 *sich die Hände zu waschen:* wie Pilatus nach Matthäus 27, 24.

Herren-Moral [...] Moral der christlichen Wertbegriffe: Nietzsche konfrontiert hier seine Moraltheorie mit den Überlegungen Wagners in dessen Schrift »Heldentum und Christentum« (1881). In ihr vermengt Wagner auf eigentümliche Weise rassistische und christlich-moralische Argumente. Zunächst behauptet er mit dem französischen Schriftsteller Joseph-Arthur Grafen de Gobineau (1816–82) die Ungleichheit der Rassen, die Privilegierung der weißen und ihre Entartung durch Vermengung mit minderen Rassen. In einem zweiten Schritt interpretiert er dagegen im Sinne des Christentums und Schopenhauers den Opfertod Christi als Zeichen einer alle Rassen umfassenden Mitleidsmoral, die an die Stelle des rassisch unmöglich gewordenen leidenden Helden den heldenhaften christlichen Märtyrer setze.

Romane Dostojewskis: Vergleiche die dritte Anmerkung zu Seite 19.

45 *die isländische Sage:* Gemeint sind die isländischen Götter-
und Heldenlieder der Älteren Edda (um 1250), die noch Sagen aus dem vorchristlichen Island (vor 1000) überliefert
und die Wagner als Quelle für seine »Ring«-Dichtung
diente. Zugleich Anspielung auf die Untersuchungen der
Herkunft des aristokratischen Wertgegensatzes »Gut und
Schlecht« in der ersten Abhandlung von »Zur Genealogie
der Moral«.

»Evangelium der Niedrigen«: nach der gleichnamigen Formulierung des französischen Schriftstellers Ernest Renan
(1823–92). (Vergleiche die zweite Anmerkung zu Seite 17.)

feminini generis: weiblichen Geschlechts.

Liszt: Vergleiche die vierte Anmerkung zu Seite 33.

Kirchenvater: ironische Anwendung des Titels der kirch-
lich anerkannten altchristlichen Schriftsteller und Philosophen (wie Augustinus 354–430) auf Liszt. Dieser empfing
in Rom 1865 als Abbé die niederen Weihen, nachdem 1861
die kirchliche Erlaubnis zur Scheidung der Fürstin Wittgenstein von ihrem Mann und zur Heirat mit Liszt zurück-
gezogen worden war. Als priesterlicher Künstler vertrat
Liszt weiterhin unorthodoxe religiöse Positionen. Seine
Vorschläge zur Reform der römisch-katholischen Kirchenmusik lehnte Papst Pius IX. ab.

Le moi est toujours haïssable: »Das Ich ist immer hassenswert.« Ausspruch Blaise Pascals (1623–62), des französischen Philosophen und Mathematikers, in seinen »Pensées sur la religion« (»Gedanken über die Religion«, 1670),
édition Faugère, I, Seite 197.

»weil ihr das Herz zu voll« ist: Vergleiche Matthäus 12,34.

46 *foeda superstitio:* abscheulicher Aberglaube.

wie Goethe das Kreuz empfand: Vergleiche die vierte Anmerkung zu Seite 16.

des christlichen Junkers: nach Nietzsches Moralanalyse die
unzulässige Vermengung der Sklaven- und Herrenmoral in
Wagnerschen Figuren wie Tannhäuser, Lohengrin und
Parsifal.

»gute Gewissen«: Vergleiche die zweite Abhandlung der »Genealogie der Moral«.

die Falschheit [...] Wagner »unter uns wohnte«: parodistisch nach Johannes 1, 14: »Und das Wort ward Fleisch und wohnte unter uns.«

Cagliostro der Modernität: Vergleiche die vierte Anmerkung zu Seite 20.

Vivisektion: operativer Eingriff am lebendigen Leib. Wagner wandte sich in einem »Offenen Schreiben an Herrn Ernst von Weber, Verfasser der Schrift ›Die Folterkammern der Wissenschaft‹« ausdrücklich gegen die Vivisektion an Tieren. (Vergleiche auch die sechste Anmerkung zu Seite 19.)

»Genealogie der Moral«: Vergleiche die vierte Anmerkung zu Seite 9.

47   *Götzen-Dämmerung:* Der Titel ist außerordentlich vieldeutig. Bereits wortgeschichtlich widersetzt er sich jedem einsinnigen Verständnis. So ist »götz« im Mittelhochdeutschen noch ein Kosename für Gottfried und tritt im Frühneuhochdeutschen für »Heiligenbild« auf, während es dann seit Luther für die »falschen Götter« der nichtchristlich-polytheistischen Religionen steht bzw. für Menschen, Dinge oder Naturwesen, die in diesen Religionen göttliche Verehrung genießen. (Zur »Dämmerung« vergleiche das Nachwort Seite 183 ff.)

mit dem Hammer: Im dritten, mit »Das religiöse Wesen« überschriebenen Hauptstück von »Jenseits von Gut und Böse« führt Nietzsche die Metapher einer »Philosophie mit dem Hammer« zuerst ein. Es ist dort (§ 62) die Rede von der »sublimen Mißgeburt«, die achtzehn Jahrhunderte Christentum aus dem Menschen gemacht hätten: »Wer aber [...] mit irgendeinem göttlichen Hammer in der Hand auf diese fast willkürliche Entartung und Verkümmerung des Menschen zuträte [...], müßte er da nicht mit Grimm, mit Mitleid, mit Entsetzen schreien: ›O ihr Tölpel, [...] was habt ihr da gemacht! [...] Wie habt ihr mir meinen schönen Stein verhauen und verhunzt! Was nahmt *ihr* euch heraus!‹«

49   *Umwertung aller Werte:* Vergleiche die zweite Anmerkung zu Seite 50.

der Krieg: Bei seiner Wertschätzung des Krieges als Symbols für die Produktivität des Antagonistischen, Gegensätzlichen, bezieht sich Nietzsche vor allem auf Heraklit von Ephesos (um 550–480 v. Chr.), einen von ihm hoch geschätzten Philosophen, der in seinen Fragmenten den Krieg zum »Vater aller Dinge« erklärte. (Vergleiche das 41. Stück aus dem »Vorspiel in deutschen Reimen« zur »Fröhlichen Wissenschaft«, in dem es unter der Überschrift »Heraklitismus« heißt: »Alles Glück auf Erden, / Freunde, gibt der Kampf! / Ja, um Freund zu werden, / Braucht es Pulverdampf!«) Im Zusammenhang mit Moralität und Sittlichkeit diskutiert Nietzsche darüber hinaus die Bedeutung des Krieges in der Philosophie des englischen Aufklärers Thomas Hobbes (1588–1679), dessen Anthropologie einen Naturzustand des Menschen rekonstruiert, in dem ein Kampf aller gegen alle herrscht (»homo homini lupus«, »der Mensch ist dem Menschen ein Wolf«); diesen Kampf wiederum assoziiert Nietzsche mit der Selektionstheorie des englischen Naturforschers Charles Robert Darwin (1809–82), die besagt, daß im ständigen Konkurrenzkampf (»struggle for life«, »Kampf ums Dasein«) diejenigen Individuen bzw. Arten überleben, die den jeweils herrschenden Umweltbedingungen am besten angepaßt sind. (Vergleiche den siebenten Absatz des ersten Stücks der »Unzeitgemäßen Betrachtungen«.)

increscunt animi, virescit volnere virtus: »Der Mut wächst, an der Wunde erstarkt die Tapferkeit.« Das Zitat stammt von dem römischen Annalisten (Geschichtsschreiber) Furius Antias (1. Jahrhundert v. Chr.) und ist in den »Noctes Atticae« (»Die attischen Nächte«, 13. Buch, 11. Kapitel,

§ 4) des römischen Schriftstellers Aulus Gellius (um 130–170) überliefert, einer umfangreichen Sammlung gelehrter Abhandlungen über eine Vielzahl historischer und kulturgeschichtlicher Themen.

50　*auch sagt man [...] Götze:* Es liegt zunächst nahe, den Satz mit »sondern Gott« fortzusetzen. Im Argumentationsverlauf der »Götzen-Dämmerung« wird sich jedoch zeigen, daß Nietzsche nicht allein Front macht gegen den christlichen »Monotono-Theismus« (vergleiche die dritte Anmerkung zu Seite 66), sondern darüber hinaus jedes Gedankengebäude attackiert, das sich auf ein einziges, metaphysisch-höchstes Seiendes stützt, gleichviel ob es sich dabei um die Platonische »Idee«, das »ens realissimum« der mittelalterlichen Metaphysik oder um den Dühringschen »Wert des Lebens« handelt. (Vergleiche zu letzterem die erste Anmerkung zu Seite 77.)

Turin [...] zu Ende kam: Nietzsche hielt sich seit April 1888 zum zweiten Mal in Turin auf. Ende September arbeitete er dort an der Korrektur der »Götzen-Dämmerung«, die im Januar 1889 erscheinen sollte. Am 30. September beendete er das Manuskript der Abhandlung »Der Antichrist. Versuch einer Kritik des Christentums«, die als erstes Stück der »Umwertung aller Werte« vorgesehen war. (Vergleiche das Nachwort, Seite 183 ff.)

51　*Müßiggang [...] Anfang:* aphoristische Variation des Sprichworts »Müßiggang ist aller Laster Anfang«.

Um allein [...] ein Gott sein: »Wenn er [der einzelne] überhaupt nicht an einer Gemeinschaft sich zu beteiligen vermag oder dessen durchaus nicht bedarf wegen seiner Selbstgenügsamkeit, so ist er freilich kein Teil des Staates, aber eben damit entweder ein Tier oder aber ein Gott.« (Aristoteles, »Politik«, 1253 a)

»Alle Wahrheit ist einfach«: Das Zitat geht auf einen Leitspruch Schopenhauers zurück: »Simplex sigillum veri« (»Das Einfache ist ein Kennzeichen des Wahren«). Der

Ausspruch stammt von dem holländischen Arzt Hermann
Boerhaave (1668–1738), auf dessen Denkmal in der Peters-
kirche zu Leiden er sich findet. Schopenhauer zitiert ihn
unter anderem im neunten Kapitel von »Zur Rechtslehre
und Politik« (§ 121), in den »Parerga und Paralipomena«
(»Über Religion«, § 174) und in »Über die Grundlagen der
Moral« (§ 8).
Ich will [...] nicht wissen: Umkehrung des sokratischen
»Ich weiß, daß ich nichts weiß«. Sokrates hatte in seiner
Verteidigungsrede die ihm nachgesagte Weisheit damit begründet, daß er allein wisse, daß er nichts wisse, während
alle anderen, die er befragt habe, nur immer vorgegeben
hätten, etwas zu wissen, ohne doch mehr zu wissen als er
selbst: »Ich scheine also um dieses wenige doch weiser zu
sein [...], daß ich, was ich nicht weiß, auch nicht glaube zu
wissen.« (Platon, »Apologie«, 21 d) Die Einsicht in die
Begrenztheit der Erkenntnis führt also im Fall des Sokrates zur Weisheit, während bei Nietzsche der Wille zur
Begrenzung der Erkenntnis der richtige Weg zur Weisheit ist.

52   *Oder Gott [...] des Menschen?:* Die zweite Frage enthält
eine Anspielung auf die in Ansätzen bereits in der Antike,
vor allem bei Xenophanes (um 565–470 v. Chr.), erkenn-
bare Kritik an der Vermenschlichung des Gottesbildes,
also am Streben des Menschen, sich seine Götter nach dem
eigenen Bild zu schaffen. Dieser kritische Ansatz ist im
19. Jahrhundert am deutlichsten ausgeprägt in der Philosophie Ludwig Feuerbachs (1804–72), der in seinem Werk
(»Das Wesen des Christentums«, 1841; »Das Wesen der
Religion«, 1845) die Religion als Selbstanbetung des Menschen und die Götter als in den Himmel projizierte Wünsche der Menschen interpretiert.
Was mich [...] stärker: Vergleiche hierzu Nietzsches autobiographische Schrift »Ecce homo« (»Warum ich so weise
bin«, § 2).

Hilf dir selber [...] jedermann: nach dem Sprichwort »Hilf dir selbst, so hilft dir Gott«.

Der Gewissensbiß ist unanständig: Auf den Gewissensbiß geht Nietzsche ausführlich in seiner Schrift »Zur Genealogie der Moral« (1887) ein, und zwar in der zweiten Abhandlung, die den Titel »›Schuld‹, ›schlechtes Gewissen‹ und Verwandtes« trägt. Das psychische Phänomen wird dort als eine Form der Aggressivität interpretiert, die der Mensch unter dem Zwang der Vergesellschaftung verinnerlicht und gegen sich selbst gerichtet hat; insofern ist der Gewissensbiß eine Art Verrat an der ungehemmten, instinkthaften Vitalität des Menschen.

ein Esel: Anspielung auf ein moralphilosophisches Gleichnis des französischen Scholastikers Johannes Buridan (um 1295–1366), wonach der Mensch nicht zwischen zwei gleich großen Gütern wählen könne, ähnlich einem Esel, der sich für keinen von zwei gleich großen Heuhaufen entscheiden kann und daher verhungert (»Buridans Esel«).

der Engländer: Anspielung auf den ethischen Hedonismus (Glückseligkeitslehre) in der englischen Philosophie des 18. und 19. Jahrhunderts, der vor allem von Jeremias Bentham (1748–1832) und John Stuart Mill (1806–73) vertreten wurde. Danach ist »pleasure« (»Lust«, »Glück«) das einzige und höchste Gut: Indem der einzelne für sein eigenes Glück sorgt, sorgt er gleichzeitig für das Glück aller Menschen.

53 *Der Mann [...] seines »Ideals«:* Der Aphorismus geht auf einen Gedanken zurück, den Nietzsche im »Journal des Goncourts« (Paris 1887, I, Seite 283) fand und exzerpierte: »La conversation tombe sur la femme. Selon lui, c'est l'homme qui fait la femme, et qui lui a donné toutes ses poésies à lui.« (»Das Gespräch kommt auf die Frauen. Seiner Ansicht nach hat der Mann die Frau geschaffen und ihr all seine Poesie verliehen.«) (Vergleiche das Nachwort, Seite 185 f.)

Posthume Menschen: wörtlich: »nachgeborene« Menschen; hier in dem Sinne von Menschen, die ihrer Zeit voraus und nicht »zeitgemäß« sind.

pudeurs: Sittsamkeit, Verschämtheit, Scham.

panem et Circen: Wortspiel mit einem Ausspruch des römischen Schriftstellers Juvenal (58/67 – um 127), der in einer seiner Satiren (10, 81) sich darüber beklagt, daß »panem et circenses« (»Brot und [Zirkus-]Spiele«) alles sei, was das römische Volk ersehne. Circe, auf deren Namen Nietzsche in seiner Abwandlung anspielt, galt in der griechischen Mythologie als unwiderstehliche Verführerin, deren »Kunst« die Zauberei war (sie verhext durch ihre Schönheit die Gefährten des Odysseus und verwandelt sie in Schweine). Der Künstlertypus, den Nietzsche hier vorstellt, ist also »bescheiden« lediglich in seinen materiellen Bedürfnissen, während er in und mit seiner Kunst nach magisch-verführerischer Macht über die Menschen strebt.

54 *wie der Seiltänzer:* In der Vorrede zu »Also sprach Zarathustra« (1885) deutet Nietzsche den Auftritt eines Seiltänzers zu einer weitläufigen Parabel über die schwebende, gefährlich-übergangsgebundene Situation des Menschen zwischen »Tier und Übermensch« aus: »Was groß ist am Menschen, das ist, daß er eine Brücke und kein Zweck ist: was geliebt werden kann am Menschen, das ist, daß er ein *Übergang* und ein *Untergang* ist.« (»Vorrede«, § 4)

»Böse Menschen [...] Lieder«: Vergleiche die erste Strophe aus dem Gedicht »Die Gesänge« des deutschen Schriftstellers Johann Gottfried Seume (1763–1810): »Wo man singet, laß dich ruhig nieder, / [...] Bösewichter haben keine Lieder.« (J. G. Seume's sämmtliche Werke, Leipzig 1839, Band 7, Seite 216)

seit achtzehn Jahren: das heißt seit 1871, dem Jahr der Reichsgründung. (Vergleiche hierzu auch Nietzsches »Unzeitgemäße Betrachtungen«, Vorrede, § 1.)

contradictio in adjecto: Widerspruch im Beiwort.

55 *Man hält das Weib [...] flach:* Der Aphorismus geht auf einen Ausspruch des französischen Zeichners und Schriftstellers Paul Gavarni (eigentlich: Sulpice Guillaume Che-
valier [1804–66]) zurück, den Nietzsche aus dem »Journal
des Goncourts« (Paris 1887, I, Seite 325) exzerpierte:
»Nous lui demandons s'il a jamais compris une femme? –
Une femme, mais c'est impénétrable non parce que c'est
profond, mais parce que c'est creux!« (»Wir fragen ihn, ob
er jemals eine Frau begriffen habe? – Die Frau ist ganz und
gar unerforschlich, nicht weil sie so tiefgründig, sondern
weil sie hohl ist!«)

56 *Wie wenig [...] Glücke:* Vergleiche »Also sprach Zarathu-
stra«, vierter Teil, »Mittags«.
Ohne Musik [...] Irrtum: Vergleiche Nietzsches Brief an
Peter Gast vom 15. Januar 1888: »Das Leben ohne Musik
ist einfach ein Irrtum, eine Strapaze, ein Exil.«
Der Deutsche [...] liedersingend: Anspielung auf ein Gedicht des deutschen Schriftstellers und Publizisten Ernst
Moritz Arndt (1769–1860), das 1813 verfaßt wurde und
den Titel »Des Deutschen Vaterland« trägt; es heißt darin:
»So weit die deutsche Zunge klingt / Und Gott im Himmel
Lieder singt [...].« In einem Brief vom 20. September 1888
schreibt Nietzsches Freund Peter Gast dazu: »Ich glaube,
daß das ›Gott‹ [...] doch ein Dativ und kein Nominativ
ist.« Darauf antwortete Nietzsche am 27. September 1888:
»Alter Freund, Sie sind noch gar nicht auf meiner Höhe mit
Ihrer Auseinandersetzung über Dativ und Nominativ beim
Gottesbegriff. Der Nominativ ist ja der Witz der Stelle, ihr
zureichender Grund zum Dasein.«
On ne peut [...] qu'assis: »Man kann weder denken noch
schreiben außer im Sitzen.« (Vergleiche Guy de Maupas-
sants Vorwort zu den »Lettres de Gustave Flaubert à
George Sand«, Paris 1884, Seite III. Vergleiche auch die
vierte Anmerkung zu Seite 30.)

57 *wir Immoralisten:* In einem Brief an Carl Fuchs vom 28. Juli 1888 billigt Nietzsche dem Typus des Immoralisten, als dessen ersten Vertreter er sich selbst in »Ecce homo« bezeichnet (»Warum ich ein Schicksal bin«, § 2), »die bisher höchste erreichte Form der ›intellektuellen Rechtschaffenheit‹« zu, »welche die Moral als Illusion behandeln *darf,* nachdem sie selbst *Instinkt* und *Unvermeidlichkeit* geworden ist.«

die Anarchisten: Der Begriff Anarchismus ist zunächst eine Sammelbezeichnung für sozialphilosophische und politische Denkmodelle, die jede Art von Herrschaft (Staat, Kirche usw.) ablehnen. Nietzsche spielt hier auf den »kollektivistisch-revolutionären« Anarchismus an, der seit Mitte des 19. Jahrhunderts versuchte, durch Terroranschläge einen gewaltsamen Umsturz der gesellschaftlichen Verhältnisse in Europa zu erzwingen. Als sein bedeutendster Propagandist gilt der russische Revolutionär Michail Alexandrowitsch Bakunin (1814–76), der sich u. a. am Dresdener Aufstand im Mai 1849 beteiligte. Er lernte im Frühjahr 1848 Richard Wagner kennen, dessen eigene revolutionäre Schriften – wie etwa der im April 1848 erschienene Aufsatz »Die Revolution« – deutlich von den anarchistischen Theorien Bakunins beeinflußt sind.

59 *Sokrates:* neben Platon der bedeutendste griechische Philosoph (um 470–399 v. Chr.). Nietzsche sah in Sokrates den ersten Vertreter des theoretischen Menschen, der kritischen Wissenschaft und der optimistischen Vernunftgläubigkeit. Als solchen hat er ihn zeit seines Lebens immer wieder aufs heftigste attackiert, wobei trotz aller Unerbittlichkeit in der Kritik an dem Philosophen stets auch Bewunderung für Sokrates mitschwingt. (Vergleiche Nietzsches Schrift »Die Geburt der Tragödie aus dem Geiste der Musik«.)

»leben [...] einen Hahn schuldig«: Nietzsche zitiert hier frei und erweiternd aus Platons Dialog »Phaidon« (118a),

wonach die letzten Worte des Sokrates vor seinem Tod wie folgt lauteten: »O Kriton, wir sind dem Asklepios einen Hahn schuldig, entrichtet ihm den und versäumt es ja nicht.« Die Stelle läßt sich zunächst biographisch erklären: Anläßlich eines Krankheitsfalles in seiner Familie hatte Sokrates noch vor seiner Gerichtsverhandlung dem Gott der Heilkunde, Asklepios, einen Hahn als Dankopfer versprochen, falls der Kranke genesen sollte (vergleiche Ulrich von Wilamowitz-Moellendorf: Platon. Band II, Seite 58). Nietzsches Zitaterweiterung hingegen greift deutend auf die Thematik des »Phaidon« zurück, die unter anderem das Problem des Vorrangs von Leben oder Tod, Leib oder Seele für den Menschen, besonders aber für den Philosophen, umkreist, das Sokrates angesichts seiner unmittelbar bevorstehenden Hinrichtung so gelassen wie eindeutig gelöst zu haben scheint, wenn er sagt: »In der Tat also [...] trachten die richtig Philosophierenden danach zu sterben, und tot zu sein ist ihnen unter allen Menschen am wenigsten furchtbar.« (»Phaidon«, 67e)

consensus sapientium: die Übereinstimmung der Weisen.

décadents: »entartet«. Der französische Ausdruck »décadence« (»Verfall«) taucht zuerst im 17. Jahrhundert auf und bezeichnet den Niedergang des (ästhetischen) Geschmacks als Symptom für den Untergang einer Gesamtkultur; vergleiche die »Réflexions critiques sur quelques passages du Rhéteur Longin« (»Kritische Überlegungen über einige Stellen des Rhetors Longinus«, 1693) des französischen Philosophen Nicolas Boileau-Despréaux (1636–1711). Im 19. Jahrhundert stehen Dekadenz und »décadent« – als ihr Vertreter – für eine literarische Bewegung, die sich vor allem durch einen rauschhaft gesteigerten Ästhetizismus auszeichnet und deren Protagonisten die französischen Dichter Paul Verlaine (1844–96) und Charles Baudelaire (1821–67) sind; ein Sprachrohr schuf sie sich in der Zeitschrift »Le Décadent«, die 1886–89 in Paris erschien. In Deutschland wurde der Begriff in den achtziger Jahren von Nietzsche eingeführt; in seiner Schrift »Der Antichrist« (1888) definiert er bündig: »Wo in irgendwelcher Form der Wille zur Macht niedergeht, gibt es jedesmal auch einen physiologischen Rückgang, eine décadence.« (§ 17) Nietzsche, der sich selbst als Vertreter und Überwinder der Dekadenz zugleich betrachtete (vergleiche »Ecce homo«, »Warum ich so weise bin«, § 1), war mit seiner Kritik der Dekadenz außerordentlich wirkungsmächtig und beeinflußte u. a. Rilke, Hofmannsthal und Heinrich und Thomas Mann auf das nachhaltigste. (Vergleiche auch die dritte Anmerkung zu Seite 9; des weiteren: Erwin Koppen: Dekadenter Wagnerismus. Studien zur europäischen Literatur des Fin de siècle. Berlin und New York 1973.)

»Geburt der Tragödie« 1872: Vergleiche in dieser Schrift vor allem die Absätze 12–15 sowie im »Nachwort« den Abschnitt »Die Tragödie und Sokrates«.

60 *finesse:* Feinheit, Schlauheit, Verschlagenheit.

Sokrates war Pöbel: Sokrates wurde um 469 im Athener Stadtteil Alopeke geboren, der hauptsächlich von kleinen Handwerkern und ihren Familien bewohnt wurde. Sein Vater Sophroniskos war Steinmetz, und seine Mutter Phainarete arbeitete in späteren Jahren als Hebamme, um zum Unterhalt der Familie beizutragen. Sokrates selbst soll eine Steinmetzlehre durchlaufen haben (Diogenes Laertios, »Leben und Meinungen berühmter Philosophen«, Leipzig 1921, Seite 70 f.), bevor er sich dann freilich ausschließlich der Philosophie widmete und dabei in ärmlichen wirtschaftlichen Verhältnissen lebte; zum Einkommen seiner eigenen Familie trug er offenbar überhaupt nichts bei, so daß er selbst und seine drei Söhne von dem wenigen lebten, was seine Ehefrau Xanthippe herbeischaffte.

wie häßlich er war: Die bekannteste Schilderung der körperlichen Unansehnlichkeit des Sokrates findet sich in der

Rede des Alkibiades in Platons »Symposion«, wo Sokrates
mit dem erzhäßlichen Marsyas verglichen wird, einem Si-
len (Satyrn) mit Pferdeohren und Pferdeschweif, der, da er
die Flöte bläst, gewöhnlich mit geblähten Backen und her-
vorstehenden Augen dargestellt wird. So sagt Alkibiades
über Sokrates: »Und so behaupte ich, daß er vorzüglich
dem Satyr Marsyas gleiche. Daß du nun dem Ansehen nach
diesem ähnlich bist, o Sokrates, wirst du wohl selbst nicht
bestreiten.« (Platon, »Symposion«, 215 b)
Anthropologen: Die Anthropologie als Wissenschaft von
der Entstehung, Entwicklung und Typendifferenzierung
der menschlichen Art hat sich seit ihren Anfängen in der
griechischen Antike als fächerübergreifende Disziplin verstanden; so gibt es eine spezifisch philosophische, pädago-
gische und auch theologische Anthropologie. Nietzsche
bezieht sich hier jedoch vor allem auf die sogenannte biologische Anthropologie, zu deren Gegenständen neben der
Konstitutionsforschung, der Abstammungslehre und der
Rassenkunde auch der Zusammenhang von Physiognomie
und Charakter des Menschen gehört.
monstrum [...] animo: ein Scheusal von Gesicht – ein
Scheusal im Geist.
Ein Ausländer [...] mein Herr!: Die Anekdote ist in den
»Gesprächen in Tusculum« des römischen Schriftstellers
Marcus Tullius Cicero (106–43 v. Chr.) überliefert: Der sy-
rische Arzt und Magier Zopyros (dies der von Nietzsche
erwähnte »Ausländer«) habe zu Sokrates gesagt, er könne
aus seiner Gesichtsbildung viele Laster und Schwächen ablesen; während er daraufhin von den Freunden des Sokrates verlacht worden sei, habe dieser selbst ihn bestätigt: Zopyros habe recht, er trage die Zeichen des Lasters, »aber sie
seien durch die Vernunft [›ratione‹] von ihm unterdrückt
worden« (»Gespräche in Tusculum«, IV. Buch, Kapitel
80).

61 *Superfötation:* ungezügelte Wucherung.

Rhachitiker-Bosheit: Die Rachitis (»Englische Krankheit«) ist eine chronische, frühkindliche Erkrankung, deren Hauptsymptom eine Wachstumsstörung der Knochen ist. Eben hierauf spielt Nietzsche zynisch an, indem er Sokrates die ressentimentgeladene Bosheit des buchstäblich Zu-kurz-Gekommenen unterstellt. Übrigens soll Sokrates tatsächlich von sehr gedrungener Gestalt gewesen sein. (Vergleiche auch die dritte Anmerkung zu Seite 60.)

Dämonion: »Daimonion« bezeichnet wie »daimon«, von dem es abgeleitet ist, ein göttliches Wesen, nicht einen bestimmten Gott (wie »theos«), sondern eine sich gelegentlich äußernde göttliche Kraft oder einen persönlichen Schutz- bzw. Quälgeist. Hier Anspielung auf das »daimonion« des Sokrates; dieser selbst berichtet davon in seiner Verteidigungsrede, daß ihm von Zeit zu Zeit »etwas Göttliches und Daimonisches widerfährt«: »Mir aber ist dieses von meiner Kindheit an geschehen, eine Stimme nämlich, welche jedesmal, wenn sie sich hören läßt, mir von etwas abrät, was ich tun will, zugeredet aber hat sie mir nie.« (Platon, »Apologie«, 31 d)

buffo: in der italienischen Oper Sänger komischer Rollen (»Opera buffa«).

jene sokratische Gleichsetzung: Nietzsche verkürzt hier formelhaft einen zentralen Gedanken der rationalistischen Tugendlehre, die Sokrates nach Platons Darstellung vertreten hat. Demnach ist nur der Wissende wahrhaft tugendhaft und die Tugend selbst das höchste erreichbare Glück. Vergleiche Platon, »Protagoras«, 361 a–c, sowie Xenophon, »Erinnerungen an Sokrates«, III, 9 (vor allem § 5).

Dialektik: Unter Dialektik verstand man ursprünglich lediglich die Kunst des gelehrten Disputs, des rhetorisch richtigen Fragens und Antwortens. Die entscheidende Umdeutung, auf die Nietzsche hier anspielt, erfahren Dialektik und Rhetorik durch Platon: Die Sophisten (Protagoras, Gorgias, Hippias, Euthydemos) werden zum Typus des skrupellosen Rhetors stilisiert, dem es nicht um die philosophische Ergründung der Wahrheit, sondern um Profit und persönlichen Vorteil geht, indem er seine dialektische Redekunst nur noch einsetzt zur Selbstanpreisung, geschwätzigen Wortklauberei und scheinphilosophischen Haarspalterei.

der Pöbel [...] obenauf: Dies behauptet Nietzsche schon in der »Geburt der Tragödie« (1872). Dort illustriert er das Ende der griechischen »Vornehmheit« durch das Aufkommen der rationalistisch- dialektischen Denkweise mit Beispielen aus der fünften Szene der Komödie »Die Frösche« von Aristophanes: Darin treten die Tragiker Aischylos – als Vertreter der alten attischen Tragödie – und Euripides – als »dialektischer Neuerer« – in einen Wettstreit miteinander, wer von beiden der bessere Dichter sei. Dabei rühmt sich Euripides: »Und reden mußte mir die Frau und reden selbst der Sklave, / Es sprach der Mann, die Jungfrau sprach, das alte Weib – / [...] / Nur demokratisch handelt' ich«; »Das Volk hier hat bei mir allein gelernt zu sprechen – / [...] / Sich schulgerecht zu bilden, scharf die Reden auszuzirkeln.« (Vers 946–950 bzw. 953–956, übersetzt von Ludwig Seeger)

eine Art Hanswurst: Der Hanswurst war im deutschen Theater des 17. und 18. Jahrhunderts eine derb-komische Figur, die zur Belustigung des Publikums nach dem ernsten Stück (»Hauptaktion«) auftrat. Die Konzeption der Figur geht auf englische und italienische (Arlecchino = Harlekin) Vorbilder zurück und wurde durch die Ästhetik der Aufklärung im 18. Jahrhundert von der Bühne verbannt (Gottsched).

62   *Reineke Fuchs:* Anspielung auf Goethes Epos »Reineke Fuchs« (1794), den Höhepunkt einer langen Reihe von Bearbeitungen des Fabelstoffes vom schlauen Fuchs. In Goethes Fassung gelingt es Reineke Fuchs zweimal, dem siche-

ren Tod zu entkommen, indem er Nobel, dem Löwen, und seinem Hof verschlagene, »dialektische« Reden hält, um seine Unschuld beziehungsweise die Verderbtheit seiner Feinde zu beweisen.

Pöbel-Ressentiment: »Ressentiment« bedeutet wörtlich »Nacherleben eines Gefühls«, besonders eines Grolls nach vorausgegangener Kränkung. In Nietzsches Schrift »Zur Genealogie der Moral« (1887) ist das Ressentiment eines der zentralen Konzepte bei der Interpretation der Entstehungsgeschichte der verschiedenen Moralen: Als eine Art Lebensneid führt das Ressentiment zur Verfälschung des natürlichen Wertempfindens der instinktsicheren Wenigen durch die Menge der Schwachen und Zukurzgekommenen (»Pöbel«), die Gesundheit und Stärke systematisch entwerten und herabsetzen, was dann – so Nietzsche – spätestens bei der Einführung der christlichen Mitleidsmoral zu einer Art seelischer Selbstvergiftung des Menschen geführt habe.

Ferozität: Mut, Kampflust, Übermut.

Syllogismus: in der Logik verpönter Beweisschluß vom Allgemeinen auf das Besondere.

depotenziert: entkräftet, erschöpft.

Agon: »Wettkampf«; mit dem Wort wurden im antiken Griechenland sowohl sportliche als auch Theaterwettkämpfe bezeichnet, die anläßlich religiöser Feste zu Ehren der Götter veranstaltet wurden.

Sokrates [...] Erotiker: In seiner Lobrede auf Sokrates am Ende des »Symposion« erweist Alkibiades die ideelle Identität des Sokrates mit dem Gott Eros (Platon, »Symposion«, 215a–222b).

63   *Degenereszenz:* (biologischer) Niedergang, Verfall.

monstrum in animo: Vergleiche die fünfte Anmerkung zu Seite 60.

»Die Triebe [...] stärker ist«: Der »Gegentyrann«, die Kraft, der Triebhaftigkeit zu wehren, ist – so Sokrates bei

Cicero – die Vernunft (»ratio«). (Vergleiche die sechste Anmerkung zu Seite 60.)

jener Physiognomiker [...] über alle Herr: Vergleiche die sechste Anmerkung zu Seite 60.

de rigueur: unerläßlich.

64   *das Tageslicht der Vernunft:* Der ganze Abschnitt variiert auf virtuose Weise das Wortfeld des Hellen, Lichten, Klaren, das seit Platons »Höhlengleichnis« die beständigste Metapher für Vernunft und Aufklärung ist (im Französischen heißt das 18. Jahrhundert »Siècle des lumières«, »Zeitalter der Lichter«, d. h. der Aufklärung). Im 7. Buch von Platons »Staat« werden Erkenntnisstreben und Wahrheitsproblematik in einem Gleichnis illustriert: Gefesselte Menschen in einer Höhle sehen auf einer dem Höhleneingang gegenüberliegenden Wand stets nur die Schatten der Gegenstände aus der Außenwelt und halten sie für die wahren Erscheinungen. Könnten sie aber einmal sich befreien, ans Tageslicht treten und die wirklichen Gegenstände sehen, dann wären sie so schmerzhaft geblendet, daß sie versuchen würden, in ihre Schattenwelt zurückzufliehen. Vornehmste Aufgabe des Philosophen – so Platon – sei es nun, die Menschen aus der Welt der Abbilder, der Schatten und des Scheins zu befreien und sie »ans Licht« des wahren Seins zu führen – und zwar mit Hilfe von Vernunft und Erkenntnis, von Aufklärung.

64f.   *Sokrates wollte sterben [...] lange krank:* Tatsächlich gibt es sowohl bei Xenophon (»Erinnerungen an Sokrates«, IV. Buch, 8, 6) als auch in den Platonischen Dialogen »Apologie« (34c–35b) und »Kriton« deutliche Hinweise darauf, daß Sokrates seiner Verurteilung und Hinrichtung bereitwillig entgegensah. Noch am Tag vor seiner Hinrichtung versucht Kriton Sokrates zur Flucht zu bewegen. Die Gefängniswärter sind bestochen, ein Landgut in Thessalien steht als Exil zur Verfügung. Doch Sokrates lehnt mit aller Entschiedenheit ab, auf den Plan einzugehen. Der innere

Monolog (»Sokrates ist kein Arzt [...]«) ist vermutlich eine
Paraphrase auf die Schlußworte des Sokrates an seine Richter: »Mir ist deutlich, daß Sterben und aller Mühen entle-
digt werden nun das Beste für mich war, [...] es ist nun
Zeit, daß wir gehen, ich, um zu sterben, und ihr, um zu leben. Wer aber von uns beiden zu dem besseren Geschäft
hingehe, das ist allen verborgen außer nur Gott.« (Platon,
»Apologie«, 41 d–42 a)

66   *Ägyptizismus:* Anspielung auf das Starre, Hieratische,
Perspektivenlose in der bildenden Kunst Ägyptens vor
allem zur Pyramidenzeit (Altes Reich, 3.–6. Dynastie,
2780–2265 v. Chr.), wie es sich etwa auch im Toten- und
Mumienkult manifestiert: In den »ewigen Städten« der
(mumifizierten) Toten soll die Existenz der Ausgeliefert-
heit an die Zeit, an Werden und Vergehen endgültig entzo-
gen sein.
sub specie aeterni: unter dem Gesichtspunkt der Ewigkeit.
Monotono-Theismus: Mit seinem Wortspiel unterstellt
Nietzsche dem Monotheismus, dem Glauben an einen einzigen Gott, langweilige Eintönigkeit.
idée fixe: unvernünftiges Vorurteil, »fixe Idee«.

67   *Heraklits:* Vergleiche die zweite Anmerkung zu Seite 49.
die Eleaten: nach der Stadt Elea (Velia) in Unteritalien be-
zeichnete Philosophenschule, die um 540 v. Chr. von Xenophanes von Kolophon (570–475/70 v. Chr.) begründet
wurde und zu deren bedeutendsten Vertretern Parmenides
(um 540–480), Zenon (um 490–430) und der ebenfalls dem
5. vorchristlichen Jahrhundert angehörige Melissos von
Elea zählen. Für Nietzsches Argumentationszusammenhang sind vor allem zwei Merkmale der eleatischen Ontologie bedeutsam: 1. Das Wesen der Dinge muß außerhalb
der dem Werden und Vergehen ausgelieferten Dinge der
Sinnenwelt liegen (das Sein ist also nicht in den Dingen,
sondern über oder hinter den Dingen); 2. das Sein steht im
Gegensatz zum Werden, weil dieses aus dem Nicht-Sein

kommt und auch wieder ins Nicht-Sein mündet. Eben diese Trennung von Wesen und Dingen, Sein und Werden bezeichnet Nietzsche hier als »Lüge«.

Spektroskop: optisches Gerät zur Beobachtung der unterschiedlichen Wellenlängen des Lichts.

68   *Zeichen-Konvention [...] Logik:* Nietzsche bezieht sich hier auf den hohen Abstraktheitsgrad vor allem der formalen Logik als der Lehre von den Beziehungen zwischen Denkinhalten, wozu nach der konventionellen, auf Aristoteles zurückgehenden Einteilung die Lehre von Begriff, Urteil und Schluß zählen. Die Beziehungen zwischen den einzelnen Sätzen werden dabei rein aufgrund ihrer Struktur, d. h. unabhängig von ihren jeweiligen Inhalten, hergestellt.

causa sui: Ursache seiner selbst.

stupenden: verblüffenden.

ens realissimum: wörtlich »das allerwirklichste Seiende«; in der scholastischen Metaphysik Inbegriff aller Realität, nämlich Gott.

Ehemals [...] irre führe: Vergleiche die zweite Anmerkung zu Seite 67.

Einheit [...] Dinglichkeit: Vergleiche die dritte Anmerkung zu Seite 69.

69   *nezessitiert:* genötigt.

Fetischwesen: Das Wort Fetisch ist in primitiven, vor allem »animistischen«, d. h. auf »die Allmacht der Gedanken« gründenden Religionen die Bezeichnung für einen im Grunde beliebigen Gegenstand, der, im Gegensatz zum Amulett, nicht aus sich heraus, sondern erst durch einen in ihn gelegten Zauber schützend und helfend wirken soll. Eben diesen magischen Projektionsvorgang sieht Nietzsche an der Konstituierung von Sprache, Vernunft und Metaphysik beteiligt.

Vernunft-Kategorien: In der Philosophie sind die Kategorien einerseits die allgemeinsten und zugleich die einfachsten Wirklichkeits-, Aussage- und Begriffsformen, von denen alle übrigen Begriffe ableitbar sind, und andererseits die ontischen Grundformen der Erkenntnisgegenstände. Der Begründer der Kategorienlehre ist Aristoteles, ihre komplexeste Ausgestaltung erfährt sie durch Kants »Kategorientafel«, die insgesamt zwölf in vier Dreiergruppen angeordnete Kategorien aufführt: Einheit, Vielheit, Allheit; Realität, Negation, Limitation; Substanz, Kausalität, Wechselwirkung; Möglichkeit, Dasein, Notwendigkeit. Schopenhauer strich die Kantschen Kategorien und akzeptierte in seiner eigenen Philosophie nur noch eine: den Satz des zureichenden Grundes: »Nichts ist ohne Grund, warum es sei.« (»Über die vierfache Wurzel des Satzes vom zureichenden Grunde« [1813], § 5) Dabei stellt Schopenhauer vier »Gestaltungen« auf: 1. den Satz vom Seiensgrund (in Raum und Zeit); 2. das Gesetz der Kausalität; 3. das Gesetz der Motivation; 4. den Satz vom zureichenden Grunde (§ 46).

in Indien wie in Griechenland [...] die Vernunft: Die Stelle gibt zunächst einen Hinweis auf die der altgriechischen und der indischen Religion (Buddhismus) gemeinsame Lehre der Wiedergeburt bzw. Seelenwanderung (»Metempsychose«). Nietzsches Argumentationszusammenhang legt jedoch nahe, hier vor allem eine Anspielung auf Platons Ideenlehre und die ihr zugrunde liegende Zwei-Welten-Ontologie zu vermuten, wie sie vor allem im »Phaidon« entwickelt wird. Danach ist der Welt der sinnlichen Erscheinungen ein Kosmos der reinen Ideen übergeordnet; in ihrem ursprünglichen Sein war die menschliche Seele mit diesen Ideen vereint, bevor sie dann durch ihre Vereinigung mit einem Körper (Geburt) ihre »ideale« Existenz einbüßte; der Weg des Menschen und namentlich des Philosophen wird beschrieben als Versuch einer Wiedervereinigung mit den Ideen durch Vernunft und Erkenntnis.

Demokrit: Der griechische Philosoph Demokrit (460–um 370 v. Chr.) gilt als bedeutendster Vertreter der vorsokratischen »Atomistik«; danach ist die letzte, unteilbare Einheit der Materie das Atom, das, stofflich vorgestellt, als unveränderlich und unzerstörbar gedacht wurde. Bei Demokrit sind die Atome darüber hinaus nicht nur Träger der Grundqualitäten aller Dinge, sondern tragen zugleich die Grundzüge der mathematischen Ordnung des Räumlichen, so daß die Atomistik zur Grundlage einer Erklärung der gesamten Erscheinungswelt, zu einer Kosmologie erweitert werden konnte.

70   *Kants:* Immanuel Kant (1724–1804), bedeutendster deutscher Philosoph des 18. Jahrhunderts. Seine Hauptwerke: »Kritik der reinen Vernunft« (1781), »Kritik der praktischen Vernunft« (1788) und »Kritik der Urteilskraft« (1790). Nietzsche weist hier vor allem auf die von Kant in der »Transzendentalen Dialektik« der »Kritik der reinen Vernunft« durchgeführte Kritik am metaphysischen Erkenntnisoptimismus hin, der die rein logisch-vernünftige Erkennbarkeit der Dinge (insbesondere: Gott, Welt, Seele) vertritt. Dagegen ist bei Kant die Erscheinung, die als Objekt der sinnlichen Anschauung erkennbar ist, dem »Ding an sich« entgegengesetzt, das als erfahrungstranszendenter Gegenstand außerhalb und unabhängig von jeder sinnlichen Erfahrung liegt.

dionysisch: abgeleitet vom Namen des Gottes Dionysos, eines Sohnes des Zeus und der Semele. Neben dem Apollinischen ist der Begriff des Dionysischen – als komplexes Sinnbild für Totalität – das zentrale Konzept von Nietzsches Frühschrift »Die Geburt der Tragödie aus dem Geiste der Musik« (1872). (Vergleiche hierzu das »Nachwort« im Goldmann-Klassiker Nr. 7555, Seite 166ff.)

71   *Wie die »wahre Welt« [...] Fabel wurde:* Montinari teilt mit, daß dieses Kapitel nach einem Plan vom Frühjahr 1888 das erste des geplanten Werkes »Der Wille zur Macht«

werden sollte und daher im Manuskript ursprünglich mit
»Erstes Kapitel« überschrieben war (Kritische Studien-
Ausgabe, Band 14, Seite 415).

»Ich, Plato, bin die Wahrheit«: polemische Zuspitzung eines Gedankens, der in Platons Ideenlehre (vergleiche die
vierte Anmerkung zu Seite 69) enthalten ist: Auf dem Weg
der Erkenntnis erreichen nur die Besten im Staat die oberste, entscheidende Stufe, nämlich die Philosophen, nur ihnen wird der Zugang zu den Ideen möglich, nur sie sind dadurch befähigt, Weisheit, Frömmigkeit, Tugend usw. unabhängig von deren Manifestationen in der Welt der Erscheinungen in ihrem Wesen an sich zu erkennen. Auf diesen exklusiven, nur den Philosophen sich erschließenden
Aspekt der platonischen Erkenntnistheorie spielt Nietzsche hier an.

Imperativ: Gemeint ist offenbar der »kategorische Imperativ«, der bei Kant zum obersten Begründungsprinzip der
Moral erklärt wird: »Handle so, daß die Maxime deines
Willens jederzeit zugleich als Prinzip einer allgemeinen
Gesetzgebung gelten könne.« Nietzsche schließt sich hier
einer seit Hegel vielfach geübten Kritik an, wonach der
»kategorische Imperativ« ein nur *formales* Prinzip sei, mit
dem bestimmte Zwecksetzungen oder Maximen nicht hin-
reichend *material* zu begründen seien.

königsbergisch: ironische Anspielung auf Immanuel Kant,
der seine Heimatstadt Königsberg so gut wie nie verlassen
hat.

Positivismus: Der Positivismus galt als herrschende wis-
senschaftstheoretische Doktrin der Geisteswissenschaften
seit der Mitte des 19. Jahrhunderts; begründet von dem
französischen Philosophen Auguste Comte (1789–1857),
vertritt der Positivismus einen ausgesprochen antimetaphysischen, streng empirisch orientierten Standpunkt und
gehört damit zu den Wegbereitern des kritischen Rationalismus des 20. Jahrhunderts.

bon sens: gesunder Menschenverstand.

freien Geister: Wie bei vielen Konzepten Nietzsches schwingen auch im Begriff der »freien Geister« zwei extrem unterschiedliche Bedeutungen mit: Einerseits bezeichnet er die Vertreter einer nur scheinbar emanzipierten Freigeisterei, »all diese blassen Atheisten, Antichristen, Immoralisten, Nihilisten, diese Skeptiker, Ephektiker [Zögerer], *Hektiker* des Geistes«, die – in offenbar abschätzigem Ton – hier gemeint sind und denen Nietzsche einen letzten, vertrackten Idealismus, eine Art freigeisterischer Selbstwiderlegung vorwirft: »Das sind noch lange keine *freien* Geister: *denn sie glauben noch an die Wahrheit* [...]« (»Zur Genealogie der Moral«, »Was bedeuten die asketischen Ideale?«, § 24) Dagegen stellt Nietzsche einen Typus des freien Geistes, der selbst dem Glauben an die Wahrheit noch den Kampf ansagt und als dessen bislang einzigen Vertreter er offenbar sich selbst, den Umwerter aller Werte, betrachtet: »Unterschätzen wir dies nicht: *wir selbst,* wir freien Geister, sind bereits eine ›Umwertung aller Werte‹, eine *leibhafte* Kriegs- und Siegs-Erklärung an alle alten Begriffe von ›wahr‹ und ›unwahr‹.« (»Der Antichrist«, § 13)

72 *INCIPIT ZARATHUSTRA:* wörtlich: »Es beginnt Zarathustra«, d. h. es beginnt die Epoche der Philosophie Zarathustras, mit deren Hilfe Nietzsche die widerspruchsvolle, in seinen Augen lebensfeindliche Philosophie des Abendlandes endgültig zu überwinden und abzulösen trachtete. Zur Metapher vom »Augenblick des kürzesten Schattens« vergleiche im vierten Teil von »Also sprach Zarathustra« den Abschnitt »Mittags«: »Scheue dich! Heißer Mittag schläft auf den Fluren. Singe nicht! Still! Die Welt ist vollkommen.«

73 *»il faut tuer les passions«:* »man muß seine Leidenschaften abtöten.«
Bergpredigt: Die Bergpredigt ist im Matthäus-Evangelium (Kapitel 5–7) überliefert; die von Nietzsche zitierte Stelle

lautet vollständig: »Wenn dich daher dein rechtes Auge zur Sünde reizt, so reiße es aus und wirf es von dir. Es ist besser für dich, daß eines deiner Glieder verlorengeht, als daß dein ganzer Leib in die Hölle geworfen wird.«

»Armen des Geistes«: ironische Anspielung auf Matthäus 5, 3: »Selig sind die Armen im Geiste, denn ihrer ist das Himmelreich.«

Kastratismus: systematische Entmännlichung.

74 *Sinnlichkeit [...] Rachsucht:* Die Instinkte, die Nietzsche hier und gegen Ende des übernächsten Abschnittes aufzählt, erinnern augenfällig an die sieben christlichen Todsünden: Stolz, Geiz, Unkeuschheit, Neid, Unmäßigkeit, Zorn und Trägheit.

la Trappe: In der Zisterzienser-Abtei La Trappe im Nordwesten Frankreichs wurde 1664 der katholische Mönchsorden der Trappisten (der »Zisterzienser von der strengeren Observanz«) gegründet; Nietzsche bezieht sich hier auf den asketischen Rigorismus der Ordensregeln, die u. a. strenges Stillschweigen, vegetarische Nahrung und harte Feldarbeit vorschreiben.

75 *»Frieden der Seele«:* Vergleiche das Neue Testament, Römer 14, 19: »So laßt uns also nach dem streben, was dem Frieden und der gegenseitigen Erbauung dient.« Die extreme Ambivalenz, womit Nietzsche den Zustand hier schildert, gibt einen Hinweis auf ein zweites, vorchristliches Konzept der »Seelenruhe«, nämlich die »Ataraxie«: Nach der Lehre des griechischen Philosophen Epikur (341–270 v. Chr.) soll es Ziel und Glück des Menschen sein, durch vernünftige Abwägung von Genuß und Selbstbeherrschung eine unerschütterliche seelische Ausgeglichenheit zu erlangen.

76 *Naturalismus:* »Naturalismus« ist in der Philosophie eine Sammelbezeichnung für Positionen, in denen Geltungsansprüche auf sogenannte natürliche Entwicklungsreihen oder auf natürliche Einsichten gestützt werden. Der Natu-

ralismus hat seine Wurzel in der religionsphilosophischen
Kritik an der christlichen Offenbarungs- und Morallehre,
die sich durch ein übernatürliches Erklärungswissen legiti-
miert. Als Deismus und natürliche Religion bestimmt der
Naturalismus die Religionsphilosophie des 18. Jahrhunderts.

»Gott [...] an«: Vergleiche Lukas 16, 15.

77   *Wert des Lebens:* Anspielung auf das 1865 erschienene
Buch »Der Wert des Lebens« des deutschen Philosophen
Karl Eugen Dühring (1833–1921); dessen der darwinisti-
schen Lehre vom »Kampf ums Dasein« gegenübergestellte
optimistische Idee einer »wirklich freien Gesellschaft«, in
der alle Zwangs- und Herrschaftsverhältnisse beseitigt sein
würden, wurde u. a. auch von Friedrich Engels (1820–95)
bekämpft (»Herrn Eugen Dührings Umwälzung der Wissenschaft«, 1878).

»Verneinung des Willens zum Leben«: Sie ist bei Schopenhauer nur durch eine Umkehrung des Willens gegen sich
selbst in der Askese zu erreichen (»Die Welt als Wille und
Vorstellung«, I, 4. Buch, § 70). Auf diesen auto-aggressi-
ven, »widernatürlichen« Aspekt der Moralpsychologie
weist Nietzsche hier hin.

»ecce homo!«: »Da ist der Mensch«, die Worte des Pilatus,
als er Jesus, angetan mit Purpurmantel und Dornenkrone,
der die Kreuzigung verlangenden Menge präsentiert (Johannes 19, 5). Mit »Ecce homo« überschreibt Nietzsche
das 62. Gedicht aus der Sammlung »Scherz, List und Rache« im »Vorspiel in deutschen Reimen« zur »Fröhlichen
Wissenschaft« (1882) sowie seine autobiographische
Schrift von 1888 (»Ecce homo. Wie man wird, was man
ist«).

79   *Ursache und Folge:* Schon in der Antike, bei Heraklit und
Demokrit, wurde die kausale Bedingtheit allen Geschehens
behauptet. Einen naturwissenschaftlichen objektiven Kau-
salitätsbegriff entwickelten Bacon (1561–1626), Galilei

(1564–1642) und Kepler (1571–1630). Der englische Empirismus, besonders Hume (1711–76), vertrat eine subjektivistische Theorie, nach der Kausalität in Assoziation, Erwartung und Gewohnheit begründet sei. Bei Kant ist die Kausalität eine Verstandeskategorie und mit den Anschauungsformen Raum und Zeit eine der Bedingungen für Erkenntnis. Schopenhauer unterscheidet drei Formen der Kausalität: Ursache, Reiz und Motiv (vergleiche die zweite Anmerkung zu Seite 81).

Cornaro: Lodovico (Alvisa) Cornaro (1467–1566), venezianischer Patrizier und Mäzen. Verfaßte die »Discorsi della vita sobria« (»Abhandlungen über das maßvolle Leben«, 1558). Der Titel der deutschen Übertragung von Paul Sembach lautet: »Die Kunst, ein hohes und gesundes Alter zu erreichen« (Berlin ohne Jahr).

Frugalität: Genügsamkeit.

régime: Diätvorschrift(en).

Crede experto: »Glaube dem Fachmann«; nach Silius Italicus (gestorben 101 n. Chr., römischer Epiker und Konsul) in dessen Darstellung des zweiten Punischen Krieges »Punica« (VII, 395).

80 *Erbsünde:* Erst Paulus leitet aus dem Vergehen der Stammeltern der Menschheit gegenüber Gottes Gebot (1. Mose 2 und 3) die Erbsünde aller nachgeborenen Menschen ab und setzt dem menschlichen Unheil seit Adam am Anfang der Geschichte die Erlösung durch Christus an ihrem Ende entgegen (1. Korinther 15, 21 f.; Römer 12–21).

»Umwertung aller Werte«: Vergleiche die zweite Anmerkung zu Seite 50.

hereditären: erblichen.

Disgregation: Auflösung, Zerfall.

81 *alle antecedentia:* alles Vorausgehende.

»Motive«: Motiv, der Beweggrund einer Handlung. Bei Schopenhauer, dessen Motiv-Begriff Nietzsche hier zitiert, ist Motiv neben »Ursache« und »Reiz« die dritte Form der

Kausalität, die bewußte Zielvorstellung des handelnden Menschen (»Über die vierfache Wurzel des Satzes vom zureichenden Grunde«, § 20). In der »Genealogie der Moral« (1887) bestimmte Nietzsche erstmals das Machtstreben, den »Willen zur Macht«, als grundlegendes Lebensmotiv des Menschen. (Vergleiche auch die erste Anmerkung zu Seite 79.)

Empirie: »Erfahrung«; alles, was das Bewußtsein von der Realität erfaßt. In der Philosophie Grundlage aller nichtbegrifflichen Kenntnis von Wirklichem, von Kant in der »Kritik der reinen Vernunft« (1781) problematisiert und genauer bestimmt. Für ihn ist Erfahrung das erste Produkt des Verstandes und Grundlage der Erkenntnis.

Fabel: hier im Sinne von »erfundene, phantastische Erzählung« gebraucht.

Fiktion: Erdichtung, Unterstellung eines Sachverhaltes, der keine tatsächliche Grundlage hat.

Geister-Welt: gleichnishafter Terminus, den auch Schopenhauer in Bezug auf die Herrschaft der Begriffe verwendet (»Die Welt als Wille und Vorstellung«, 2. Buch, § 16).

82 *Sein:* Nietzsche verwendet den Begriff »Sein« hier in einem übergreifenden Sinne, der nicht unterscheidet zwischen dem realen Sein, dem Gegebensein der dinglichen Welt, und dem idealen, nicht erfahrbaren Sein der Ideen, Begriffe, z. B. auch des Dings an sich. Auch die umfassendste Bedeutung von Sein als Inbegriff alles Seienden, als allgemeinste Bestimmung des Ganzen der Welt schwingt in Nietzsches Begriff des Seins mit. Nietzsche kritisiert in dieser Passage den transzendentalen Idealismus, der reale und ideale Dinge als Produkte der Vorstellungskraft des Subjektes bestimmt.

nach seinem Bilde: Anspielung auf die Schöpfungsgeschichte: »Er schuf sie nach seinem Bilde« (z. B. 1. Mose 1, 27; Jesus Sirach 17, 3; Epheserbrief 4, 24; Jakobusbrief 3,9).

»Ding an sich«: Terminus aus Kants Hauptwerk »Kritik der reinen Vernunft« (1781), wonach die Gegenstände unabhängig von den Erkenntnisbedingungen des Subjekts (den Anschauungsformen von Raum und Zeit und den Verstandeskategorien) gedacht werden und deshalb unerkennbar sind. Gegensatz: Dinge, die unserer Erkenntnis zugänglich sind.

horrendum pudendum: das schreckliche Schimpfliche.

Metaphysiker: »Metaphysik« ist ursprünglich Titel einer der Aristotelischen Schriften, hat sich dann als Begriff verselbständigt und bezeichnet seit den Neuplatonikern die philosophische Grundwissenschaft, die nach dem über das empirisch Wahrnehmbare hinausgehenden gesetzlichen Zusammenhang der Welt sucht. Metaphysik ist die Lehre von den letzten Gründen des Seins, seinem Wesen und Sinn. Das Christentum lehrte mit Rückgriff auf Platon eine dualistische Metaphysik, die zwischen Diesseits und Jenseit, zwischen sinnlichem Dasein und wahrem Sein, mit Kant zwischen Erscheinung und Ding an sich unterscheidet. Nietzsche wendet sich hier gegen die spekulativ-idealistische Tendenz einer Philosophie, die Mensch, Welt und Gott bzw. das »wahre« Sein aus reiner Vernunft erkennen will.

83   *nervus sympathicus:* das sympathische Nervensystem, Teil des vegetativen Nervensystems, das in hohem Grade selbständig, unabhängig vom Bewußtsein arbeitet und nach innen wirkt.

  peinlichen: peinvollen, schmerzhaften.

84   *Hysterischen als Hexen:* Der Hexenglaube des Mittelalters hat seinen Ursprung in germanischen, antiken und orientalischen Vorstellungen über die Ursache von Unglück und Schädigung. Zwischen dem 14. und dem 17. Jahrhundert steigerte er sich zum Hexenwahn. Die Kirche und die christliche Theologie, besonders auch Thomas von Aquin (um 1225–1274), förderten den Hexenglauben zur Be-

kämpfung von Resten heidnischer Kulte. 1484 erließ Papst
Innozenz VIII. zur Förderung der Hexenverfolgungen die
Ermächtigungsbulle »Summis desiderantes affectibus«.
Opfer der Hexenverfolgungen waren oft in ihrem Verhal-
ten auffällige, »hysterische« Frauen.

in impudenter Form: offen.

»jeder [...] verdienten«: Vergleiche »Die Welt als Wille
und Vorstellung«, II, 4. Buch, § 46 (»Von der Nichtigkeit
und dem Leid des Lebens«).

85 *Pascal:* Blaise Pascal (1623–62), französischer Religions-
philosoph, Mathematiker und Physiker. Er entwickelte
den Satz vom »Pascalschen Sechseck«, entdeckte das Gesetz der kommunizierenden Röhren, den Zusammenhang
zwischen Höhe und abnehmendem Luftdruck und beschäftigte sich mit Wahrscheinlichkeitsrechnung. Als religiöser Denker stand er den Jansenisten nahe und wandte
sich gegen den naturwissenschaftlichen Rationalismus. Mit
der »logique du cœur« (»Logik des Herzens«) bestimmte
er das »Herz« als das eigentliche und höchste Organ der religiösen Urteilskraft wie der unmittelbaren Erfahrung der
Transzendenz. Hauptwerk: »Pensées sur la religion«
(»Gedanken über die Religion«, 1658 ff.). Nietzsche spielt
an auf Pascals asketische Lebenshaltung und dessen Pessimismus gegenüber naturwissenschaftlicher Vernunft.

Glaube, Liebe, Hoffnung: in der Bibel (1. Thessalonicher-
brief 1, 3 und 5, 8) vorkommende Formel.

86 *in psychologicis:* in psychologischen Dingen.

»sittlichen Weltordnung«: eine durch die Bestimmung von
Gut und Böse vorgegebene ideale Welt, in die sich der
Mensch in freier Entscheidung durch moralisches Handeln
einzufügen hat.

»intelligible Freiheit«: Vergleiche die neunte Anmerkung
zu Seite 100.

von Plato gelehrt: Nach Platon gibt es zwei Arten von Ursachen, das Notwendige als Bedingung für Erkenntnis und

Existenz von Seiendem und das Göttliche als Ursache des Seins und des Gutseins. Das Göttliche führt in die Freiheit der guten Wahl, indem es das Gute als Glück zu erkennen gibt. (»Timaios«, 68 e)

Fatalität: Verhängnis, Mißgeschick. Der Fatalismus, der Glaube an ein unabänderliches Schicksal, ist ein konstitutives Element in Nietzsches Lehre von der ewigen Wiederkunft des Gleichen, die er in seiner Schrift »Also sprach Zarathustra« (1883/85) darlegte.

Zwecks: Im philosophischen Sinne ist »Zweck« die vorgestellte und erstrebte Wirkung, die Endursache (causa finalis). Voraussetzung für die Setzung eines Zwecks ist die Annahme eines durch Kausalität bestimmten berechenbaren Naturgeschehens und der Möglichkeit des finalen Eingreifens in diesen Zusammenhang. Für Determinismus und Materialismus ist zweckbestimmtes Handeln nicht vorstellbar.

87 *causa prima:* wörtlich: erste Ursache. Gemeint ist in der Philosophie, besonders in der Scholastik, meist Gott als erster Beweger im Gegensatz zum Geschöpf als causa secunda (zweite Ursache).

Sensorium: allgemeines Organ für Empfindungen; Empfindungsvermögen.

Unschuld des Werdens: Seit den Vorsokratikern wird zwischen Sein (Parmenides) und Werden (Heraklit) unterschieden. Nach Platons Ideenlehre (besonders in »Phaidon«, »Politeia«, »Parmenides«) haben allein die Ideen, als das immer gleiche Wesen der Einzeldinge, Sein. Die Materie galt als das nicht wahrhaft Seiende, da sie dem Werden unterliegt, d. h. durch das Denken nicht faßbar und ewiger Veränderung unterworfen ist. Für Nietzsche ist die »Unschuld des Werdens« Inbegriff der erstrebenswerten Philosophie der Zukunft.

Dasein: von Gottfried Wilhelm Leibniz (1646–1716) und Christian Wolff (1679–1754) zuerst gebrauchter Begriff für das empirische Vorhandensein (existentia) im Unterschied zum Beschaffensein (Sosein). Im Verhältnis zu den ontologischen Bestimmungen Sein und Werden nimmt Dasein gleichsam die vermittelnde Zwischenstellung ein.

80   *jenseits von Gut und Böse:* Anspielung Nietzsches auf seine gleichnamige Abhandlung (1886), in der er betont, daß die Welt weder gut noch schlecht, sondern ursprüngliches »Leben« sei.

Semiotik: hier im medizinischen Sinn als Lehre von den Krankheitszeichen gebraucht; allgemein: Lehre von den Zeichen.

Symptomatologie: medizinische Lehre von den Symptomen. Sie bildet mit den gesamten klinischen Untersuchungsmethoden die Grundlage der ärztlichen Diagnostik.

89   *»blonden Bestie«:* Selbstzitat Nietzsches aus »Zur Genealogie der Moral« (1887), Erste Abhandlung, § 11.

»Gesetz des Manu«: Manu ist im indischen Brahmanismus der Stammvater der Menschheit und ihr Gesetzgeber. Er ist der Sohn des »durch sich selbst seienden« Gottes Brahma. Dieser erste von dreizehn erwarteten Manu gilt als Urheber des »Gesetzes des Manu«, das sich als vollkommenste Ausgestaltung des Rechtes und der Moral der Brahmanen versteht. Als historische Entstehungszeit des auf älteren Rechtsquellen beruhenden Buches gilt die Zeit zwischen dem 2. Jahrhundert vor und dem 2. Jahrhundert nach Christus. In zwölf Abschnitten sind u. a. religiöse Vorschriften und Bestimmungen über die Seelenwanderung niedergelegt. Nietzsche entnahm dies und die folgenden Zitate aus Louis Jacolliot, »Les législateurs religieux. Manou – Moïse – Mahomet« (»Die religiösen Gesetzgeber. Manu – Moses – Mohammed«), Paris 1876.

Sudras: oder Schudras, Angehörige der untersten vier Kasten der arischen Inder. Die Schudras, die in viele Unterkasten zerfallen, unterlagen gesellschaftlichen Beschränkungen.

90   *Tschandala:* oder Tschandal, Angehöriger der niedrigsten,
      jetzt fast ausgestorbenen Hindukaste in Bengalen und As-
      sam, nichtarisch, teilweise Mohammedaner; bezeichnet ei-
      gentlich den Nachkommen eines Sudra und einer Brahma-
      nin, jetzt aber Henker, Totengräber und den Vertreter an-
      derer sogenannter unreiner Gewerbe.
      Das dritte [...] beizustehn: Vergleiche Jacolliot, a. a. O.,
      Seite 105 f.

90 f. *»die Tschandala [...] von Rasse«:* Vergleiche Jacolliot,
      a. a. O., Seite 102 f.

91   *die arische Humanität:* Die von Nietzsche angeführten In-
      der zählen nach ihm neben Medern, Persern, Griechen,
      Römern und Germanen zum arischen Volksstamm.
      Buch Henoch: Nietzsche meint hier wohl das im 3. oder 4.
      Jahrhundert entstandene sogenannte dritte oder hebräische
      Henoch-Buch, das jüngste der insgesamt drei Henoch-Bü-
      cher; neben diesem gibt es noch ein äthiopisches und ein
      slawisches. Henoch gilt als einer der biblischen Urväter, als
      siebenter Nachkomme Adams und als »Wunder des Wis-
      sens« (Jesus Sirach 44, 16), das er in einer umfangreichen
      Geheimliteratur niedergelegt haben soll.

92   *pia fraus:* »fromme Täuschung«; nach Ovids »Metamor-
      phosen« 9, 711.
      Konfuzius: eigentlich Kung-fu-tse (551–um 479 v. Chr.),
      chinesischer Philosoph. Er war kein Religionsstifter, son-
      dern sammelte, kommentierte und überlieferte die »Fünf
      kanonischen Bücher« des alten China. Seine Morallehren
      sind in der religiösen Idee begründet, daß rechtes Verhalten
      die Harmonie mit der ewigen Weltordnung, dem Tao des
      Himmels, erreichen könne. Die im Einklang mit der Natur
      stehenden Tugenden sind Weisheit, Güte, Treue, Ehr-
      furcht und Mut. Seine erste Blütezeit erlebte der Konfuzia-
      nismus im 1. Jahrhundert v. Chr. Seit 1530 wurde Konfu-
      zius von Staats wegen religiös verehrt.

93 *neue Deutschland:* Nietzsche meint das Deutsche Reich, das mit der Proklamation König Wilhelms I. von Preußen zum Deutschen Kaiser am 18. Januar 1871 im Schloß von Versailles gegründet wurde.

das Volk der Denker: Verkürzung der geläufigen Wortfolge »das Volk der Dichter und Denker«. Der Bezug auf das deutsche Volk hat sich allmählich entwickelt; zum ersten Mal findet er sich bei Johann Karl August Musäus (1735–87) im Vorbericht zu seinen »Volksmärchen« (1782): »[...] Volk unserer Denker, Dichter, Schweber, Seher [...].« Später bei Jean Paul, allerdings ohne Bezug auf die Deutschen.

»Deutschland, Deutschland über alles«: erste Zeile des »Liedes der Deutschen« (1841) von Heinrich Hoffmann von Fallersleben (1798–1874). Mit der Melodie von Joseph Haydn seit 1922 offizielle Hymne des Deutschen Reiches (»Deutschlandlied«), jetzt (mit der dritten Strophe) auch der Bundesrepublik Deutschland.

94 *Bismarck:* Otto von Bismarck-Schönhausen (1815–98), 1865 Graf, 1871 Fürst, 1890 Herzog von Lauenburg; zwischen 1847 und 1862 preußischer Abgeordneter und Diplomat, seit 1862 preußischer Ministerpräsident und Minister des Auswärtigen. Hatte einen bedeutenden Anteil an der Reichsgründung von 1871.

Alkohol: Nietzsches wiederholte Anspielungen auf den Alkoholkonsum (»Die fröhliche Wissenschaft«, 1, 42; »Zur Genealogie der Moral«, 3, 21) sind im Zusammenhang zu sehen mit dem zunehmenden Alkoholismus der im Zuge der Industrialisierung entstandenen Schicht der Fabrikarbeiter. Die Anspielung auf den Alkoholismus der gelehrten Jugend zielt auf den ausgiebigen Alkoholkonsum in den Studentenverbindungen, die Nietzsche während seiner Bonner Studienzeit kennengelernt hatte.

deutsche Musik: Gemeint ist in erster Linie Richard Wagners Musik. (Vergleiche »Der Fall Wagner« und »Nietzsche contra Wagner«.)

einmal: in den »Unzeitgemäßen Betrachtungen. Erstes Stück: David Strauß, der Bekenner und der Schriftsteller« (1873), worin sich Nietzsche gegen Straußens Schrift »Der alte und der neue Glaube. Ein Bekenntnis« (1872) wendet.

David Strauß: David Friedrich Strauß (1808–74) arbeitete nach dem Theologiestudium als Philosophierepetent am Tübinger Stift. Nach dem Erscheinen seines Erstlingswerkes »Das Leben Jesu, kritisch betrachtet« (1835) wurde er seiner Stelle enthoben und lebte fortan als Gymnasiallehrer und freier Schriftsteller in Ludwigsburg. Er war von herausragender Bedeutung für die Begründung der »Leben-Jesu-Forschung«, einer seit der Aufklärung betriebenen kritisch-wissenschaftlichen Erforschung der Biographie des historischen Jesus von Nazareth. Gestützt auf quellenkritische Einsichten, erwies Strauß den mythologischen, weitgehend dogmatisch geprägten Charakter der biblischen Darstellung. In der Folge bemühte er sich um den Nachweis, daß eine simple Übertragung von traditionellen religiösen Inhalten in eine philosophische Begrifflichkeit unmöglich sei, und versuchte schließlich die dadurch entstehende Glaubenslücke zu schließen, indem er einen eigenen, der überkommenen christlichen Überlieferung widersprechenden philosophischen Entwurf vorlegte, und zwar in der Schrift »Der alte und der neue Glaube. Ein Bekenntnis« (1872), die Nietzsche in der ersten »Unzeitgemäßen Betrachtung« zum Gegenstand seiner Kritik machte.

sein Gelöbnis in Versen: Anspielung auf Straußens »Elegie« (1851); die beiden letzten Zeilen des Gedichtes lauten: »Trennt vom lieben braunen / Bier mich nur der Tod.«

95 *hier und da:* 1879 war Nietzsche aus dem Universitätsdienst in Basel ausgeschieden. Er verließ Basel und hielt sich in Bern, Zürich und im Oberengadin auf, machte Reisen nach Venedig, Genua, Rom und Messina. Sein Kontakt zu deutschen Universitäten wird sich überwiegend auf Lektüre akademischer Publikationen beschränkt haben.

seit siebzehn Jahren: In den »Unzeitgemäßen Betrachtungen. Erstes Stück: David Strauß, der Bekenner und der Schriftsteller« (1873) wendet sich Nietzsche zum ersten Mal ausdrücklich gegen das Bildungsphilistertum. Diese Kritik einer bloß mechanischen Wissensproduktion und -reproduktion setzt sich vor allem in der zweiten der »Unzeitgemäßen Betrachtungen« (»Über den Nutzen und Nachteil der Historie für das Leben«, 1874) fort, bleibt ihm aber auch weiterhin dringendes Bedürfnis.

Helotentum: Heloten sind die von den Dorern unterworfene frühgriechische Urbevölkerung und unterste Schicht im spartanischen Staat. Sie waren der herrschenden Klasse der Spartiaten leibeigen und an die Scholle gebunden.

Heiterkeit: In diesem Begriff schwingt die Vorstellung von der griechischen Heiterkeit mit, auf die sich Nietzsche in der »Geburt der Tragödie« (1872) bezieht. Nach Schiller (»Über die ästhetische Erziehung des Menschen«, 1795) ist die griechische Heiterkeit als Gabe des Apollon geknüpft an die Auseinandersetzung mit dem Widerspruch zwischen Mensch und Göttern. Erst die Versöhnung des Menschen mit den Göttern nach dem Durchgang durch die Entzweiung führt zur Heiterkeit. Das Heitere im griechischen Menschen hat als notwendige Voraussetzung den Schmerz und die Verzweiflung. In der Komödie hat der Mensch nach Schiller den Zustand der Heiterkeit erreicht, während er ihn in der Tragödie erst erstrebt. – Hegel sieht die Möglichkeit der Aussöhnung zum Heiteren nicht in der Kunst gegeben, sondern erst im philosophischen Durchschauen der Entzweiung, in deren dialektischer Aufhebung.

zureichenden Grund: Die Wendung spielt an auf den von Leibniz und Wolff in die Philosophie eingeführten »Satz vom zureichenden Grund«: Alles, was ist, muß einen zureichenden Grund haben, warum es ist. Später setzt sich vor allem Schopenhauer in seiner Schrift »Über die vierfa-

che Wurzel des Satzes vom zureichenden Grunde« (1813)
mit dem Problem auseinander und wendet sich gegen die
Eingrenzung der Geltung des Satzes bei Kant, der ihn nur
in Bezug auf »alle Dinge als Erscheinungen im Raume und
Zeit, aber keineswegs von Dingen an sich selbst« gelten lassen will (»Über eine Entdeckung, nach der alle neue Kritik
der reinen Vernunft durch eine ältere entbehrlich gemacht
werden soll« [1790], Abschnitt 1, Kapitel C, Akademie-
Ausgabe, Seite 213).

96 *Die Kultur und der Staat:* Diese Polarität hatte zu Nietzsches Zeit besondere Aktualität im »Kulturkampf«, in dem
sich der preußische Staat gegen den Einfluß des Katholizismus wandte. Durch gesetzliche Eingriffe versuchte Bismarck, die Aufsicht über das Schulwesen zu erreichen und
die Autonomie der Kirche zu beschneiden (Kanzelpara-
graph, Aufsichtsrecht über die Kirche, Jesuitengesetz).
Goethe [...] Napoleon [...] »Freiheits-Kriegen«: Vor allem
in den »Annalen« (vergleiche Jubiläums-Ausgabe, Band
30) wird Goethes Napoleon-Verehrung einerseits und
seine distanzierte Haltung zu den deutschen Befreiungs-
kriegen andererseits deutlich.
Frage Wagner: Vergleiche »Der Fall Wagner« und »Nietzsche contra Wagner«.
Hegel: Georg Wilhelm Friedrich Hegel (1770–1831) entwickelte, vor allem in der »Phänomenologie des Geistes«
(1807), eines der bedeutendsten und wirkungsmächtigsten
Systeme der europäisch-abendländischen Philosophie.
Nietzsche hat zu Hegel ein ambivalentes Verhältnis: Einerseits spottet er über die nur in älteren Köpfen noch herrschende Hegelsche Philosophie, andererseits zollt er ihm
unverhohlen Anerkennung: »Von den berühmten Deutschen hat vielleicht niemand mehr esprit gehabt als Hegel«,
doch dann fügt er hinzu: »aber er hatte dafür auch eine so
große deutsche Angst vor ihm, daß sie seinen eigentümli-
chen schlechten Stil geschaffen hat.« (»Morgenröte«, 3.
Buch, Aphorismus 193)

Heinrich Heine: ursprünglich Harry Heine (1797–1856), deutscher Dichter, der 1825 vom jüdischen Glauben zum Christentum übertrat. 1831 ging er als Berichterstatter der »Augsburger Allgemeinen Zeitung« nach Paris. Sein schriftstellerisches Engagement zielte vornehmlich auf eine Vermittlung zwischen Deutschland und Frankreich. Seine schonungslose, beißend ironische Kritik an deutschen politischen und kulturellen Verhältnissen brachte ihm 1835 das Verbot seiner Schriften durch den Deutschen Bundestag ein.

97   *Jacob Burckhardt:* Schweizer Kultur- und Kunsthistoriker (1818–97), Professor in Zürich und Basel. Hauptwerke: »Die Zeit Konstantins des Großen« (1853), »Cicerone« (1855), »Die Kultur der Renaissance in Italien« (1860), »Die Geschichte der Renaissance« (1867), »Weltgeschichtliche Betrachtungen« (1905). Seine und Nietzsches zum Teil gemeinsame Basler Zeit (Nietzsche 1869–79; Burckhardt 1858–93) begründete die freundschaftliche Beziehung beider zueinander.

pulchrum est paucorum hominum: »Das Schöne ist nur wenigen Menschen gegeben.« (Nach Horaz, »Satiren«, I, 9, 44.)

Demokratismus [...] »Bildung«: Zwischen 1770 und 1830 entstand das moderne Erziehungswesen in Deutschland, dessen Leitbegriff »Bildung« das Ideal geistiger Individualität und Selbstbestimmung einschloß. Seit etwa 1890 verstärkten sich Reformbewegungen gegen den bürgerlichen Geist in den Schulen, die, angeregt durch das amerikanische Vorbild, die Demokratisierung der Bildung forderten: In »Einheitsschulen« sollte, unabhängig von Standesunterschieden, der Staatsbürger erzogen werden. Nietzsches Kritik richtet sich gegen die mit diesem neuen Bildungsbegriff einhergehende Tendenz zu einer konventionell-enzyklopädischen »Allgemeinbildung«.

99 *nuances:* Abstufungen, feine Übergänge.

deutschen Anmut: Nietzsche verweist auf Schiller, der in seiner Schrift »Über Anmut und Würde« (1793) Anmut als »Ausdruck einer schönen Seele«; als vom Subjekt hervorgebrachte Schönheit der Bewegung im Gegensatz zur Würde als »Ausdruck einer erhabenen Gesinnung« bestimmte (vergleiche Säkular-Ausgabe, 11. Band, Seite 223). Der Verweis auf die deutsche Anmut muß ironisch verstanden werden. Die Deutschen, die dem Philosophen des Verstandes huldigten, könnten wohl kaum verstehen, was Anmut sei.

100 *Seneca:* Lucius Annaeus Seneca (um 4 v. Chr. – 65 n. Chr.), römischer Philosoph, Tragiker und Staatsmann. Nach Beamtenlaufbahn (Quaestor, Senator) und zeitweiliger Verbannung auf Korsika Erzieher Neros, 55/56 Konsul; er hatte großen politischen Einfluß. Wegen angeblicher Beteiligung an einer Verschwörung nahm er sich, auf Neros Befehl hin, das Leben. Er verfaßte moralische Abhandlungen, Dialoge und Briefe, naturwissenschaftliche Untersuchungen und Tragödien. Eigentlich Stoiker, verarbeitete er jedoch auch Einflüsse anderer Philosophen (Pythagoras', Epikurs, der Kyniker). Sein Hauptinteresse galt der Ethik, in der er auf menschliche Vervollkommnung und soziales Verständnis größten Wert legte.

Toreador: berittener Stierkämpfer.

Rousseau: Jean-Jacques Rousseau (1712–78), französischer Philosoph und Schriftsteller; betonte gegen die Aufklärung statt der Vernunft das Gefühl, kritisierte nicht nur den absolutistischen Staat, sondern bereits auch dessen Widerpart, die neue bürgerliche Gesellschaft, betrachtete den zivilisatorischen Fortschritt als Verfall. Durch seine Lehre vom »Gesellschaftsvertrag« wurde er zum Philosophen der Französischen Revolution. Hauptwerke: »La nouvelle Héloïse« (»Die neue Héloïse«, 1761), »Émile« (1762), »Le contrat social« (»Der Gesellschaftsvertrag«, 1762), »Confessions« (»Bekenntnisse«, 1781).

in impuris naturalibus: »in unreiner Natürlichkeit«, Abwandlung des möglicherweise von Thomas von Aquin (1225–74) stammenden Wortes »in puris naturalibus« (»in reiner Natürlichkeit«). Nietzsche wendet sich u. a. gegen die von Rousseau vertretene Auffassung, daß der Mensch allein im Naturzustand gut sei und die politischen Werte Freiheit, Gleichheit und Brüderlichkeit realisieren könne; er behauptet vielmehr, daß eine nicht von Kultur vervollkommnete Menschheit, die ohne das ordnende Element des Apollinischen in dionysischer Naturverbundenheit verharre, von tierisch-gewalttätiger Natürlichkeit sei.

Moral-Trompeter von Säckingen: Anspielung auf das Versepos »Der Trompeter von Säckingen. Ein Sang vom Oberrhein« (1854) von Joseph Viktor von Scheffel, Seitenhieb auf die emphatische Bedeutung von Moralität bei Schiller.

Dante: Dante Alighieri (1265–1321), größter Dichter Italiens. Sein Hauptwerk, die »Divina Commedia« (»Die göttliche Komödie«, 1311–21), ist die Geschichte der visionären Wanderung des Dichters durch die drei Reiche des Jenseits, durch das Inferno (Hölle), das Purgatorio (Läuterungsberg) und das Paradiso (Paradies).

Hyäne [...] dichtet: Anspielung auf Szenen in Dantes »Göttlicher Komödie« (z. B. 13. Gesang, Vers 124–129, und 10. Gesang, Vers 40–53, oder 11. Gesang, Vers 6 f. des 1. Buches).

cant: Wortspiel, das einmal auf den englisch-französischen Begriff verweist: »heuchlerische Sprache«, »scheinheiliges Gewäsch«, zum anderen auf Kants Namen: Die Schreibweise Cant hat ihren Ursprung in der kurischen Herkunft der Familie und wurde noch von Kants Vater verwendet.

intelligibler Charakter: Nach Kant (»Kritik der reinen Vernunft«, 1781) hat jedes wirkende Subjekt einen Charakter, d. h. ein Gesetz der Kausalität, das sich in zwei Formen ausdrückt: als empirischer Charakter, der das Subjekt als Erscheinung der naturgesetzlichen Kausalität ausweist, und als intelligibler Charakter, der es als Verursacher von Handlungen bestimmt, der selbst von Zeitbedingungen unbedingt ist. Mit dieser Unterscheidung versucht Kant, die grundsätzliche Vereinbarkeit von Freiheit und Natur und damit die Möglichkeit des Menschen zu sittlichem Handeln nachzuweisen.

Victor Hugo: Dichter (1802–85), gehört zur französischen Hochromantik.

Pharus: Insel bei Alexandria. Ptolemaios II. Philadelphos (285–246 v. Chr.) ließ auf ihr durch Sostratos einen 120 m hohen Leuchtturm errichten, der zu den Weltwundern gezählt wurde und als Wahrzeichen von Alexandria galt; daher Pharus = Leuchtturm, wie hier.

Liszt: Franz von Liszt (1811–86), Komponist und Pianist; führte ein weltläufiges Leben, das ihn unter anderem mit Hugo, Lamartine, Delacroix und Berlioz zusammenführte. Mit seiner langjährigen Lebensgefährtin Marie d'Agoult hatte er drei Kinder. Die Tochter Cosima (1837–1930), Frau Hans von Bülows, dann Richard Wagners, wurde von Nietzsche sehr verehrt. Als Komponist war Liszt Schöpfer einer neuartigen Klaviermusik, der »Sinfonischen Dichtung«, die sich durch höchste Virtuosität auszeichnete.

Schule [...] Weibern: Virtuosität wird Liszt nicht nur als Komponist und Pianist zugeschrieben; von vergleichbarer Intensität soll auch sein Interesse an Frauen bzw. das der Frauen an ihm gewesen sein.

George Sand: eigentlich Amandine Aurore-Lucie Baronin Dudevant, geborene Dupin (1804–76), französische Schriftstellerin. Sie lebte mit Jules Sandeau, mit dem sie ihren ersten Roman »Rose et Blanche« verfaßte, mit Alfred Musset (1810–57, französischer Dichter) und Fréderic Chopin (1810–48, Komponist) zusammen und setzte sich in ihren Romanen für das Recht der Frau auf außereheliche Liebe und für die Lösung der sozialen Frage ein.

lactea ubertas: »Milchreichtum.« Vergleiche das »Journal des Goncourt«, II, 25, wo es über G. Sand heißt: »In ihrer Haltung ist eine Tiefe, eine Sanftmut, etwas wie die Halbschläfrigkeit eines Wiederkäuers.« Oder: »Frau Sand, eine wiederkäuende Sphinx.«

»schönem Stil«: Terminus bei Winckelmann. In Anlehnung an Scaliger (1540–1609, französischer Altertumsforscher) unterscheidet er vier »Hauptzeiten« der griechischen Kunst: den älteren, den hohen, den schönen Stil und den Stil der Nachahmer.

Michelet: der französische Historiker und Philosoph Jules Michelet (1798–1874). Seit 1838 war er Mitglied der Académie Française und Professor der Geschichte am Collège de France. Als ein leidenschaftlicher Anhänger der Demokratie betrieb er seine Geschichtsschreibung tendenziös und mit effekthaschender Begeisterung, auf die Nietzsche hier wohl anspielt. 1850 wurde er wegen seines politischen Engagements aus seiner Professur entlassen, 1852 verlor er nach seiner Weigerung, den Eid auf die Verfassung zu leisten, auch seine Stelle als Vorsteher der historischen Sektion im Reichsarchiv. Möglicherweise meint Nietzsches Bild vom ausgezogenen Rock diesen Verlust von Amt und Würden.

Carlyle: Thomas Carlyle (1795–1881), englischer Schriftsteller. In der Tradition sowohl des schottischen Puritanismus als auch des deutschen Idealismus stehend, wandte er sich gegen den Materialismus des 19. Jahrhunderts. Werke: »Die Französische Revolution« (1837), »Über Helden und Heldenverehrung« (1841), worin er die Auffassung vertritt, die Weltgeschichte setze sich aus der Geschichte der von Gott gelenkten großen Persönlichkeiten zusammen.

John Stuart Mill: englischer Philosoph und Volkswirt (1806–73). Er gilt mit seinem System der induktiven und deduktiven Logik (1843) als Fortsetzer des klassischen englischen Empirismus, den er zum Positivismus weiter-

entwickelte. Als Volkswirtschaftler vertrat er in den
»Grundzügen der politischen Ökonomie« (1848) einen liberalen Sozialismus.

die beleidigende Klarheit: Nietzsches verschlüsselter Vergleich bezieht sich möglicherweise auf Mills Positivismus,
der nach tatsächlich Gegebenem, Sicherem, Zweifellosem,
nach »klaren« Tatsachen fragt und damit den Blick sowohl
für metaphysische Überlegungen als auch vor allem für die
Suche nach dem Lebendigen im Sinne Nietzsches verstellt.
»Beleidigend« ist »Klarheit« dann, wenn sie zu wenig sieht,
den undeutlichen, aber umfassenden Hintergrund und Zusammenhang übersieht.

Les frères de Goncourt: Vergleiche die erste Anmerkung zu
Seite 20.

die beiden Ajaxe: Aias (lateinisch: Aiax) der Lokrer, der
kleine Ajax, und Aias der Telamonier, der große Ajax, zwei
Griechen, die – oft gemeinsam – im Trojanischen Krieg
kämpften. Der große Ajax wird von Homer (»Ilias«) als
tapferster und mutigster Grieche bezeichnet.

Offenbach: Jacques Offenbach (1819–80), Komponist. Er
trug zur Weiterentwicklung der modernen Operette bei,
und zwar durch gesellschaftskritische Ambitionen, musikalische Komik, Erfindungsgabe und eingängige Rhythmik. Mythologische Stoffe fanden in einigen seiner Opern
satirisch-komische Umgestaltung, z.B. in »Die schöne
Helena« (1864) und »Orpheus in der Unterwelt« (1858).

Zola: Émile Zola (1840–1902), französischer Schriftsteller.
Als ein Hauptvertreter des französischen literarischen Naturalismus verstand er den Roman als Dokument einer
durch physische Bedingungen determinierten Wirklichkeit. Der Mensch ist bei ihm bestimmt durch Gefühle, die
vom Körper abhängig sind, durch biologische Vererbung,
durch Milieueinfluß.

»die Freude zu stinken«: Mit diesem Zitat, dessen Herkunft nicht ermittelt ist, wendet sich Nietzsche gegen Zolas

einseitiges Bild vom »häßlichen«, nur dem Körperlichen verhafteten Menschen.

Renan: Ernest Renan (1823–92), französischer Religionswissenschaftler, Orientalist und Schriftsteller. Beeinflußt durch die kritische deutsche Theologie und Philosophie, kehrte er sich von seinem Priesterberuf ab und wandte sich der Wissenschaft zu. In seinem geschichtsphilosophischen Werk »L'avenir de la science« (»Die Zukunft der Wissenschaft«, 1848) vertritt er eine positivistische Wissenschaftsauffassung und eine kulturoptimistische Fortschrittsgläubigkeit. Auf religionswissenschaftlichem Gebiet verfaßte er u. a. die »Histoire des origines du Christianisme« (»Geschichte des Ursprungs des Christentums«, 1863–83), in deren erstem Band (»La vie de Jésus« [»Das Leben Jesu«, 1863]) er das Leben Jesu historisch, geographisch, soziologisch und ethnologisch zu erklären versucht und Jesus als religiös-anarchistischen Idealisten deutet. Seit 1862 war er Professor für semitische Sprachen am Collège de France, seit 1878 Mitglied der Académie Française.

la science: die Wissenschaft; Wissen, Einsicht, Erkenntnis, Gelehrsamkeit.

la noblesse: Adel, Hoheit, das Edle.

Aristokratismus des Geistes: Über Renans Auffassung von »Aristokratismus des Geistes« vergleiche die Gespräche bei den berühmten »dîners chez Magny« (»Essen bei Magny«) im »Journal des Goncourt« und – vor allem – seine »Dialogues philosophiques« (»Philosophische Gespräche«), die Nietzsche in deutscher Übersetzung gelesen hatte. (Vergleiche in der Kritischen Studienausgabe Band 14, Seite 423.)

évangile des humbles: Evangelium der kleinen Leute.

Wendehals-Geschmeidigkeit: Der Wendehals ist ein Vogel der Spechtfamilie. Im alten Griechenland galt er wegen der schlangenartigen Verdrehungen seines langgestreckten

Halses als Zaubervogel verschmähter Liebender. Um die Liebe zurückzugewinnen, band man den Vogel mit Füßen und Flügeln auf ein vierspeichiges Rad und drehte es unter Aussprechen von Zauberformeln.

101 *Jesuit:* Mitglied des von Ignatius von Loyola gegründeten und 1540 päpstlich bestätigten katholischen Ordens »Societas Jesu« (»Gesellschaft Jesu«). Sein Ziel ist die Ausbreitung und Befestigung des katholischen Glaubens, vor allem auf dem Wege der Mission, des Unterrichts und der wissenschaftlichen und schriftstellerischen Arbeit. Sein großer Einfluß auf die weltliche Politik hat in der Geschichte immer wieder zu Konflikten mit dem Staat geführt, z. B. im preußischen Kulturkampf (1872–78). Das von Bismarck 1872 erlassene und bis 1917 bestehende Jesuitengesetz bedeutete ein reichsweites Verbot des Ordens. – Mit dem herabsetzenden Unterton im Gebrauch des Wortes »Jesuit« entspricht Nietzsche dem herrschenden Zeitgeist; er ist darüber hinaus Ausdruck der ablehnenden Haltung Nietzsches gegenüber dem Christentum mit seiner »lebens«-feindlichen »Sklavenmoral«, die im Zusammenhang mit dem geheimen politischen Einfluß bzw. dem indirekten Herrschaftsanspruch der Jesuiten sichtbar wird.

Sainte-Beuve: Charles-Augustin de Sainte-Beuve (1804 bis 1869), französischer Literaturkritiker. Er ließ sich bei seiner Kritik nicht von feststehenden Form- und Gattungsregeln leiten, sondern betrachtete das individuelle literarische Werk in seinem jeweiligen historischen Zusammenhang.

médisance: üble Nachrede, Verleumdung.

romantisme: »Romantik.« Der Ausdruck bezeichnet in Frankreich die im Zusammenhang mit den gesellschaftlichen und politischen Umwälzungen nach 1789 sich als Gegenbewegung zur Klassik ausbildende literarische Epoche zwischen 1804 und 1830, deren Hauptvertreter Hugo, Nodier, Lamartine waren. Wesentliche Merkmale der romantischen Literatur waren Subjektivität und Gefühlskult, melancholische Passivität einerseits und Verlangen nach individueller Energie andererseits.

Akademie: ursprünglich Schule des Platon in einem Garten vor den Toren Athens in der Nähe des Hains des Heros Akademos. Nietzsche meint hier die 1635 von Richelieu gegründete Académie Française in Paris, die es sich zur Aufgabe gemacht hatte, die Sprache rein zu halten und sie in ihrer Ausdrucksform festzulegen. Sie hatte großen Einfluß auf die klassische Literatur Frankreichs und die französische Grammatik.

Port-Royal: eigentlich Port-Royal des Champs, Zisterzienserinnenkloster bei Paris, 1204 gegründet, 1214 zur Abtei erhoben, seit 1625 in der Vorstadt St. Jacques von Paris; bestand bis 1841. Unter der Äbtissin Angélique (Jacqueline) Arnauld (1591–1661) wurde es zu einem geistigen und religiösen Zentrum, das großen Einfluß auf die geistige Entwicklung Frankreichs hatte. In der vor allem gegen die Jesuiten gerichteten und insgesamt antiklerikalen, strenggläubigen Reformbewegung des Jansenismus (17. Jahrhundert) spielte es eine führende Rolle. Von Port-Royal aus bekämpfte Pascal die Jesuiten.

jener berühmte Wurm: Der Wurm ist von sprichwörtlicher »Berühmtheit«: Wenn man den Wurm tritt, so krümmt er sich. Die Vorstellung vom schwachen Menschen als Wurm ist vor allem biblischer Herkunft; z. B.: »Der Mensch selber ist nur ein Erdenwurm.« (Psalm 22, 7) Darüber hinaus ist die Schlange bzw. der Wurm eine Verkörperung des Satans. Vom Erzengel Gabriel besiegt, erscheint er als der gekrümmte Wurm (Apokalypse des Johannes, 12, 7).

libertin: Freigeist.

libertinage: Freigeistigkeit; Ausschweifung, Zügellosigkeit.

Baudelaires: Charles Baudelaire (1821–67), französischer Dichter, Kunstkritiker, Essayist; gilt als Vorläufer des literarischen Symbolismus. Beeinflußt von Edgar Allan Poe

(1809–49) und E. T. A. Hoffmann (1776–1822) und Anhänger der Wagnerschen Idee des Gesamtkunstwerks,
schuf er eine durch strenge Form gekennzeichnete Poesie,
in der er angesichts eines trivialen Fortschritts die zuneh-
mende Weltentfremdung des Menschen darstellte.

102 *imitatio Christi:* Gemeint sind die vier Bücher »De imita-
tione Christi« (»Über die Nachfolge Christi«), die dem
Augustinerchorherrn und Mystiker Thomas von Kempen
(lateinisch: a Kempis, 1379/80–1471) zugeschrieben wer-
den. Sie entstanden aus dem Geist der »devotio moderna«
(»Neue Frömmigkeit«) des 14./15. Jahrhunderts, die das
dogmatische Christentum durch ein religiöses Ideal tätiger
Liebe ersetzen wollte.
Ewig-Weiblichen: Vergleiche die Anmerkung zu Seite 15 f.
Dieser Heilige: Thomas von Kempen.
A. Comte: Auguste Comte (1798–1857), französischer
Philosoph. Hauptvertreter des Positivismus, der in Abkehr
von der Metaphysik die Zusammenhänge und Gesetze der
Erscheinungen durch Beobachtung und Experiment ent-
decken will. Gleichzeitig aber propagiert Comte eine allgemeine Religion, deren höchster Gegenstand die Menschheit selbst ist und die bestimmt wird durch die Werte
Liebe, Ordnung, Fortschritt. Nietzsche spielt auf die Ambivalenz von antimetaphysischen und religiösen Tendenzen in Comtes Philosophie an. (Vergleiche auch die erste
Anmerkung zu Seite 85.)
»die Religion des Herzens«: Mit dieser Anspielung auf Pascals »logique du cœur« (»Logik des Herzens«; vergleiche
die erste Anmerkung zu Seite 85), die sich gerade dem Ver-
nunft-Rationalismus entgegenstellte, deckt er Comtes
grundlegenden Widerspruch zu dessen eigener Theorie des
Positivismus auf, wenn dieser sagt, er sei von einem my-
stisch-religiösen Werk »inspiriert«.
G. Eliot: George Eliot, Pseudonym der Mary Ann Evans
(1819–80), englische Schriftstellerin. Ihre Werke sind vor

allem geprägt durch philosophische und sozialpolitische Tendenzen. Sie wandte sich schon früh vom puritanischen Christentum ab und verfocht, beeinflußt von Strauß (vergleiche die fünfte Anmerkung zu Seite 94) und Ludwig Feuerbach (1804–72), eine freie, religiös ungebundene Ethik. Nietzsche unterstellt George Eliot die unbewußte Inkonsequenz, sich zwar vom christlichen Glauben abgekehrt, jedoch mit einer neuen Ethik christliches Gedankengut zwangsläufig wieder aufgenommen zu haben.

103 *George Sand:* Vergleiche die vierzehnte Anmerkung zu Seite 100.

lettres d'un voyageur: »Briefe eines Reisenden«, verfaßt von George Sand 1837.

Sie [...] schrieb: Im »Journal des Goncourt« II, Seite 146, wird von George Sand berichtet, sie beende mittags um ein Uhr den einen Roman und beginne in der folgenden Nacht einen neuen. (Vergleiche in der Kritischen Studienausgabe Band 14, Seite 424.)

Balzac: Honoré de Balzac (1799–1850), französischer Schriftsteller. Er gilt als Begründer des soziologischen Realismus im modernen Roman. Sein als Gesamtdarstellung der zeitgenössischen Gesellschaft konzipiertes Hauptwerk ist die aus 91 Romanen und Novellen bestehende »Comédie humaine« (»Menschliche Komödie«, 1841 ff.). Die von Nietzsche hier vorgenommene Zuordnung Balzacs zu den Romantikern läßt sich nur insofern rechtfertigen, als die französischen Romantiker wie die Realisten im Gegensatz zu den Klassikern die gesellschaftliche Wirklichkeit als spannungsvolle Widersprüchlichkeit in ihrer Literatur reflektierten.

Schreibe-Kuh: Vergleiche die fünfzehnte Anmerkung zu Seite 100.

»nach der Natur«: deutsche Übersetzung der französischen Formel »d'après nature«, die sich z. B. in der Vorrede zum »Journal des Goncourt« findet.

104   *camera obscura:* wörtlich »dunkle Kammer«, ein innen ge-
        schwärzter Kasten mit transparenter Rückwand, auf der
        eine an der Vorderseite befindliche Sammellinse ein kopf-
        stehendes, seitenverkehrtes Bild erzeugt; Urform der pho-
        tographischen Kamera.
        Pariser romanciers: Nietzsche meint die Generation der
        französischen Realisten/Naturalisten zwischen 1830 und
        1880: Stendhal, Balzac, die Brüder Goncourt, Flaubert und
        Zola. In ihrer Literatur zeichneten sie gesellschaftliche und
        wirtschaftliche Veränderungen des 19. Jahrhunderts und
        deren Auswirkungen auf den Einzelmenschen nach. Ihre
        Absicht war die genaue Beobachtung der Wirklichkeit,
        nicht das Bestreben, eine künstlerische Totalität zu schaf-
        fen.
        petits faits: kleine zusammenhanglose Vorfälle.
105   *Pascals:* Vergleiche die erste Anmerkung zu Seite 85.
        Raffael: eigentlich Raffaelo Santi (1483–1520), italienischer
        Maler und Architekt. Zunächst Gehilfe seines Vaters Gio-
        vanni Santi, dann Schüler Peruginos, ging er 1504 nach Flo-
        renz und lebte seit 1518 in Rom. Seit 1513 war er am Bau
        der Peterskirche tätig, seit 1515 erster Architekt von St. Pe-
        ter und Konservator der antiken Denkmäler Roms. Er
        wurde im Pantheon beigesetzt.
        homöopathische: gleichgesinnte.
106   *apollinisch und dionysisch:* Das Begriffspaar wird in der
        »Geburt der Tragödie« (1872) entwickelt. Im Nachlaß der
        achtziger Jahre umschreibt Nietzsche den Gehalt beider
        Termini selbst: »Mit dem Wort ›dionysisch‹ ist ausge-
        drückt: ein Drang zur Einheit, ein Hinausgreifen über Per-
        son, Alltag, Gesellschaft, Realität, über den Abgrund
        des Vergehens: das leidenschaftlich-schmerzliche Über-
        schwellen in dunklere, vollere, schwebendere Zustände;
        ein verzücktes Jasagen zum Gesamt-Charakter des Lebens,
        als dem in allem Wechsel Gleichen, Gleich-Mächtigen,
        Gleich-Seligen; die große pantheistische Mitfreudigkeit

und Mitleidigkeit, welche auch die furchtbarsten und fragwürdigsten Eigenschaften des Lebens gutheißt und heiligt;
der ewige Wille zur Zeugung, zur Fruchtbarkeit, zur Wiederkehr; das Einheitsgefühl der Notwendigkeit des Schaffens und Vernichtens. – Mit dem Wort ›apollinisch‹ ist ausgedrückt: der Drang zum vollkommenen Für-sich-sein,
zum typischen ›Individuum‹, zu allem, was vereinfacht,
heraushebt, stark, deutlich, unzweideutig, typisch macht:
die Freiheit unter dem Gesetz.«

Transfigurierens: Umgestaltens, Verklärens.

Histrionismus: Schauspielerwesen, Schauspielertum.

107   *Wille zur Macht:* zentraler Terminus von Nietzsches
Philosophie, der auch der Titel des von ihm seit 1885 geplanten philosophischen Hauptwerkes »Der Wille zur
Macht. Versuch einer neuen Weltauslegung« sein sollte.
Notizen und Aphorismen Nietzsches zu diesem Werk sind
von seiner Schwester Elisabeth Förster-Nietzsche
(1846–1935) redigiert und zum Teil verfälscht unter dem
Titel »Der Wille zur Macht. Versuch einer Umwertung aller Werte« (1905) herausgegeben worden. – Der Wille zur
Macht bedeutet für Nietzsche das Mittel der Daseinserhaltung, ist sogar Formel für das Werden überhaupt. Er steht
im Gegensatz zur christlichen Ausrichtung auf das Jenseits, zur christlichen Lebensfeindlichkeit und ist Triebkraft des »Lebens«.

dyspeptischer Zustände: Zustände von Verdauungsstörung
oder -schwäche.

agaziert: erregt.

108   *proprium:* Eigentümliches, Eigenart.

cant: Vergleiche die achte Anmerkung zu Seite 100.

Emerson: Ralph Waldo Emerson (1803–82), amerikanischer Philosoph und Dichter. Ursprünglich Geistlicher,
legte er 1832 sein Amt nieder und wandte sich – angeregt u.
a. durch Carlyle (vergleiche die achtzehnte Anmerkung zu
Seite 100) – der deutschen Transzendentalphilosophie zu.

Für Amerika propagierte er die Unabhängigkeit von der europäischen Tradition und die Hinwendung zur eigenen Zukunft.

Ambrosia: die Speise der olympischen Götter, die zusammen mit dem Nektar deren Unsterblichkeit bewirkt und erhält; sie kann sterblichen Menschen durch besondere Gunst der Götter zuteil werden.

»er gibt [...] beißen«: Zitat nicht erschlossen.

Lope de Vegas: Lope Félix de Vega Carpio (1562–1635), spanischer Dichter, vor allem Dramatiker, schrieb aber auch Gedichte, Epen, Novellen und Romane.

»yo me sucedo a mi mismo«: »Ich folge mir selbst.« (Fundort nicht erschlossen.)

tamquam re bene gesta: »wie von einer gut ausge führten Angelegenheit.«

»Ut desint vires« [...] *»tamen est laudanda voluptas«:* scherzhafte Variante zu Ovid, »Epistulae ex Ponto« (»Briefe vom Schwarzen Meer«) III, 4, 79: »Ut desint vires, tamen est laudanda voluntas« (»Auch wenn die Kräfte fehlen, ist dennoch der Wille [Nietzsche: das Vergnügen] zu loben«).

Darwin: Charles Robert Darwin (1809–82), englischer Naturforscher. Seine Abstammungslehre gründet auf der von ihm entwickelten Selektionstheorie: Die Grundbedingungen tierischer und menschlicher Entwicklung, Veränderlichkeit, Vererbung und Überproduktion von Nachkommen machen eine Auslese nötig. Im »Kampf ums Dasein« setzen sich die Lebewesen durch, deren Eigenschaften der Umwelt am besten angepaßt sind, die anderen gehen unter. Seine Theorie hatte großen Einfluß auf die Biologie, die Geistesgeschichte und die Politik bzw. auf deren Ideologien. Hauptwerk: »Von der Entstehung der Arten« (1859).

Malthus: Thomas Robert Malthus (1766–1834), englischer Sozialforscher. Er wurde bekannt durch seine Theorie zum

Bevölkerungswachstum, nach der das menschliche Elend
auf das im Verhältnis zur Nahrungsproduktion beschleu-
nigte Anwachsen der Bevölkerung zurückzuführen sei.
Nach seinem »Bevölkerungsgesetz« wächst die Bevölkerung in geometrischer Progression, während die Nah-
rungsmittelmenge infolge des abnehmenden Ertragszu-
wachses des Bodens nur in arithmetischer Reihe zunimmt.

109   *laß fahren dahin!« [...] – »das Reich muß uns doch
bleiben«:* aus Luthers Lied »Ein feste Burg ist unser
Gott«.
mimicry: Nachahmung, Anpassung.
Psychologen-Kasuistik: Psychologen-Wortverdreherei,
-Haarspalterei.

110   *»Goethe und Schiller«:* verweist auf die Freundschaft zwischen Goethe und Schiller, die von 1794 bis 1805 (Schillers
Tod) dauerte. Zeugnis dafür sind der Briefwechsel, ihre gemeinsam verfaßten »Xenien«, ihre Balladen. Nietzsches
kritischer Ton gegen Schiller mag sich gegen dessen Ver-
nunft-Idealismus richten. Im Gegensatz zu Goethe, der als
»naiver« Dichter scheinbar unreflektiert die Wirklichkeit
nachahmt, in ursprünglicher Nähe zur Natur, zur Welt
steht, ist Schillers Verhältnis zur Natur gebrochen. Als
eher »sentimentalischer« Dichter gelangt er nicht durch
einfache Nachahmung des Wirklichen zur Darstellung eines harmonischen Ganzen, sondern versucht auf dem Weg
der Reflexion ein vorgestelltes Ideal zu erreichen. (Vergleiche Schiller, »Über naive und sentimentalische Dichtung«,
1795–96.)
Hartmann: Eduard von Hartmann (1842–1906), Philosoph, bekannt als »Philosoph des Unbewußten«. Seine
Lehre einer dynamischen Metaphysik bildet eine Synthese
aus Hegels und Schopenhauers Philosophie unter Aufnahme von Schellings Begriff des Unbewußten, der Leib-
nizschen Individualitätslehre und des modernen naturwissenschaftlichen Realismus. Er versucht, die Welt aus dem

Unbewußten, das im »Weltprozeß« zu sich selber kommt und sich als Geist und Idee selbst erkennt, zu erklären. Hartmann kann als Vorläufer von Sigmund Freud (1856–1939) gelten. Schopenhauer und Hartmann vertreten die pessimistische Weltsicht, nach der das Ziel des Lebens in der Überwindung des Willens zum Leben liegt. Nietzsche distanziert sich hier von Hartmann und dessen Lehre von dem gesetzmäßigen Ablauf der Geschichte. In der zweiten der »Unzeitgemäßen Betrachtungen« (»Vom Nutzen und Nachteil der Historie für das Leben«, 1874) setzt sich Nietzsche in bissig-ironischem Ton mit Hartmann und dessen aus einer Überbetonung des Historischen resultierenden zynischen Endzeitphilosophie auseinander.

111 *Schöne an sich«:* Platon begründete die Lehre des Schönen. Das Schöne als Maß und Harmonie war bei ihm das Abbild der Idee des Schönen. Kant unterscheidet das Schöne vom Nützlichen, Angenehmen und Guten. (Zu »an sich« vergleiche die dritte Anmerkung zu Seite 82.)
menschlich-allzumenschlichen: In seiner Schrift »Menschliches, Allzumenschliches« (1878) leugnet Nietzsche die Möglichkeit einer intelligiblen Welt (vergleiche dazu die neunte Anmerkung zu Seite 100). Mit dem Aufkommen des Sinnes für Kausalität, zuerst bei Demokrit (460–371 v. Chr.), schwinde die Sittlichkeit der freien Entscheidung. Wenn Nietzsche von menschlich-allzumenschlicher Schönheit spricht, so leugnet er damit das Schöne als absoluten Wert und sieht ihn als einen vordergründigen Zweck der Lebenserhaltung untergeordnet.
Skeptiker: Anhänger des Skeptizismus, einer philosophischen Richtung, die auf den griechischen Philosophen Pyrrhon (360–270 v. Chr.) zurückgeht und den Zweifel zum Prinzip des Denkens erhebt.

112 *arbiträr:* willkürlich, subjektiv.

»O Dionysos [...] noch länger?«: Die Bedeutung der Ariadne-Figur (vergleiche die dritte Anmerkung zu Seite 40), die
einige Male in Nietzsches Schriften auftaucht und der
Nietzsche rätselhafte oder unsinnige Worte in den Mund
legt, ist in der Forschung umstritten. Neben anderem
scheint die Vermutung nahezuliegen, es handele sich um einen Decknamen für die von Nietzsche sehr verehrte Cosima Wagner. Ihr hat er 1889 einen Zettel geschrieben:
»Ariadne, ich liebe Dich! Dionysos.« Die Erwähnung der
Ohren der Ariadne scheint auf Nietzsches Stolz auf seine
eigenen Ohren zu verweisen. Daraus ist der Schluß gezogen worden, er meine sich selbst mit der Ariadne-Figur.
(Vergleiche E. F. Podach: Ein Blick in Notizbücher Nietzsches. Eine schaffensanalytische Studie. Heidelberg 1963.
Seite 115–128.)

des ästhetischen Urteils: In der »Kritik der reinen Vernunft« (1781) bestimmt Kant das Urteil als Verknüpfung
von Vorstellungsinhalten zur Einheit des Bewußtseins; es
ordnet Einzelerscheinungen unter allgemeine Begriffe. Das
ästhetische oder Geschmacksurteil bestimmt Gegenstände
nach subjektiven Kriterien der Lust oder Unlust, nicht
nach deren objektiver Beschaffenheit (vergleiche die »Kritik der Urteilskraft«, 1790).

Dynamometer: Kraftmesser; physikalisches Meßgerät
zum Messen elektrischer Ströme hoher Frequenzen.

113 *»Willens zum Leben«:* Schopenhauer-Zitat, zum Beispiel
aus § 54 des vierten Buches von »Die Welt als Wille und
Vorstellung«.

Exuberanz-Formen: Überfluß-Formen.

»Willens«: Zentralbegriff in Schopenhauers Philosophie:
Der Wille ist »das Ding an sich, der innere Gehalt, das Wesentliche der Welt; das Leben [ist] die sichtbare Welt, die
Erscheinung, aber nur der Spiegel des Willens« (»Die Welt
als Wille und Vorstellung«, II, viertes Buch, § 53. – Vergleiche auch das zweite Buch).

»Erlösung«: zentraler Begriff des Alten und Neuen Testaments, im Alten Testament das rettende Handeln Gottes an Israel und dem einzelnen Frommen, im Neuen Testament gebunden an Jesus und seinen Kreuzestod, der die Vergebung der Sünden des Menschen bedeutet. In der Philosophie hat der Erlösungsgedanke bei Schopenhauer zentrale Bedeutung. In buddhistischem Sinne versteht er die völlige Verneinung des Willens zum Leben als »Erlösungs«-Weg zum wahren Heil (vergleiche »Die Welt als Wille und Vorstellung«, II, besonders das vierte Buch, § 68).

»Brennpunkte des Willens«: Vergleiche »Die Welt als Wille und Vorstellung«, zweites und drittes Buch.

114 *des göttlichen Plato:* Vergleiche »Über die vierfache Wurzel des Satzes vom zureichenden Grunde«, Kapitel 1, § 1 (»Die Methode«) sowie »Die Welt als Wille und Vorstellung«, Vorrede zur ersten Auflage, Dresden, August 1818.

daß [...] reize: Platon, »Symposion«, 206 b–d.

keine platonische Philosophie [...] hinabgesenkt habe: Platon, »Phaidros«, 249 c–256 e.

wunderlicher Heiliger!: sprichwörtlich nach der Luther-Übersetzung von Psalm 4, 4: »Erkennet doch, daß der Herr seine Heiligen wunderlich führet.« »Wunderlich« steht für »wunderbar«.

amor intellectualis dei: geistige Liebe zu Gott.

Spinoza: Baruch (Benedictus) de Spinoza (1632–77), Philosoph. In der Nachfolge Descartes' führt er in seinem Hauptwerk »Ethik« (1677) den Gedanken des modernen Rationalismus aus: Nur die Methode mathematischen Denkens führe zur Wahrheit. Ähnlich wie Descartes bestimmt er die Substanz als einziges Seiendes. Ausdehnung und Denken sind Modi der unendlichen Substanz. Die vernünftige Erkenntnis der Einzeldinge führt zur Erkenntnis des Seins, der Substanz, also Gottes.

agonalen Gymnastik: sportlicher Wettkampf. Im antiken Griechenland bildeten Wettkämpfe einen unverzichtbaren

Bestandteil des kulturellen Lebens. Es wurden sportliche, geistig-künstlerische, pferdesportliche Wettkämpfe veranstaltet, teils in periodischer Wiederkehr, teils zu besonderen Anlässen.

Literatur des klassischen Frankreichs: die des 17. Jahrhunderts mit den Hauptvertretern Corneille (1616–84), Molière (1622–73) und Racine (1639–99). Ihre Literatur orientierte sich an aristotelischen Formidealen und verarbeitete antike Stoffe. Sie richtete sich vor allem nach den Geboten der »vraisemblance« (»Wahrscheinlichkeit«), »bienséance« (»Schicklichkeit«) und »raison« (»Vernünftigkeit«).

Galanterie: zuvorkommendes Verhalten besonders gegenüber Frauen. Nach Montesquieu (1689–1755): der trügerische Schein der Liebe, die auf Gefallsucht beruht.

115 *L'art pour l'art:* »die Kunst um der Kunst willen.« Die sich zum Schlagwort entwickelnde Formel wurde von dem französischen Philosophen und Politiker Victor Cousin (1792–1867) 1818 in seinen Vorlesungen über Philosophie (1836 in Paris erschienen) geprägt. Der Dichter Théophile Gautier (1811–72) stellt im Vorwort zu seinem Roman »Mademoiselle de Maupin« (1835) die Forderung nach einer zweckfreien, nicht von äußeren (politischen, moralischen, religiösen) Anlässen und Zwecken beeinflußten und zu verstehenden, eigengesetzlichen Kunst auf, die als Selbstzweck allein aus der Idee des Schönen geboren werden soll. Nietzsche schließt sich diesem Diktum im folgenden einerseits in bezug auf »moralische Tendenzen« in der Kunst an, andererseits will er die Kunst nicht als »überhaupt zwecklos, ziellos, sinnlos« gewürdigt sehen. Die besonders in der Dichtung (u. a. von Baudelaire, Flaubert, Wilde, George) aufgegriffene und weiterentwickelte Forderung führte in der Übersteigerung später vielfach zur reinen ästhetischen Formenspielerei.

Die Kunst ist [...] zum Leben: Nietzsche nimmt hier Gedanken wieder auf, die er bereits in seinem Erstling von

1872 geäußert hat: »daß nur als ein ästhetisches Phänomen das Dasein und die Welt gerechtfertigt erscheint.«
(»Die Geburt der Tragödie aus dem Geiste der Musik«,
§ 24.)

vom Leben zu entleiden: das Leben zu verleiden, das heißt
als nicht lebenswert zu denunzieren.

»loskommen vom Willen« [...] *Nützlichkeit der Tragödie:*
Schopenhauer behandelt in seinem Hauptwerk ausführlich
Ziel und Zweck der Tragödie und bestimmt deren Verhält-
nis zur Kunst und zum Leben (vergleiche »Die Welt als
Wille und Vorstellung«, I, drittes Buch, § 51).

116   *Vor der Tragödie [...] Grausamkeit:* Diese Bemerkungen
erinnern in Wortwahl und Ideengehalt an Ausführungen
Nietzsches in der »Geburt der Tragödie« (1872), wo er die
Entstehung der Tragödie bei den Griechen nicht als eine
Folge menschlicher Schwäche, sondern als ein Zeichen der
Stärke und Kraft deutet. Die Griechen »der besten, stärks-
ten, tapfersten Zeit« hätten nicht aus »Furcht« vor dem
Untergang ihre Augen verschlossen und ihr Dasein be-
klagt, sondern die Tragödie als Kunstform zur bewußten
Bewältigung ihres Lebens geschaffen, um so als »ästheti-
sches Phänomen das Dasein der Welt« zu rechtfertigen.

Saturnalien: Freudenfest im antiken Rom zu Ehren des
Gottes Saturn, das am 17. Dezember jeden Jahres gefeiert
wurde. Zu den Festbräuchen gehörten die Aufhebung der
Standesunterschiede, die Bedienung der Sklaven durch ihre
Herren, gegenseitiges Beschenken sowie öffentliche und
private Gelage.

»Dies Bildnis ist bezaubernd schön!«: Worte Taminos in
Wolfgang Amadeus Mozarts (1756–91) 1791 komponierter
Oper »Die Zauberflöte« (I, 4).

117   *»aut liberi aut libri«:* »entweder Kinder oder Bücher.«
»je me verrai [...] tant d'esprit?«: »Ich werde mich sehen,
ich werde mich lesen, ich werde in Verzückung geraten und
sagen: Ist es möglich, daß ich so viel Geist habe?« Aus ei-

nem Brief des italienischen Nationalökonomen und Schriftstellers Ferdinando Galiani (1728–1787) vom 18. September
1769 an die mit ihm befreundete Madame d'Épinay
(1725–83), in dem Galiani seiner Freude darüber Ausdruck
verleiht, daß einige seiner Schriften gedruckt worden sind.
Doktor-Promotion: Nietzsche nimmt hier bezug auf eine
(mündliche) Prüfung (Rigorosum), die meistens im An-
schluß an eine schriftliche (Haus-)Arbeit (Dissertation)
zur Erlangung der Doktorwürde abgehalten wird.
Begriff der Pflicht: Die Anspielung zielt auf Kant, der die
»Pflicht« im Gegensatz zur »Neigung« als das Aufgerufen-
sein des Menschen versteht, in einer bestimmten Situation
etwas ohne Beeinflussung von außen – also ohne Aussicht
auf Belohnung einerseits oder ohne Furcht vor Bestrafung
andererseits – ausführen oder unterlassen zu müssen. So
sagt Kant etwa in seiner »Grundlegung der Metaphysik der
Sitten« (1785): »[...] daß die Notwendigkeit meiner Handlung aus *reiner* Achtung fürs praktische Gesetz dasjenige
sei, was die Pflicht ausmacht, der jeder andere Beweggrund
weichen muß, weil sie die Bedingung eines an sich guten
Willens ist, dessen Wert über alles geht.« (Akademieausgabe, Band 4, 1. Abschnitt, Seite 403)
Ding an sich [...] Erscheinung: Nietzsche überträgt die
in Kants Hauptwerk »Kritik der reinen Vernunft« vollzo-
gene Unterscheidung des »Dings an sich« (wonach die Gegenstände unabhängig von den Erkenntnisbedingungen
des Subjekts gedacht, aber nicht erkannt werden können)
von der »Erscheinung« (darunter wird die durch die
menschlichen Anschauungsformen – Raum und Zeit – und
durch die Verstandeskategorien bestimmte empirische
Wirklichkeit verstanden) auf die Möglichkeit der Vorstellung des absolut vollkommenen und die Wirklichkeit des
relativ unvollkommenen Staatsbeamten, wobei der erste
(obwohl oder gerade weil er der nur Gedachte, also der
»Unmögliche« ist) als Vorbild des zweiten fungieren soll,

mit dem Ziel allerdings, das Unmögliche möglich zu machen.

118 *des »Reichs«:* Vergleiche die fünfte Anmerkung zu Seite 34.

»entschlafnen wilden Trieben«: Vergleiche Goethes »Faust« I, Vers 1778 ff.: »Verlassen hab' ich Feld und Auen, / Die eine tiefe Nacht bedeckt, / Mit ahnungsvollem, heil'gem Grauen / In uns die beßre Seele weckt. / Entschlafen sind nun wilde Triebe / Mit jedem ungestümen Tun, / Es reget sich die Menschenliebe, / Die Liebe Gottes regt sich nun.« (Jubiläumsausgabe, Band 13, Seite 49)

Die Mittel [...] Julius Cäsar [...] Strapazen: In einem Brief vom 13. Februar 1888 an Peter Gast verrät Nietzsche seine Quelle: »Ich fand bei Plutarch, mit welchen Mitteln sich Cäsar gegen Kränklichkeit und Kopfschmerz verteidigte: ungeheure Märsche, einfache Lebensweise, ununterbrochener Aufenthalt im Freien, Strapazen [...].« Plutarch selbst berichtet, daß Caesar »trotz seines schwachen Körpers alle Strapazen auf sich nahm, obwohl er stark unter Kopfschmerzen und Epilepsie litt und auf Grund seiner Kränklichkeit sich hätte schonen können; statt dessen versuchte er, sie durch das Kriegsleben zu heilen, kämpfte durch lange Fußmärsche, karge Kost, steten Aufenthalt im Freien und Strapazen gegen das Übel und härtete seinen Körper dadurch ab« (Plutarch, »Römische Heldenleben«, herausgegeben von Wilhelm Ax, Leipzig 1934, Seite 316).

Cäsar: Gaius Julius Caesar (100–44 v. Chr.), römischer Staatsmann und Feldherr. Nach erfolgreichen Feldzügen und Provinzverwaltungen wurde er »Imperator« und »Pater Patriae« (»Vater des Vaterlandes«) sowie »Diktator« auf Lebenszeit. An den Iden des März (15. März) 44 v. Chr. wurde er von Brutus und Cassius ermordet.

119 *partie honteuse:* schändliche Seite.

120 *Anarchist:* Vergleiche die zweite Anmerkung zu Seite 57.

121 *»altruistische«:* »auf andere bezogene«; der Gegensatz ist »egoistisch«, »auf sich selbst bezogen«. Nietzsche spielt hier wohl auf die christliche Lehre an, zu deren wichtigsten Forderungen die der »Nächstenliebe« gehört (»Liebe deinen Nächsten wie dich selbst«), welch letztere Nietzsche negativ als Schwäche interpretiert.

»uninteressierte« Motive: Nietzsches Formulierung impliziert eine Kritik an Kant, der das »Wohlgefallen«, das das Geschmacksurteil bestimmt, in seiner »Kritik der Urteilskraft« (1790) als »ohne alles Interesse« (§ 2) definiert. Wenn für Kant »dasjenige Urteil über Schönheit, worin sich das mindeste Interesse mengt, sehr parteilich und kein reines Geschmacksurteil« (Akademieausgabe, Band 5, § 2, Seite 205) ist, so ist für Nietzsche gerade diese Interesselosigkeit Ausdruck und Symptom der Entartung und Schwäche, wohingegen die bewußte Entscheidung für oder gegen etwas, aus Neigung oder Selbstsucht (also aus Parteilichkeit), Zeichen der Stärke und Vitalität ist.

123 *pur:* rein, unvermischt, makellos.

vert: grün, frisch.

»Wille und Vorstellung«: Anspielung auf Arthur Schopenhauers Hauptwerk »Die Welt als Wille und Vorstellung«, 2 Bände (1819). Will man Nietzsches Gedankengang fortführen – daß es unangemessen sei, »wie Schopenhauer es tat, das Leben [zu] verneinen«, sondern daß man »Schopenhauer zuerst verneinen« muß –, kann man folgern, daß durch diese Verneinung Schopenhauers beziehungsweise durch die Widerlegung seines Pessimismus das Leben – im Sinne Nietzsches – bejaht wird.

»jenseits von Gut und Böse«: Nietzsche spielt hier auf seine gleichnamige Schrift von 1886 an, in der er das Jenseits nicht in einem christlich-eschatologischen Sinne verstanden wissen will, etwa als erstrebenswertes Pendant zum irdischen Diesseits, sondern als einen noch zu erreichenden Zustand, der die Antinomie von Gut und Böse durch Duldung ihrer Gegensätze aufheben soll.

Ferozität: Grimm, Wildheit, Härte.

Cesare Borgia: italienischer Kardinal und Erzbischof (1474–1507). Er engagierte sich maßgeblich in den politischen Auseinandersetzungen seiner Zeit und bereitete durch die Vernichtung vieler Feudal- und Stadtherrschaften die Neugliederung des Kirchenstaates vor. In Macchiavellis »Il Principe« (»Der Fürst«) verkörpert er den vorbildlichen Herrscher. (Vergleiche auch die zweite Anmerkung zu Seite 142.)

»höherer Mensch« [...] Übermensch: Nietzsche spielt hier auf einen seiner Hauptgedanken an, der ihn spätestens seit seinem Hauptwerk »Also sprach Zarathustra« (1883–85) immer wieder beschäftigte (so auch in »Jenseits von Gut und Böse«, 1886). Der Übermensch wird als die Inkarnation des höheren und besseren Menschen verstanden, der sich durch eine Fülle sinnlicher und geistiger Möglichkeiten auszeichnet.

Schweizer Redakteur, vom »Bund«: Der »Bund« wurde als freisinnig-demokratische Zeitung 1850 gegründet und erschien täglich in zwei Ausgaben. Bei dem gemeinten »Schweizer Redakteur« handelt es sich um Josef Viktor Widmann (1842–1911), der als Leiter des literarischen Feuilleton-Teils 1886 Nietzsches Buch »Jenseits von Gut und Böse« rezensiert hatte.

124 f. *Unsre Milderung [...] starken Zeiten [...] Verächtliches:* Nietzsche erinnert hier an Formulierungen und Gedanken, die er bereits in der »Geburt der Tragödie« (1872) ausführlich entwickelt hat. Dort erörtert er, ausgehend von den antiken Griechen, die als Vor- und Abbild »der besten, stärksten, tapfersten Zeit« (»Versuch einer Selbstkritik«, 1) beschrieben werden, den im Lauf der Zeit zunehmenden Niedergang und Verfall der Kultur, die in der Neuzeit gleichzeitig ihren Tiefpunkt erreicht, aber möglicherweise auch – jedenfalls nach Nietzsches damaliger Einschätzung – einen neuen Anfangspunkt in und durch die Musik Richard Wagners gefunden hat.

125 *l'impressionisme moral:* moralische Empfindsamkeit.

»*Gleichheit*« [...] »*gleichen Rechten*«: Nietzsche erinnert hier an Überlegungen, die er an anderer Stelle ausführlicher dargelegt hat; so sagt er im »Antichrist« (1888 geschrieben, 1894 erschienen): »Das Gift der Lehre ›gleiche Rechte für alle‹ – das Christentum hat es am grundsätzlichsten ausgesät; das Christentum hat jedem Ehrfurchts- und Distanzgefühl zwischen Mensch und Mensch, das heißt der Voraussetzung zu jeder Erhöhung, zu jedem Wachstum der Kultur, einen Todkrieg aus den heimlichen Winkeln schlechter Instinkte gemacht – es hat sich seine Hauptwaffe geschmiedet gegen uns, gegen alles Vornehme, Frohe, Hochherzige auf Erden, gegen unser Glück auf Erden [...].« (§ 43)

Anähnlichung: Diese Wortbildung – wahrscheinlich aus »Annäherung« und »Ähnlichkeit« zusammengesetzt – soll die Tendenz zur von Nietzsche negativ bewerteten »Gleichheit« auch sprachlich ironisieren.

Pathos der Distanz: In der Schrift »Zur Genealogie der Moral« (1887) erhält dieser Begriff eine zentrale Bedeutung für die aristokratische Gesinnung Nietzsches. Dem Pathos der Distanz steht das von ihm negierte Ethos der Egalität entgegen. An die Stelle des christlichen Mitleids will er die Leidensfähigkeit setzen, an deren Ausmaß er den Grad der Vornehmheit des Menschen messen will. (Vergleiche die erste Abhandlung, § 2, in »Zur Genealogie der Moral«.)

126 *Herbert Spencer:* englischer Philosoph und Soziologe (1820–1903). Darwin vorgreifend, läßt er das Evolutionsgesetz die physikalische, ethische, soziologische und religiöse Seite des Universums bestimmen. Moral ist dabei Anpassungserscheinung im Kampf ums Dasein. Der Wille des Menschen ist auf Selbst- und Arterhaltung gerichtet, wobei das erste (Lustprinzip) Vorrang vor dem zweiten (Sympathieprinzip) hat. Gut ist, was in sozialer Harmonie sowohl

im egoistischen als auch im altruistischen Sinne das Leben fördert.

Herden-Vertierung: Hier kritisiert Nietzsche (schon sprachlich) die Vereinnahmung und Vereinheitlichung (oder wie er in der »Geburt der Tragödie« sagt: »Vermittelmäßigung«) des Einzelmenschen in die negativ bewertete »Masse« der Herde, da der einzelne auf Kosten seiner Individualität und Subjektivität integriert und damit die für Nietzsche positive Opposition von kreativen Gegensätzen reduziert bzw. eliminiert wird.

128 *in »Menschliches, Allzumenschliches«:* Nietzsche formuliert in dem 1878 erschienenen Buch (1. Teil) mit dem Untertitel »Ein Buch für freie Geister« folgende Gedanken: »[...] der Verfall und *der Tod des Staates* [...] ist die Konsequenz des demokratischen Staatsbegriffs: hier liegt seine Mission«; oder: »Die moderne Demokratie ist die historische Form vom *Verfall des Staates*« (1. Band, 8. Hauptstück, § 472).

in infinitum: ins Unendliche hinein.

imperium Romanum: Römisches Reich.

Rußland [...] deutschen Reichs: Während sich Rußland (etwa seit dem 15. Jahrhundert) mehr oder weniger kontinuierlich ausdehnte und als politische und militärische Großmacht etablierte, an deren Spitze der Zar mit beinahe unumschränkter Gewalt herrschte, konnten die (west-)europäischen Staaten – gemessen an der geographischen Ausdehnung Rußlands – mit ihren relativ begrenzten Territorien nur als »Kleinstaaten« erscheinen. So wurden etwa die deutschen Staaten erst durch die Reichsgründung von 1871 zum Deutschen Reich zusammengeschlossen.

Indulgenz: Nachsicht.

129 *Arbeiter-Frage:* Nietzsche spielt mit dem seit der Reichsgründung zum Schlagwort werdenden Begriff auf gesellschaftspolitische Probleme an, die sich aus der Verfassung des Kaiserreichs ergaben, in der der stärksten sozialen

Gruppierung, der Arbeiterklasse, im Verhältnis zu ihrer »großen Zahl« nur wenige politische Rechte eingeräumt wurden. Obwohl nach der Reichsverfassung zwar formell alle Deutschen vor dem Gesetz gleich waren und so auch die Arbeiter das Stimmrecht für die Reichstagswahl erhielten, konnten diese ihre vitalen Interessen nicht mit dem gleichen Gewicht vertreten wie die anderen sozialen Klassen (Adel, Bürgertum), da etwa die Koalitionsbildung durch staatliche Einschränkungen stark erschwert wurde. Auch im militärischen Bereich bekleideten (zunächst) Adlige und (später auch) Bürgerliche die wichtigsten Ränge; Arbeiter dienten in der Regel nur in niedrigen Dienstgraden.

130 »*Freiheit, die ich nicht meine*«: Vergleiche den Anfangsvers von Max von Schenkendorfs (1783–1817) Lied »Freiheit« (1813), dessen erste Strophe lautet: »Freiheit, die ich meine, / Die mein Herz erfüllt, / Komm mit deinem Scheine, / Süßes Engelbild.«

paralysiert: gelähmt.

laisser aller: »gehen lassen.« Der Ausspruch ist das bekannte Motto der liberalistischen Wirtschaftspolitik des 19. Jahrhunderts.

in politicis: in politischen Angelegenheiten.

131 *Wahrheiten der praktischen Vernunft:* Nietzsche bezieht sich hier zwar in Begriff und Gedanke auf Kants Bestimmung der »praktischen Vernunft«, die vom sittlichen Wollen bestimmt wird und die Ideen postuliert, um die Einheit des Wollens und Handelns mit dem Sittengesetz als sinnvoll zu ermöglichen, setzt ihr aber eine eigene Deutung entgegen, mit der er Kants Bestimmung insofern umkehrt beziehungsweise gegen diese selbst kehrt, als er ihr implizit vorwirft, schon in (vorher-)bestimmter Absicht zu handeln, die sich nicht mehr oder zumindest nicht nur ausschließlich durch Sittlichkeit rechtfertigen läßt und die sich somit als in ihrem Grund nicht als (nur) sittlich erweist.

Prokrustes-Bett: Der Riese Prokrustes (der »Strecker«) spannte kleine Menschen, die in seine Hände fielen, auf ein langes Bett und reckte ihnen die Beine aus; große Menschen legte er in ein kleines Bett und kürzte sie, indem er ihnen die Beine absägte. Prokrustes wurde von Theseus überwältigt. »Prokrustes-Bett« wird sprichwörtlich für eine Zwangslage oder ein Schema gebraucht, in das etwas gewaltsam hineingezwängt wird.

Krebsgang aller Dinge: Der aus der Musikwissenschaft stammende Ausdruck »Krebsgang« bezeichnet das Verfahren, eine Melodie oder ein Satzgefüge rückwärts zu lesen und in dieser Gestalt kompositorisch zu verwenden. Der Krebsgang hat sein literarisches Vorbild in solchen Sätzen oder Wörtern, die auch beim Rückwärtslesen der Buchstaben einen Sinn ergeben (z. B. Leben – Nebel). Nietzsche polemisiert hier mit diesem Terminus gegen diejenigen Parteien, die weniger auf Fort- als auf Rückschritt aus sind.

Große Männer [...] bewahrt worden ist: Ähnliche Gedanken äußert Nietzsche in seiner autobiographischen Schrift »Ecce homo«, die erst nach seinem Tod, 1908, erschienen ist, und bezieht diese Äußerungen auf sich selbst, wenn er schreibt: »Die höheren Naturen haben ihren Ursprung unendlich weiter zurück, auf sie hin hat am längsten gesammelt, gespart, gehäuft werden müssen.« (»Warum ich so weise bin«, 3)

132 *Theorie vom Milieu:* Die Milieu-Theorie behauptet, daß Entwicklung und Eigenart jedes Menschen und jeder Gemeinschaft durch die Umwelt und deren Bedingungen bestimmt werden und nicht durch vererbte Anlagen oder die Freiheit des menschlichen Willens. Im 19. Jahrhundert wurde die Milieu-Theorie hauptsächlich von dem französischen Philosophen Auguste Comte (1798–1857), der die Vorstellung von einer harmonischen Entsprechung der Bedürfnisse eines Lebewesens und der Bedingungen seiner

Umwelt hegte, und von dem französischen Historiker Hippolyte Taine (1828–93) vertreten, für den die deterministische Funktion der Umwelt für das menschliche Leben in den Vordergrund rückte.

Buckles: Henry Thomas Buckle (1821–62), englischer Kulturhistoriker; versuchte in positivistischer Weise naturwissenschaftlich exakte Gesetze auch für die geschichtliche Entwicklung aufzustellen. Als sein allerdings unvollendet gebliebenes Hauptwerk gilt die »History of Civilisation in England« (»Kulturgeschichte Englands«), 2 Bände (1857–61); deutsch von J. H. Ritter, 2. Auflage 1900.

133   *Dostojewskis:* Nietzsche bezieht sich hier wohl auf die »Aufzeichnungen aus einem Totenhaus« (1860–62), in denen Dostojewski, nachdem er wegen Hochverrats zum Tode verurteilt, auf dem Richtplatz begnadigt und zu vier Jahren Zuchthaus in Sibirien verurteilt worden war, von dieser Haft und den Lebensumständen in dem Straflager berichtet. In einem Brief an Peter Gast charakterisiert Nietzsche den russischen Dichter am 13. Februar 1887 folgendermaßen: »Kennen Sie Dostojewski? Außer Stendhal hat niemand mir so viel Vergnügen und Überraschung gemacht: ein Psychologe, mit dem ›ich mich verstehe‹.« (Vergleiche auch die dritte Anmerkung zu Seite 19.)

Stendhals: eigentlich Henri Beyle (1783–1842), französischer Schriftsteller. Stendhals Werk umfaßt Selbstdarstellungen, Essays, Reisebeschreibungen und Romane. Ähnlich wie später Nietzsche spricht auch Stendhal in seinen Romanen und Schriften vom »höheren Menschen« (»homme supérieur«) und sieht das Urbild und Vorbild dafür in Napoleon (1876 erscheint »La Vie de Napoléon« [»Das Leben Napoleons«]) und in bestimmten Gestalten der italienischen Renaissance, die er als amoralische »Herrenmenschen« beschreibt (etwa in den »Chroniques italiennes« [»Italienische Chroniken«, 1825–39]). Stendhals kritisch-pessimistisches Selbst- und Weltbewußtsein hat Nietzsche als Symptom geistiger Verwandtschaft gewertet.

134 *Tschandala:* Vergleiche die erste Anmerkung zu Seite 90.
Catilina: Lucius Sergius Catilina (108–62 v. Chr.), wurde
durch die Aufdeckung seiner Umsturzpläne 63 v. Chr.
(durch Cicero) genötigt, Rom zu verlassen. Seine Anhänger wurden des Hochverrats angeklagt und aufgrund eines
Senatsbeschlusses hingerichtet. Catilina selbst wurde Anfang 62 mit seinem Heer geschlagen und fiel. Bismarck
sprach am 30. September 1862 von »Catilinarischen Exi-
stenzen« im Sinne von entwurzelten Umstürzlern. Nietzsche sieht in dem mißlungenen Bemühen Catilinas, sich
durch Umsturz des Bestehenden an die Spitze des Römischen Reiches zu setzen, eine Parallele zu und eine Vor-
wegnahme von Cäsars gelungenem Bestreben, der erste
Mann im Staat zu werden.

135 *Hier ist die Aussicht frei:* Vergleiche Goethes »Faust«, II,
5. Akt, Vers 11989f.: »Hier ist die Aussicht frei, / der Geist
erhoben.«
il est [...] qu'ils ressentent: Es ist der großen Seelen unwürdig, die innere Unruhe zu verbreiten, die sie empfinden.
Ciceros: Marcus Tullius Cicero (106–43 v. Chr.), römischer Redner und Politiker. Zwischen 56 und 51 entstanden seine bedeutenden Bildungsschriften »Über den Redner«, »Über den Staat«, »Über die Gesetze«, in denen er
den Maßstab des Ideals an die Wirklichkeit anzulegen versucht. Meisterhaft sind auch seine Briefe, die als Vorbild
für guten lateinischen Stil gelten.

136 *»Rückkehr zur Natur«:* Nietzsche wertet die in Wort und
Idee Rousseau zugeschriebene Formulierung (die auf den
Ruf »Zurück zur Natur!« anspielt) eher als Rück- denn
als Fortschritt in der Entwicklungsgeschichte der
Menschheit.
in rebus tacticis: in taktischen Dingen.
Revolution: Nietzsche meint die Französische Revolution
von 1789; als einen ihrer geistigen Väter sieht er Rousseau
an.

137 *Lehre von der Gleichheit:* Nietzsche spielt hier auf eine der Forderungen der Französischen Revolution an, die in dem Ruf nach Freiheit, Gleichheit und Brüderlichkeit laut wurde.

Gift [...] Gerechtigkeit [...] gleich machen: Vergleiche ähnliche Gedanken Nietzsches in seinem Hauptwerk »Also sprach Zarathustra«, 2. Teil, »Von den Taranteln«.

Natur-Idolatrie: Natur-Anbetung, Götzendienst an der Natur.

Spinoza: Vergleiche die sechste Anmerkung zu Seite 114.

Scholastik: Vergleiche die erste Anmerkung zu Seite 34.

138 *ens realissimum:* Vergleiche die vierte Anmerkung zu Seite 68.

Dionysos: Vergleiche die zweite Anmerkung zu Seite 70.·

in praxi: tatsächlich, im wirklichen Leben.

139 *über das »Kreuz«:* Vergleiche die vierte Anmerkung zu Seite 16.

Aphorismus [...] Sentenz: Vergleiche das Nachwort, Seite 185 ff.

über kurzem das unabhängigste: Ankündigung des geplanten Hauptwerkes, das unter dem Titel »Der Wille zur Macht« erscheinen sollte.

140 *Epigramm:* bei den Griechen ursprünglich eine in der Form von Distichen (aus zwei verschiedenen Versen bestehenden Strophen) abgefaßte Aufschrift auf Kunstwerken, Weihgeschenken und Grabmälern. Seit dem Ende des 6. Jahrhunderts v. Chr. entwickelt sich das Epigramm als selbständige literarische Gattung zur einprägsamen Ausformung von Gefühlen, Stimmungen und zur Würdigung von Personen oder Dingen.

Sallust: Gaius Sallustius Crispus (86–35 v. Chr.), römischer Schriftsteller und Geschichtsschreiber, legte weniger Wert auf historische Genauigkeit als auf Kritik an den Verfallserscheinungen der herrschenden Nobilität, der er das Idealbild der altrömischen »virtus« (»Mannhaftigkeit«) entgegenstellte.

Corssen: Wilhelm Corssen (1820–75), Philologe, 1846–66 Professor in Schulpforta, wo Nietzsche von 1858 bis zu seinem Abitur 1864 lebte und lernte. Corssens Hauptwerke sind: »Über Aussprache, Vokalismus und Betonung der lateinischen Sprache«, 2 Bände (1858–59) und die »Kritischen Beiträge zur lateinischen Formenlehre« (1863).

»aere perennius«: Vergleiche Horaz: »Exegi monumentum aere perennius« (»Ein Denkmal habe ich aufgerichtet, unvergänglicher als Erz« [»Gedichte«, III, 30, 1]).

Horaz: Quintus Horatius Flaccus (65–8 v. Chr.), römischer Dichter, zu dessen bekanntesten Werken die »Ars poetica« (»Dichtkunst«) und die »Carmina« (»Gedichte«, »Oden«) gehören. Mit letzteren ist Horaz zum Schöpfer der lateinischen Lyrik geworden, die für ihn als eine strenge Kunstform galt, in der das Gesagte knapp und genau formuliert werden muß.

141   *gründlicher Skeptiker:* Der absolute Skeptiker leugnet jede Möglichkeit von Erkenntnis überhaupt; so wird bereits die Wahrnehmung durch die Sinne als Grundlage empirischer Erfahrung in Frage gestellt. Dabei wird allerdings das Wissen um dieses Nichtwissen als Grundsatz vom Skeptiker dogmatisch-unbezweifelbar vorausgesetzt. Der relative Skeptiker leugnet demgegenüber lediglich die Möglichkeit der Erkenntnis auf bestimmten Gebieten (etwa in der Ethik oder der Theologie). Wenn sich Nietzsche in diesem Sinne als »gründlicher Skeptiker« bezeichnet im Gegensatz zu Platon, heißt das, daß dieser nur relativiert, er selbst aber revidiert und eliminiert, was bis zu diesem Zeitpunkt als sicher erkannt und als unzweifelhaft geglaubt worden ist.

Zyniker: Vergleiche die fünfte Anmerkung zu Seite 13.

satura Menippea: die »menippeische Satire«, nach ihrem Begründer Menippos von Gadara (3. Jahrhundert v. Chr.); sie entlarvt menschliche Schwächen und Torheiten in einer Mischung von Prosa und Versen.

der Platonische Dialog: Der Dialog (»Wechselrede«) ist die Darstellung philosophischer Gedankengänge in Gesprächsform, als deren eigentlicher literarischer Begründer Platon angesehen wird, der in seinen Dialogen seinem Lehrer Sokrates ein Denkmal setzte, indem er diesen die dialogische Kunst der Beweisführung zeigen läßt. Diese besteht darin, durch Rede und Widerspruch das Wesen des Gesprächsgegenstandes schrittweise zu erhellen. (Vergleiche die sechste Anmerkung zu Seite 61.)

Fontenelle: Bernhard le Bovier de Fontenelle (1657–1757), französischer philosophischer Schriftsteller. Vor allem seine geistvollen und stilistisch eleganten »Dialogues des morts« (»Totengespräche«, 1683), die in der Nachfolge des griechischen Satirikers Lukian (120–180) stehen, haben wohl Nietzsches Aufmerksamkeit erregt.

präexistent-christlich: »(zeitlich) vor dem Christentum bestehend.« Nietzsche spielt hier einerseits auf das Vorhandensein der Lehre Platons (427–347 v. Chr.) vor dem Christentum an, wobei er die platonische Philosophie gleichsam als geistige Prophetie des Christentums betrachtet, andererseits betont er das sowohl der platonischen Philosophie als auch dem Christentum gemeinsame Moment des Existierens der »Welt« in Gedanken Gottes als Idee vor ihrer stofflichen Erschaffung. Gleichzeitig polemisiert Nietzsche gegen diese »Zweiteilung« der Welt in eine »diesseitige« und eine »jenseitige« bzw. »obere« und »untere«.

bei den Ägyptern: Ob Platon tatsächlich, außer seiner Reise nach Unteritalien und Sizilien, auch nach Ägypten gereist ist und dort gelernt hat, ist nicht erwiesen, und die Nachrichten über einen solchen Aufenthalt tragen Züge der Legendenbildung. Weder in Platons Werken noch in seinen Briefen finden sich Belege für eine Reise zu den Ägyptern. So ist es wahrscheinlicher, daß alles »Ägyptische«, das Platon in einige seiner Mythen einflicht, nicht auf persönlicher Erfahrung beruht, sondern aus den Reiseberichten anderer stammt und von ihm in seine Schriften eingearbeitet worden ist.

die Brücke zu betreten: Einerseits bedeutet diese metaphorische Formulierung hier, daß die platonische Philosophie als Voraussetzung für die christliche Lehre angesehen werden kann, da bereits Platon einen Weg einschlug, den das Christentum dann fortsetzte und/oder vollendete. Andererseits bezieht sich Nietzsche wohl auch auf Richard Wagners »Verneigung« bzw. »Kniefall« vor dem »Kreuz« der christlichen Religion, dessen künstlerischen Ausdruck Nietzsche vor allem in Wagners »Parsifal. Ein Bühnenweihfestspiel« (1882) manifestiert sah.

142 *Thukydides:* griechischer Geschichtsschreiber (460–404 v. Chr.). In seiner »Geschichte des Peloponnesischen Krieges« beschreibt er den Krieg zwischen dem aristokratischen Sparta und dem demokratischen Athen um die Vorherrschaft in Griechenland (431–404 v. Chr.). Im Mittelpunkt der 411 v. Chr. abbrechenden Darstellung stehen der Athener Perikles und die versuchte Legitimation seiner Politik.

Macchiavells: Niccolò Macchiavelli (1469–1527), italienischer Politiker und Schriftsteller. Sein Hauptwerk, das Nietzsche hier nennt, »Il Principe« (»Der Fürst«), entstand 1513 und erschien 1532. Es handelt von den Problemen der Herrschaftsgründung und -erhaltung, die nach Macchiavelli im wesentlichen auf »Staatsräson« gegründet ist. Vor allem Macchiavellis grundlegend neuer Gedanke, daß Macht ein konstituierendes Element der Politik sei, kam Nietzsche entgegen.

Sophisten-Kultur [...] sokratischen Schulen: Die Sophisten (»Weisheitslehrer«) traten seit dem 5. Jahrhundert v. Chr. in Griechenland als Lehrer für die Fächer der höheren Bildung auf. Sie galten einerseits als Träger der antiken Aufklärung und Bildungsbewegung vor der Zeit der Institutionalisierung dauernder Schulen, andererseits wurden die

Sophisten – vor allem von Sokrates (470–399 v. Chr.) und
seinen Schülern – als skrupellose Rhetoren kritisiert, denen
es nicht so sehr um die philosophische Ergründung der
Wahrheit als um materiellen Profit und persönliche Vorteile gehe und deren dialektische Redekunst nur zu Selbstanpreisung, geschwätziger Wortklauberei und scheinphi-
losophischer Haarspalterei eingesetzt werde.

In den Griechen [...] in mir trug: Nietzsche spielt auf Winckelmann an, der in seinen »Gedanken über die Nachahmung der griechischen Werke in der Malerei und der Bild-
hauerkunst« (1755) die »edle Einfalt und die stille Größe,
sowohl in der Stellung als im Ausdrucke« (§ 79) als Kennzeichen der griechischen Kunst bestimmt. Der Begriff der
»schönen Seele« findet sich zwar bei Winckelmann, er wird
jedoch erst von Kant, Schiller und vor allem Goethe problematisiert. Goethe stellt in seinem Bildungsroman »Wilhelm Meisters Lehrjahre« (1795), 6. Buch, »Bekenntnisse
einer schönen Seele«, eine Bekehrung zum Pietismus dar.
niaiserie allemande: »deutsche Albernheit.«

143   *Polis:* »Stadtstaat«, bezeichnet die verbreitetste Staatsform
im altgriechischen Siedlungsgebiet. Die Polis mit ihrem
städtischen Mittelpunkt, um den sich das Umland und
(später) die Kolonien gruppierten, kann als politische und
kulturelle Gemeinschaft bezeichnet werden. Ihre Blütezeit
erlebte die Polis im 6. bis 4. Jahrhundert v. Chr., besonders
in Athen. Die Idee der Polis als Staatsform hat vor allem
durch die Staatslehren Platons und seines Schülers Aristoteles bis in die Neuzeit gewirkt.

Ich war der erste: in seinem ersten Buch »Die Geburt der
Tragödie aus dem Geiste der Musik« (1872). (Vergleiche
auch die zweite Anmerkung zu Seite 126.)

»Kultur der Griechen«: Entgegen Nietzsches »Vorankün-
digung« von Jacob Burckhardts Buchpublikation schrieb
dieser an seinen Verleger Ernst Arthur Seemann am
29. November 1889 einen sich von dieser Veröffentlichung

und von Nietzsche distanzierenden Brief: »Die irrige Ansicht, daß ich eine griechische Kulturgeschichte zu veröffentlichen hätte, stammt aus einer Schrift des unglücklichen Herrn Prof. Dr. Nietzsche, welcher gegenwärtig in einer Irrenanstalt lebt. Er nahm ein von mir öfter gelesenes Kolleg jenes Inhaltes für ein Buch.«

144   *Lobeck:* Christian August Lobeck (1781–1860), klassischer Philologe, seit 1814 Professor in Königsberg; sein Hauptwerk, aus dem auch Nietzsche im folgenden zitiert, war der »Aglaophamus« (2 Bände [1829]), eine Bearbeitung der antiken Zeugnisse über die Mysterienkulte.

Winckelmann: Johann Joachim Winckelmann (1717–68) gilt als der Begründer der neueren Archäologie und Vergleichenden Kunstgeschichte (»Geschichte der Kunst des Altertums«, 1764). Das Angebot des päpstlichen Nuntius in Dresden, Archinto, veranlaßte Winckelmann 1754 zum Übertritt zur katholischen Kirche; 1763 wurde er zum Aufseher über sämtliche Altertümer in und um Rom ernannt.

Orgiasmus: Zustand ekstatischer Zügellosigkeit als Mittel, um auf dem Weg hochgespannter Gefühlszustände in Kontakt mit göttlicher Wirklichkeit zu kommen.

dionysischen Mysterien: Bei den rituellen Festen des Dionysos-Kultes wird ein gemeinschaftliches Kulterlebnis angestrebt, das im Akt des Ritus die Verbindung des menschlichen Lebens mit den göttlichen Mächten feiert wie auch die Vereinigung des männlichen mit dem weiblichen Körper. Dabei stehen der rauschhafte Ritus und das trunkene Treiben der Mysterienteilnehmer im krassen Gegensatz zu Schopenhauers Forderung nach »Verneinung des Willens zum Leben«, vor allem zu dessen höchster und extremster Form: der Askese. Denn gerade in den dionysischen Mysterien kommt der »Wille zum Leben« in ebenso intensiver wie extensiver Weise zum Ausdruck, zum einen im »geschlechtlichen Symbol«, dem männlichen »Phallus«, und zum anderen in den »Wehen« und der »Qual der Gebärerin« als Zeichen weiblicher Fruchtbarkeit und Schwangerschaft; so feiern und verehren die Teilnehmer den Prozeß des Entstehens und Vergehens als Symbol des Lebens und Sterbens.

146 *»Geburt der Tragödie«:* Nietzsches erste Schrift, »Die Geburt der Tragödie aus dem Geiste der Musik« (1872).
Umwertung aller Werte: Vergleiche die zweite Anmerkung zu Seite 50.
ich, der letzte [...] Dionysos: Nietzsche spielt hier in Wort und Gedanke auf eine Formulierung an, die er in einer seiner früheren Schriften geäußert hat, wenn er sagt: »Inzwischen lernte ich vieles, allzu vieles über die Philosophie dieses Gottes hinzu, und, wie gesagt, von Mund zu Mund, – ich, der letzte Jünger und Eingeweihte des Gottes Dionysos: und ich dürfte wohl endlich einmal damit anfangen, euch, meinen Freunden, ein wenig, soweit es mir erlaubt ist, von dieser Philosophie zu kosten zu geben?« (»Jenseits von Gut und Böse«, neuntes Hauptstück, § 295)

147 *»Warum so hart!« [...] Werdet hart!:* Vergleiche »Also sprach Zarathustra«, dritter Teil, »Von alten und neuen Tafeln«, 29.

151 *aus meinen älteren Schriften [...] ausgewählt:* Nietzsche beabsichtigt nach einem Brief an Ferdinand Avenarius vom 10. Dezember 1888, aus seinen seit 1876 erschienenen Schriften die polemischen Stellen gegen Wagner zusammenzustellen, und zwar unter dem Gesichtspunkt der eigenen dionysisch schaffenden Natur gegenüber der Wagnerschen Dekadenz. In einem Brief vom 15. Dezember 1888 schreibt Nietzsche an den Verleger Naumann: »Nachdem ich im ›Fall Wagner‹ eine kleine Posse geschrieben habe, kommt hier der *Ernst* zu Wort: denn wir – Wagner und ich – haben im Grunde eine Tragödie miteinander erlebt.« In der Druckfahne des Leipziger Verlages

vom 22. Dezember 1888 findet sich nach dem Willen Nietzsches vor dem Kapitel »Wagner als Gefahr« unter dem Titel »Intermezzo« das in »Ecce homo« (»Warum ich so klug bin«, § 7) angeführte Venedig-Gedicht. Den Abschluß bildet die »Dionysos-Dithyrambe« »Von der Armut des Reichsten«. Beide Texte sind in die vorliegende Ausgabe aufgenommen. Am 2. Januar 1889, einen Tag vor seinem Zusammenbruch in Turin, zieht Nietzsche telegraphisch seine Druckerlaubnis zurück, nur »Ecce homo« soll veröffentlicht werden. – Die einzelnen Abschnitte sind (zumeist mit stilistischen und inhaltlichen Veränderungen) aus folgenden Werken übernommen: »Wo ich bewundere«: »Die fröhliche Wissenschaft« (1882), § 87 – »Wo ich Einwände mache«: ebenda, § 368 – »Intermezzo«: »Ecce homo«, »Warum ich so klug bin« (1889), § 7 – »Wagner als Gefahr«: 1. »Menschliches, Allzumenschliches« II, »Vermischte Meinungen und Sprüche« (1879), § 134; 2. ebenda, »Der Wanderer und sein Schatten« (1880), § 165 – »Eine Musik ohne Zukunft«: »Menschliches, Allzumenschliches« II, »Vermischte Meinungen und Sprüche«, § 171 (stark umgearbeitet) – »Wir Antipoden«: »Fröhliche Wissenschaft«, § 370: »Was ist Romantik« (an entscheidenden Stellen geändert und gekürzt) – »Wohin Wagner gehört«: »Jenseits von Gut und Böse«, § 254 (erster Teil, polemisch zugespitzt), § 256 (mittlerer Teil, stark umgearbeitet) – »Wagner als Apostel der Keuschheit«: 1. ebenda, § 256 (Schlußverse, stilistisch leicht verändert); 2. »Zur Genealogie der Moral« III, § 2 (letzter Teil, leicht gemildert); 3. ebenda, § 3 (umgearbeitet) – »Wie ich von Wagner loskam«: 1. »Menschliches, Allzumenschliches« II, »Vorrede« (1886), § 3 (erster Teil verschärft durch Antisemitismusvorwurf und Bekenntnis zur Bindung an Wagner); 2. ebenda, § 4 (kaum geändert) – »Der Psycholog nimmt das Wort«: 1. »Jenseits von Gut und Böse«, § 269 (erstes Drittel); 2. ebenda (zweites Drittel, umgearbeitet); 3. ebenda,

§ 270 (am Ende gekürzt) – »Epilog«: 1. »Die fröhliche Wissenschaft«, Vorrede (1886), § 3 (Anfang und Ende gekürzt, persönlicherer Ton); 2. ebenda, § 4 (in Absätze eingeteilt, leicht verändert) – »Von der Armut des Reichsten«: »Dionysos-Dithyramben«, letztes Gedicht (1891).

Ich habe meine Leser überall: Vergleiche »Ecce homo«, »Warum ich so gute Bücher schreibe«, § 2, und die in den Briefen Nietzsches 1887/88 erwähnte europäische Rezeption, die vor allem durch die Vorlesungen des Dänen Georg Brandes (1842–1927) an der Universität Kopenhagen (1888) eingeleitet wurde.

Quousque tandem, Crispi: »Wie lange noch, ihr Krausköpfigen.« Frei nach dem Anfang von Ciceros erster Rede gegen Catilina; mit »Crispi« sind die Italiener gemeint.

Triple alliance: »Dreierbündnis«; Anspielung auf den 1872 von Reichskanzler Bismarck geförderten Dreibund-Vertrag zwischen dem Deutschen Reich, Österreich-Ungarn und Italien, der die Spannungen zwischen den beiden letzteren Ländern allerdings nicht beseitigte. Er war Teil der bis 1890 dauernden Bündnispolitik Bismarcks zur Isolierung Frankreichs.

152 *aus den Fugen:* nach Shakespeares »Hamlet«, I, 5: »Die Zeit ist aus den Fugen.« (Übersetzung von August Wilhelm Schlegel)

»aus dem Nichts« entstehen: Anspielung auf die mittelalterliche Lehre von Gottes Weltschöpfung aus dem Nichts.

ausgetrunkenem Becher: Anspielung auf das Liebes- und Todestrankmotiv aus Wagners »Tristan und Isolde«.

Orpheus: Figur der griechischen Mythologie, Sohn eines thrakischen Flußgottes und der Muse der Epik, Kalliope; er gilt als gottbegnadeter Sänger und Begründer der Musik, mit der er sogar die Natur verzaubern kann. Durch seine Musik erreicht Orpheus auch die Freigabe seiner gestorbenen Frau Eurydike aus dem Hades. Bis zur Rückkehr an die Oberwelt darf er sich nach ihr nicht umsehen, bricht aber aus Liebe das Verbot und verliert Eurydike so aufs neue. Der trauernde Orpheus wird von den rasenden Mänaden des ekstatischen Gottes Dionysos zerrissen. Sein Haupt treibt singend auf dem Meer zur Insel Lesbos.

154   *Ästhetik [...] angewandte Physiologie:* Vergleiche die achte Anmerkung zu Seite 23.

»petit fait vrai«: »kleine wahre Begebenheit.«

Wagners Kaisermarsch: komponiert 1871 anläßlich der Reichsgründung zu Ehren des preußischen Königs Friedrich Wilhelm IV. (1795–1861, im Amt 1840–57), der sich zunächst dem Druck der Märzrevolution von 1848 beugte, mit der Ablehnung der kleindeutschen Kaiserkrone 1849 aber die reaktionäre Phase in Preußen einleitete. Als »Romantiker auf dem Thron« war er Repräsentant einer christlich-germanischen Ideologie und nach einem Schlaganfall 1857 geisteskrank. Von Wagner wurde er noch 1866 als »schwachsinniger Monarch« bezeichnet (vergleiche Martin Gregor-Dellin: Richard Wagner. München 1983, Seite 640). Der »Kaisermarsch« diente Wagner bei seinem kulturpolitischen und finanziellen Feldzug für das Bayreuther Festspielprojekt in Preußen. In Berlin, in Anwesenheit des Kaisers Wilhelm I. (1797–1888), des Bruders Friedrich Wilhelms IV., und zur Grundsteinlegung des Bayreuther Festspielhauses 1872 wurde er aufgeführt.

pastilles Gérandel: Gemeint sind die renommierten Bronchialpastillen des Pharmazeuten A. Géraudel (von Nietzsche irrtümlich mit »Gérandel« wiedergegeben), der im Pariser »Figaro« vom 4. Januar 1888 eine halbseitige Anzeige aufgibt, um die mittelmäßigen Hustenbonbons, Kapseln, Sirups, Liköre, Gummipastillen, Piniensäfte usw. vom Markt zu verdrängen.

Hokuspokus: Zauberformel, auch abwertend für »fauler Zauber«, Verballhornung der christlichen Abendmahlsformel: »Hoc est enim corpus meum« (»Denn das ist mein Leib«; vergleiche Matthäus 26, 26).

155   *Mimomane:* Schauspielbesessener.

»*das Drama [...] das Mittel*«*:* Vergleiche Wagners »Oper und Drama« (1850/51), Einleitung.

pur sang: reinen Blutes.

Patronatsherr: nach altrömischem Recht römischer Bürger mit Rechten und Pflichten der Schutzherrschaft über Freigelassene; hier Anspielung auf die Mitglieder des Wagnerschen Patronatsvereins, der die Gründung des Festspielhauses in Bayreuth durch Verkauf von Anteilscheinen finanzieren sollte.

156   *Heinrich Schütz:* deutscher Komponist (1585–1672). Mit seiner protestantischen Kirchenmusik errang die deutsche Musik nach 1500 erstmals wieder europäische Geltung.

Bach: Johann Sebastian Bach (1685–1750); einer der größten barocken Komponisten mit einem an äußerer und innerer Vielgestaltigkeit unerschöpflichen Werk, in dem die mehrstimmige Fugentechnik zu ihrer Vollendung gelangt.

Händel: Vergleiche die sechste Anmerkung zu Seite 21.

Pole genug: In »Ecce homo« schreibt Nietzsche: »Und doch waren meine Vorfahren polnische Edelleute: ich habe von daher viel Rassen-Instinkte im Leibe [...]« (»Warum ich so weise bin«, § 3) Nietzsches polnische Herkunft ist nicht belegt.

Chopin: Frédéric Chopin (1810–49), Pianist und Komponist der Romantik; Sohn eines französischen Vaters und einer polnischen Mutter.

Wagners Siegfried-Idyll: Siegfrieds Zwiegespräch mit der Natur in »Siegfried« II, 2, dessen orchestrales »Waldweben« die Klangfarben der französischen impressionistischen Musik vorwegnimmt. Wagner arrangierte eine orchestrale Fassung 1870.

Liszt: Vergleiche die vierte Anmerkung zu Seite 33.

Rossini: Vergleiche die fünfte Anmerkung zu Seite 43.

maestro Pietro Gasti: »Meister Peter Gast.« Vergleiche die erste Anmerkung zu Seite 42.

158 *»unendliche Melodie«:* Vergleiche die sechste Anmerkung zu Seite 11.

In der älteren Musik: Hinweis auf die regelmäßig-symmetrische Anlage musikalischer Themen bis zur Klassik. Vergleiche auch die erste Anmerkung zu Seite 13.

159 *espressivo:* Vergleiche die dritte Anmerkung zu Seite 34.

hautrelief: Hochrelief.

Mozart: Vergleiche die erste Anmerkung zu Seite 23.

»steinernen Gastes«: Der steinerne Gast ist die grauenvolle Erscheinung des von Don Giovanni in Mozarts gleichnamiger Oper (1787) getöteten Komturs. Das schauerliche Element der Musik im Vorspiel und im zweiten Akt wurde zum Paradigma romantischer Musik.

160 *Kunst der Niederländer Meister:* Gemeint ist die »niederländische Vokalpolyphonie« des 15. und 16. Jahrhunderts im franko-flämischen Raum, der Höhepunkt der mehrstimmig-kontrapunktischen Gesangskunst.

Händels: Vergleiche die sechste Anmerkung zu Seite 21.

Luthers: Der Augustinermönch Martin Luther (1483–1546) löste die Reformation als Bewegung aus, die die Erneuerung der durch Verweltlichung und politische Krisen bedrohten Kirche anstrebte. Die Reformation begann mit Luthers Veröffentlichung seiner Thesen in Wittenberg (1517) und führte 1530 auf dem Augsburger Reichstag zur religiösen und politischen Spaltung des Deutschen Reiches; im Augsburger Religionsfrieden (1555) wurde den jeweiligen Landesherren des Reiches das Recht der freien Religionswahl zugestanden.

Ludwig des Vierzehnten: absolutistischer Herrscher Frankreichs (1638–1715, König ab 1643), bekannt als der »Sonnenkönig«, unter dessen Herrschaft Frankreich die politische und kulturelle Vorherrschaft in Europa erlangte.

Racines: Jean Racine (1639–99), französischer Tragödien-dichter, neben Corneille und Molière der bedeutendste Vertreter des französischen Klassizismus.

Claude Lorrains: französischer Maler (1600–82); seine idealen Landschaften wirkten bis ins 19. Jahrhundert stil-bildend.

Beethovens: Vergleiche die dritte Anmerkung zu Seite 26.

Rossinis: Vergleiche die fünfte Anmerkung zu Seite 43.

Schwanengesang: »Abschiedsgesang«; nach antiker Über-lieferung singen die Schwäne vor ihrem Tod.

»nationalen« Wesen und Unwesen: Vergleiche Wagners Aufsätze »Was ist deutsch?« (1865) und »Beethoven« (1870). Im letzteren zeichnet er das »deutsche Wesen« vor der französischen Kultur aus. Als Topos gilt das »deutsche Wesen« seit Emanuel Geibels (1815–84) Gedicht »Deutschlands Beruf« (1861): »Und es mag am deutschen Wesen / Einmal noch die Welt genesen.«

161 *die Musik ist ein Weib:* So auch Wagner über die Musik in »Oper und Drama« (1. Teil, VII).

Reaktion innerhalb der Reaktion: Die Zeit der Reaktion umfaßt die restaurativen Tendenzen in den europäischen Staaten nach der Revolution von 1848/49.

der nationalen Kriege: Anspielung auf den italienischen Ei-nigungskrieg (1859), den deutsch-dänischen (1864) und den deutschen (1866) Krieg, der Preußens deutsche Hege-monie befestigte, den italienisch-österreichischen Krieg (1866), den deutsch-französischen Krieg (1870/71), den russisch-türkischen Krieg (1877/78).

des ultramontanen Martyriums: Anspielung auf den nach der Verkündung des Unfehlbarkeitsdogmas des Papstes (1870) ausgebrochenen Kulturkampf zwischen Reichs-kanzler Bismarck und den katholischen Ultramonta-nen, die sich »über die Berge« (Alpen) nach Süden orien-tierten.

162   *den philosophischen Pessimismus:* Nietzsche bezieht sich
      auf Schopenhauer. Vergleiche die sechste Anmerkung zu
      Seite 9.

      Humes: David Hume (1711–76), schottischer Diplomat
      und Philosoph, bedeutender Vertreter der Aufklärung;
      vertrat in seinem Hauptwerk »Untersuchungen über den
      menschlichen Verstand« (1748) die skeptische Lehre, daß
      die Grundbegriffe des Erkennens, zum Beispiel die Kausa-
      lität, nicht objektiv gelten, sondern nur subjektiv auf Ge-
      wohnheit beruhen.

      Kants: Vergleiche die zweite Anmerkung zu Seite 25.

      Hegels: Vergleiche die zweite Anmerkung zu Seite 32.

      die tragische Erkenntnis: Vergleiche die »Geburt der Tra-
      gödie« (1872).

      Ausdruck einer dionysischen Mächtigkeit der Seele: Das in
      der »Geburt der Tragödie« aufgestellte Prinzip des Diony-
      sisch-Rauschhaften im polaren Gegensatz zum Form-
      schön-Apollinischen leitet sich aus der griechischen My-
      thologie ab. Dionysos ist ein relativ spät zum olympischen
      Gott erhobener Sohn des Zeus und der Semele. Als Gott
      des Rausches, des Weines und der Fruchtbarkeit wurden
      ihm zu Ehren die Dionysien gefeiert, aus deren Kultfor-
      men die Tragödie und Komödie herstammen.

      zweierlei Leidende: Hier unterscheidet Nietzsche zwi-
      schen dem gerechtfertigten dionysischen und dem bloß de-
      kadenten Leiden eines Schopenhauer und Wagner.

      glattes Meer: Dieses Bild steht im Gegensatz zu dem des
      aufgewühlten Meeres bei Wagner. (Vergleiche die erste
      Anmerkung zu Seite 13.)

163   *der dionysische Gott und Mensch:* Gemeint ist der »Über-
      mensch«, im Sinne einer ständigen Übersteigung seiner
      selbst. Vergleiche »Also sprach Zarathustra«, I, »Zara-
      thustras Vorrede«, § 3.

      »Freigeister«: nach den im 18. Jahrhundert auftretenden
      englischen Deisten, die gemäß den Prinzipien der Ver-

nunft nur ein unpersönliches, rationales göttliches Prinzip, nicht aber einen persönlichen Gott annahmen. Für Nietzsche ringen die Freigeister um ein autonomes Denken, sind aber in ihrem idealistischen Glauben an die Wahrheit noch nicht wirklich frei.

»schönen Seelen«: Vergleiche die vierte Anmerkung zu Seite 142.

Epikur: Epikur von Samos (342–270 v. Chr.), griechischer Philosoph; lehrte die nicht bloß sinnliche, sondern auch geistige Glückseligkeit. Ihm wird später der Hedonismus, die Lehre des materiell-sinnlichen Genießens, zugeschrieben.

»der Glaube macht selig«: Vergleiche Markus 16, 15.

Hedonismus: Siehe die vorvorhergehende Anmerkung.

Flaubert: Vergleiche die vierte Anmerkung zu Seite 30.

Pascals: Vergleiche die sechste Anmerkung zu Seite 45.

164   *»Flaubert [...] est tout«:* Anwendung des Pascalschen Ausspruchs auf Flaubert: »Flaubert ist immer hassenswert, der Mensch ist nichts, das Werk ist alles.« (Vergleiche die sechste Anmerkung zu Seite 45.)

torturierte: quälte.

165   *»Norddeutsche Zeitung«:* »Norddeutsche Allgemeine Zeitung«, gegründet 1861 in Berlin, seit 1863 staatlich subventioniert; sie war das Sprachrohr Bismarcks (»Kanzlerblatt«).

»Barbaren«: in der griechischen und römischen Kultur Bezeichnung für Mitglieder anderer Sprachen und Kulturen, allgemein für »Ungebildeter«, »Rohling«.

den schwarzen Erdteil [...] befreien sollte: Anspielung auf die Thronrede Kaiser Wilhelms II. vom 22. November 1888, in der er die afrikanischen Kolonien als Feld christlicher Missionsarbeit darstellte. (Vergleiche »Ecce homo«, »Der Fall Wagner«, § 3.)

das zweitemal ausgezeichnet: Diese Übersetzung von »Die Welt als Wille und Vorstellung« besorgte 1888 der französische Schriftsteller und Politiker Auguste-Laurent Burdeau (1851–94).

Heinrich Heine: deutscher Dichter (1797–1856), trat 1825 vom jüdischen Glauben zum Christentum über, verbindet spätromantische Einflüsse mit ironischer Skepsis und politisch-progressiver Gesinnung im Umfeld der Revolution von 1848; emigrierte 1831 nach Paris. Werke u. a. »Buch der Lieder« (1827), »Deutschland. Ein Wintermärchen« (1844), »Reisebilder« (1826–31).

l'adorable Heine: der verehrungswürdige Heine.

délicatesses: Zartheiten, Feinheiten, Leckerbissen.

»âme moderne«: moderne Seele.

166   *wagnerisieren:* Anspielung auf den französischen Wagnerismus. (Vergleiche die zweite Anmerkung zu Seite 19.)

in seiner Agonie zu verhöhnen: in seinem Lustspiel »Eine Kapitulation«, das Wagner im November 1870 verfaßte und in dem er sich über den französischen Republikanismus lustig machte, den er noch 1848/49 während der Dresdener Revolution selbst vertreten hatte.

der junge Kaiser: von Nietzsche später hinzugefügte Anspielung auf Wilhelm II. von Preußen (1859–1941), der seit dem 15. Juni 1888 auch Deutscher Kaiser war.

167   *Roms Glaube ohne Worte:* Anspielung auf die musikalische Motivik in Wagners »Parsifal«.

petite bête: Kleinvieh.

Hafis: Beiname des persischen Lyrikers Muhammad Schamsaddin (1330–89), dem Goethe das zweite Buch des »Westöstlichen Diwans« (1814) widmete.

168   *Tiere der Circe:* Vergleiche die dritte Anmerkung zu Seite 18.

am Ende seines Lebens: im »Parsifal«.

gelacht: Kundry hatte sich in einer früheren Inkarnation der Ursünde schuldig gemacht, über den leidenden Christus am Kreuz zu lachen (»Parsifal« II). Deshalb ist sie zur ewigen Wiedergeburt verflucht.

Gottfried Keller: Schweizer Dichter (1819–90), schrieb realistische Romane und Erzählungen; er war seit 1855 mit dem in die Schweiz emigrierten Wagner befreundet. Nietzsche schätzte Kellers Werk.

Satyrdrama: Dem aus den dionysischen Weinfesten entstandenen Trauergesang der »Tragodia« (»Tragos« = »Bock«), der das Bocksopfer für Dionysos begleitete, standen die derben Gesänge der Festumzüge (»komoi«) gegenüber, bei denen die männlichen Teilnehmer als Satyrn (Waldgötter in Bocksgestalt) verkleidet waren und als Symbol der Fruchtbarkeit einen Phallus trugen. Nietzsche wendet den tragisch-komischen Aspekt des frühen dionysischen Festbrauches gegen Wagner.

Winternatur des asketischen Ideals: Vergleiche »Zur Genealogie der Moral«, dritte Abhandlung: »Was bedeuten asketische Ideale?«

Operetten-Stoff: Im Gegenzug zur Meyerbeerschen großen Oper entwickelte der Kölner Jacques Offenbach (1819–80) in Paris die parodistische Operette.

par excellence: recht eigentlich, schlechthin.

169   *Feuerbach:* Ludwig Feuerbach (1804–72), deutscher Philosoph. Mit seinem materialistisch-atheistischen Werk setzte sich Wagner 1849 in Zürich auseinander. In »Das Wesen des Christentums« deutet Feuerbach den Glauben an Gott als die Projektion menschlicher Nöte und Wünsche.

die jungen Deutschen: Bezeichnung der liberalrevolutionären Schriftsteller um Heine, Börne u. a. nach der französischen Juli-Revolution von 1830.

Attentat auf die Sittlichkeit: Selbstzitat aus »Ecce homo«, »Warum ich so gute Bücher schreibe«, § 5.

170   *im Sommer 1876:* Vergleiche die zweite Anmerkung zu Seite 9.

kondeszendierte: stieg herab, sank herab.

171   *Jenes verborgene und herrische Etwas:* Anspielung auf das
      »daimonion«, die innere Stimme, mit der bereits Sokrates
      sein Handeln rechtfertigte (Platon, »Apologie« [des Sokra-
      tes], 31 d).

173   *Byron:* George Gordon Noel, Lord Byron (1792–1824),
      englischer Dichter.
      Musset: Alfred de Musset (1810–57), französischer Dichter
      der Romantik.
      Poe: Edgar Allan Poe (1809–49), amerikanischer Dichter.
      Leopardi: Giacomo Leopardi (1798–1837), italienischer
      Lyriker und Philosoph.
      Kleist: Heinrich von Kleist (1777–1811), deutscher Drama-
      tiker und Erzähler.
      Gogol: Nikolai Gogol (1809–52), russischer Schriftstel-
      ler.
      »ihr nicht wißt«: Vergleiche Matthäus 20, 22.

174   *Hamlets:* »Hamlet, Prinz von Dänemark«, Tragödie
      (1602) von William Shakespeare (1564–1616). Hamlet ge-
      lobt, seinen ermordeten Vater zu rächen, zögert aber die
      Verwirklichung des Plans durch melancholische Reflexio-
      nen, die in Witz und Komik gekleidet sind, hinaus.

175   *Amor fati:* Liebe zum Schicksal.
      mein langes Siechtum: Spätestens seit 1873 litt Nietzsche an
      immer wiederkehrenden migräneartigen Anfällen. Verglei-
      che die erschütternden Briefe dieser Jahre.
      ein echtes rechtes X: Anspielung auf das Kreuz.

176   *Aspirationen:* Bestrebungen.

177   *jener ägyptischen Jünglinge:* Anspielung auf Schillers Ge-
      dicht »Das verschleierte Bild zu Sais«.
      Tout comprendre – c'est tout mépriser: »Alles verstehen
      heißt alles verachten«; Abwandlung von »Alles verstehen
      heißt alles verzeihen«, einem Satz in dem Roman »Corinne
      ou l'Italie« (»Corinna oder Italien«, 1807) der französi-
      schen Schriftstellerin Germaine de Staël (1766–1817).

die Wahrheit ein Weib: Nietzsches erotische Definition der Wahrheit als sich entziehendes Gattungswesen Weib entspricht Wagners Charakterisierung der Musik als Weib und der Parallelisierung des Todhasses der Geschlechter mit dem Todhaß auf Erkenntnis, Geist und Sittlichkeit. Wahrheit und Musik sind Medien des erotischen Kampfes unter Bedingungen des Willens zur Macht. Liebe aber wird zum abgeleiteten, reaktiven Gefühl, zum Ressentiment und Haß der im Kampf Unterlegenen. (Vergleiche »Zur Genealogie der Moral«, I, § 11.)

Baubo: Figur der griechischen Mythologie, ein altes Weib aus Eleusis. Als die niedergeschlagene Demeter auf der Suche nach ihrer Tochter Persephone einen Trunk der Baubo ausschlug, machte diese gereizt eine unanständige Gebärde, die Demeter erheiterte.

Olymp des Scheins: Vergleiche Nietzsches »Geburt der Tragödie«.

178   *Von der Armut des Reichsten:* Zum Stil der »Dionysos-Dithyramben« vergleiche das Nachwort zu »Der Antichrist. Ecce Homo. Dionysos-Dithyramben« (Goldmann-Klassiker 7511, Seite 235 ff.).

BIBLIOGRAPHISCHE HINWEISE

Bibliographien und Hilfsmittel

Herbert W. Reichert / Karl Schlechta: International Nietzsche Bibliography, compiled and edited. Chapel Hill, North Carolina/USA: University of North Carolina 1960, revised and expanded 1968; fortgesetzt bis 1971 in: Nietzsche-Studien 2, 1973, Seite 320–339; fortgesetzt bis 1973 in: Nietzsche-Studien 4, 1975, Seite 351–373. [Nennt über 5000 Titel in 28 Sprachen, innerhalb der Landessprachen alphabetisch geordnet]

Richard Oehler: Nietzsche-Register. Alphabetisch-systematische Übersicht zu Nietzsches Werken nach Begriffen, Kernsätzen und Namen. Leipzig: A. Kröner 1926; Neudruck als Band 12 der »Sämtlichen Werke« [s. u.]. 4. Auflage. Stuttgart: A. Kröner 1978

Karl Schlechta: Nietzsche-Index zu den »Werken in 3 Bänden«. 3. Auflage. München: Carl Hanser 1976

Nietzsche-Studien. Internationales Jahrbuch für die Nietzsche-Forschung. Begründet von Mazzino Montinari, Wolfgang Müller-Lauter und Heinz Wenzel. Herausgegeben von Ernst Behler, Eckhard Heftrich, Wolfgang Müller-Lauter und Heinz Wenzel. Berlin: Walter de Gruyter 1972ff. [Band 1ff.]

Sander L. Gilman (Herausgeber): Begegnungen mit Nietzsche. Bonn: Bouvier 1981. [Gesammelte Erinnerungen von Nietzsches Freunden und Bekannten)

Gesamtausgaben

Großoktavausgabe: Gesamtausgabe in 19 Bänden. Leipzig: C. G. Naumann 1894ff. [Band 1–8 von Nietzsche selbst veröffentlichte Schriften; Band 9–16: Nachlaß; Band 17–19: Philologica]; 2. Auflage 1901–13. – 1926 erschien ein 20. Band: Nietzsche-Register, von Richard Oehler

Musarion-Ausgabe. Werke in 23 Bänden. Herausgegeben von Richard Oehler, Max Oehler und Friedrich Ch. Würzbach. München: Musarion-Verlag 1920–29

Kröner-Ausgabe: Werke in 12 Bänden. Herausgegeben von Alfred Bäumler. Leipzig [später Stuttgart]: A. Kröner 1930ff.

Historisch-kritische Gesamtausgabe der Werke und Briefe. Von der Stiftung Nietzsche-Archiv veranstaltet. München: C. H. Beck 1933ff. [Abgeschlossen nur 5 Bände: Werke bis zur ersten Basler Zeit 1868/69 und 4 Bände Briefe: bis 1877]

Werke in 3 Bänden. Herausgegeben von Karl Schlechta. München: Carl Hanser 1956, 9. Auflage 1982. – Als Taschenbuchausgabe bei Ullstein (5 Bände, Nr. 2907–2911)

Sämtliche Werke in 12 Bänden. Neudruck der Kröner-Ausgabe [s. o.] Stuttgart: A. Kröner 1965. [Band 12 bringt das Nietzsche-Register von Richard Oehler, s. o.]

Nietzsches Werke. Kritische Gesamtausgabe. Herausgegeben von Giorgio Colli und Mazzino Montinari. Berlin: Walter de Gruyter 1967ff. [Bisher sind in 25 Bänden fast alle wichtigen Schriften und nachgelassenen Fragmente erschienen. Die von Nietzsche selbst veröffentlichten Werke und die Nachlaßfragmente werden in streng chronologischer Reihenfolge gedruckt; das gilt auch für den Nachlaß vom Herbst 1887 bis Januar 1889, der früher fälschlich unter dem Titel »Der Wille zur Macht« publiziert wurde]

Sämtliche Werke. Kritische Studienausgabe in 15 Bänden. Herausgegeben von Giorgio Colli und Mazzino Montinari. München: Deutscher Taschenbuch-Verlag 1980

Briefe

Friedrich Nietzsches gesammelte Briefe. 5 Bände. Berlin: Schuster und Loeffler 1900 ff.; 2. Auflage. Leipzig: Insel-Verlag 1903 ff.

Briefwechsel mit Franz Overbeck. Herausgegeben von Richard Oehler und Carl Albrecht Bernoulli. Leipzig: Insel-Verlag 1916

Karl Strecker: Nietzsche und Strindberg. Mit ihrem Briefwechsel. München: Georg Müller 1921

Briefwechsel mit Erwin Rohde. Herausgegeben von Elisabeth Förster-Nietzsche und Fritz Schöll. 3. Auflage. Leipzig: Insel-Verlag 1923

Peter Gasts Briefe an Nietzsche. 2 Bände. München: Verlag der Nietzsche-Gesellschaft 1923/24

Briefe an Peter Gast. Herausgegeben von Peter Gast. 3. Auflage. Leipzig: Insel-Verlag 1924

Briefe an Mutter und Schwester. Herausgegeben von Elisabeth Förster-Nietzsche. 4. Auflage. Leipzig: Insel-Verlag 1929

Der kranke Nietzsche. Briefe seiner Mutter an Franz Overbeck. Herausgegeben von Erich F. Podach. Wien: Bermann-Fischer 1937

Nietzsche. Sein Leben in Selbstzeugnissen, Briefen und Berichten. München: Goldmann 1966

Friedrich Nietzsche, Paul Rée, Lou von Salomé. Dokumente ihrer Begegnung. Herausgegeben von Ernst Pfeiffer. Frankfurt am Main: Insel-Verlag 1970

Nietzsche: Briefwechsel. Kritische Gesamtausgabe: Herausgegeben von Giorgio Colli und Mazzino Montinari. Berlin: Walter de Gruyter 1975 ff. [Bisher sind 17 Bände der Briefe von, an und über Nietzsche erschienen]

Friedrich Nietzsche: Sämtliche Briefe. Kritische Studienausgabe in 8 Bänden. Herausgegeben von Giorgio Colli und Mazzino Montinari. München: Deutscher Taschenbuch-Verlag 1986

Gesamtdarstellungen und Einführungen

Günter Abel: Nietzsche. Die Dynamik der Willen zur Macht und die ewige Wiederkehr. Berlin und New York 1984

D. B. Allison (Herausgeber): The New Nietzsche. Contemporary Styles of Interpretation. New York 1977

Horst Althaus: Friedrich Nietzsche. Eine bürgerliche Tragödie. München 1985

Charles Andler: Nietzsche, sa vie et sa pensée. 6 Bände. Paris 1920–31

Lou Andreas-Salomé: Friedrich Nietzsche in seinen Werken (1894). Dresden 1924. Neu herausgegeben von Ernst Pfeiffer. Frankfurt am Main 1983

Alfred Bäumler: Nietzsche, der Philosoph und Politiker. 3. Auflage. Leipzig 1940

Sigrid Bauschinger, Susan L. Cocalis und Sara Lennox (Herausgeberinnen): Nietzsche heute. Die Rezeption seines Werkes nach 1968. Bern und Stuttgart 1988

Ernst Behler: Derrida – Nietzsche. Nietzsche – Derrida. München, Paderborn, Wien und Zürich 1988

Rudolf Berlinger und Wiebke Schrader (Herausgeber): Nietzsche – kontrovers. 3 Bände. Würzburg 1984

Ernst Bertram: Nietzsche – Versuch einer Mythologie. 8. Auflage. Bonn 1965

Maria Bindschedler: Nietzsche und die poetische Lüge. 2. Auflage. Berlin 1966

Eugen Biser (Herausgeber): Besieger Gottes und des Nichts. Nietzsches fortdauernde Provokation. Düsseldorf 1982

Karl Brose: Sklavenmoral. Nietzsches Sozialphilosophie. Bonn 1990

Massimo Cacciari: Krisis. Saggio sulla crisi del pensiero negativo da Nietzsche a Wittgenstein. Milano 1976

Giorgio Colli: Nach Nietzsche. Frankfurt am Main 1980

Giorgio Colli: Distanz und Pathos. Einleitungen zu Nietzsches Werken. Frankfurt am Main 1982

Arthur Danto: Nietzsche as Philosopher. 2. Auflage. New York 1971

Gilles Deleuze: Nietzsche. Ein Lesebuch. Berlin 1965

Gilles Deleuze: Nietzsche und die Philosophie. Frankfurt am Main 1985

Jacques Derrida: Nietzsches Otobiographie oder Politik des Eigennamens. In: Fugen. Deutsch-Französisches Jahrbuch für Text-Analytik I, 1980, Seite 64–98 [übersetzt von Friedrich A. Kittler]

Jacques Derrida: Guter Wille zur Macht (I). Drei Fragen an Hans-Georg Gadamer. Derselbe: Guter Wille zur Macht (II). Die Unterschriften interpretieren (Nietzsche/Heidegger). In: Philippe Forget (Herausgeber): Text und Interpretation. Deutsch-französische Debatte. München 1984, Seite 56–58 und 62–77

Jacques Derrida: Sporen. Die Stile Nietzsches. Vortrag, gedruckt unter dem Titel: Éperons. Les Styles de Nietzsche. In: Nietzsche aujourd'hui 10/18, Paris 1973. Überarbeitet und mit italienischer, englischer und deutscher Übersetzung unter diesem Titel. Milano 1974. Neu in: Werner Hamacher (Herausgeber): Nietzsche aus Frankreich. Frankfurt am Main und Berlin 1986, Seite 129–168

Mihailo Djuric: Nietzsche und die Metaphysik. Berlin und New York 1985

Mihailo Djuric (Herausgeber): Nietzsches Begriff der Philosophie. Würzburg 1990

Mihailo Djuric und Josef Simon (Herausgeber): Zur Aktualität Nietzsches. 2 Bände. Würzburg 1984

Rudolf Fietz: Medienphilosophie. Musik, Sprache und Schrift bei Friedrich Nietzsche. Würzburg 1992

Johann Figl: Interpretation als philosophisches Prinzip. Friedrich Nietzsches universale Theorie der Auslegung im späten Nachlaß. Berlin und New York 1982

Johann Figl: Dialektik der Gewalt: Nietzsches hermeneutische Religionsphilosophie. Düsseldorf 1984

Eugen Fink: Nietzsches Philosophie. 3. Auflage. Stuttgart 1973

James C. Flaherty, Timothy F. Sellner und Robert M. Helm (Herausgeber): Studies in Nietzsche and the Judaeo-Christian Tradition. Chapel Hill 1985

Margot Fleischer: Wahrheit und Wahrheitsgrund. Zum Wahrheitsproblem und zu seiner Geschichte. Berlin und New York 1984

Margot Fleischer: Der »Sinn der Erde« und die Entzauberung des Übermenschen. Eine Auseinandersetzung mit Nietzsche. Darmstadt 1993

Elisabeth Förster-Nietzsche und Henri Lichtenberger: Nietzsche und sein Werk. Dresden 1929

Michel Foucault: Nietzsche, die Genealogie, die Historie (1979). In: Derselbe: Von der Subversion des Wissens. Aus dem Französischen, Italienischen übersetzt und herausgegeben von W. Seiter. Frankfurt am Main, Berlin und Wien 1978, Seite 88 bis 109

Ivo Frenzel: Friedrich Nietzsche in Selbstzeugnissen und Bilddokumenten. 12. Auflage. Reinbek 1977

Salomo Friedländer: Nietzsche. Eine intellektuelle Biographie. Berlin 1911

Walter Gebhard (Herausgeber): Friedrich Nietzsche. Perspektivität und Tiefe. Bayreuther Nietzsche-Kolloquium 1980. Frankfurt am Main und Bern 1982

Walter Gebhard: Nietzsches Totalismus. Philosophie der Natur zwischen Verklärung und Verhängnis. Berlin und New York 1983

Walter Gebhard (Herausgeber): Friedrich Nietzsche. Strukturen der Negativität. Bayreuther Nietzsche-Kolloquium 1982. Frankfurt am Main und Bern 1984

Walter Gebhard (Herausgeber): Friedrich Nietzsche. Willen zur Macht und Mythen des Narziß. Frankfurt am Main 1989

Volker Gerhardt: Pathos und Distanz. Stuttgart 1988

Volker Gerhardt: Friedrich Nietzsche. München 1992

Sander L. Gilman, Carole Blair und David J. Parent (Herausgeber): Nietzsche on Rhetoric and Language. Oxford und New York 1989

Bernice Glatzer-Rosenthal (Herausgeberin): Nietzsche in Russia. Princeton 1986

Georges Goedert: Nietzsche, der Überwinder Schopenhauers und des Mitleids. Amsterdam und Würzburg 1988

Jean Granier: Le problème de la vérité dans la philosophie de Nietzsche. 2. Auflage. Paris 1969

Gerd-Günther Grau: Ideologie und Wille zur Macht. Zeitgemäße Betrachtungen über Nietzsche. Berlin und New York 1984

Bernhard Greiner: Friedrich Nietzsche: Versuch und Versuchung in seinen Aphorismen. München 1972

Reinhold Grimm (Herausgeber): Karl Marx und Friedrich Nietzsche. Acht Beiträge. Königstein im Taunus 1978

Alfredo Guzzoni (Herausgeber): 90 Jahre philosophische Nietzsche-Rezeption. Meisenheim 1979

Jürgen Habermas: Der philosophische Diskurs der Moderne. Frankfurt am Main 1985

Daniel Halévy: La vie de Frédéric Nietzsche. Paris 1909. Neuausgabe Paris 1977

Werner Hamacher (Herausgeber): Nietzsche aus Frankreich. Frankfurt am Main und Berlin 1986

Thomas Harrison (Herausgeber): Nietzsche in Italy. Saratoga 1988

Eckhard Heftrich: Nietzsches Philosophie. Identität von Welt und Nichts. Frankfurt am Main 1962

Martin Heidegger: Nietzsche. 2 Bände. 3. Auflage. Pfullingen 1976

Peter Heller: Von den ersten und letzten Dingen. Studien und Kommentar zu einer Aphorismenreihe von Friedrich Nietzsche. Berlin und New York 1972

Dieter Henke: Gott und die Grammatik. Nietzsches Kritik der Religion. Pfullingen 1981

Bruno Hillebrand (Herausgeber): Nietzsche und die deutsche Literatur. 2 Bände. Tübingen und München 1978

Josef Hofmiller: Nietzsche. Lübeck 1953

Reginald J. Hollingdale: Nietzsche. The Man and His Philosophy. 2. Auflage. London 1973

Max Horkheimer und Theodor W. Adorno: Juliette oder Aufklärung und Moral. In: Dialektik der Aufklärung. 3. Auflage. Frankfurt am Main 1976

Kurt Hübner: Die Wahrheit des Mythos. München 1985

Paul Curt Janz: Friedrich Nietzsche. 3 Bände. München und Wien 1978/79

Karl Jaspers: Nietzsche. 4. Auflage. Berlin 1974

Ben Jones, Tom Darby und Bela Egyed (Herausgeber): Nietzsche and the Rhetoric of Nihilism: Essays on Interpretation, Language and Politics. Ottawa 1989

Manfred Kaempfert: Säkularisation und neue Heiligkeit. Religiöse und religionsbezogene Sprache bei Friedrich Nietzsche. Berlin 1971

Walter A. Kaufmann: Nietzsche: Philosopher, Psychologist, Antichrist. 4. Auflage. New York 1974. Deutsche Übersetzung: Nietzsche. Philosoph – Psychologe – Antichrist. Darmstadt 1982

Friedrich Kaulbach: Nietzsches Idee einer Experimentalphilosophie. Köln 1981

Friedrich Kaulbach: Sprachen der ewigen Wiederkunft. Die Denksituationen des Philosophen Nietzsche und ihre Sprachstile. Würzburg 1985

Siegfried Kittmann: Kant und Nietzsche. Darstellung und Vergleich ihrer Ethik und Moral. Frankfurt am Main 1984

Jørgen Kjaer: Friedrich Nietzsche. Die Zerstörung der Humanität durch »Mutterliebe«. Opladen 1990

Ludwig Klages: Stettiner Nietzsche-Vorträge. Stettin 1928

Pierre Klossowski: Nietzsche und der Circulus vitiosus deus. München 1986

Joachim Köhler: Zarathustras Geheimnis. Friedrich Nietzsche und seine verschlüsselte Botschaft. Nördlingen 1989

Clayton Koelb (Herausgeber): Nietzsche as Postmodernist. Essays Pro and Contra. Albany 1990

Peter Köster: Der sterbliche Gott. Nietzsches Entwurf übermenschlicher Größe. Meisenheim 1972

Sarah Kofman: Nietzsche et la métaphore. Paris 1972

D. F. Krell: Postponements. Woman, Sensuality and Death in Nietzsche. Bloomington 1986

Heinz Krüger: Über den Aphorismus als philosophische Form. Mit einer Einführung von Theodor W. Adorno. München 1988

Richard Frank Krummel: Nietzsche und der deutsche Geist. Band 1: Ausbreitung und Wirkung des Nietzscheschen Werkes im deutschen Sprachraum bis zum Todesjahr des Philosophen. Ein Schrifttumsverzeichnis der Jahre 1867–1900. Band 2: Ausbreitung und Wirkung des Nietzscheschen Werkes im deutschen Sprachraum vom Todesjahr bis zum Ende des Ersten Weltkrieges. Ein Schrifttumsverzeichnis der Jahre 1901 bis 1918. Berlin und New York 1974–83

Tarmo Kunnas: Nietzsches Lachen. Eine Studie über das Komische bei Nietzsche. München 1982

Tarmo Kunnas: Die Politik als Prostitution des Geistes. Eine Studie über das Politische bei Nietzsche. München 1982

Elrud Kunne-Ibsch: Die Stellung Nietzsches in der Entwicklung der modernen Literaturwissenschaft. Assen 1972

Janko Lavrin: Nietzsche. A Biographical Introduction. London 1971

Theodor Lessing: Nietzsche. Berlin 1925

Reinhard Loew: Nietzsche, Sophist und Erzieher. Philosophische Untersuchungen zum systematischen Ort von Friedrich Nietzsches Denken. Weinheim 1984

Karl Löwith: Nietzsches Philosophie der ewigen Wiederkehr des Gleichen. 2. Auflage. Stuttgart 1956

Karl Löwith: Friedrich Nietzsche. Vorspiel einer Philosophie der Zukunft. Frankfurt am Main 1959

Karl Löwith: Von Hegel zu Nietzsche. Der revolutionäre Bruch im Denken des neunzehnten Jahrhunderts. Neudruck Frankfurt am Main 1969

R. Lombardi: Nietzsche. Roma 1945

Georg Lukács: Nietzsche als Begründer des Irrationalismus der imperialistischen Periode. In: Die Zerstörung der Vernunft. 2. Auflage. Neuwied 1974

Matthias Lutz-Bachmann (Herausgeber): Über Friedrich Nietzsche. Eine Einführung in seine Philosophie. Frankfurt am Main 1985

Karel Mácha (Herausgeber): Zur Genealogie einer Moral. München 1985

Jürgen Manthey (Herausgeber): Literaturmagazin 12: Nietzsche. Reinbek bei Hamburg 1980

Reinhard Margreiter: Ontologie und Gottesbegriff bei Nietzsche. Zur Frage einer Neuentdeckung Gottes im Spätwerk. Meisenheim 1978

Alfredo Marini (Herausgeber): Amicizia stellare. Studi su Nietzsche. Milano 1982

Marx-Engels-Stiftung e. V. (Herausgeber): Bruder Nietzsche? Wie muß ein marxistisches Nietzschebild heute aussehen? Symposium, Wuppertal, 9./10. April 1988. Düsseldorf 1988

Ferruccio Masini: Lo scriba del caos. Interpretazione di Nietzsche. Bologna 1978

Theo Meyer: Nietzsche. Kunstauffassung und Lebensbegriff. Tübingen 1991

Theo Meyer: Nietzsche und die Kunst. Tübingen 1993

Alwin Mittasch: Friedrich Nietzsche als Naturphilosoph. Stuttgart 1952

Mazzino Montinari: Nietzsche lesen. Berlin und New York 1982

Mazzino Montinari: Nietzsche heute. Die Rezeption seines Werkes nach 1968. Bern 1988

Georges Morel: Nietzsche. 3 Teile. Paris 1970/71

Wolfgang Müller-Lauter: Nietzsche. Seine Philosophie der Gegensätze und die Gegensätze seiner Philosophie. Berlin und New York 1971

Alexander Nehamas: Nietzsche. Leben als Literatur. Göttingen 1991

Nietzsche aujourd'hui. Papers Read at the Nietzsche Colloquium Held July 10–20, 1972 in Cérisy-La-Salle. 2 Bände. Paris 1973

Nietzsche und Italien. Ein Weg vom Logos zum Mythos? Akten des deutsch-italienischen Nietzsche-Colloquiums, Tübingen, 27./28. November 1987. Herausgegeben vom Italienischen Kulturinstitut Stuttgart. Tübingen 1990

Dan O'Hara (Herausgeber): Why Nietzsche Now? Indiana University Press 1985

Henning Ottmann: Philosophie und Politik bei Nietzsche. Berlin und New York 1987

Rudolf Pannwitz: Einführung in Nietzsche. München 1920

Malcolm Pasley (Herausgeber): Nietzsche. Imagery and Thought. A Collection of Essays. London 1978

Giorgio Penzo (Herausgeber): Friedrich Nietzsche o la verità come problema. Bologna 1984

H. F. Peters: Zarathustras Schwester. Fritz und Lieschen Nietzsche – ein deutsches Trauerspiel. München 1983

Helmut Pfotenhauer: Die Kunst als Physiologie. Nietzsches ästhetische Theorie und literarische Produktion. Stuttgart 1985

Georg Picht: Nietzsche. Stuttgart 1988

Erich F. Podach: Friedrich Nietzsches Werke des Zusammenbruchs. Heidelberg 1961

Matthias Politycki: Umwertung aller Werte. Deutsche Literatur im Urteil Nietzsches. In: Ernst Behler, Wolfgang Müller-Lauter und Heinz Wenzel (Herausgeber): Monographien und Texte zur Nietzsche-Forschung. Berlin und New York 1989

Peter Pütz: Friedrich Nietzsche. 2. Auflage. Stuttgart 1975

Horst Dieter Rauh: Im Labyrinth der Geschichte. Die Sinnfrage von der Aufklärung zu Nietzsche. München 1990

Rudolf Reuber: Ästhetische Lebensformen bei Nietzsche. München 1988

Raoul Richter: Friedrich Nietzsche. Sein Leben und sein Werk. Leipzig 1903. 4. Auflage 1922

Alois Riehl: Nietzsche, der Künstler und der Denker. Stuttgart 1923

Philipp Rippel (Herausgeber): Der Sturz der Idole. Nietzsches
     Umwertung von Kultur und Subjekt. Tübingen 1985
Heinz Röttges: Nietzsche und die Dialektik der Aufklärung.
     Untersuchungen zum Problem einer humanistischen Ethik.
     Berlin und New York 1972
Werner Ross: Der ängstliche Adler. Friedrich Nietzsches Leben.
     Stuttgart 1980
Jörg Salaquarda (Herausgeber): Nietzsche. Darmstadt 1980
Helmut Schanze und J. Kopperschmidt (Herausgeber): Die Spra-
     che ist Rhetorik. Nietzsche und die Rhetorik. München 1993
Claus Arthur Scheier: Nietzsches Labyrinth. Das ursprüngliche
     Denken und die Seele. Freiburg und München 1985
Heinrich Schipperges: Am Leitfaden des Leibes. Zur Anthropo-
     logik und Therapeutik Friedrich Nietzsches. Stuttgart 1975
Karl Schlechta: Nietzsches großer Mittag. Frankfurt am Main
     1954
Karl Schlechta: Nietzsche-Chronik. München 1975
Holger Schmid: Nietzsches Gedanke der tragischen Erkenntnis.
     Würzburg 1984
Ursula Schneider: Grundzüge einer Philosophie des Glücks bei
     Nietzsche. Berlin und New York 1983
Hartmut Schroeter: Historische Theorie und geschichtliches
     Handeln. Zur Wissenschaftskritik Nietzsches. Mittenwald
     1982
Georg Simmel: Schopenhauer und Nietzsche. Ein Vortragszy-
     klus. 3. Auflage. München und Leipzig 1923
Josef Simon (Herausgeber): Nietzsche und die philosophische
     Tradition. Würzburg 1985
Peter Sloterdijk: Der Denker auf der Bühne. Nietzsches Materia-
     lismus. Frankfurt am Main 1986
Henry Staten: Nietzsche's Voice. Ithaca 1990
Werner Stegmaier: Philosophie der Fluktuanz. Dilthey und
     Nietzsche. Göttingen 1992
Rudolf Steiner: Friedrich Nietzsche, ein Kämpfer gegen seine
     Zeit. Dornach 1983

Joseph Peter Stern: A Study of Nietzsche. London 1978. Deutsche Übersetzung: Die Moralität der äußersten Anstrengung. Köln 1982

Paul van Tongeren: Die Moral von Nietzsches Moralkritik. Bonn 1989

Christoph Türcke: Der tolle Mensch. Nietzsche und der Wahnsinn der Vernunft. Frankfurt am Main 1989

Karl Ulmer: Nietzsche. Einheit und Sinn seines Werkes. Bern und München 1962

Hans Vaihinger: Nietzsche als Philosoph. Berlin 1902

Martin Vogel: Nietzsche und Wagner. Bonn 1984

Karl-Heinz Volkmann-Schluck: Leben und Denken. Interpretationen zur Philosophie Nietzsches. Frankfurt am Main 1968

Johannes Maximilian Werner: Erkenntnis und Wahrheit. Nietzsches Destruktion der Erkenntnistheorie als Konsequenz des Verlustes verbindlicher Wahrheit. Frankfurt am Main, Bern und New York 1986

Günter Wohlfart: Artisten-Metaphysik. Ein Nietzsche-Brevier. Nietzsche in der Diskussion. Würzburg 1991

Hans M. Wolf: Friedrich Nietzsche. Der Weg zum Nichts. Bern 1956

Hans Zitho: Nietzsches Philosophie als Logik der Ambivalenz. Würzburg 1991

Untersuchungen zu »Der Fall Wagner«, »Götzen-Dämmerung« und »Nietzsche contra Wagner«

Thomas Baumeister: Stationen von Nietzsches Wagnerrezeption und Wagnerkritik. In: Nietzsche-Studien 16, 1987, Seite 288 bis 309

Eugen Biser: Der »beleidigte« Nietzsche und der »bekehrte« Wagner. Versuch einer Entzauberung. In: Philosophisches Jahrbuch 92, 1985, Seite 175–180

Karl Heinz Bohrer: Intensität ist kein Gefühl. Nietzsche kontra

Wagner als Lehrbeispiel. In: Merkur 2, März 1984, Seite 138 bis 144

Dieter Borchmeyer: Nachwort. In: Dieter Borchmeyer (Herausgeber): Friedrich Nietzsche. Der Fall Wagner. Schriften – Aufzeichnungen – Briefe. Frankfurt am Main 1983, Seite 619–641

Dieter Borchmeyer: Wagner-Literatur – eine deutsche Misere. Neue Ansichten zum »Fall Wagner«. In: Internationales Archiv für Sozialgeschichte der deutschen Literatur. Sonderheft 3, 1993, Seite 1–62

Marshall Carl Bradley: Nietzsche's Critique of Pure Reason: With a Nietzschean Critique of Parsifal. In: Neophilologus 72, 1988, Seite 394–403

Mary A. Cicora: From Metonymy to Metaphor: Wagner and Nietzsche on Language. In: German Life and Letters 42, 1988/89, Seite 16–31

Paul Gerhard Dippel: Nietzsche und Wagner. Eine Untersuchung über die Grundlagen und Motive ihrer Trennung. Bern 1934, 2. Auflage 1970

R. Duhamel: Nietzsche und Wagner. Ende einer Freundschaft. In: Germanistische Mitteilungen, Heft 7, 1978, Seite 47–56

Georges Favier: Nietzsche contra Wagner: Les Causes de la Rupture. In: Nouveaux Cahiers d'Allemand 6, 1988, Seite 209 bis 230

Dietrich Fischer-Dieskau: Wagner und Nietzsche. München 1979

Sander L. Gilman: »Braune Nacht«: Friedrich Nietzsche's Venetian Poems. In: Nietzsche-Studien 1, 1972, Seite 247–260

Luitpold Grießer: Nietzsche und Wagner. Wien 1923

Eckhard Heftrich: Nietzsches »Tristan«. Richard Wagner als semiotische Figur. In: Nietzsche-Studien 14, 1985, Seite 22–34

Jürgen Hillesheimer: Die Welt als Artefakt. Zur Bedeutung von Nietzsches »Der Fall Wagner« im Werk Thomas Manns. Frankfurt am Main 1989

Franz-Peter Hudek: »Die Tyrannei der Musik«. Nietzsches Wertung des Wagnerischen Musikdramas. Würzburg 1989

Curt Paul Janz: Die »tödliche Beleidigung«. Ein Beitrag zur Wagner-Entfremdung Nietzsches. In: Nietzsche-Studien 4, 1975, Seite 264–278

Kai Kauffmann: »Gondeln, Lichter, Musik«. Friedrich Nietzsches »Venedig«-Gedicht und sein metaphorisches Umfeld. In: Nietzsche-Studien 17, 1988, Seite 158–178

Erwin Koppen: Dekadenter Wagnerismus. Studien zur europäischen Literatur des Fin de siècle. Berlin und New York 1973

Klaus Kropfinger: Wagners Musikbegriff und Nietzsches »Geist der Musik«. In: Nietzsche-Studien 14, 1985, Seite 1–12

André Laks: Une Étymologie de Nietzsche dans le Cas Wagner. A propos de la Lecture de l'Essai de P. Bourget sur les Frères de Goncourt. In: Nietzsche-Studien 18, 1989, Seite 627–632

Gilbert Merlio: Erlösung vom Erlöser: Nietzsches Weg von Wagner zu sich selbst. In: Le Texte et l'Idée. No. 5, 1990, Seite 155–177

Mazzino Montinari: Nietzsche und Wagner vor 100 Jahren. In: Nietzsche-Studien 7, 1978, Seite 288–307

Mazzino Montinari: Nietzsche lesen: Die Götzen-Dämmerung. In: Nietzsche-Studien 13, 1984, Seite 69–79

Mazzino Montinari: Nietzsche contra Wagner: Estate 1878. In: Belfagor 39, 1984, Seite 79

Mazzino Montinari: Nietzsche – Wagner im Sommer 1878. In: Nietzsche-Studien 14, 1985, Seite 13–21

Martin Vogel: Nietzsches Wettkampf mit Wagner. In: Beiträge zur Geschichte der Musikanschauung im 19. Jahrhundert, 1965, Seite 195–224

Martin Vogel: Nietzsche und Wagner. Ein deutsches Lesebuch. Bonn 1984

Peter Wapnewski: Nietzsche und Wagner. Stationen einer Beziehung. In: Nietzsche-Studien 18, 1989, Seite 401–423

Massimo Ferrari Zumbini: Nietzsches Herausforderung, die Wagnerianer und die Gegenoffensive. In: Nietzsche-Studien 19, 1990, Seite 246–291

GOLDMANN KLASSIKER MIT ERLÄUTERUNGEN
Anthologien

Deutsche Fabeln aus tausend Jahren. Eine Anthologie.

Mit Fabeln von: Dem Herger – Dem Stricker – Konrad von Würzburg – Hugo von Trimberg – Gerhard von Minden – Ulrich Boner – Heinrich von Mügeln – Magdeburger Äsop – Heinrich Steinhöwel – Johann Geiler von Kaysersberg – Johannes Pauli – Martin Luther – Burkard Waldis – Hans Sachs – Sebastian Franck – Erasmus Alberus – Hans Wilhelm Kirchhof – Johann Fischart – Abraham a Sancta Clara – Daniel Wilhelm Triller – Daniel Stoppe – Johann Ludwig Meyer von Knonau – Friedrich von Hagedorn – Christian Fürchtegott Gellert – Magnus Gottfried Lichtwer – Johann Wilhelm Ludwig Gleim – Johann Adolf Schlegel – Friedrich Karl von Moser – Just Friedrich Wilhelm Zachariä – Gotthold Ephraim Lessing – Gottlieb Konrad Pfeffel – Gottlob Wilhelm Burmann – Ludwig Heinrich von Nicolay – Heinrich Gottfried von Bretschneider – Christian Friedrich Daniel Schubart – Matthias Claudius – Johann Heinrich Merck – Johann Gottfried Herder – Johann Heinrich Friedrich Meineke – Christian Gottlieb Göz – Johann Benjamin Michaelis – Johann Heinrich Pestalozzi – Gottfried August Bürger – Johann Wolfgang von Goethe – Friedrich von Schiller – Friedrich Haug – Friedrich Adolf Krummacher – Christian August Fischer – Novalis – Heinrich von Kleist – Brüder Grimm – Friedrich Rückert – Arthur Schopenhauer – Wilhelm Hey – Franz Grillparzer – Abraham Emanuel Fröhlich – Heinrich Heine – Gustav Pfarrius – Gustav Theodor Fechner – Robert Reinick – Theodor Fontane – Marie von Ebner-Eschenbach – Wilhelm Busch – Heinrich Seidel – Otto von Leixner – Friedrich Werner van Oestéren – Paul Gurk – Franz Kafka – Rudolf Kirsten – Erich Weinert – Bert Brecht – Günther Anders – Heinz Erhardt – Wolfdietrich Schnurre – Fritz Winterling – Gerhard Branstner – Helmut Arntzen – Reiner Kunze – Rafik Schami

Herausgegeben und mit einem Nachwort sowie biographischen und bibliographischen Hinweisen versehen von Dr. Josef M. Werle, Universität Trier

(7663)

GOLDMANN KLASSIKER MIT ERLÄUTERUNGEN
Deutschsprachige Autoren

Rainer Maria Rilke (1875 – 1926)

Geschichten vom lieben Gott

Inhalt: Das Märchen von den Händen Gottes – Der fremde Mann –
Warum der liebe Gott will, daß es arme Leute gibt – Wie der Verrat nach
Rußland kam – Wie der alte Timofei singend starb – Das Lied von der
Gerechtigkeit – Eine Szene aus dem Ghetto von Venedig – Von Einem,
der die Steine belauscht – Wie der Fingerhut dazu kam, der liebe Gott zu
sein – Ein Märchen vom Tod und eine fremde Nachschrift dazu –
Ein Verein, aus einem dringenden Bedürfnis heraus – Der Bettler und das
stolze Fräulein – Eine Geschichte, dem Dunkel erzählt – Anhang:
Ein Brief des lahmen Ewald

Mit einem Nachwort, einer Zeittafel zu Rilke, Anmerkungen und
bibliographischen Hinweisen von Professor Dr. Franz Loquai,
Universität Bamberg
(7664)

Die Aufzeichnungen des Malte Laurids Brigge

Inhalt: Die Aufzeichnungen des Malte Laurids Brigge – Anhang: Aus dem
Nachlaß: Erste Fassung des Anfangs der Aufzeichnungen – Zweite Fassung
des Anfangs der Aufzeichnungen – Ursprünglicher Schluß der
Aufzeichnungen – Erste Fassung – Zweite Fassung

Mit einem Nachwort, einer Zeittafel zu Rilke, Anmerkungen und
bibliographischen Hinweisen von Professor Dr. Franz Loquai,
Universität Bamberg
(7680)

Zwei Prager Geschichten

Mit einem Nachwort, einer Zeittafel zu Rilke, Anmerkungen und
bibliographischen Hinweisen von Professor Dr. Franz Loquai,
Universität Bamberg
(7691)